"十二五"普通高等教育
本科国家级规划教材

高校公共课
精品教材

Daxue Yuwen

顾　　问　黄德宽

主　　编　朱万曙　吴怀东

副 主 编　聂桂菊　卢　坡　曹小云
　　　　　周有斌

大学语文 （第五版）

中国人民大学出版社
·北京·

《大学语文》（第五版）编委会

代序

快乐学语文

朱万曙

1978 年，南京大学校长匡亚明和复旦大学校长苏步青倡导在高校开设"大学语文"课程。如今，时间已经过去 40 多年，各个高校都以不同的方式开设了这门课程。我们安徽大学在学校领导的重视下，从 2007 年秋季开始，将这门课程作为公共必修课面向全校非中文类专业开设。与此同时，我们也编写出版了试用本教材。此后两年，承担该课程的老师们积累了不少授课经验，修习这门课程的同学也贡献了很多好的建议。试用本教材的不足已经让我们越来越不能容忍了。因此，2009 年暑假，我们联合安徽财经大学、合肥师范学院、淮南师范学院、安庆师范学院、巢湖学院等兄弟院校的老师，经过认真的讨论和准备，完成了现在的《大学语文》修订本教材。在此，我们愿意和同学们就"大学语文"这门课程和这本教材交流一下自己的想法。

一、 "大学语文" 是一门什么样的课程？

"大学语文"的名称很容易引起同学们的误解。大学生从小学到中学，一直到高考，都在学习语文课。在应试教育体制下，语文课是不得不学的而且很重要的课程，要跨进大学的门槛，语文科目或者给自己加分，或者拉低总分。由于有极强的应试目的性，所以小学也罢，中学也罢，语文课并没有给我们带来学习的快乐，一篇很优美或者很有趣味的文章，往往被教材编写者和老师们拆分为若干个知识点，学生们学习这篇文章，注意力不在欣赏其优美，也不在体味其中的趣味，而在记忆和背诵那若干个知识点。于是，本来可以让我们快乐的语文课，成为枯燥的知识记忆过程。我们越来越厌烦语文课，也必然远离语文课。结果是具有滑稽感的，我们从小学到中学一直在学语文，可是，很多大学生的语文水平却令家长、老师乃至他们自己都很不满意，有的同学写了错别字而浑然不觉，有的同学连写篇简单的文章都力不从心，当然，更谈不上通过语文课提高自己的人文素养了。

我们认为，"大学语文"应该完全不同于中学阶段的语文课程，它的特点在于"大学"。大学是什么地方？是培养有创造力的人才的所在，大学生的学习不仅仅在于掌握知识，还要学会思考，在各种知识、思想交汇的环境中，有灵感的迸发，有创造的欲望。也因此，"大学语文"课的侧重点就不应该再是逼迫学生去背诵和记忆某篇课文的知识点，而在于使学生比较系统地掌握语言和文化的规律，特别是要了解、感受人类丰富的心灵和智慧，受其濡染，得到启发，增强自己的创造力。正因为如此，"大学语文"应该不再枯燥，不再难学而不得不学，而是让我们放松绷紧的神经，感到轻松和快乐，如同听一场美妙的音乐会，或者像一次春天的郊游，在愉悦的心情中获得自己感兴趣的知识和学问。

二、"大学语文"课带给我们什么样的收获？

我们主张轻松快乐地学"大学语文"，但这毕竟是一门课程，在竞争激烈的当代社会，即使是大学的学子，时间也同样宝贵，学习一门课程，应该有尽可能多的收获。这门课程应该带给我们什么样的收获呢？

收获一，是人文素养的提高。"人文素养"听起来很抽象，但是在每个人的身上，又随时随地显现出来：一个人是否优雅，是否有文化底蕴，听他说上一两句话就可以知晓；一个人对于高雅艺术，是欣赏还是无动于衷，也显示出人文素养的差别；我们旅游，既登山也涉水，是否想到过孔子所说的"仁者乐山，智者乐水"的含义？人文素养与创造力的关系更微妙，诺贝尔物理学奖得主杨振宁博士在《父亲与我》一文中曾经特别提及一件事：在他 11 岁入初中的时候，学数学的能力已充分显示出来。可他的父亲没有教他解析几何和微积分，却在初一与初二之间的暑假，请了一位历史系的学生教他《孟子》，还给他讲了许多上古历史知识。幼年时所背的《孟子》，成为杨振宁在成年之后为人处世的基本原则。因此，影响他最深的，并不是他所专长的物理学，而是 2 000 多年前孟子的思想。也许，我们的大学生因就业而承受压力，总在为一门课程的成绩而拼搏，但提升自己的人文素养，不仅会让自己的知识更广博，心灵更丰富，还可能获得未来人生的重要原动力。

收获二，是增强应对竞争的能力。社会的发展和就业机制的改变，使当代大学生面临着越来越激烈的竞争和能力挑战。用人单位因为市场竞争，对员工的能力要求也越来越高。就业需要自我展示，需要应对用人单位近乎苛刻的挑选考试。以往单一的专业性人才已经不能适应市场，要在就业市场获得理想的职位，唯有增强自己的综合素养。"大学语文"课对于非中文专业的学生而言，可以提升语言表达水平，通过学习各类文体的范文，可以提高写作能力；人文素养的提高，对面试中的自我表现起着无形而重要的作用；进一步看，就业后的进取和创造，更有赖于知识的广博和创造潜质。拿眼下热门的动漫产业来说吧，它需要精通计算机的人才，也需要人文科学人才，如果在专业上相互隔膜，则不仅难以创作出优秀的动漫作品，其创作过程恐怕也不免困难重重。因此，"大学语文"课程或许在一定程度上能够弥补专业外的能力欠缺。

三、 本教材的编写理念

本教材大体上是根据我们在教学中所了解的大学生的需要而设计编写的。我们确立的编写理念有三：

——完全区别于中学阶段的语文课程。首先是避免课文的重复；其次是积极地改变课程的姿态，不再强调知识点的记忆，也不赋予这门课程太多太重的使命，而是倡导轻松快乐地学习这门课程，以轻松愉快的心情，了解和感受古往今来人类的灵感、智慧，从中获得教益和启发。教材的选文就体现了这一理念。它们大多是优美的、有趣的，或者体现智慧之美，或者品味人生苦乐。选文后面的知识链接，既可扩充知识，也注重趣味性。

——注重人文性。如上文所阐述，我们认为，通过这门课程提升大学生的人文素养是特别重要的目标，人文素养的提高和能力的增强相辅相成。学"技"固然重要，悟"道"则是更高的追求。"技""道"互补，才是真正的能力。也正因此，本教材将内容分为"汉语言文字""文学审美""中华文化"三编，各编又列出数讲，以使学生通过学习，比较全面地提升自我人文素养。

——注重中国文化传统。任何民族都有自己的文化，也有自己的文化传统。随着改革开放的深入和信息传播速度的加快，当代社会的文化越来越多元化，但作为中国人，对本民族的文化应该有较多的了解，有自觉的继承。因此，本教材着重介绍中国的语言、文学和文化，古代的文学和文化所占的比例更大。

以上是我们编写这部教材的一些想法。在中国古代教育理论中，"教学相长"是一种重要的思想。一个教师通过教学，可以从学生那里得到启示，提高教学水平；一门课程也需要在实践中检验，从而得到完善。基于这样的认识，我们真诚地希望使用本教材的教师和同学能够提出宝贵的建议，使本教材得以不断改进，能够真正辅助大学生们进入"快乐学语文"的境界。

目　录

第二编　文学审美

第三编　中华文化

第一编
汉语言文字

第一讲　古代汉语·文字与音韵

概述

　　古代汉语就是古代汉族人民使用的语言，是相对现代汉语而言的。中国悠久的文明史是从有了记录语言的文字开始的，有系统的文字记载是从甲骨文开始的，至今已经有 3 000 多年的历史。有了文字以后，我们才得以认识古代汉语的历史面貌。

　　汉语的书面语言大致有两个系统：一个是以先秦口语为基础而形成的上古汉语书面语以及后代用这种书面语写成的作品，即通常所说的文言；另一个是以六朝以后在北方话基础上形成的古白话写成的作品，例如唐宋禅宗语录、唐五代变文、宋元话本等。

　　汉语有相当长的发展历史，其分期问题是我们学习和研究古代汉语过程中所遇到的基本问题之一。目前大多数学者能够接受的看法是：以先秦、两汉书面语为代表的是上古汉语，以东汉到隋末含较多口语成分的典籍语言为代表的是中古汉语，以晚唐五代至清代初年古白话为代表的是近代汉语。西汉是上古汉语向中古汉语过渡的时期，初唐、中唐是中古汉语向近代汉语过渡的时期，清代中晚期是近代汉语向现代汉语过渡的时期。研究汉语发展的历史，就是要研究汉语在不同历史时期的语音、词汇、语法的基本面貌，了解汉语在不同历史时期的发展变化，探索这些发展和变化的特点和原因，揭示出汉语发展的内部规律。

　　古代汉语，相当于古人所说的"小学"。"小学"即汉语言文字之学，直到清代，章太炎才确立了"语言文字学"的名称。章太炎在《语言缘起说》中认为："今言小学者……当名语言文字之学为确切。"古代汉语包含的内容非常丰富，不仅包括文字、词汇、语法、修辞、音韵、训诂等内容，还包括古代文体、诗词格律、古代文化常识、工具书的使用等。下面，我们对其中的文字、音韵知识做一简单介绍。

一、文字

　　文字是记录语言的符号系统，语言先于文字而产生。东汉许慎《说文解字·叙》

说："仓颉之初作书，盖依类象形，故谓之文；其后形声相益，即谓之字。"关于汉字起源的说法，历来有五说：仓颉造字说、结绳说、八卦说、契刻说、图画说。

文字记录语言的方法有两种：一是表音，二是表意。汉字属于表意体系的文字。

汉字的历史十分悠久。现在我们能见到的最早的成系统的汉字，是1899年河南安阳出土的甲骨文，距今已有3 000多年的历史。

汉字的形体经历了甲骨文、金文、大篆、小篆、隶书、楷书六种正式字体以及草书、行书等辅助字体的变化，总的来说，是向着便于书写和形体简化的方向发展。

关于汉字形体的构造，传统有"六书"的说法。"六书"名称最早见于《周礼·地官·保氏》："保氏掌谏王恶，而养国子以道，乃教之六艺……五曰六书，六曰九数。"东汉郑众在《周礼》注中注出了"六书"：象形、会意、转注、处事、假借、谐声。

"六书"的具体名称，最早见于东汉班固的《汉书·艺文志》："古者八岁入小学，故周官保氏掌养国子，教之六书，谓象形、象事、象意、象声、转注、假借，造字之本也。"

东汉许慎则不仅提及"六书"的名称，而且对"六书"进行了具体解释，并运用"六书"理论解说《说文解字》中的9 353个汉字。他在《说文解字·叙》中说："《周礼》：八岁入小学，保氏教国子，先以六书。一曰指事：指事者，视而可识，察而见意，'上''下'是也。二曰象形：象形者，画成其物，随体诘诎，'日''月'是也。三曰形声：形声者，以事为名，取譬相成，'江''河'是也。四曰会意：会意者，比类合谊，以见指㧑，'武''信'是也。五曰转注：转注者，建类一首，同意相受，'考''老'是也。六曰假借：假借者，本无其字，依声托事，'令''长'是也。"

这三家本出一源，没有本质的区别。所以后世讲"六书"，一般用许慎的名目而取班固的次序，即象形、指事、会意、形声、转注、假借。

清代以来的学者对"六书"说有许多新探索：

"四体二用"说。这是清代学者戴震提出来的。他把"六书"划分为"四体二用"（见《戴东原集·答江慎修先生论小学书》）。段玉裁《说文解字注》引述戴震观点："戴先生曰：'指事、象形、形声、会意四者，字之体也；转注、假借二者，字之用也。'""四体二用"说由戴氏首创，段玉裁为之弘扬，许多文字学家也承袭了这一说法。

"三书"说。这是现代文字学家唐兰提出来的。20世纪三四十年代，唐兰在《古文字学导论》和《中国文字学》中对"六书"说提出了尖锐的批评。唐兰把汉字归纳为"象形文字""象意文字""形声文字"三大类。"三书"说提出后产生了广泛影响。1956年陈梦家在他的《殷虚卜辞综述》一书中提出修正意见，把唐兰的象形、象意合为一类，增加假借一类，即象形、假借、形声。1988年裘锡圭在他的《文字学概要》中基本赞同陈氏的分类，只是把象形改为表意，因为象形不能概括全部表意字。裘锡圭把汉字归纳为"表意字""形声字""假借字"三大类。

上述诸家之说对汉字构造理论都有新的发现、新的拓展，对我们研究汉字理论、分析汉字结构都有积极的指导意义。

文字学是研究汉字产生、发展及其研究的一门科学。根据历史分期，《中国大百科全书·语言文字卷》把文字学的发展划分为五个方面：（1）先秦古文字研究；（2）秦汉篆隶文字研究；（3）魏晋以后的行书、楷书研究；（4）六朝唐宋以来的俗字、简体字研究；（5）近代方言字研究。其实，如果更概括一些，则汉语文字学大体可以分为两个大的方面：古文字研究和近代汉字研究。

二、音韵

音韵学，又叫"汉语音韵学"，是研究我国古代汉语各个历史时期的语音系统及其演变规律的一门科学。传统音韵学的内容包括音韵学术语、古音学、今音学、等韵学等几个部分。

汉语发展的历史悠久，"现代音"之前的语音系统都是古音。但是，语音的发展不是突变的，而是逐渐发展演变的，不同历史时期各有自己的语音系统。

上古音，是指上古时期（周、秦、汉）的语音系统。这一时期的语音有以下几个重要的特点：没有轻唇音、没有舌上音、阴阳入三声配合整齐、声调分为平入两类等。上古音的代表音系是《诗经》的韵部系统和先秦的声母系统。因为当时没有系统的韵书流传下来，所以后代的拟音多不一致。

中古音，是指隋唐五代时期的语音系统。这一时期的语音以陆法言的《切韵》音系为代表。中古音研究一直是汉语语音史研究中最热也最深入的领域。关于中古声母拟音及其发展方面的讨论，主要集中在全浊声母的清化、轻唇音产生的年代和条件、知章庄组字的拟音及其发展等方面。

近代音，是指近代（晚唐五代至清初）的语音系统。元代周德清所著的《中原音韵》（1324年成书）是近代音的代表作。这部书是周德清为了总结元曲押韵的规律，指导元曲创作而编写的一种曲韵韵书。它的音系是在归纳北曲押韵的基础上审辨实际口语而建立起来的，记载了当时新兴的共同语语音系统，即大都话的音系。这个音系是北京话音系的前身，它正处在从中古音向现代音演变的中间站上，很多方面已经接近现代音，也还有一些方面仍近似中古音而不同于现代音。关于近代汉语的声调，从《中原音韵》反映的近代音的实际看，元代北方已经产生了新的四声：阴平、阳平、上声、去声。

近代汉语的语音特点是：声母方面，从双唇音（帮系）里分化出唇齿音（非系），北方话里的全浊声母并入清声母等；韵母方面，北方话韵尾-p、-t、-k消失了，闭口韵尾-m并入了-n等；声调方面，北方话里平声声母分化为阴阳两类，原全浊声母的上声字转化为去声，入声字并入平、上、去三声。

学习音韵学可以帮助我们认识古代的通假字、同源字，提高阅读古书的能力；可以提高我们欣赏古代的诗歌及其他韵文，特别是鉴赏古典诗词的能力等；可以帮助我们了解现代汉语声、韵、调的来历，有利于我们学习推广普通话，做好现代汉语语音的规范化工作。音韵学的知识，对于古籍校勘以及研究中国古代文化的其他学科，也有很大的帮助。

甲骨文选读

文本导读

甲骨文，主要指的是河南安阳小屯殷墟出土的龟甲和兽骨（牛骨）上所刻的文字，它是殷商王室及其族属占卜活动的记录，又称卜辞、殷契、甲骨刻辞、龟板文、龟甲文字、龟甲兽骨文字，等等。

自1899年甲骨文被发现以后，经早期甲骨学者的收集、整理和研究，甲骨文的重大价值引起了学术界的高度关注。从1928年10月至1937年抗日战争全面爆发，当时的中央研究院历史语言研究所先后对殷墟进行了15次大规模科学发掘，这个时期的考古工作对深入认识殷墟遗址具有重大意义。这15次发掘中有12次获得了带字甲骨，新获甲骨总数达24 900余片。这些甲骨都有明确的层位和坑位记载，前期的零散收集和私人发掘所得材料与之不可同日而语。

1950年起，殷墟发掘、研究和保护基地逐步有计划地建立，1958年中国科学院考古研究所在安阳设立工作队，次年设立工作站。1973年，考古所对小屯南地进行发掘，新发现甲骨5 300多片，其中带字甲骨4 589片，整理成《小屯南地甲骨》一书发行。[1] 1991年，在殷墟花园庄东地又发现了一个甲骨窖藏坑，集中出土甲骨1 583片，其中大版和完整的龟甲达755版。这批甲骨有刻辞的卜甲684片，卜骨5片，共计689片，有刻辞的完整龟甲约300版。在内容与文例等方面，花园庄甲骨都提供了以前难以了解的许多重要信息，是甲骨文的又一次重大发现。2003年，其整理研究成果《殷墟花园庄东地甲骨》一书出版。[2] 此外，在殷墟小屯村中村南陆续发现的一些甲骨，也已整理出版。[3]

除了商代的甲骨外，新中国成立以后还多次发现西周的甲骨。1954年，山西洪赵县（今属洪洞县）坊堆村周代遗址中发现一片有字卜骨。1956年，陕西长安张家坡居住遗址出土35片甲骨，其中1片有字卜骨。李学勤指出它们应当是西周时代的卜辞，"西周卜辞的发现，打破了有字甲骨必须是殷代的成见"[4]。

---

① 中国社会科学院考古研究所.小屯南地甲骨.北京：中华书局，1983.

② 中国社会科学院考古研究所.殷墟花园庄东地甲骨.昆明：云南人民出版社，2003.

③ 中国社会科学院考古研究所.殷墟小屯村中村南甲骨.昆明：云南人民出版社，2012.

④ 李学勤.谈安阳小屯以外出土的有字甲骨.文物参考资料，1956（11）.

1977 年 7 月至 8 月和 1979 年 5 月，周原考古队先后在陕西岐山县凤雏村西周宫殿遗址西厢二号房发掘了两个窖穴，从窖穴中出土甲骨 17 275 片，其中有字甲骨 292 片。这是我国首次大批发现的西周甲骨，其发现掀起了学术界研究西周甲骨的一个高潮。

1979 年至 1987 年，在陕西扶风地区齐家、云塘、强家、齐镇、召陈等村征集到西周甲骨 62 片，其中有字甲骨 7 片。1983 年至 1986 年，陕西长安张家坡西周井叔家族墓地出土卜甲和刻辞人骨，具体数目不详。2003 年 12 月，岐山周公庙遗址附近采集到 2 片有字卜甲，可遥缀为一版。后来在周公庙遗址内的祝家巷村北、庙王村北和陵坡南三个地点均发现了先周晚期至西周时期的刻辞甲骨。其中庙王村北清理的 2 个灰坑内及附近发现卜甲 700 余片，有刻辞者 90 余片。

除上述出土的西周甲骨以外，其他地方也有零星的发现，如四川成都青羊宫遗址、湖北蕲春毛家咀西周木构建筑遗址、河南淅川下王岗遗址、河南洛阳北窑西周铸铜遗址、河北邢台南小汪西周遗址、北京昌平白浮村周初燕国墓地、北京琉璃河西周燕都遗址、山西翼城大河口墓地、山东高青陈庄西周遗址等地均发现了西周甲骨。

自 19 世纪末叶到目前为止，总共发现了多少片甲骨尚没能得出确切的统计数据，各家统计数据少的约 10 万片，多的达 15 万片左右。[①] 已发现的甲骨，主要收藏于海内公私诸家，也有不少为域外所收藏，如英国、法国、德国、比利时、瑞典、瑞士、美国、加拿大、俄罗斯、日本、韩国等都收藏有甲骨，使用殊为不便。郭沫若主编、胡厚宣任总编辑编纂完成的《甲骨文合集》和彭邦炯等编纂的《甲骨文合集补编》，收集了国内外已公布的资料和各家所藏，总计约著录甲骨 6.5 万余片。[②]

大量甲骨文字的发现，表明殷商时期汉字就已经发展到比较成熟的阶段。从构形和运用看，甲骨文具备了象形、会意、指事、形声等基本构形方式，同音通假运用比较普遍，能较为准确地记录语言，已经成为一种便于书写和辨认的成熟的文字符号系统。可见，甲骨文字之前，汉字可能已经经历了较长时间的发展。甲骨文的发现对于研究汉字的起源和发展有着重要的意义，对于民族文化的传承也有着积极的作用。

甲骨文的重大发现，不仅证明了汉字起源之久远，也把中华民族的信史向上推进了约 1 000 年，在中华文明乃至人类文明发展史上具有划时代的意义。在世界五大古文字体系中，古埃及的圣书文字、两河流域的楔形文字、古印度河流域的印章文字和中美洲的玛雅文字，都已湮灭在历史的长河中，唯有中国的古文字没有消亡，一直绵延流传下来，演变成现今通行的汉字。2017 年，甲骨文成功入选联合国教科文组织《世界记忆名录》，真正确认了甲骨文遗产的世界意义和国际地位。

甲骨文是占卜的记录。利用龟甲占卜，既是一种古老的习俗，又是一种迷信的行为，我国新石器时代就已经普遍存在。占卜所使用的甲骨，主要是龟甲和牛肩胛骨，还有少数人头骨、鹿头骨、羊骨等。

---

① 王宇信，杨升南. 甲骨学一百年. 北京：社会科学文献出版社，1999.
② 郭沫若. 甲骨文合集. 北京：中华书局，1978—1982；彭邦炯，等. 甲骨文合集补编. 北京：语文出版社，1999.

龟甲兽骨使用前要经过整治，龟甲先要将腹甲、背甲锯开锉磨，占卜主要用腹甲，背甲较少使用。兽骨主要是牛的肩胛骨，骨臼一般要锯去部分，并对骨面和边缘进行削刮打磨，以便利用。

甲骨修治好以后，由占卜的史官保存，需用时取出。占卜时先进行钻凿，使钻凿处变薄，然后用文火在钻凿处施灼，甲骨正面就会呈现预示吉凶的裂纹，这就是"卜兆"。王或史官根据卜兆来判断所占问事情的吉凶。占卜的有关事项以及应验情况记刻在卜兆边上即"卜辞"。卜兆旁边还刻有"一""二""三"等数字，即"兆序"；卜兆旁刻记的"小告""一告""二告""三告""不午黾"等，是"兆记"。

甲骨卜辞有一定的格式，最完整的形式包括四个部分，即前辞（叙辞、述辞）、命辞（贞辞）、占辞、验辞。

(1) 前辞：记录占卜的时间和占卜者的名字，有时包括地点（如后期的卜辞）。

(2) 命辞：记录占卜贞问的事情，或称为"贞辞"。

(3) 占辞：根据卜兆作出吉凶祸福的判断。

(4) 验辞：记录占卜后应验的情况。

以上四个部分就构成了一条完整的卜辞，如《甲骨文合集》137 正这条卜辞：

癸丑卜，争贞：旬亡𡆥？王固曰：有祟、有梦。甲寅，允有来艰。左告曰：有往刍自𡊄，十人又二。

并不是每一条卜辞都有这么完整的形式，最常见的是简省形式，如"癸亥卜，王（前辞），吉（占辞）""羽（翌）乙亥其雨？（命辞）""己亥卜，宾贞（前辞），御于南庚？（命辞）""贞（前辞），侑于南庚？（命辞）"等等，都是省略形式。

有一部分纪事刻辞与这种格式无关。如：(1) 甲桥刻辞，刻在龟腹甲反面的甲桥上；(2) 背甲刻辞，刻在龟背甲的反面；(3) 甲尾刻辞，刻在龟腹甲尾部右边；(4) 骨臼刻辞，刻在牛胛骨首；(5) 骨面刻辞，刻在牛胛骨宽面下方的一端。这些部位所刻的纪事刻辞，记录的不是占卜的直接内容，一般是甲骨来源、修治人员以及修治后交付的保管人等记录。此外，还有一类表谱刻辞，如干支表、祀谱、家谱等，也不属卜辞，也与卜辞格式无关。

殷墟甲骨文内容十分丰富，主要有以下几个方面。

(1) 祭祀：对祖先与自然神的祭祀、求告；

(2) 天时：占卜风雨阴晴水灾及天变等；

(3) 年成：农作物收成与农事等；

(4) 征伐：殷商与方国之间的战争；

(5) 王事：时王的田猎、游止、疾病、生子等；

(6) 旬夕：对今夕来旬吉凶祸福的卜问。

甲骨文是中华优秀传统文化的根脉，为研究中国源远流长的灿烂文明史和早期国家与社会形态提供了第一手资料。殷墟甲骨文保存了殷商社会文化多方面的丰富史料，因此，有人说甲骨文是殷商王室的档案。此外，还有一些非王卜辞，则记录了一些与王室关系密切的殷商重要家族的占卜活动。

1. 《甲骨文合集》6654 正、反①

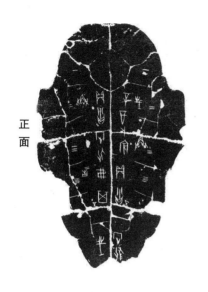
正面

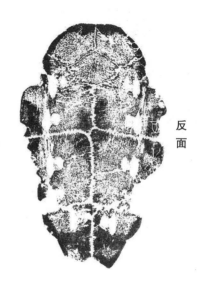
反面

释文：

正面：(1) 辛酉卜，宾贞：龚正化弋舋？一 二 三 四 五

译文：辛酉这一天，贞人宾占卜说："龚正化这个将领会重创舋部族？"

(2) 贞：龚正化弗其弋舋？一 二 三 二告 四 五

译文：（辛酉这一天，贞人宾）占卜说："龚正化这个将领不会重创舋部族？"

反面：奠（郑）来十

译文：郑人向商王贡纳十版龟甲。

---

① 该龟甲 1936 年出土于河南省安阳市小屯村北，现藏台湾"中央研究院"历史语言研究所，属宾组一类卜辞。由贞人宾主持占卜，正面两辞对贞反复占卜了五回，卜问龚正化这个将领是否会重创"舋"部族。委命龚正化攻打舋的战争一度是商王武丁关注的焦点，相关的占卜频频见于宾组卜辞。本版反面右侧甲桥上有纪事刻辞，大意是郑人向商王贡纳十版龟甲。文字契刻用笔整饬，笔画瘦挺而内敛。

2.《甲骨文合集》10308①

□古贞，尞于□②
㱿贞，今日我其獸□③
□獸隻禽鹿五十屮六④。
□贞，今日□其獸□⑤
□隻兕十一，鹿□⑥

10308
甲骨文拓片

知识链接

1.《淮南子·本经训》："昔者仓颉作书而天雨粟，鬼夜哭。"《荀子·解蔽篇》："好书者众矣，而仓颉独传者，一也。"

2. 关于甲骨文的发现，流传较广的说法是：1899 年秋天，清代国子监祭酒（国子监是我国元、明、清三代设立的国家管理教育的最高行政机构和最高学府，国子监祭酒就是这个机构的最高主管者）王懿荣犯疟疾用药时，无意间发现"龙骨"这味药上刻有文字。王懿荣对金石学颇有造诣，他初步断定这些刻有文字的龟甲和兽骨是商代的遗物。举世闻名的甲骨文就因这一纯属偶然的机会重见天日，王懿荣也因此被誉为"甲骨文之父"。也有学者认为，发现甲骨文的第一人并非王懿荣，而是王襄（1876—1965）。

---

① 选自《甲骨文合集》第 10308 片，由两片甲骨缀合而成。
② 古："盾"之初文，从口，贞人的名字。贞：贞问。尞：字形从木，从数点，表示以火烧木之意，"燎"之初文。《说文·火部》："烧柴尞祭天也。"《礼记·祭法》："燔柴于泰坛，祭天也。"知古代有焚柴祭天之法。此处用为祭名，即燎祭。"于"下一字残，疑为"岳"字，卜辞中为自然神名。
③ 獸（shòu）：从丫，从犬。丫象捕猎之武器或工具，从犬，意即用犬辅助捕捉野兽，"狩"之初文。此处用为动词，狩猎。
④ 隻（huò）：象以手抓住一只鸟（隹）之意，为"获"之初文。卜辞用为动词，捕获。禽：象捕捉所用之工具，有网有柄。卜辞多用为动词，擒获。屮：用在十位和个位之间，相当于传世典籍中的"又"字。
⑤ "其"字上当有一字，残泐不清。
⑥ 兕（sì）：犀牛。《说文·兕部》："兕，如野牛而青。"

金文选读[①]

文本导读

金文又称"青铜器铭文""钟鼎文""钟鼎款识"，是铸或刻在青铜器上的文字，是一种很重要的古汉字资料。中国青铜器制造有相当悠久的历史，从考古材料来看，目前发现时代最早的青铜器是甘肃马家窑文化遗址（约前3000—前2300）出土的铜刀，另外在被认为是夏文化的河南偃师二里头文化遗址和墓葬中，也发现了青铜器、锥和小刀等。而大约从商代中期开始，青铜器上开始出现铭文，字数虽不多，并且多是所谓的族徽文字，但年代都比殷墟甲骨文早。商代后期，始出现较长的记事铭文。西周以来，长篇的铭文多了起来，而且内容非常丰富，涉及政治、经济、军事、文化、外交等方面，有些铭文的重要性不亚于《尚书》。春秋以降，周室逐步衰微而各诸侯国势力日益强大，此时重要的青铜器多为诸侯国所铸。春秋金文开始呈现出地域性特点，内容也多反映出各诸侯国的政治、经济及相互间的关系。战国前期的金文基本上是春秋晚期的延续，到战国中晚期，青铜器的装饰日趋简朴，铭文也逐渐衰落了，除少数重器如中山王鼎、壶等外，"物勒工名"的铭文格式占据主要地位，字体也多草率。

金文作为商周时期珍贵的文化遗存，是汉语言文字在这一历史时期使用和发展的真实记录，是研究中国先秦语言文字、历史文化、典章制度、政治经济的重要资料。金文的研究历史较长，从汉代开始就有学者进行整理研究。宋代金石学兴起，在金文的整理与研究方面取得了不少成果。清代以来，金文研究取得的成果已经相当丰硕。

利簋是目前所知的最早的一件西周有铭青铜器，簋内铸有铭文32字，记叙了右史利参与武王征商一事而立有大功，得到武王的赏赐从而铸造此簋的经过。因簋铭所记载的武王于甲子日伐纣的史实与传世文献记载相合，所以引起了学术界的极大重视。

---

① 选编时主要参考文献有：唐兰．西周时代最早的一件铜器利簋铭文解释．文物，1977（8）；于省吾．利簋铭文考释．文物，1977（8）；张政烺．《利簋》释文．考古，1978（1）；刘翔，等．商周古文字读本．北京：语文出版社，1989．

4131-7

利簋铭文拓片

利簋铭文①

珷征商②，佳甲子朝③，
岁鼎④克闻𡖊又商⑤。辛未⑥，
王才䦨自⑦，易又事利金⑧，
用乍旜公宝障彝⑨。

---

① 殷周金文集成．北京：中华书局，1984—1994．最早见于《陕西临潼发现武王征商簋》［载《文物》，1977（8）］。1976 年 3 月，陕西省临潼县（今临潼区）零口公社社员在南罗村附近掘土时，发现了一西周时代的窖穴。其中埋藏有礼器、乐器、车马器、工具等器物 150 余件，利簋为其中一件。铭文所载事件与历史上武王征商有关，因而此簋又名武王征商簋。簋（guǐ）：古代一种盛饭食的容器。

② 珷：当为形声字，从王，武声，为武王的专名。后来又发展为以“珷王”表周武王，见䵼尊铭文、大盂鼎铭文等。征：征伐。《史记・周本纪》：“十一年十二月戊午，师毕渡盟津，诸侯咸会……二月，甲子昧爽，武王朝至于商郊牧野，乃誓。”铭文所记征商事件，指的应该就是这一次。

③ 佳：句首语气词，典籍多作“惟”“维”或“唯”。甲子：干支纪日法，指甲子日。《尚书・牧誓》：“时甲子昧爽，王朝至于商郊牧野，乃誓。”《逸周书・世俘解》：“越五日甲子，朝至，接于商，则咸刘商王纣。”典籍与铭文正相合。朝：早晨。金文朝字从水，小篆从舟，“舟”当为水形之讹变。朝、舟音亦近，属变形音化现象。

④ 岁：岁星，亦即木星。《国语・周语下》：“昔武王伐殷，岁在鹑火。”韦昭注：“岁，岁星也。鹑火，周分野也。”鼎：正也，当也。于省吾《甲骨文字释林・释鼎龙》：“鼎当训为方，义本相同。都是表示时间上‘现在’的副词。”意即岁星正当其位，利于征伐。《淮南子・兵略训》：“武王伐纣，东面而迎岁。”

⑤ 克：能够。或以为当“攻克”解。闻：《说文・耳部》：“闻，知闻也。”甲骨、金文字形象一人跽跪并以手附耳谛听之形。或以为此处是使动用法，“使……闻”，即“报闻”之义。或以为通“昏”。《说文》载“闻”之古文作“䎽”，从耳，昏声。据此知“闻”“昏”古音相同或相近。𡖊：早晨。《说文・夕部》：“早敬也。从丮持事，虽夕不休，早敬者也。”或以为由本义早晨引申有迅速义，今写作“夙”。或昏夙连读，意即早晚之间。《管子・宙合》：“日有朝暮，夜有昏晨。”此“昏晨”与“昏夙”相当。又：有。此句句义理解分歧颇多。大意谓岁星正当其位，能够攻克商，所以很快地占领了商国。

⑥ 辛未：甲子日后的第七天。

⑦ 才：读为“在”。《说文・土部》：“在，存也。从土，才声。”二字古音相同。䦨：地名。于省吾以为：“从柬从间从官之字同属见纽，又系叠韵，所以䦨可读为管。”《逸周书・文政解》：“惟十有三祀，王在管，管蔡开宗循。”地在今河南郑州西北。自：即“师”字。《诗经・大雅・文王》：“殷之未丧师，克配上帝。”郑玄笺：“师，众也。”指人众聚居之处。

⑧ 易：赐也，赏赐。又事：或读为“右史”。古“事”“吏”“史”一字分化。金：铜。根据铭文可知，器主利的职务是主管祭祀、观察天时的官员，可能为武王征商提供了有价值的意见而被武王采纳，在征商中起到了比较关键的作用，所以受到武王的赏赐。

⑨ 用：连词，因而。乍：“作”之初文，制作。旜：或读为“檀”。《左传・成公十一年》：“单子曰：昔周克商，使诸侯抚封，苏忿生以温为司寇，与檀伯达封于河。”故以为旜即檀伯达。障彝：祭祀所用礼器之通称。

利簋是目前发现的最早的西周青铜器，也是反映周武王时期时代风格的标准器，为青铜器的断代提供了重要依据。利簋铭文是目前我们能够见到的唯一有关武王伐纣的第一手出土文献史料。它不仅记载了武王征商的史实并与史书记载相印证，同时还记录了确切的干支纪日以及天象信息，为夏商周断代工程"武王克商年代"的确定提供了重要的依据。夏商周断代工程是我国"九五"期间的重大科技攻关项目，从 1996 年启动到 2000 年通过验收，历时 4 年多（简单地说，夏商周断代工程是一个以自然科学与人文社会科学相结合的方法，来研究中国历史上夏、商、周这三个历史时期年代学的项目）。有关武王克商之年的说法有 44 种之多，从公元前 1127 年到公元前 1018 年，前后相差 100 多年。在利簋的铭文中出现了甲子日恰逢岁星当空的记载，为夏商周断代工程提供了极其珍贵的史料。

声律启蒙（节选）①

车万育

知识链接 文本导读

诗词和对联是中国古代重要的文学形式，对声调、音律、格律等方面都有严格的要求。古人从幼童时起就开始注重这方面的训练。一些声律方面的著作也随之产生，清朝康熙年间车万育所作的《声律启蒙》就是其中较有代表性的一种。《声律启蒙》是训练儿童应对、掌握声韵格律的启蒙读物，分为上下卷。按韵分编，包罗天文、地理、花木、鸟兽、人物、器物等的虚实应对。从单字对到双字对、三字对、五字对、七字对，再到十一字对，声韵协调，朗朗上口。这一类著作的主要目的在于教授蒙童声律知识，为蒙童树立格律类文体的写作规范，同时注重典故的运用、意象的锤炼，有启迪教化的作用。明清以来，《训蒙骈句》《笠翁对韵》等书，都是采用这种方式编写的，流传广泛。

一　东

云对雨，雪对风。晚照对晴空。来鸿对去燕，宿鸟对鸣虫。三尺剑②，六钧弓③。岭北对江东。人间清暑殿④，天上广寒宫⑤。两岸晓烟杨柳绿，一园春雨杏花红。两鬓

---

① 郑宏峰．中华启蒙经典．北京：线装书局，2008．
② 三尺剑：《史记·高祖本纪》："高祖击布时，为流矢所中，行道病。病甚，吕后迎良医，医入见，高祖问医，医曰：'病可治。'于是高祖嫚骂之曰：'吾以布衣提三尺剑取天下，此非天命乎？命乃在天，虽扁鹊何益！'"
③ 钧：古代重量单位，三十斤为一钧。《左传·定公八年》："公侵齐，门于阳州。士皆坐列，曰：'颜高之弓六钧。'"
④ 清暑殿：《洛阳宫殿簿》："内有清暑殿。"
⑤ 广寒宫：《明皇杂录》："（唐）明皇与申天师中秋夜游月宫，见榜曰：广寒清虚之府。"本为虚构，后遂以广寒宫为月中仙宫名。

风霜，途次早行之客；一蓑烟雨，溪边晚钓之翁。

沿对革，异对同。白叟对黄童①。江风对海雾，牧子对渔翁。颜巷陋②，阮途穷③。冀北对辽东④。池中濯足水⑤，门外打头风⑥。梁帝讲经同泰寺⑦，汉皇置酒未央宫⑧。尘虑萦心，懒抚七弦绿绮⑨；霜华满鬓，羞看百炼青铜⑩。

贫对富，塞对通。野叟对溪童。鬓幡对眉绿⑪，齿皓对唇红。天浩浩，日融融。佩剑对弯弓。半溪流水绿，千树落花红。野渡燕穿杨柳雨，芳池鱼戏芰荷风⑫。女子眉纤，额下现一弯新月；男儿气壮，胸中吐万丈长虹。

二 冬

春对夏，秋对冬。暮鼓对晨钟。观山对玩水，绿竹对苍松。冯妇虎⑬，叶公龙⑭。舞蝶对鸣蛩⑮。衔泥双紫燕，课蜜几黄蜂。春日园中莺恰恰⑯，秋天塞外雁雍雍⑰。秦岭云横⑱，迢递八千远路⑲；巫山雨洗⑳，嵯峨十二危峰㉑。

---

① 白叟：白发老人。黄童：儿童。

② 颜巷陋：这句讲的是颜渊。《论语·雍也》："一箪食，一瓢饮，在陋巷，人不堪其忧，回也不改其乐。贤哉，回也！"颜渊是孔子的学生，又名回。

③ 阮途穷：这句讲的是阮籍。《晋书·阮籍传》："（阮籍）时率意独驾，不由径路，车迹所穷，辄恸哭而反。"阮籍是三国时期魏国人，崇奉老庄之学，政治上则采取谨慎避祸的态度。与嵇康、刘伶等七人为友，常集于竹林之下肆意酣饮，世称"竹林七贤"。

④ 冀北：古幽都地。《广舆记》："契丹东胡旧地，后号盛京，又曰辽东。"

⑤ 濯足：濯即洗之义。《孟子·离娄上》："有孺子歌曰：'沧浪之水清兮，可以濯我缨；沧浪之水浊兮，可以濯我足。'"

⑥ 打头风：《韵府群玉》："石尤风，打头逆风也。"

⑦ 同泰寺：《梁书·武帝纪下》："大通元年三月，舆驾幸同泰寺舍身。"后梁武帝常在同泰寺讲经，相传讲经时有天雨宝花缤纷而下。寺在金陵，今不存。

⑧ 未央宫：西汉宫殿名。故址在今陕西省西安市西北长安故城内西南角，唐末毁。

⑨ 绿绮：汉卓文君琴名。

⑩ 青铜：指镜子，古代的镜子是用青铜铸造打磨而成的。

⑪ 幡：白色。

⑫ 芰（jì）：古书上指菱。

⑬ 冯妇：人名。《孟子·尽心下》："晋人有冯妇者，善搏虎，卒为善士。"

⑭ 叶公龙：《庄子》："叶公子高好画龙，天龙闻而下窥，叶公惊走。非好龙者，好似龙者也。"

⑮ 蛩（qióng）：蟋蟀。

⑯ 恰恰：自然、和谐。

⑰ 雍雍：和谐貌。

⑱ 秦岭：中国东西向重要山脉，南北地理分界线一部分。

⑲ 迢递：遥远。

⑳ 巫山：山名，主要在湖北、重庆、湖南交界一带。北与大巴山相连，形如"巫"字。

㉑ 嵯峨：山高貌。

明对暗，淡对浓。上智对中庸①。镜奁对衣笥②，野杵对村春③。花灼烁④，草蒙茸⑤。九夏对三冬。台高名戏马⑥，斋小号蟠龙⑦。手擘蟹螯从毕卓⑧，身披鹤氅自王恭⑨。五老峰高⑩，秀插云霄如玉笔；三姑石大⑪，响传风雨若金镛⑫。

仁对义，让对恭。禹舜对羲农⑬。雪花对云叶⑭，芍药对芙蓉。陈后主，汉中宗⑮。绣虎对雕龙⑯。柳塘风淡淡，花圃月浓浓。春日正宜朝看蝶，秋风那更夜闻蛩。战士邀功，必借干戈成勇武；逸民适志，须凭诗酒养疏慵⑰。

三　江

楼对阁，户对窗。巨海对长江。蓉裳对蕙帐⑱，玉斝对银釭⑲。青布幔，碧油幢⑳。宝剑对金缸㉑。忠心安社稷，利口覆家邦。世祖中兴延马武㉒，桀王失道杀龙逢㉓。秋

---

① 上智：智力突出的人。中庸：不偏叫中，不变叫庸。儒家以中庸为最高的道德标准。
② 奁（lián）：女子梳妆用的镜匣。笥（sì）：盛饭或衣物的方形竹器。
③ 杵（chǔ）：春米或捶衣的木棒。春：古代称为碓，春米的器具。
④ 灼烁：光皎貌。
⑤ 蒙茸：草乱貌。
⑥ 戏马：驰马取乐。《南齐书》："宋武帝在彭城，九日游项羽戏马台。"
⑦ 斋小号蟠龙：《晋书·刘毅传》："初，桓温起斋，画龙于上，号蟠龙斋，后桓玄篡晋，刘毅起兵讨玄，至是居之，盖毅小字蟠龙。"
⑧ 蟹螯：蟹的第一对脚。《世说新语》："晋毕卓嗜酒，语人曰：'左手擘蟹螯，右手执酒杯，乐足一生矣。'"
⑨ 鹤氅：鸟羽制的大衣。《晋书·王恭传》："王恭尝披鹤氅行雪中，孟昶见曰：'此真神仙中人也。'"
⑩ 五老峰：江西省庐山东南部名峰。五峰形如五老人并肩耸立，故称。
⑪ 三姑石：《地舆志》："南康有三姑石，响声若金镛。"
⑫ 镛：古乐器，奏乐时表现节拍的大钟。
⑬ 禹舜对羲农：禹、舜、羲、农，传说中的中国上古帝王夏禹、虞舜、伏羲、神农。
⑭ 雪花：宋代黄庭坚《咏雪奉呈广平公》："天巧能开顷刻花。"云叶：《史记》："黄帝与蚩尤战于涿鹿之野。常有五色云止于帝上，金枝玉叶，有花之像。"
⑮ 陈后主：南朝陈后主叔宝，字元秀。在位7年为隋所灭。汉中宗：汉中宗讳询，武帝曾孙，在位26年，崩，谥宣帝。
⑯ 绣虎：《魏志》说曹植七步成章，人号绣虎。雕龙：《梁书》："初，勰撰《文心雕龙》五十篇，论古今文体，引而次之。"
⑰ 逸民：指避世隐居的人。疏慵：懒散。
⑱ 蓉裳：屈原《楚辞·离骚》："制芰荷以为衣兮，集芙蓉以为裳。"蕙：香草，山人茸以为帐。南朝孔稚珪《北山移文》："蕙帐空兮夜鹤怨，山人去兮晓猿惊。"
⑲ 斝（jiǎ）：古代青铜制的酒器，圆口，三足。釭：油灯。
⑳ 幔：布帐。碧油幢：军幕。
㉑ 金缸：一作瓨，长颈瓮。
㉒ 马武：人名。《后汉书·马武传》："马武，字子张。仕后汉，鸣剑抵掌，从光武帝破王寻等，击郡贼，列名云台。"
㉓ 龙逢：即关龙逢，一作龙逄，夏桀在位时任大夫。相传他因直谏为桀所忌恨，后被桀囚禁杀害。

雨潇潇，漫烂黄花都满径；春风袅袅，扶疏绿竹正盈窗。

旌对旆①，盖对幢。故国对他邦。千山对万水，九泽对三江②。山岌岌③，水淙淙。鼓振对钟撞。清风生酒舍，白月照书窗。阵上倒戈辛纣战④，道旁系剑子婴降⑤。夏日池塘，出没浴波鸥对对；春风帘幕，往来营垒燕双双⑥。

铢对两⑦，只对双。华岳对湘江⑧。朝车对禁鼓⑨，宿火对寒缸。青琐闼⑩，碧纱窗。汉社对周邦。笙箫鸣细细，钟鼓响枞枞。主簿栖鸾名有览⑪，治中展骥姓惟庞⑫。苏武牧羊，雪屡餐于北海⑬；庄周活鲋，水必决于西江⑭。

作者简介

车万育（1632—1705），字双亭，号鹤田，湖南邵阳人。康熙进士，官至兵科给事中。据称他"在谏垣二十余年，发积弊，拒清谒，当路严惮之"，是一个有骨气的人。康熙二年（1663），与兄万备同举湖广乡试，明年成进士，选庶吉士。性刚直，直声震天下，至性纯笃，学问赅博。善书法，所藏明代墨迹最富，有《萤照堂明代法书石刻》十卷。

知识链接

1.《声律启蒙》与《三字经》《百家姓》《增广贤文》《幼学琼林》《龙文鞭影》《千家诗》等，是古代常用的蒙学读本，影响广泛。作者车万育为官清廉，刚正不阿，直声震天

---

① 旌：古代用羽毛装饰的旗子。旆（pèi）：古代旗末端状如燕尾的垂旒。

② 九泽：《广舆记》："吴越之间具区，楚云梦，秦杨纡，晋大陆，郑圃田，宋孟诸，齐海隅，燕钜鹿，并昭余祁，为九薮。"九薮即九泽。三江：《尚书·禹贡》："三江既入，震泽底定。"蔡沈注："三江在震泽下分流，东北入海为娄江，东南入海为东江，并松江为三江。"《韵府群玉》："三江乃钱塘、扬子、松江。一云松江、钱塘、浦阳。一云在苏州。"

③ 岌岌：形容十分危险，快要倾覆。

④ 倒戈：将武器掉转方向打自己人。武王伐纣时，纣士卒无心敌武王而倒戈。

⑤ 系剑：《纲鉴》："汉刘邦元年冬月，王子婴素车白马系剑于道旁以降。"子婴：秦始皇之孙。

⑥ 垒：燕巢。

⑦ 铢：古代重量单位，二十四铢等于旧制一两（亦有其他说法，标准不一）。

⑧ 华岳：即西岳华山，在今陕西华阴市。湘江：湖南境内第一大江。

⑨ 朝车：古代朝廷所用之车。禁鼓：古代宫禁所用之鼓，用以报时。

⑩ 青琐：《汉书·元后传》："曲阳侯根骄奢僭上，赤墀青琐。"颜师古注："青琐者，刻为连环文，而青涂之也。"闼：宫门。

⑪ 栖鸾：《后汉书·仇览传》："仇览字季智，又名香。……王涣曰：'枳棘非鸾凤所栖，百里岂大贤之路？'"

⑫ 展骥：《三国志·庞统传》："庞统字士元，初令耒阳，不治。吴将鲁肃遗先主书曰：'庞士元非百里才也，使处治中、别驾之任，始当展其骥足耳！'"治中、别驾皆府佐名。骥：千里马。

⑬ 牧羊：据《汉书·苏武传》记载，西汉大臣苏武，武帝时为郎，出使匈奴，被扣留，拒降。匈奴乃徙武北海上无人处，使牧羝。羝乳，乃得归。苏武持节不屈，留居匈奴19年，至昭帝时方获释回朝。

⑭ 活鲋：《庄子·外物》："庄周忿然作色曰：'周昨来，有中道而呼者。周顾视，车辙中有鲋鱼焉。周问之曰：鲋鱼来！子何为者邪？对曰：我东海之波臣也，君岂有斗升之水而活我哉？周曰：诺，我且南游吴越之王，激西江之水而迎子，可乎？'"

下。授户部给事中时，常直言面对皇上，专拣当务之急、他人不敢进谏之事上奏，有"朝阳鸣凤"之誉。

2. 《声律启蒙》的影响由古至今。诗人流沙河曾在《自传》中回忆：

除了在校攻读文言文而外，每日课余及每年寒暑假，我还得就学于一位贫穷而善良的老秀才黄捷三先生，听他逐字逐句地讲解《诗经》《论语》《左传》《唐诗三百首》《千家诗》。还自学了一本《声律启蒙》，这真是一本奇书！"云对雨，雪对风。晚照对晴空。来鸿对去燕，宿鸟对鸣虫。三尺剑，六钧弓。岭北对江东。人间清暑殿，天上广寒宫。两岸晓烟杨柳绿，一园春雨杏花红……"低吟缓诵之际，但觉音韵铿锵，辞藻华丽，妙不可言，很自然地领会了平仄对仗。

汉字构形方式的动态发展

黄德宽

文本导读

汉字是现在仍在使用的历史最悠久的文字。现在能看到而又能认读的最早的汉字是3 000多年前的甲骨文。这已是相当成熟、相当系统的汉字了。

世界上没有一种文字像汉字那样历尽沧桑，青春永驻，还得以不断发展，影响也越来越大。汉字不仅是记载和传承中华优秀传统文化的重要载体，也是铸牢中华民族共同体意识的文化纽带。中华文明5 000年传承延续没有中断，汉字厥功至伟。

分析汉字的构造，传统有"六书"说：象形、指事、会意、形声、转注、假借。其中象形、指事、形声、会意主要是"造字法"，转注、假借是"用字法"。

分析汉字的构成，实际上涉及两个有着密切联系又有一定区别的概念：构形方式与结构类型。构形方式是汉字形体符号的生成方式，结构类型则是对用不同构形方式构成的汉字进行共时的、静态的分析归纳的结果。

长期以来，文字学研究偏重汉字个体结构的分析，将不同历史阶段产生的汉字置于同一历史平面作类型性概括，而较少重视对构形方式及其历时发展的探讨，故而在汉字构形理论的研究方面，得出许多似是而非的结论。这些结论不仅关系到文字学理论建设，而且直接影响对汉字发展的估价、语文政策的制定和汉字的教学。通过对汉字基本结构类型及其消长变化的研究，我们可以揭示出汉字构形方式系统的历时态演进的实际面貌。

一

汉字构形方式是一个随着汉字体系的发展而发展的动态演进的系统。在汉字发展的不同历史层面，构形方式系统也有着相应的发展和调整。这种发展反映在汉字体系中，即是不同结构类型的汉字分布情况的消长变化。

我们采用统计方法考察和揭示汉字结构类型的分布情况。对汉字按结构类型予以统计是一个十分复杂的工作。首先，用作统计分析的材料要有代表性，能反映汉字构形的实际发展；其次，对同一时期所有的汉字进行结构分析，需要做大量细致的工作，而且，由于汉字形体的长期发展，产生了大量的省简、讹混现象，加之有些汉字的构形原理还无法找到有力的证据予以说明，所以对不同时期的汉字作穷尽性结构分析难免有不精确之处；再次，对同一结构的汉字，往往众说纷纭，不同学者对其分析标准未必一样。因此，这种统计分析只能反映构形方式发展的基本趋势，所得数值也并非绝对精确无误。鉴于此，我们以代表汉字形成体系后的殷商时期的甲骨文（下限时间为公元前 1027 年）①、《说文解字》记载的古文字终结时期的小篆（下限时间为公元 100 年）② 和郑樵《六书略》为代表的定型楷书（下限时间为公元 1160 年左右）作为统计对象。这三个时期代表了汉字发展的不同阶段，具有一定的典型性，而且李孝定、朱骏声、郑樵作过的结构分析可资借鉴。③ 不过他们都是按传统"六书"来分类的，在具体字的归类上也存在不少分歧。为了反映不同结构类型汉字的分布的变化，按照我们对汉字基本结构类型的认识，在三位学者分类的基础上，我们对具体字用统一的标准重新调整归类，剔去重出字形，这样统计的结果就大不相同了。④

在以甲骨文为代表的早期汉字中，指事、象形、会意结构类型的汉字所占比例为 70％多，形声结构汉字所占比例不足 30％；实际上未识字中的大部分属指事、象形、会意结构，形声结构的比例还要打一个较大的折扣。此外，由于对具体材料的处理和统计方法的不同，结果也会很不一样。我们曾将已识形声字与甲骨文单字总数据相比，得出甲骨文的形声字约占 10％，将古文字中全部的形声字进行分期统计，甲骨文时期的形声字约占 18％。⑤ 尽管如此，但甲骨文时期形声字结构不是主要的结构方式，指事、象形和会意等结构方式还占有绝对的优势。殷商甲骨文是原始汉字长期积累和发展的结果，这种优势，反映出汉字形成过程中表意类的结构方式所占有的地位。如果对两百余年甲骨文的发展做进一步的考察，可知道"武丁以后到帝乙、帝辛，主要的发展是形声字逐渐加多起来"⑥。形声结构在甲骨文时期虽不是最主要的结构方式，但

① 陈梦家. 殷虚卜辞综述. 北京：中华书局，1988.

② 黄德宽，陈秉新. 汉语文字学史. 合肥：安徽教育出版社，1990.

③ 李孝定. 从六书的观点看甲骨文字. 南洋大学学报，1968（2）；朱骏声. 说文解字六书爻列//丁福保. 说文解字诂林：第一册. 北京：中华书局，1988；郑樵. 通志：卷三十一：六书略. 北京：中华书局，1987.

④ 如李氏统计中 129 个假借字已归于四种基本结构，不应重出；70 个"未详"字中有 61 个可以重新归类。实际归类字数应为 1 087 个。这与甲骨文单字数相差甚远。《六书爻列》中转注、假借不应计入总数，会意兼声大部分应并入形声类。这样有单字 9 353 个，与《说文》所载相合。加之部分重出的其他字，删除后实际字为 23 266 个。

⑤ 黄德宽. 古汉字形声结构的动态分析. 淮北煤师院学报（社会科学版），1987（1）；古汉字形声结构声符初探. 安徽大学学报（哲学社会科学版），1989（3）. 以上两文收入《开启中华文明的管钥》（北京，北京师范大学出版社，2011），本文亦选自该书，并整合了《古汉字发展论》（黄德宽等著，北京，中华书局，2014）第八章相关内容。

⑥ 陈梦家. 殷虚卜辞综述. 北京：中华书局，1988.

已经呈现出发展趋势。《说文解字》反映的小篆文字系统，是古文字千余年来发展的自然结果。小篆终结于秦，隶书的出现和小篆的终结在时间上存在一个交叉阶段。到许慎撰《说文解字》之时（约 100—121），小篆早已退出了日常使用领域，但在某些场合仍有一定的使用价值。因此，就分析汉字结构而言，《说文》所载小篆也基本上反映了当时汉字体系的情况。《说文》中的指事、象形、会意结构类型的汉字不足 14%，形声结构的汉字超过 86%，这反映出不同类型结构方式的构字功能发生了根本性的变化，指事、象形、会意等表意象类的构形方式构字功能衰退，形声构形方式蓬勃发展，占据了绝对优势。到楷书早已定型的宋代，指事、象形、会意结构的汉字比例降至 6% 左右，而形声结构类型的汉字比例高达 94% 左右。这一事实表明，表意类型的构形方式实际上已不再具备构形能力，形声已成为近乎唯一的构形方式。

以上主要是从整个汉字发展历程来考察而得出的结论。下面我们再来考察一下古文字阶段构形方式的演变情况。以西周与春秋时期所见新增字（仅以目前出土材料所见）为例，西周时期新增字中以形表意类汉字约占 28.1%，形声字已达 71.9% 多；春秋时期以形表意类汉字仅有 4.3%，而形声字则高达 95.7%。这说明在古文字阶段汉字构形的基本方式已经发生了重大调整，指事、象形、会意等早期形成的构形方式逐步丧失构字能力，汉字构形方式趋于单一化。

综上所述，汉字构形方式系统自殷商时期已开始发生内部的调整，指事、象形两种基本构形方式殷商以后构字功能逐步丧失，会意构形方式只有微弱的构字能力，自西周以后形声这一构形方式迅速发展成为最重要的构形方式。运用共时的、静态的方法归纳汉字基本结构类型，只是汉字体系经数千年积累下来的汉字结构类型的分布情况，并不能反映汉字构形方式系统的实际面貌。汉字构形方式是一个动态的系统，不同构形方式在一定历史层面的共存和交叉关系只是短暂而表面的现象，在汉字发展的不同时期，不同构形方式之间存在着一种发展演变的更替关系。

二

构形方式系统的发展，与各个构形方式内部的深刻变化紧密相关，上文统计结果反映的各种结构类型汉字量的变化及由此得出的不同构形方式构字功能的变化和构形方式系统的调整，应从不同构形方式的内在发展中寻求有力的佐证。情况是否如此？通过对四种基本构形方式发展的粗略考察，即可得到明确的回答。

指事构形方式生成文字符号的能力，在汉字构形系统中是比较微弱的。用记号（或抽象符号）的组合构成的所谓指事字，就其来源看，更多继承了原始的刻画纪事符号。在汉字发展到殷商时期以后，已不再出现利用抽象符号构成的新的指事字，而在象形字的基础上附加标指性符号构成指事字的能力依然较强。在原象形字（前者）基础上附加标指符号生成指事字（后者）的关系历历可见，早已为甲骨学者所揭明。殷商以后，汉字符号化程度加深，对指事构形方式产生了两方面的重要影响。一方面象形字的形体逐步失却象形特征，使指事结构失去依托；另一方面汉字体系的高度符号化淹没了指事附加符号，利用符号作为标志构形的独特性不复存在。因此，西周以后，指事构形方式快速趋于萎缩，只是在象形形体变化较小和形体对应区分明确的情况下，才产生极少数分化字。可以初步判断，两周以后指事构形方式基本不具备构字功能。

象形构形方式是汉字最基础的构形方式。没有象形字，就不会组成独具特色的汉字符号系统。许慎《说文解字·叙》给象形下的定义是："画成其物，随体诘诎。"这个定义比较精练准确。作为一种构形方式，象形来源于原始绘画和图画纪事是比较一致的看法。从原始图画纪事和原始绘画的图形中不自觉地继承的象形字，与通过描摹词语概括的对象的轮廓构成的象形字，代表象形构形方式发展的不同阶段。到殷商时期，象形构形方式显然早已经过长时间的发展而进入自觉的阶段。虽然某些象形字形象生动逼真，可是大多数象形字构形符号简练，只是模仿其意，有些符号则根本无法看出所描摹对象的任何特征，字形书写普遍线条化，一些像动物之形的形体适应行款要求取纵式，更重要的是，绝大多数象形字可以充当字符或称为假借字，这表明殷商甲骨文中出现的象形字大部分来源较早，象形构形方式在殷商之前早已获得较充分的发展。如果对比一下《说文》所收的象形字，则几乎所有的象形字都以独体或字符形式出现在甲骨文中。这意味着，甲骨文时期以后，象形构形方式已基本不再构成新的象形字。作为一种构形方式，殷商时期它可能就已经历过了黄金时代并丧失构字功能。

会意构形方式与象形的来源历史一样悠久，早期会意字以象形符号的组合关系直观地体现所要表达的意义，与图形纪事的因袭关系十分明显。殷商时期，会意字的构成依然保存着以形相会的原始性。例如利用字符方向、位置的差别构成不同的会意字（"出"与"各"、"并"与"替"、"伐"与"戍"、"陟"与"降"等）；利用代表人体不同形态的字符与相关字符的配合，直观、形象地体现构形内涵（"望、监、既、飨"等）。这类以形相会的会意字，在甲骨文中占有相当的比例，西周一直到古文字的终结时期，会意构形方式仍具有一定的生成新字的能力。由于以形相会构形方式生成的字形较为繁复，过于依赖字符型体特征及其组合关系，因而具有很大的局限性。在汉字体系的发展过程中，逐步发生以形相会向以意相会的蜕变，产生了"止戈（制止战争）为武""人言为信"这样的构形方式。① 这种蜕变发生的确切时间一时尚不能下定论，从殷商到两周的会意字来看，基本都是以形相会式的。利用字符意义之间的关系构成的以意相会式新字，如按《说文》的解释，则甲骨文中有"美""武"，春秋金文中有"昶"字。"美"字构形，于省吾先生已有论定。② 至于"昶"，按《说文》新附的解释"日长也"，则是典型的以意相会了。我们估计以意相会的表意构形方式大约于春秋战国以后才真正出现。然而在会意构形方式发生这种变化的同时，形声构形方式已经发展到比较完善的阶段，显示出了巨大优势。人们当然不会避易就难，违背构形方式发展的主流，而将以意相会作为构字的主要方式。因此，从构形实际看，由于古汉字发展阶段的终结，会意构形方式及时做出了内部的调整，但构字功能依然极其微弱，只

---

① "武"字见甲骨文，也应为以形相会式的会意字；"信"或以为是形声字。这里仅引成说以说明问题，不代表我们对这两个字构形的看法。

② 于省吾.释羌、苟、敬、美.吉林大学社会科学学报，1963（1）.

是作为一种不具活力的构形方式存在而已。

形声构形方式的发展代表了汉字构形方式系统发展的主流。殷商时期，形声结构已发展到自觉的阶段，出现注形形声字（祝、祖、唯）、注声形声字（凤、星、卢）和形声同取形声字（洹、狈、杞）三种类型，但从字形组合形式（形符、声符的配合）、形声字的分布比例看，殷商时期形声构形方式尚处于发展的初期阶段。殷商以后，形声字大量出现并逐步成为唯一能产的构形方式，这是与形声构形方式内部的优化、调整密切相关的。

形符的优化和调整，是形声构形方式内部发展的主要方面。殷商时期及两周期间，形声构形方式处于急剧发展阶段。形符是形声结构中一个十分活跃的构形要素，呈现出明显的特色。一是变动不居。表现为形符可增可减，位置游移不定。二是同一形声字多种形符变幻不定，异形纷出。三是义近形符通用无别。这些都是形声结构发展阶段特有的现象。形符的优化，经过了以下几个环节：（1）形符表意泛化，区别和标指成为形符最主要的职能。早期出现的形声字，无论是注形、注声还是形声同取类型的，形符表意相对明确，在发展过程中，一些早期表意较为具体的形符，表意逐渐变得抽象。如"邑"西周时期主要用于表示都邑，在"邦，都"等字中都很具体，西周晚期至春秋以后表意范围扩大，凡诸侯封地都可加"邑"，再进一步发展为表示一切乡镇县邑和地名，这种扩大我们称为"泛化"。形符表意泛化，增加形符选择的自由度，是形符性质由表意向标指区分变化的重要表现，这一变化大大加强了形声构形方式的构字功能。（2）形符系统逐步形成。殷商时期形声字较少，形符不很完备。随着形声字结构的发展，两周以后出现了一批新的形符，这些形符在构形过程中，职能分工逐步明确。如"水、木、心、人、大、女、又、手、口、目、耳、页、示、力、牛、羊、马、犬、虫、鱼、系、衣、巾、食、米、禾、木、竹、缶、皿、车、舟、刀、戈、弓、矢、斤、广、土、雨、山、日、月、石、火、金"等最为常用的形符，在构形时一般不充当声符，除单独使用外，它们的主要职能是充当意符（形符）。由于这种分工的逐步形成，我们似乎也可以说与声符系统相对应，也存在着一个形符系统。我们曾将古汉字形声字的形符做过归纳，得到常用形符110多个。一般情况下，汉字构形的基本形体，都可以充当形符。尽管目前这方面的研究还很不够，但是，形符系统在长期发展中已经形成并在构形上呈现出职能分工，却是一个客观存在的事实。形符系统的形成与声符系统相对应，标志着形声构形方式的发展日趋完善。（3）形符的定型定位。形声结构发展过程中，形符变动不居的现象逐步减少。经过长期的选择，形声结构的形符一般都淘汰了异形、结构定型，而且形符的位置由上下左右任意变动发展到居左为主，有些形符则根据其来源和构形需要确定自己的结构位置，如"艹、网、竹、雨"等居上，"血、皿"等居下，形符的定型定位也是增强形声构字能力，使字形符号的构成进一步走向规整化的重要条件。总之，形符经过以上三个主要环节的发展，形声构形方式大大优化，构字能力大为增强。

基本构形方式内部发展表明：指事、象形两种构形方式到西周以后已开始萎缩和衰退，会意构形方式春秋以后发生了蜕变。与此同时，形声构形方式经过内部的调整和优化，构字功能不断增强，逐步成为一种比较完善的构形方式。由此看来，作为一个动态演进的系统，不同构形方式的兴衰变化构成了这一系统发展变化的基本格局，构形方式系统的发展正是各构形方式自身发展变化的综合反映。

三

汉字构形方式的发展演进，实际上是汉字体系发展演进的本质反映。下面我们对影响汉字构形方式发展的有关因素作进一步的分析，以便阐明上文揭示的汉字构形方式发展的必然趋势。

（1）汉字形体符号化的进程，动摇了以象形表意为基本方式的早期汉字构形的基础，长期以来形成的构形思想和构形方式因之而相应改革。文字本就是符号，所谓"符号化"，指的是汉字摆脱原始形态的进程和程度。汉字发展到殷商时期，形体符号化程度已经比较高。西周以后汉字形体进一步沿着简化的道路发展，曲线线条逐步发展到点画组合，字体形态规整化一，成为纯粹的抽象点画组成的符号。早期形成的象形构形方式，以描摹客观物象的轮廓而构形，一旦文字脱离毕肖物象的畛域而踏上线条化的道路，象形构形的基础即已不复存在。早期的附加符号类的指事和会意构形，是建立在象形基础上的，一旦象形构形失去基础，象形字自身的形象特征逐步消失，标指符号就无所加施，形体组合也会失去凭依。因此随着汉字体系字体形态的符号化程度的提高，早期产生的象形表意式的构形方式就必然要退出舞台，尽管汉字形体的符号化是汉字体系的表层发展，但这种表层发展却成为影响汉字体系构形方式深层发展的一个重要因素。

（2）同音借用现象的普遍发生，有力地冲击了早期构形方式，加速了文字符号的构成由形义关系向音义关系跃进。汉字作为记录汉语的符号系统，同音借用是早期汉字完善记录汉语职能的重要手段，用以形表意的方式造不出一个完整记录汉语的文字系统，这是最浅显明白的事实。利用同音借用的手段，则是早期汉字弥补自身缺陷的唯一有效的方式。同音借用开拓了汉字构形的思路，使汉字形体与它所代表的义之间发生了人为的分离，形体仅仅作为一个纯粹的记音符号出现。这就沟通了字符与语音之间的直接联系，这种联系是促成汉字构形方式由有形表意向记音表意转变的枢纽。此外，同音借用的大量出现，对以形表意的早期汉字是一个巨大冲击，造成了书面上同音异义的分歧，给习惯于以形及义来辨识文字的人们带来困难。于是，继承以形表意之长，扬弃同音借用之短的形声构形方式就自然成为一种比较理想的选择了。甲骨刻辞大量使用假借字，有力地推动了形声构形方式的发展，同时在假借字基础上加注形符生成的大量形声字，在形声构形方式摆脱原始状态、强化声符的语音功能方面的意义同样是不可低估的。因而，同音借用现象的普遍发生，也是促成汉字构形方式由早期的以形表意模式向记音表意模式发展的重要因素。

（3）汉语系统的发展对汉字体系的要求，是汉字构形发展的重要动力。出现较早的指事、象形、会意等构形方式自身存在着严重缺陷，难以适应语言发展对文字符号系统发展的要求。这些早期出现的构形方式，方法原始，"近取诸身，远取诸物"，依客观物象为参照，通过形义关系构成记录语言的符号。这些构形方式只适合文字构成的早期阶段。一旦文字从原始状态脱离，真正成为记录语言的工具，这类构形方式的缺陷就暴露无遗。而语言的高度发展，新词的大量增加，更加速了这类构形方式的衰落。文字体系要适应语言需要，必须另辟蹊径，形声构形方式通过记录语音来构型，沟通了汉字和汉语的深层关系，使文字符号系统与语音系统和谐发展，以适应语言发展对文字系统的要求。因而，在象形表意式的构形方式走向衰弱的时候，它能起而代之，并获得经久不衰的生命力。

（4）文字体系作为符号系统，遵循符号构成的优化原则。象形表意式构形方式构成符号的规律性不强，潜藏着形的有限性和义的无限性之间的深刻矛盾，利用这种方式很难构成一个便于操作而有序的符号系统，有悖符号学的"简易法则"。而形声构形方式在符号生成上有着极大的便利，这种便利表现在如下几个方面：一是形声组合的结构，类型明确，组合方式有限，不外乎左右、上下、内外、半包围等几种模式，符号构成容易做到规整。二是形符、声符系统的形成，基本字符数量有限。有限的结构组合类型和有限的基本字符，使构形和运用更为便利。三是具有巨大的生成有规律的符号的能力。象形、指事、会意等构形方式生成符号能力比较有限而且规律性不强。形声构形方式利用一个形符和一个声符构形，符号组合规律性强，并且具有较强的生成能力。以基本形符系统和基本声形系统相配合，在理论上可以构成数量巨大的不同形的形声系统。如果再加上组合方式的变化，则同一形符和声符并不止生成一个形声字。由此可见，形声构形方式在符号构成方面的巨大优越性，它所具备的其他构形方式无可比拟的发展性，使它成为最主要的构形方式的基础，故最终能取代其他构形方式而独占鳌头。

以上四个方面，反映了汉字体系发展与构形方式发展的紧密关系，各构形方式的发展变化也是汉字体系发展变化影响的必然结果。

通过统计分析不同结构类型汉字的分布，考察不同构形方式内部的发展，揭示汉字体系发展对构形方式发展的决定性影响，我们认为，汉字构形方式是一个历时态演进的系统这一事实是无可怀疑的，文字学研究不应忽略这一隐藏于结构类型背后的重要理论问题。我们希望本文的探讨和结论对当前的汉字理论研究、汉字教学及应用研究能有所裨益。

作者简介

黄德宽，1954年生，安徽广德人，历史学博士，汉语言文字学教授，国家社会科学基金语言学科召集人，教育部社会科学委员会语言文学学部委员，中文学科教学指导委员会副主任委员，曾任安徽大学校长、党委书记，现任清华大学教授。黄德宽教授在古文字学、出土文献与古代文明研究领域先后主持和承担国家社会科学基金"九五""十五"重点项目、"汉字发展通史"社会科学基金重大招标项目和"安徽大学藏战国竹简整理与研究"等国家社会科学基金重大委托项目。出版论著多种，其中《古文字谱系疏证》《古汉字发展论》两次入选国家哲学社会科学成果文库，获教育部优秀科研成果奖（社科类）一等奖。

23

1. 东汉学者许慎在《说文解字·叙》中说："《周礼》：八岁入小学，保氏教国子，先以六书。一曰指事：指事者，视而可识，察而见意，'上''下'是也。二曰象形：象形者，画成其物，随体诘诎，'日''月'是也。三曰形声：形声者，以事为名，取譬相成，'江''河'是也。四曰会意：会意者，比类合谊，以见指㧑，'武''信'是也。五曰转注：转注者，建类一首，同意相受，'考''老'是也。六曰假借：假借者，本无其字，依声托事，'令''长'是也。"许慎的解说，是历史上首次对"六书"定义的正式记载。后世对"六书"的解说，仍以许慎为核心。

2. （1）象形属于"独体造字法"，用文字的线条或笔画，把要表达物体的外形特征具体地勾画出来。例如"月"字象一弯明月的形状，"龟"字象一只龟的侧面形状，"马"字就是一匹有马鬃、有四腿的马，"鱼"是一尾有鱼头、鱼身、鱼尾的游鱼。象形字来自图画文字，但是图画性质减弱，象征性质增强，它是一种最原始的文字。它的局限性很大，因为有些事物是画不出来的。

（2）指事属于"独体造字法"。与象形的主要分别，是指事字含有绘画等较抽象的东西。例如"刃"字是在"刀"的锋利处加上一点，以作标示；"上""下"二字则是在主体"一"的上方或下方画上标示符号；"三"则由三横来表示。这些字的勾画，都有较抽象的部分。

（3）会意属于"合体造字法"。会意字由两个或多个独体字组成，以所组成的字形或字义，合并起来，表达此字的意思。例如"涉"字，以两脚趾跨过水来会"涉"义；"解"字的剖拆字义，是以用"刀"把"牛"和"角"分开来表达字义；"鸣"指鸟的叫声，于是用"口"和"鸟"组合而成。

（4）形声属于"合体造字法"。形声字由两部分组成：形旁（又称"意符"）和声旁（又称"音符"）。形旁是指示字的意思或类属，声旁则表示字的相同或相近发音。例如"樱"字，形旁是"木"，表示它是一种树木，声旁是"婴"，表示它的发音与"婴"字一样；"篮"字形旁是"竹"，表示它是竹制物品，声旁是"监"，表示它的发音与"监"字相近；"齿"字的下方是形旁，画出了牙齿的形状，上方的"止"是声旁，表示这个字的相近读音。

（5）转注属于"用字法"。目前学界争论较大，大致有形转说、音转说、义转说。

（6）假借属于"用字法"。语言中的某个"词"，本来没有替它造字，就依照它的声音"假借"一个"同音字"来寄托这个"词"的意义。例如："难"原是鸟名，借为"艰难"之难；"我"原是一种兵器，借为第一人称代词。

延伸阅读

1. 裘锡圭. 文字学概要：修订本. 北京：商务印书馆，2013.
2. 黄德宽，等. 古汉字发展论. 北京：中华书局，2014.
3. 王力. 汉语史稿. 北京：中华书局，1980.
4. 董同龢. 汉语音韵学. 北京：中华书局，2004.

第二讲 古代汉语·词汇与语法

概述

一、词汇

在语言系统的三大要素中，与语音、语法相比，词汇对现实生活变动的反应最灵敏，发展变化最快，系统性也最弱。古代的很多文献今人看不懂，主要原因就在于词汇。古代汉语的词汇研究主要是探索汉语词语的古今变化的。阅读古代文献，首先要扫除词汇障碍。

下面我们从古代汉语词汇的特征、古代汉语词汇的新陈代谢和古代汉语词义演变的方式三个方面对古代汉语词汇作一概述。

（一）古代汉语词汇的特征

特征往往在比较中才能更好地显现出来。和现代汉语词汇相比，古代汉语词汇具有单音节词占多数、一词多义等明显特征。

1. 单音节词占多数

汉语词汇按语音形式划分，可分为单音节词和多音节词两大类。和现代汉语相比，古代汉语词汇一个显著的特点就是单音节词占多数，而且年代越早，单音节词所占的比例越大。我们从古代文献中任意选取一段都能证明此说法。《左传·庄公十年》："既克，公问其故。对曰：'夫战，勇气也。一鼓作气，再而衰，三而竭。彼竭我盈，故克之。'"这一段有 30 个字，29 个词，其中单音节词 28 个，双音节词只有 1 个。有人统计，甲骨文中，基本上是一字对应一词，除少量的职官名称、人名地名和计时干支外，绝大多数是单音节词。春秋战国时期，多音节词比例有所增加，占到了词量总数的 20% 左右；中古以后，多音节词数量日渐增多；唐宋以后，多音节词占据了优势；到了清代，《红楼梦》中多音节词已占 64%；现代《骆驼祥子》中多音节词已占 70%。

2. 一词多义

古代单音节词居多，音节有限，但实际所要表达的意义却是无穷的。这种词汇和词义的不断发展促成了一词多义现象的出现。古代汉语中一词多义的现象比现代汉语中多得多，也复杂得多，这是古代汉语词汇一个显著的特点。例如：

屈原的千古名篇《离骚》，其篇名二字究竟为何意，至今未得确解。有人把"离"字理解为"罹"（遭遇、遭受），认为是"遭遇着忧愁"；有人把"离"字理解为"离别"，认为是"离别的忧愁"；有人把"离"字理解为"离间"，认为是"被离间的忧思"；有人把"离"字解释成"牢"，认为是"发牢骚"；还有人把"离"字解释成"劳"，认为"离骚"即楚曲"劳商"，等等。这是由"离"字的多义性造成的大家理解不一。

（二）古代汉语词汇的新陈代谢

词汇是构成语言的最基本材料，人类的物质活动和精神活动发展到什么程度，词汇就如影随形地发展到什么程度。词汇是一个开放的系统，一部词汇发展史，就是一部词汇新陈代谢的历史。

1. 新词的产生

每个历史时期到底产生了多少个新词，目前尚无这方面的文献记载，但我们可以从历代文献所收录的汉字数量上看出新词递增的大致情况。《甲骨文编》收录了甲骨文4 672个单字，汉代许慎《说文解字》收录了9 353个单字，南朝顾野王《玉篇》收录了16 917个单字，宋代的《广韵》收录了26 194个单字，清代的《康熙字典》收录了47 035个单字，现代的《汉语大词典》收录了375 000个复词。这种数量的递增，尽管累积了大量异体、废弃不用的汉字，但大致可以说明从甲骨文以来，汉语词汇是以新词不断增加的总趋势向前发展的基本事实。

2. 旧词的消亡

旧词的消亡有两种情况。一种是词语所反映的客观事物消亡了。另一种是词语所反映的客观事物并没有消亡，但使用了另外一个词语来表示，结果也使得原先用来表达那个事物的词语在实际语言运用中被"打入冷宫"，走向消亡。

（三）古代汉语词义演变的方式

古汉语词义的演变主要有两种方式，一种是词义范围发生变化，另一种是词义感情色彩发生转移。

1. 词义范围的变化

在词汇的发展过程中，我们常常可以见到某一个词语所反映的客观事物的范围在不断地变化。有的词语所反映的客观事物的范围在变大，有的却在缩小，还有的变得和原来的词义没有多大联系了。词义范围扩大是词汇发展过程中很常见的现象。如我们常说的"江""河"这两个词，最初的意义范围很小，只指长江、黄河。后来词义范围逐渐扩大，凡是大一点的水系都可以叫作"江"或"河"，像珠江、钱塘江、淮河、大渡河等。

词义范围缩小的现象相对词义范围扩大来说要少得多。如"瓦"，《说文》："瓦，土器已烧之总名。"段玉裁注："凡土器，未烧之素皆谓之坯（坏），已烧皆谓之瓦。"可见"瓦"的本义指用泥土烧制的陶器。《诗经·小雅·斯干》"载弄之瓦"，专指泥土烧制的纺锤。《庄子·达生》"不怨飘瓦"，指屋瓦，即覆盖屋面的建筑材料。后来词义缩小，就专指屋瓦。

古汉语中，词义还有一种运动形式，即由一个义域转移到另外一个义域，叫作词义的转移。如"涕"，最初指眼泪。《左传·襄公二十三年》："臧孙入哭，甚哀，多涕。"这个"涕"是指眼泪。《毛诗传》说："自目曰涕，自鼻曰泗。"约在汉代，开始出现"涕"由表示眼泪变为表示鼻涕的用例。如王褒《僮约》："目泪下落，鼻涕长一尺。""泪""涕"分工由此开始。

2. 词义感情色彩的转移

在词义的发展过程中，大多数词的感情色彩基本没有变化，只有少数词的感情色彩发生了变化，了解这些变化，对我们学习古代汉语十分重要。

"爪牙"，原指勇猛的干将、得力的助手。《国语·越语》："然谋臣与爪牙之士，不可不养而择也。"后指坏人的帮凶。

古代汉语中，还有些词随着历史的发展，词义轻重程度也发生了变化。如"诛"，原来只指用语言"责备"他人，后来词义变重，成为"杀"的意思。这是词义由轻变重的例子。词义由重变轻的用例如"怨"，古义指痛恨。《史记·淮阴侯列传》："秦父兄怨此三人，入于骨髓。"现在仅指一般意义上的埋怨。

二、语法

从古今汉语比较的角度而言，古今汉语在语法上的差异远没有语音、词汇的差异大，但古代汉语中仍有许多有别于现代汉语的特殊语法现象。下面我们从词法和句法两个方面对古代汉语语法作一简述。

（一）词法

古代汉语的词类和现代汉语基本一致，也分为实词和虚词两大类。不同之处在于：一是古代汉语中的虚词范围比现代汉语要大，除了副词、介词、连词、助词、语气词外，还包括一部分代词；二是古代汉语虚词的构成成分与现代汉语也有许多不一样的地方。

古代汉语中的名词、动词、形容词、数词在正常的用法之外还有一些特殊的用法。如名词、形容词可活用为一般动词、使动动词和意动动词，动词有使动用法、意动用法和为动用法，形容词可活用为名词，数词可活用为动词等。

古代汉语数量表示法与现代汉语的不同之处表现在：一是古代汉语中量词不发达，尤其是很少使用动量词，因此在表量的时候常常将数词直接放在名词或动词的前面；二是分子、分母连用，中间常不用"分"和"之"；三是用定数"三""五""九"等表示虚数；四是在数词前加"且""将""几"等或在数词后加"所""许"等表示概数。

（1）代词。常见的第一人称代词有"吾""我""余""予"等，第二人称代词有"汝（女）""尔""若""而""乃"等。上古、中古汉语中还没有出现真正的第三人称代词，当表达需要时，便借用指示代词"之""其"等来表示，第三人称代词"他"约出现于唐代初年。《王梵志诗·天子与你官》中"天子与你官，俸禄由他授"是"他"做第三人称代词的较早用例。

（2）副词。主要有程度副词（"甚""愈"等）、范围副词（"独""悉"等）、时间副词（"将""尝"等）、语气副词（"固""诚"等）、否定副词（"弗""毋"等）和表敬副词（"幸"等）六类。

（3）介词。介词不仅出现频率高，而且很多是一词多用，如"于（於）""乎""由""向"等常用作引进时间和处所的介词，"以""乎""用"等常用作引进工具和条件的介词，"以""因""由""用"等常用作引进原因的介词，"与""于""乎"等常用作引进对象的介词，"于""乎""为""被"等常用作引进主动者的介词。

（4）连词。主要有并列连词（"与""及""且"等）、递进连词（"而""且""况"等）、选择连词（"如""若""抑"等）、承接连词（"斯""而""然后"等）、因果连词（"以""而""是用"等）、假设连词（"如""若""设"等）、转折连词（"然""而""则"等）、让步连词（"虽""即""纵"等）和目的连词（"而""以"等）九类。

（5）助词。常见的助词有"所""者""之"等。

（6）语气词。按其在句中的位置可分为句首语气词、句中语气词和句尾语气词三类；按其所表语气的不同，可分为陈述语气词、疑问语气词、感叹语气词和祈使语气词四类。常见的语气词有"也""矣""哉""与（欤）""夫""耶（邪）""盖"等。

（二）句法

古今汉语句法方面的差异主要表现在以下几个方面：

（1）宾语前置。古代汉语中，当疑问代词在疑问句中做动词或介词的宾语时前置。如《论语·子罕》："吾谁欺？欺天乎？"指示代词或人称代词在否定句中做宾语时一般也前置。如《左传·宣公十五年》："我无尔诈，尔无我虞。"有时为了突出宾语或强调宾语的单一性，以"是""之"为标志把宾语提到动词之前。如《左传·昭公二十三年》："今吴是惧而城于郢。"《论语·先进》："吾以子为异之问，曾由与求之问。"还有时为了突出宾语，把宾语直接放在介词的前面。如《左传·僖公四年》："君若以力，楚国方城以为城，汉水以为池，虽众，无所用之。"

（2）判断句式。在先秦时期，"是"还没有变化为判断词，当时的判断句主要借助助词"者"、语气词"也"构成判断句来表明判断关系。较早的"是"字判断句出现在战国末期，如《韩非子·外储说左上》："此是何种也？"从汉代开始，"是"字判断句在文献中就常常可以见到了，如《史记·刺客列传》："此必是豫让也。"

（3）被动句式。古代汉语中被动句形式多样，主要有"于"字句、"为"字句、"见"字句、"为……所"式和"被"字句等。其中前三种句式主要运用于先秦汉语中，"为……所"式是两汉最常见的被动表达形式。从东汉末年开始，介词"被"字在文献中出现，如蔡邕《被收时表》："今月十三日，臣被尚书召问。"唐代以后，"被"字句逐渐成为被动表示法中最主要的句式。

文选

郑伯克段于鄢①

文本导读

　　"郑伯克段于鄢"六字源于《春秋》，意即郑庄公在鄢地打败共叔段。《左传》作者将之扩展成一个首尾完整的故事。文中记载的姜氏和郑庄公是母子，郑庄公和共叔段是兄弟，但是为了争夺政权，彼此感情破裂以致互相残杀。《左传》评价"兄不友，弟不恭"的伦常失序是这一事件的起因。古人认为兄弟如同手足，血脉相连，以"兄友弟共（恭）"为兄弟相处之准则，《左传·文公十八年》载："（舜）举八元，使布五教于四方：父义、母慈、兄友、弟共、子孝，内平外成。"本文叙事简洁生动，既写出了姜氏的偏私任性和共叔段的少年骄纵、野心勃勃，也刻画出郑庄公的老谋深算和阴险毒辣。故事结尾详细描写了郑庄公与母亲在隧道和好的经过，表面上是在探讨"孝"的问题，实质上是在揭露统治阶级虚伪的一面。与颍考叔的"纯孝"不同，郑庄公的"孝"里掺杂了一些政治因素，"隧中相见"其乐融融的场景具有讽刺意味。据《史记》载，公元前744年郑武公去世，庄公继位，祭仲为相，并封段于京。前722年，"段果袭郑，武姜为内应。庄公发兵伐段……段出奔共"。这场斗争前后历时22年之久。

_____

　　① 春秋左传正义·隐公元年//十三经注疏.影印清阮元校刻本.北京：中华书局，1980.郑伯，指郑庄公。郑属伯爵，所以称郑伯。郑，春秋时国名，姬姓，在现在河南省新郑市一带。克，战胜。段，郑庄公之弟。鄢（yān），郑地名，在现在河南省鄢陵县境内。郑伯姑息养奸，纵容其弟共叔段。其弟在母亲支持下骄纵而欲夺王位，兄弟间爆发战争。庄公胜利。庄公怨母，将其迁出国都。后有颍考叔规劝，母子重归于好。后《史记》亦据此记录了这一事件。《古文观止》收录此篇，并加附题"多行不义必自毙"。

初①，郑武公娶于申②，曰武姜③。生庄公及共叔段④。庄公寤生⑤，惊姜氏，故名曰寤生，遂恶之。爱共叔段，欲立之。亟请于武公⑥，公弗许。

及庄公即位，为之请制⑦。公曰："制，岩邑也⑧，虢叔死焉⑨，佗邑唯命⑩。"请京⑪，使居之，谓之京城大叔⑫。祭仲⑬曰："都城过百雉⑭，国之害也。先王之制：大都不过参国之一⑮，中五之一，小九之一。今京不度⑯，非制也，君将不堪。"公曰："姜氏欲之，焉辟害⑰？"对曰："姜氏何厌之有⑱？不如早为之所，无使滋蔓⑲，蔓难图也⑳。蔓草犹不可除，况君之宠弟乎？"公曰："多行不义必自毙㉑，子姑待之。"

既而大叔命西鄙、北鄙贰于己㉒。公子吕㉓曰："国不堪贰，君将若之何㉔？欲与大叔，臣请事之㉕；若弗与，则请除之。无生民心㉖。"公曰："无庸，将自及㉗。"大叔又

---

① 初：当初。《左传》追述以前的事情时常用这个词，这里指郑伯克段于鄢以前。

② 郑武公：名掘突，郑桓公的儿子，郑国第二代君主。娶于申：从申国娶妻。申，春秋时国名，姜姓，在现在河南省南阳市北。后为楚所灭。

③ 曰武姜：叫武姜。武姜，郑武公之妻，"姜"是她娘家的姓，"武"是她丈夫武公的谥号。

④ 共（gōng）叔段：郑庄公的弟弟，名段。他在兄弟之中年岁小，因此称"叔段"。失败后出奔共，因此又称"共叔段"。共，春秋时国名，在现在河南省辉县市。叔，排行在末的兄弟。

⑤ 寤生：难产的一种，胎儿的脚先生出来。寤，通"牾"，逆，倒着。

⑥ 亟请于武公：屡次向武公请求。亟（qì），屡次。于，介词，向。

⑦ 制：地名，即虎牢，在现在河南省荥（xíng）阳市西北。

⑧ 岩邑：险要的城镇。岩，险要。邑，人所聚居的地方。

⑨ 虢（guó）叔死焉：东虢国的国君死在那里。虢，指东虢，古国名，为郑国所灭。东虢国的国君曾仗恃地势险要，不修德政，后为郑武公所灭，死在制地。焉，相当于"于是""于此"。

⑩ 佗邑唯命：别的地方，听从您的吩咐。佗，同"他"，指示代词，别的、另外的。唯命，只听从您的命令。

⑪ 京：地名，在现在河南省荥阳市东南。

⑫ 大：同"太"。

⑬ 祭（zhài）仲：郑国的大夫。

⑭ 都城：都邑的城墙。雉（zhì）：古代城墙长三丈、高一丈为"一雉"。

⑮ 参国之一：国都的三分之一。参，同"三"。国，国都。

⑯ 不度：不合制度。

⑰ 焉辟害：怎能躲开这种祸害？焉，疑问代词，哪里，怎么。辟，同"避"。

⑱ 何厌之有：等于说"有何厌"，有什么可以满足的。厌，同"餍"，满足。

⑲ 滋蔓：滋生，蔓延。这里指势力发展壮大。

⑳ 图：对付。

㉑ 毙：跌倒，这里指失败。

㉒ 既而：不久。鄙：边疆，边远的地方。贰于己：贰属于自己。使西鄙、北鄙一方面属于庄公，一方面属于自己，即同时向双方纳贡赋。贰，两属，属二主。

㉓ 公子吕：字子封，郑国的大夫。

㉔ 若之何：怎么办？若，如。之，指"大叔命西鄙、北鄙贰于己"这件事。

㉕ 臣请事之：我请求去服侍他。事，动词，侍奉。

㉖ 无生民心：不要使民众（因为有两个政权并存而）生二心。无，同"毋"，不要。

㉗ 无庸：不用（管他）。庸，用。将自及：将要自己走到毁灭的地步。及，至。

收贰以为己邑，至于廪延^①。子封曰："可矣，厚将得众^②。"公曰："不义，不暱，厚将崩^③。"

大叔完聚^④，缮甲兵^⑤，具卒乘^⑥，将袭郑。夫人将启之^⑦。公闻其期，曰："可矣!"命子封帅车二百乘以伐京^⑧。京叛大叔段，段入于鄢，公伐诸鄢。五月辛丑，大叔出奔共^⑨。

书曰^⑩："郑伯克段于鄢。"段不弟，故不言弟；如二君，故曰克；称郑伯，讥失教也；谓之郑志^⑪。不言出奔，难之也。

遂寘姜氏于城颍^⑫，而誓之曰^⑬："不及黄泉，无相见也。"既而悔之。颍考叔为颍谷封人^⑭，闻之，有献于公，公赐之食，食舍肉。公问之，对曰："小人有母，皆尝小人之食矣，未尝君之羹^⑮，请以遗之^⑯。"公曰："尔有母遗，繄我独无^⑰!"颍考叔曰："敢问何谓也？"公语之故，且告之悔。对曰："君何患焉？若阙地及泉^⑱，隧而相见^⑲，其谁曰不然^⑳?"公从之。公入而赋^㉑："大隧之中，其乐也融融^㉒!"姜出而赋："大隧之外，其乐也泄泄。"遂为母子如初。

---

① 至于廪延：扩张到了廪延。廪延，地名，在现在河南省延津县北。

② 厚将得众：土地扩大了，将要得到百姓的拥护。厚，指所占的土地扩大。众，指百姓。

③ 不义，不暱（nì）：对君不义，对兄不亲。暱，同"昵"，亲近。崩：山塌，这里指垮台、崩溃。

④ 完聚：修治（城郭），聚集（百姓）。完，修葺（qì）。

⑤ 缮甲兵：修整作战用的甲衣和兵器。缮，修理。甲，铠甲。兵，兵器。

⑥ 具卒乘（shèng）：准备步兵和兵车。具，准备。卒，步兵。乘，四匹马拉的战车。

⑦ 夫人将启之：武姜将要为共叔段做内应。夫人，指武姜。启之，给段开城门，即做内应。启，开门。

⑧ 帅车二百乘：率领200辆战车。帅，率领。古代每辆战车配备甲士3人，步卒72人。二百乘，共甲士600人，步卒14 400人。

⑨ 出奔共：出逃到共国（避难）。奔，逃亡。

⑩ 书：指《春秋》原文。

⑪ 郑志：郑伯的意思，暗指郑伯存心不良。

⑫ 寘（zhì）姜氏于城颍（yǐng）：把姜氏安置在城颍。寘，同"置"，安置，这里有"放逐"的意思。城颍，地名，在现在河南省临颍县西北。

⑬ 誓之：向她发誓。之，代武姜。

⑭ 颍考叔：郑国大夫。为颍谷封人：担任颍谷管理疆界的官吏。为，担任。颍谷，郑国边邑。封人，管理边界的小吏。封，疆界。

⑮ 羹（gēng）：有汁的肉。

⑯ 遗（wèi）：赠，送给。

⑰ 繄（yī）：语气助词，用在句首。

⑱ 阙：同"掘"。

⑲ 隧而相见：挖个地道，在那里见面。隧，隧道，这里用作动词，指挖隧道。

⑳ 其谁曰不然：那谁能说不是这样（不是跟誓词相合）呢？其，语气助词，加强反问的语气。然，代词，代庄公对姜氏发的誓言。

㉑ 入而赋：走进隧道，唱着诗。赋，歌吟，唱着。

㉒ 融融：同下文的"泄（yì）泄"，都是形容和乐自得的心情。

君子曰："颍考叔，纯孝也，爱其母，施及庄公①。《诗》曰：'孝子不匮，永锡尔类②。'其是之谓乎！"

知识链接

1. 《左传》是《春秋左氏传》的简称，又名《左氏春秋》，是我国第一部叙事详细完整的编年体历史著作。记事起于鲁隐公元年（前722），终于鲁哀公二十七年（前468），内容涉及东周王朝和诸侯各国之间政治、军事、外交等许多方面，真实地记述了周王室的衰落和诸侯的争霸、公室的卑弱和大夫的兼并，表现了新旧政治势力的消长，揭示了社会变革的趋势。《左传》是一部文学成就很高的历史著作，其艺术成就表现在：其一，注重完整曲折叙事，长于描写战争；其二，人物形象比较鲜明，性格特征比较复杂；其三，语言简练丰润，委曲达意。

2. 《古文观止卷一·隐公元年》云：

郑庄志欲杀弟，祭仲、子封诸臣，皆不得而知。"姜氏欲之，焉辟害""必自毙，子姑待之""将自及""厚将崩"等语，分明是逆料其必至于此，故虽婉言直谏，一切不听。追后乘时迅发，并及于母。是以兵机施于骨肉，真残忍之尤。幸良心忽现，又被考叔一番救正，得母子如初。左氏以纯孝赞考叔作结，寓慨殊深。

刺客列传（节选）③

司马迁

文本导读

《刺客列传》是历史上第一部刺客故事集，依次记载了春秋战国时代曹沫、专诸、豫让、聂政和荆轲五位著名刺客的事迹，是《史记》全书中的"第一种激烈文字"（吴见思《史记论文》）。本文节选了其中专诸、豫让和聂政三位刺客的有关行迹。

专诸刺吴王僚，由举荐、伏甲、具酒、藏刃、擘鱼、行刺几个精彩细节组成。豫让刺襄子，故事由智伯覆灭开始，围绕入宫、义释、自残、刺衣和伏剑展开对传主的记述。聂政刺侠累，前面铺叙聂政避仇隐居市井、严仲子具酒奉金等事，接着用大量笔墨细致刻画聂政的心理活动，最后一段"杖剑至韩"是故事的高潮，用语简略却绘声绘色，读之令人惊心动魄。

刺客是中国史传文学中的一个特殊群体。他们追求自由、恣肆意气、豪爽任情，虽身处闾巷，但不畏强暴，充满了责任和担当意识，信奉"士为知己者死"，崇尚"杀身成仁，

---

① 施（yì）：延续，推及。

② 匮（kuì）：竭尽。锡（cì）：同"赐"。

③ 司马迁．史记．北京：中华书局，1975．《史记》是我国第一部纪传体的通史，包括12本纪、10表、8书、30世家和70列传，共130篇，52万多字，是后来历代正史的楷模。

"舍生取义"，反映了春秋战国时期"士"的部分精神特质，而这些特质便是中国人英雄主义精神和悲剧气质的典型表现。

专诸者，吴堂邑人也①。伍子胥之亡楚而如吴也②，知专诸之能③。伍子胥既见吴王僚④，说以伐楚之利⑤。吴公子光曰⑥："彼伍员父兄皆死于楚而员言伐楚，欲自为报私仇也，非能为吴。"吴王乃止。伍子胥知公子光之欲杀吴王僚，乃曰："彼光将有内志，未可说以外事⑦。"乃进专诸于公子光⑧。

光既得专诸，善客待之⑨。九年而楚平王死⑩。春，吴王僚欲因楚丧⑪，使其二弟公子盖余、属庸将兵围楚之潜⑫；使延陵季子于晋⑬，以观诸侯之变⑭。楚发兵绝吴将盖余、属庸路⑮，吴兵不得还。于是公子光谓专诸曰："此时不可失，不求何获⑯！且光真王嗣，当立，季子虽来，不吾废也⑰。"专诸曰："王僚可杀也。母老子弱，而两弟将兵伐楚，楚绝其后。方今吴外困于楚⑱，而内空无骨鲠之臣⑲，是无如我何⑳。"公子光

---

① 堂邑：在今江苏六合北。

② 伍子胥（？—前484）：名员，字子胥，楚国人，春秋末期著名军事家、谋略家。周景王二十三年（前522），父伍奢、兄伍尚因遭楚太子少傅费无忌陷害，为楚平王所杀，伍子胥被迫亡楚入吴，为吴国大夫。《史记》卷六十六《伍子胥列传》详细记述了其生平事迹。亡：逃亡、逃离。如：到……去。

③ 能：本领。

④ 吴王僚（？—前515）：名僚，一名州于。吴王余眛之子。余眛卒，按吴王寿梦遗命，兄终弟及，当立弟季札。季札让，逃去。乃立子僚。后被专诸刺杀。在位12年。

⑤ 说（shuì）：劝说、说服。利：好处、利益。

⑥ 公子光：即后来的吴王阖闾。

⑦ 内志：在国内夺取王位的意图。志，志向，意图。全句意思是说，公子光有发动内部叛乱之志，现在还不能劝说他向国外出兵。

⑧ 进：推荐。

⑨ 客：名词做状语，像对待贵客一样。

⑩ 按《史记》卷四十《楚世家》、卷十四《十二诸侯年表》及《左传·昭公二十六年》记，楚平王卒于其十三年（前516），是年为吴王僚十一年，这里作"九年"，误。下文所记吴王僚因楚丧而伐之的事，《左传》所记是在昭公二十七年（前515），即吴王僚十二年。

⑪ 因：借，利用。

⑫ 属庸：《史记》又作"烛庸"。潜（qián）：古县名。春秋时楚潜邑。裴骃《史记集解》引杜预注："潜在庐江六县西南。"即今安徽霍山。

⑬ 延陵季子：即季札，吴王寿梦的第四子，吴王僚的叔叔。因其受封于延陵（今江苏常州），故称"延陵季子"。季札是当时杰出的外交家和音乐评论家。于：往。

⑭ 变：动态，动静。

⑮ 绝：断绝。

⑯ 此时不可失，不求何获：这个机会不能失掉，不去争取，哪会获得！

⑰ 嗣：继承人。不吾废：宾语前置句，即"不废吾"。

⑱ 方今：当今，现时。于：介词，被。

⑲ 骨鲠之臣：正直敢言的忠臣。鲠，通"梗"。

⑳ 如我何：即"奈我何"，拿我怎么办。

顿首曰①："光之身，子之身也。"

四月丙子②，光伏甲士于窟室中③，而具酒请王僚④。王僚使兵陈自宫至光之家⑤，门户阶陛左右⑥，皆王僚之亲戚也⑦。夹立侍⑧，皆持长铍⑨。酒既酣，公子光详为足疾⑩，入窟室中，使专诸置匕首鱼炙之腹中而进之⑪。既至王前，专诸擘鱼⑫，因以匕首刺王僚，王僚立死。左右亦杀专诸，王人扰乱。公子光出其伏甲以攻王僚之徒，尽灭之，遂自立为王，是为阖闾。阖闾乃封专诸之子以为上卿⑬。

豫让者，晋人也，故尝事范氏及中行氏⑭，而无所知名⑮。去而事智伯⑯，智伯甚尊宠之。及智伯伐赵襄子⑰，赵襄子与韩、魏合谋灭智伯⑱，灭智伯之后而三分其地⑲。赵襄子最怨智伯⑳，漆其头以为饮器㉑。豫让遁逃山中㉒，曰："嗟乎！士为知己者死㉓，女为说己者容㉔。今智伯知我，我必为报仇而死，以报智伯，则吾魂魄不愧矣。"乃变名姓，为刑人㉕，入宫涂厕㉖，中挟匕首，欲以刺襄子。襄子如厕，心动㉗，执问涂厕

---

① 顿首：磕头。

② 丙子：纪日的干支。据司马贞《史记索隐》，事在吴王僚十二年夏。

③ 甲士：身穿铠甲的武士。窟室：地下室。

④ 具：备办。

⑤ 陈：排列。

⑥ 阶陛：台阶。

⑦ 亲戚：犹亲信。

⑧ 夹立侍：夹道站立的侍卫。

⑨ 铍（pī）：长矛。一说两刃小刀。

⑩ 详为足疾：假装脚有毛病。详，通"佯"，假装。

⑪ 鱼炙：烤熟的鱼。进：献上。

⑫ 擘：拆，辦开。

⑬ 上卿：古官名。周制，天子及诸侯皆有卿，分上、中、下三等，最尊贵者叫作"上卿"。

⑭ 故：以前。范氏和中行氏均为晋国卿家，六卿之一。后被其他四卿消灭。

⑮ 无所知名：没有声名。

⑯ 去：离开。智伯（前506—前453）：名瑶，又称智襄子，晋国四卿之一。

⑰ 及：到……时。赵襄子（？—前425）：即赵毋恤，晋国四卿之一。谥襄，史称赵襄子。

⑱ 韩、魏：均为晋国卿家，与智伯、赵襄子并称"晋国四卿"。

⑲ 三分其地：公元前453年，赵、韩、魏三家瓜分晋国，公元前403年，周威烈王封三家为诸侯，史称"三家分晋"。"三家分晋"是春秋时代和战国时代的分界点，战国由此起始。

⑳ 怨：恨，仇恨。

㉑ 漆其头以为饮器：把他的头盖骨涂上漆做成饮器。饮器，饮酒的器皿。一说"溲器"，即便壶。

㉒ 遁逃：即逃遁，潜逃。

㉓ 知：了解。

㉔ 说（yuè）：同"悦"，喜欢、爱慕。容：梳妆打扮。

㉕ 乃变名姓，为刑人：于是更名改姓，装成刑余之人。刑人，受刑之人。这里犹"刑余之人"，即宦者。

㉖ 涂厕：修整厕所。涂，以泥抹墙。

㉗ 动：悸动。

之刑人①，则豫让，内持刀兵，曰："欲为智伯报仇！"左右欲诛之。襄子曰："彼义人也，吾谨避之耳。且智伯亡无后②，而其臣欲为报仇，此天下之贤人也。"卒释去之③。

居顷之④，豫让又漆身为厉⑤，吞炭为哑⑥，使形状不可知⑦，行乞于市。其妻不识也。行见其友，其友识之，曰："汝非豫让邪？"曰："我是也。"其友为泣曰："以子之才，委质而臣事襄子⑧，襄子必近幸子⑨。近幸子，乃为所欲⑩，顾不易邪⑪？何乃残身苦形⑫，欲以求报襄子⑬，不亦难乎⑭！"豫让曰："既已委质臣事人，而求杀之，是怀二心以事其君也。且吾所为者极难耳！然所以为此者，将以愧天下后世之为人臣怀二心以事其君者也⑮。"

既去，顷之，襄子当出⑯，豫让伏于所当过之桥下。襄子至桥，马惊，襄子曰："此必是豫让也。"使人问之⑰，果豫让也。于是襄子乃数豫让曰⑱："子不尝事范、中行氏乎？智伯尽灭之，而子不为报仇，而反委质臣于智伯。智伯亦已死矣，而子独何以为之报仇之深也⑲？"豫让曰："臣事范、中行氏，范、中行氏皆众人遇我⑳，我故众人报之㉑。至于智伯，国士遇我㉒，我故国士报之。"襄子喟然叹息而泣曰㉓："嗟乎豫子！子之为智伯，名既成矣㉔，而寡人赦子，亦已足矣。子其自为计㉕，寡人不复释子！"使兵围之。豫让曰："臣闻明主不掩人之美，而忠臣有死名之义㉖。前君已宽赦臣，天下莫不称君之

---

① 执：抓住。问：审问。

② 后：继承人。

③ 卒释去之：最终还是把豫让放走了。释，放。去，离开。

④ 居顷之：过了不久。

⑤ 漆身为厉（lài）：以漆涂身，使肌肤肿烂，像患癞病。厉，通"癞"。癞疮。

⑥ 吞炭为哑：吞炭使声音变得嘶哑。

⑦ 形状：身形和相貌。

⑧ 委质：原指向君主献礼，这里有托身的意思。臣：名词做状语，用臣下的礼节。

⑨ 近幸：亲近宠爱。

⑩ 为所欲：犹言达到目的。

⑪ 顾不易邪：难道还不容易吗？《史记索隐》："顾，反也。反不易耶，言其易也。"

⑫ 残身苦形：摧残身体，丑化形貌。

⑬ 欲以求报襄子：想以此达到向赵襄子报仇的目的。

⑭ 难：困难。

⑮ 愧：使动用法，使……感到惭愧。

⑯ 当：正好。

⑰ 问：查问。

⑱ 数（shǔ）：数落，责备。

⑲ 独：单单。深：极力，非常。

⑳ 众人遇我：像对待一般人那样对待我。众人，名词做状语。下文"众人"用法与此同。

㉑ 众人报之：像一般人那样报答他。

㉒ 国士：国内杰出人物。这里名词做状语，像对待国士一样。下文"国士"用法与此同。

㉓ 喟然：感叹、叹息的样子。

㉔ 名既成矣：已成名了。

㉕ 子其自为计：希望您自己有个打算。其，希望。

㉖ 死名之义：为名声而死的道理。

贤。今日之事，臣固伏诛①，然愿请君之衣而击之焉②，以致报仇之意③，则虽死不恨④。非所敢望也⑤，敢布腹心⑥！"于是襄子大义之⑦，乃使使持衣与豫让⑧。豫让拔剑三跃而击之⑨，曰："吾可以下报智伯矣⑩！"遂伏剑自杀。死之日，赵国志士闻之，皆为涕泣。

聂政者，轵深井里人也⑪。杀人避仇，与母、姊如齐，以屠为事。

久之，濮阳严仲子事韩哀侯⑫，与韩相侠累有却⑬。严仲子恐诛，亡去，游求人可以报侠累者⑭。至齐，齐人或言聂政勇敢士也，避仇隐于屠者之间。严仲子至门请，数反⑮，然后具酒自畅聂政母前⑯。酒酣，严仲子奉黄金百溢⑰，前为聂政母寿⑱。聂政惊怪其厚⑲，固谢严仲子⑳。严仲子固进㉑，而聂政谢曰："臣幸有老母，家贫，客游以为狗屠㉒，可以旦夕得甘毳以养亲㉓。亲供养备㉔，不敢当仲子之赐㉕。"严仲子辟人，因为聂政言曰㉖："臣有仇，而行游诸侯众矣㉗；然至齐㉘，窃闻足下义甚高㉙，故进百金

---

① 固：本来，应当。伏诛：被处死。
② 愿：希望。
③ 致：达到。
④ 恨：遗憾。
⑤ 非所敢望：不敢指望（您答应我的要求）。
⑥ 敢布腹心：冒昧地披露出心里话。敢，冒昧。
⑦ 义：意动用法，认为……符合侠义。
⑧ 使使：派侍者。后一个"使"是名词。
⑨ 三：虚指，多次。
⑩ 下：指九泉之下。
⑪ 轵（zhǐ）深井里：古地名。在今河南省济源市。
⑫ 严仲子：韩国大夫。《史记索隐》引高诱注："严遂，字仲子。"
⑬ 侠累：据《战国策》，侠累名傀。却：通"隙"，嫌隙，引申为仇怨。《战国策》卷二十七《韩策二》："韩傀相韩，严遂重于君，二人相害也。严遂政议直指，举韩傀之过。韩傀以之叱之于朝。严遂拔剑趋之，以救解。于是严遂惧诛，亡去，游求人可以报韩傀者。"
⑭ 游：游历。求：寻访。报：报复。
⑮ 数（shuò）反：多次往返拜访。反，同"返"。
⑯ 具：准备。自：亲自。畅：敬酒。《战国策》作"觞"。
⑰ 溢：即"镒"。古代重量单位，一镒为二十两，一说二十四两。
⑱ 前：上前。为……寿：敬酒祝寿。
⑲ 厚：丰厚。
⑳ 固：执意地，坚决地。谢：谢绝。
㉑ 进：进献。
㉒ 以为狗屠：以杀狗为业。
㉓ 甘毳（cuì）：甘甜松脆的食物。毳，通"脆"。
㉔ 亲供养备：母亲的供养齐备。
㉕ 当：承受，承当。
㉖ 因：趁机。为：对。
㉗ 众：多。
㉘ 然：但是。
㉙ 义甚高：犹言很重义气。

者，将用为大人粗粝之费①，得以交足下之欢②，岂敢以有求望邪③！"聂政曰："臣所以降志辱身居市井屠者④，徒幸以养老母⑤；老母在，政身未敢以许人也。"严仲子固让⑥，聂政竟不肯受也⑦。然严仲子卒备宾主之礼而去⑧。

久之，聂政母死。既已葬，除服⑨，聂政曰："嗟乎！政乃市井之人，鼓刀以屠⑩；而严仲子乃诸侯之卿相也，不远千里，枉车骑而交臣⑪。臣之所以待之，至浅鲜矣⑫，未有大功可以称者⑬，而严仲子奉百金为亲寿，我虽不受，然是者徒深知政也⑭。夫贤者以感忿睚眦之意而亲信穷僻之人⑮，而政独安得嘿然而已乎⑯！且前日要政⑰，政徒以老母⑱；老母今以天年终，政将为知己者用。"乃遂西至濮阳，见严仲子曰："前日所以不许仲子者，徒以亲在；今不幸而母以天年终。仲子所欲报仇者为谁？请得从事焉⑲！"严仲子具告曰⑳："臣之仇韩相侠累㉑，侠累又韩君之季父也㉒，宗族盛多，居处兵卫甚设㉓，臣欲使人刺之，终莫能就㉔。今足下幸而不弃㉕，请益其车骑壮士可为足

---

① 大人：对别人父母的敬称。粝（lì）：粗米，糙米。粗粝：谦辞，粗糙的粮食。全句意为，将作为你母亲一点粗粮的费用。

② 欢：欢心。全句意为，和您成为好朋友。

③ 求：索求。望：期望。

④ 降志辱身：卑下心志，屈辱身份。《史记索隐》："言其心志与身本应高絜，今乃卑下其志，屈辱其身。"市井：街市。张守节《史记正义》："古者相聚汲水，有物便卖，因成市，故云市井。"下文"市井之人"指普通老百姓。

⑤ 幸：希望。

⑥ 让：请人接受。如"让茶"。

⑦ 竟：最终。

⑧ 卒：终于。备：具备。备宾主之礼，犹言尽到了宾主之礼。

⑨ 除服：脱去丧服。谓丧服期满，不再守孝。

⑩ 鼓刀：谓摆弄刀子发出响声。宰杀牲畜时敲击刀具，使之发声，故曰"鼓刀"。

⑪ 枉：屈，委屈。交：结交。

⑫ 浅：薄。鲜：少。全句意为，我待他的情谊太浅薄太微小了。

⑬ 称：相比，相抵。

⑭ 是：这。是者：这件事。徒：竟，反而。

⑮ 感忿：愤慨。睚眦（yá zì）：发怒时瞪眼睛，借指微小的仇恨。穷僻：穷困偏僻。

⑯ 独：难道。嘿（mò）：通"默"，沉默。

⑰ 要：邀请。

⑱ 以：因为。

⑲ 从事：办理这件事。

⑳ 具：完全。

㉑ 仇：仇人，仇敌。

㉒ 季父：叔父。

㉓ 兵：兵士。卫：防卫。设：完备，严密。

㉔ 就：成功。

㉕ 足下：敬称词，您。幸：表敬副词，表明对方的行为使自己感到幸运。足下幸而不弃：犹言蒙您不弃。

下辅翼者①。"聂政曰："韩之与卫，相去中间不甚远②，今杀人之相，相又国君之亲，此其势不可以多人③，多人不能无生得失④，生得失则语泄⑤，语泄是韩举国而与仲子为仇，岂不殆哉⑥！"遂谢车骑人徒⑦，聂政乃辞独行。

杖剑至韩⑧，韩相侠累方坐府上，持兵戟而卫侍者甚众。聂政直入，上阶刺杀侠累，左右大乱。聂政大呼，所击杀者数十人，因自皮面决眼⑨，自屠出肠，遂以死。

韩取聂政尸暴于市⑩，购问莫知谁子⑪。于是韩县购之⑫，有能言杀相侠累者予千金。久之莫知也。

作者简介

司马迁（前145—前90），字子长，西汉夏阳（今陕西韩城市北）人。所著纪传体通史《史记》是后来历代正史的楷模，被誉为"史家之绝唱，无韵之离骚"。

知识链接

公元前403年（周威烈王二十三年，晋烈公十三年），晋国的韩、赵、魏三家瓜分了晋国50年后，周王室正式承认韩、赵、魏三家为诸侯，与晋侯并列，战国时代由此开始。这一历史事件史称"三家分晋"。由于这一历史事件意义重大，因而司马光在《资治通鉴》开卷的第一句就记录了此事："初命晋大夫魏斯、赵籍、韩虔为诸侯。"《刺客列传》中"赵襄子与韩、魏合谋灭智伯，灭智伯之后而三分其地"，指的就是"三家分晋"之事。

延伸阅读

1. 王力.古代汉语.北京：中华书局，1981.
2. 黄德宽.古代汉语.北京：高等教育出版社，2015.

---

① 辅翼：辅助，辅佐。辅翼者：助手。
② 中间：其中的距离。《史记索隐》引高诱注曰："韩都颍川阳翟，卫都东郡濮阳，故曰'间不远'也。"
③ 势：情势。
④ 多人不能无生得失：人多了难免发生意外。得失：偏义复词，只表示"失"义。
⑤ 语泄：消息泄露。
⑥ 殆：危险。
⑦ 谢：辞却，谢绝。
⑧ 杖：持，携带。
⑨ 皮面决眼：割下面皮，挖出眼珠。《史记索隐》："皮面谓以刀割其面皮，欲令人不识。决眼谓出其眼睛。"
⑩ 暴（pù）于市：暴露在大街上，即"暴尸于市"。桓宽《盐铁论·论勇》："（聂政）功成求得，退自刑于朝，暴尸于市。"
⑪ 购：悬赏。问：查问。谁子：相当于"谁家的人"。
⑫ 县（xuán）：同"悬"，悬赏。"县购"为同义词连用，悬赏征求之意。

第三讲　现代汉语·词汇与方言

概述

一、现代汉语共同语和方言

五四运动之后，汉语进入了现代阶段。现代汉语有狭义、广义两种解释，狭义的解释指现代汉民族的共同语——普通话；广义的解释则兼指现代汉民族使用的普通话和方言。

（一）现代汉民族的共同语——普通话

民族共同语就是一个民族全体成员通用共享的语言。汉族早在先秦时代就存在着古代汉民族共同语。在春秋时代被称为"雅言"，汉代称为"通语"，明代改称"官话"，辛亥革命后称为"国语"，中华人民共和国成立后称为"普通话"。现代汉民族的共同语就是以北京语音为标准音，以北方话为基础方言，以典范的现代白话文著作为语法规范的普通话。

自 1956 年推广普通话以来，普通话在全国范围内通用，包括民族自治地区和少数民族聚居的地方。但国家推广普通话，是为了便于人们交际，而不是要禁绝方言。

普通话有三个要素：

（1）语音方面以北京语音为标准音。语音是语言的物质载体，普通话以北京语音作为自己的物质外壳，有其历史的原因和现实的条件。从历史上看，北京作为全国政治文化中心已有 800 多年的历史，北京话作为官府通用语言传播到了全国各地，发展为"官话"。从现实来看，五四以后开展的"国语运动"在口语方面增强了北京话的代表性；中华人民共和国成立后，随着国家的统一和民族的团结，北京语音的标准地位更是为人们所公认。

（2）词汇方面以北方方言为基础。词汇是语言的建筑材料，具有丰富性和多样性。北方方言分布的地域广阔，使用人口众多，它在全国有极大的普遍性。中华人民共和国成立以来，由于经济发展，教育普及，各地人民交往频繁，加之报纸、广播、电视、网络的影响，北方话词汇的传播就更加深入和广泛，这是其他任何方言都难以企及的。因此，北方方言作为基础方言，是合乎情理的。

（3）语法方面以典范的现代白话文著作为规范。语法是语言的结构规则，是建造语言大厦的"施工蓝图"。语法规则不是少数语言学家闭门造车"造"出来的，而是存在于千百万人民群众的语言实践中，存在于浩如烟海的书面语资料中。因此，典范的现代白话文著作中的语法规则是"源"，语法著作中的语法规则是"流"。这就是普通话"以典范的现代白话文著作为语法规范"的原因。

（二）现代汉语的地域分支——方言

除了共同语之外，现代汉语还有许多不同的方言。汉语各方言都是汉语的地域变体，地位是平等的，是保存古代语言的"活化石"。

一般认为，现代汉语有七大方言，其分布情况大致如下：

（1）北方方言。以北京话为代表，是现代汉民族共同语的基础方言。分布区域包括东北、华北、西北、西南，以及安徽、江苏两省的长江以北地区和长江南岸九江以东镇江以西一带。

（2）吴方言。以上海话为代表。分布区域包括江苏省长江以南、镇江以东（不含镇江）的地区和浙江省的大部分，是中国经济最发达的地区之一。

（3）湘方言。以长沙话为代表。湘方言主要分布在湖南的湘江、资江流域和沅江中游少数地区，在与湖南相连的广西也有部分湘语区。

（4）赣方言。以南昌话为代表。分布在江西省的大部分地区和湖北省的东南一带。

（5）客家方言。以广东梅县话为代表。"客家"的意思是这些人从外地迁来，而非本土居民。客家人从中原迁徙到南方，主要分布在广东、广西、福建、台湾、海南、江西、湖南、四川、香港等9个省区，虽然居住分散，但客家人注意保持客家话，方言内部没有很大差别。

（6）闽方言。闽方言可分为闽东、闽南、闽北、闽中、莆仙五个次方言。闽东方言最重要，以福州话为代表。闽南方言以厦门话为代表。分布区域主要包括福建、浙江、江西、台湾、广东、海南、广西等7个省区。另外，散居在南洋群岛的华侨华裔也使用闽方言。

（7）粤方言。以广州话为代表。分布区域主要包括广东、广西两省以及香港、澳门特别行政区。华侨和华裔中也有很多是说粤方言的。

七大方言中，粤、闽方言与普通话差异最大，其次是吴方言，再次是赣、湘、客家方言，北方方言与普通话差别最小。

安徽省南部的方言与吴方言比较接近，西南部受赣方言的一些影响。有学者将皖南一带徽州方言单独列为"徽语"，与"晋语"（山西方言）、"平语"（广西方言）并称，连同原来的七大方言，合称为"十大方言"。这种观点引发了不少讨论，其中对"晋语""平语"的"升格独立"争议尤多，目前尚未获得方言学者的一致认同。

民族共同语和方言不是相互对立的。推广普通话，并不以消灭方言作为前提，而仅仅是消除方言隔阂，以利社会交际。从历史来看，共同语总是不断地、有选择地从方言中吸取一些有生命力的成分来丰富自己、完善自己，这一进程仍将继续；各地方言（流行区域极小的土语除外）也在不断地、顺乎形势地从普通话中吸取一些有用成分来改变自己、发展自己，这一进程也仍将继续。

二、词汇家族的新成员——新词语

改革开放 40 多年来，我国政治、经济、文化发生了极其深刻的变化，社会正处在一个重要的转型期。从语言学的角度看，我们的时代是汉语词汇家族"大扩军"的时代，新词新语成批量地涌现：有的在词汇系统中找到位置，站稳了脚跟；有的暂时还在系统之外游离、徘徊；有的则稍纵即逝。

观察、研究新词语，追索它们的来源，弄清它们的意义，分析它们的构造特点和语用价值，是一个十分有趣的工作。

（一）众声喧哗的新词语

新词语本来就处在变动不居、众语喧哗之中。现在让我们选择一些例子，略微作些分析，以了解其"喧闹"的情景。

1. 媒体新词语

考碗：指考公务员。坊间流传这样的说法：中央国家机关公务员被称为"金饭碗"，省级公务员是"银饭碗"，地市级公务员是"铜饭碗"，乡镇级公务员起码也是"铁饭碗"。

其他还有金领、达人、驴友、炒作、裸考、山寨、草根、雷人、房奴、走光、剩女、愤青、微博、正能量、PM2.5 等。

2. 外来新词语

门：英语新后缀-gate 的意译，源于尼克松的水门（Watergate）事件，后用来指称任何可能成为丑闻的事件。如，里根的"伊朗门"、克林顿的"拉链门"、布什的"情报门""虐囚门"；国内有"解说门""黑窑门""贿赂门"等。

其他还有托福、血拼、粉丝、蒙太奇、黑客、料理、量贩、人气等。

3. 方言新词语

忽悠：晃动、蒙骗之义。原本是具有戏谑色彩的东北土话，借助赵本山的小品，走红全国，在嬉笑声中渐渐变成全民用语。

其他还有打的、资讯、提升、作秀、心态、埋单、按揭、个案、资深等。

4. 网络另类新词语

造：知道。

高大上：高端、大气、上档次。

其他还有网购、吐槽、作、任性、女汉子、高富帅、中国大妈等。

总之，社会飞速发展的"动感时代"也是新词新语繁盛的时代。五光十色、雅俗共存、新旧并陈、鱼龙混杂是这一时代的新词语的特色。

（二）关于"玉米"的思考

"玉米"即"宇迷"，是李宇春歌迷的谐音简缩；"荔枝"是"超女"黄雅莉的支持者；"笔迷"则是周笔畅歌迷之义。"玉米""荔枝""笔迷"都是地道的汉语词，没有半点混血身份，但是它们的来历和所采用的造词方式同样值得人们关注。

如果说"笔迷"采取的是直接缩略法，略语和原形词之间理解起来没有任何障碍，"玉米""荔枝"可就没有这么简单了。"宇迷→玉米""莉支→荔枝"都拐了个弯，通过谐音的方式把原本没有联系的事物联系在一起，实现了语义的加合，并且以后者代替前者，以曲折委婉的方式表达一个简单明白的概念，这是一种拐弯的修辞方法。

拐弯修辞，正是通过曲折迂回的方式，把要表达的意思委婉地表达出来，并在拐弯之处实现语义的增量，产生幽默的效果。现在又有人把"旅友"说成"驴友"、把"海归"说成"海龟"，采用的也是这种方法。可见，这是一种有广泛群众基础、为人们所喜闻乐见的方法。

（三）"磁浮""非典"的启示

"磁浮"是"磁悬浮列车"的简缩，"非典"是"非典型性肺炎"的简缩。依常理，"磁悬浮列车"应该简缩为"磁列"，"非典型性肺炎"应该简缩为"非肺"，因为前者有"军列""煤列""专列"相比照，后者有"甲肝""流脑""风心"相对应。类似"磁浮""非典"的缩略语现象比比皆是，下面让我们略举数例。

"特首"，"特别行政区行政长官"的简称。"扫黄"，"扫除黄色淫秽活动"的简缩。"农转非"，"农业人口转为非农业人口"的简缩。"女花"，"女子花剑"的简称。

上面所举的种种"不规范""不标准"的缩略，我们称为"变异缩略"。为什么有些变异缩略能够取代常规缩略呢？我们知道，缩略不仅是一种词汇-语法现象，还是一种修辞现象，具有强调、凸显、均衡、和谐、传神等诸多效用，不同的提取和删略方式，反映了人们不同的审美情趣和爱好。变异的、不对称的缩略，扩大了人们的选择范围，满足了人们的一些特殊要求。例如"磁浮"，作为最快捷的现代化交通工具，磁悬浮列车乘坐起来何等舒服惬意，一个"浮"字就把这种飘飘欲仙的感觉渲染而出，假如规规矩矩地简缩为"磁列"，就难以达到这种效果。

当然，也有一些变异缩略既不合语法语义之理，也不合修辞语用之用，可以说是变味的简缩。像把"世界语协会"简称为"世协"，"21世纪委员会"简称为"世委会"等。这类简缩的共同特点是语义晦涩，易生误解，应在淘汰之列。其他如"男牛""女牛""上吊""怀胎"之类①，词义怪异，亦可博人一笑，虽不宜提倡，但仍有语用价值。

综上所述，缩略不仅是一种简化语言、压缩信息的词汇-语法手段，也是一种美化语言、增加色彩的语用方法。"磁浮""非典"给我们的启示就在于，应该关注变异缩略，研究变异缩略，使它成为语苑中的一株奇葩。

---

① "男牛""女牛"分别是"男式牛皮鞋""女式牛皮鞋"的简缩，"上吊"是上海吊车厂的简缩，"怀胎"是怀化轮胎厂的简缩。

文选

方言跟标准语

赵元任

文本导读

普通话是现代汉民族使用的共同语，是汉语的标准语。方言是语言的地域变体，是指一个特定地理区域中某种语言的变体，北京话、上海话、广东话等都是汉语方言。方言差异在语音、词汇、语法三个方面都有体现。普通话和方言之间存在着一定的联系与相互影响，分别担任着不同的角色，互补通用。

《方言跟标准语》是赵元任先生的演讲记录《语言问题》中的第七讲。在这次演讲中，赵先生首先讨论了方言这个概念的内涵。文章指出，方言这个名词在中国已经有很长的历史，它最初指的是各地区不同的语言。而文章中的方言，是一个跟标准语相对的概念，指的是同一族的语言在地理上渐变出来的分支。在有些内部存在多种语言的国家，如何处理标准语就不是个简单的问题。文章举例说明了德国、比利时、印度等国家由于内部语言使用的复杂情况，要选取一种语言作为事实上的标准语存在很大的困难。文章接着谈到了确立方言的标准。同源的语言在地理上的分支，分到什么程度算是不同的语言，而不再被看成是同一语言的不同方言，这个往往按政治上的分支情形来确定，而不仅仅由语言本身的差异决定。因此，在中国，虽然有时候不同地域之间汉语的分歧比较大，但它们仍然是同一个语言的不同方言。

在讨论方言与标准语的关系时，赵元任先生提到，在学术上，标准语也是方言的一种，涉及标准语与它所基于的基础方言的关系。文章最后讨论了方言与方言之间三个方面的不同，包括同字异音、同义异词和语法上的歧异等。文章指出，同字异音是最重要的问题，而方言之间的语法歧异比较小，相对来说不太重要。

请参阅：赵元任．方言跟标准语//语言问题．北京：商务印书馆，1980：98-107.

作者简介

赵元任（1892—1982），字宣仲，生于天津。著名学者、语言学家、音乐家。中国现代语言学先驱，被誉为"中国现代语言学之父"。1918年获哈佛大学哲学博士学位。先后任教于康奈尔大学、哈佛大学、清华大学、夏威夷大学、耶鲁大学等。语言学方面的代表作有

《现代吴语的研究》《中国话的文法》等。

知识链接

　　著名语言学家罗常培先生曾说："他的学问的基础是数学、物理学和数理逻辑，可是他于语言学的贡献特别大。近三十年来，科学的中国语言研究可以说由他才奠定了基石，因此年轻一辈都管他叫'中国语言学之父'。"赵元任先生精通多种中国方言和外语，在语言学、方言、音韵学等方面都有很深的造诣。他桃李满天下，王力、吕叔湘、朱德熙等著名的语言学家都是他的学生。除了语言学方面的成就，赵元任先生还是中国现代音乐学的先驱之一，是 20 世纪二三十年代优秀的作曲家，他在艺术上勇于创新，与刘半农合作创作的《教我如何不想她》，已成为脍炙人口的经典艺术作品。

语言的演变

吕叔湘

文本导读

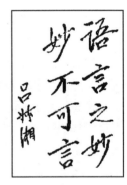

吕叔湘题词

　　语言总是处于演变之中。汉语是世界上现存最古老的语言之一，汉语的历史至少有三千年。在这漫长的历史进程中，汉语经历了从古代汉语向近代汉语、现代汉语的发展和演变。现代汉语跟古代汉语相比发生了哪些变化？为什么会有这些变化呢？

　　吕叔湘先生的《古今言殊》（编者拟名《语言的演变》）深入浅出，向我们解释了古今汉语的差别及汉语演变在词汇（语汇）、语法和语音三个方面的表现。语汇联系人们的生活最为紧密，因而变化也最快、最显著。有些字眼随着旧事物、旧概念的消失而消失，有些字眼随着新事物、新概念的出现而出现。前者的例子包括马的名称，马在古代人的生活里占有重要位置，而随着生活的变化，马的重要性下降，关于马的名称的细分已无必要，所以这些字后来绝大多数都不用了。后者的例子包括"椅子""凳子"等坐具名称的出现。外来的事物带来了外来语。随着社会的发展、生活的改变，许多字眼的意义也起了变化。在语法方面，有些古代特有的语序现代不用了，有些现代常用的格式是古代没有的。但总体来看，如果把虚词除外，古今语法的变化不如语汇的变化那么大。在语音方面，汉字不是标音为主，光看文字看不出古今的变化，但实际上古今的差别是很大的。文章通过举例说明了汉字的读音在声母、韵母、声调方面都已经有了很大的变化。

　　吕先生还举了《战国策》里《邹忌讽齐王纳谏》的例子。同学们可以试着分析一下，看看这短短的一段古代的文字，跟现代汉语相比，差别体现在哪些方面。

　　请参阅：吕叔湘．古今言殊//吕叔湘文集：第 5 卷．北京：商务印书馆，1993：57 - 68.《语言的演变》是编者自拟的题目，原名《古今言殊》，是《语文常谈》一书的第六章。

作者简介

吕叔湘（1904—1998），江苏省丹阳人，著名语言学家、语文教育家，近代汉语语法研究的开创人之一，我国语言学界的一代宗师。曾任中国科学院语言研究所副所长、所长，《中国语文》杂志主编，中国语言学会会长等职。主要有《现代汉语八百词》、《中国文法要略》、《语法修辞讲话》（与朱德熙合著）、《汉语语法分析问题》、《现代汉语词典》等。

知识链接

吕叔湘先生是我国语言学界的一代宗师，70 多年以来一直孜孜不倦地从事语言教学和语言研究工作，其研究涉及一般语言学、文字改革、语文教学、写作和文风、词典编纂、古籍整理等广泛的领域。1980 年，由吕叔湘主编、十几位学者参编的《现代汉语八百词》出版，这是我国第一部现代汉语用法词典，全书 50 多万字，适合非汉族人学汉语时使用，也可供方言区的人学普通话时参考。在我国民众心里，吕叔湘先生的名字与《现代汉语词典》紧密相连。由他与丁声树先生先后主持编纂的《现代汉语词典》，不仅开创了我国语文辞书编辑出版的新时代，更为我国推广普通话、规范语言文字做出了重大贡献。新时期我们更需要弘扬老一辈语言学家铸造的"《现汉》精神"：与时俱进的创新精神、严谨求实的敬业精神、不计名利的奉献精神、齐心协力的团队精神。

延伸阅读

1. 晁继周．略论规范性词典的特点：兼论《现代汉语大词典》的收词原则．辞书研究，1992（5）．

2. 詹伯慧．试论方言与共同语的关系．语文建设，1997（4）．

3. 江蓝生．汉语词语书写形式的革新：谈谈字母词的身份与规范．中国社会语言学，2012（2）．

4. 李宇明．关注网络原住民．人民日报，2016-09-15.

5. 杨早，徐鹏飞．留住语言多样之美．人民日报，2018-06-30.

第四讲　现代汉语·语法与修辞

概述

一、语法

（一）语法及语法单位

语音、词汇、语法都是语言的要素。语音是语言的物质形式，词汇是语言的建筑材料，语法则是词、短语、句子等语言单位的结构规律。作为交际工具的语言，必须根据一定的结构规律，把语言单位组合起来，构成一个个句子，才能起到交流思想、传递信息的作用。

现代汉语有四级语法单位：语素、词、短语、句子。现代汉语语法的主要特点有：（1）形态变化不丰富。汉语缺乏表示语法意义的词形变化。汉语的动词不随人称、性、数、时的变化而变化。（2）词序和虚词是最重要的语法手段。词序不同，表达的意义就不同，如"不很好""很不好"。用不用虚词和用不同的虚词，意思也完全不同，如"看书""看的书"。（3）同一词类可以充当多种句法成分。如"美丽是生活的必需品"（主语）、"她很美丽"（谓语中心语）、"她爱美丽"（宾语）、"美丽的祖国我的家"（定语）。（4）词、短语和句子的结构原则基本一致。主要有主谓式，如"月亮""衣冠楚楚""月亮升上了天空"；动宾式，如"司机""爱我中华""学习文化"；动补式，如"提高""讲清楚""衣服洗得很干净"。（5）有语气词，量词十分丰富。

（二）词类

词类是词的语法分类。分类的目的在于说明词的用法和语句的结构规律。划分词类的标准，主要是词的语法功能，即词充当句法成分的能力、词与词的组合能力、虚词依附实词和短语的能力。词可分为两大类：能够单独成句、单独充当句法成分，有词汇意义和语法意义的是实词；不能单独成句、不能单独充当句法成分，只能依附实词或短语表示语法意义的是虚词。实词分为：名词、动词、形容词、区别词、数词、量词、代词、副词、拟声词、叹词。虚词分为：介词、连词、助词、语气词。

（三）短语

短语是意义上和语法上能搭配而没有句调的一组词，又叫词组。从结构角度可分为以下五种基本类型：（1）主谓短语。由主语和谓语两部分组成，二者之间有陈述和被陈述关系。如"粮食丰收"。（2）动宾短语。由动语和宾语两部分组成，二者之间有支配、关涉关系。如"喜欢清静"。（3）偏正短语。内部能分出"偏"和"正"两个部分，前者是对后者的修饰或限制，如"安徽人""慢慢地变老"。（4）中补短语。由中心语和补语两部分组成，后者是对前者的补充说明，如"累极了"。（5）联合短语。由两个或两个以上部分组成，形成并列、选择或递进关系，如"猫和老鼠"。此外，还有同位短语、连谓短语、兼语短语、方位短语、介词短语、"的"字短语、"所"字短语等。

（四）句子

每个句子都有一定的语调，表示一定的语气；一句话结束，有一个较大停顿，书面上句末用句号、问号或感叹号表示。句子从不同角度分类，会得到不同的类型。

1. 按句子的语气分类

（1）陈述句。

叙述或说明事实的句子。如：今天星期六了。｜他不会说的。

（2）疑问句。

用来提出问题的句子。如：什么时候开会？｜能不能制造出这样一种奇妙的机器呢？

有一种疑问句不是有疑而问，而是用提问的方式加强肯定和否定的语气，这种疑问句叫反问句。如：我不是已经跟你说过了吗？

（3）祈使句。

表示请求或命令的句子。如：你给我出去！｜千万别去了！

（4）感叹句。

抒发某种强烈感情的句子。如：哇！这衣服真漂亮！｜多么可爱的秋色啊！

2. 按句子的结构分类

包括单句和复句，单句和复句又可以下分若干小类。

（1）单句·主谓句。

由主语、谓语两个成分构成的句子叫主谓句。从谓语的构成看，又可以分为以下几类：

动词性谓语句。如：桃花开了。｜卢进勇从树丛里探出头来。

形容词性谓语句。如：果园里的葡萄熟了。｜赵州桥非常雄伟。

名词性谓语句。如：昨天晴天。｜这姑娘细高个儿。

（2）单句·非主谓句。

不具备主语和谓语而且也补不出主语和谓语的句子，叫非主谓句。从构成材料看，有以下几类：

动词性非主谓句。如：谢谢！｜不许攀折花木！

形容词性非主谓句。如：真好！｜妙极了！

名词性非主谓句。如：小王！｜一九七九年的春天。

拟声词非主谓句。如：轰隆！｜哗哗！

叹词非主谓句。如：哎呀！｜喂！

(3) 复句·复句类型。

复句由两个或两个以上意义上相关、结构上互不包含的分句组成。分句是类似于单句而没有完整句调的语言单位。分句之间意义上的联系多种多样，据此，我们可以把复句分成各种类型。

并列复句。如：油蛉在这里低唱，蟋蟀们在这里弹琴。

顺承复句。如：我先是诧异，接着是很不安。

解说复句。如：我们的祖先在历史的黎明时期便幻想出一个神话式的人物，叫大禹。

选择复句。如：与其临渊羡鱼，不如退而结网。

递进复句。如：他不但会喝酒，而且爱喝，有一阵子甚至是无酒不下饭。

转折复句。如：虽然二诸葛说是千合适万合适，小二黑却不认账。

假设复句。如：如果不凭借空气，鸟就永远不能飞到高空。

条件复句。如：只要怀抱着信心，就能创造奇迹。

因果复句。如：因为今天进城要办的事多，所以天刚亮他就出门了。

目的复句。如：你们把笔记整理一下，以便复习用。

(4) 复句·多重复句。

如果一个复句包含三个或三个以上分句，而且这些分句不在一个层次上，那就是多重复句。如：唐代的诗最多最好，‖（并列）宋代的词最多最好，｜（因果）所以有"唐诗""宋词"之称。

二、修辞

(一) 修辞概说

修辞就是人们在运用语言交流思想、传递信息和表情达意的过程中，为适应特定的题旨情境，对语言材料进行选择、加工和完善，以求得最佳的表达效果。

修辞的基本原则是适应题旨情境。所谓题旨是说话写文章的本意或主旨。情境是特定的语言环境，也叫语境，是由语言使用者的身份、性格、职业、修养、心情、处境等主观因素和时间、地点、场合、对象等客观因素组合而成的。修辞同语音、词汇、语法的关系非常密切。修辞所用的材料是语言，离开这些材料，修辞就无从依存。就修辞来说，语言三要素是修辞的手段和基础；就语言三要素来说，修辞是对它们的综合的艺术加工，是它们的高级体现。

(二) 词语的锤炼

锤炼词语的目的，在于寻求恰当的词语，使之既生动贴切又新鲜活泼地表现人或事物，即不仅要求词语用得对，还要求用得好。锤炼词语，一般从内容（意义）和形式（声音）两方面着手。

1. 意义的锤炼

意义是词语的灵魂，也是选好词语的核心问题。尤其对同义词语而言，它们之间的表意基本相同，但又存在或多或少的差别，锤炼意义就显得更加重要。首先力求准确妥帖。选用的词语要分寸合适，轻重恰当。其次力求配合得当。一方面语法搭配要"合法"，另一方面语义搭配要"合理"，同时注意上下文语境对词语的制约，通过语境来确定词语的意义，收到增添新意等好的修辞效果。最后力求色彩鲜明。词语的色彩一般指词语的感情色彩和语体色彩。恰当选用词语的不同色彩，可以增强语言运用的准确性和表现力。

2. 声音的锤炼

声音的锤炼也是修辞的一个重要内容。词语的声音美体现在四个方面：音节匀称、平仄相调、韵脚和谐、叠音自然。

（三）句式的选择

汉语的表达手段丰富多彩，不仅有成千上万的词语可供选用，组成各式各样的句子，而且有表意丰富的不同句式，为我们传情达意提供了更多选择余地。对句子进行认真推敲、选择、加工和调整，可以提高句子的表达效果。句式的选择主要表现为同义句式的选择。所谓同义句式，是指表示相同或相近意义但在风格色彩、修辞功能、表达效果等方面存在细微差别的一组句式。

句式的选择主要体现在以下几方面：（1）长句和短句的选择。（2）整句和散句的选择。（3）主动句和被动句的选择。（4）肯定句和否定句的选择。

（四）常用辞格

我们运用语言进行交际，既要表达得准确简练，还应力求生动形象，尽可能给人以语言的美感。要做到这一点，除了要善于锤炼词语、选择句式，还要学会运用各种辞格，掌握一些常用辞格的运用规律。辞格又叫"辞式""修辞方式"，是指在语言运用过程中结构形式逐步固定下来的，在一定语境中能够产生积极表达效果的语言运用形式。我们在中学已学过比喻、拟人、夸张等多种辞格，现在再介绍几种常用辞格。

（1）双关。指利用语音或语义条件，有意使语句同时关顾表面和内里两种意思，言在此而意在彼的一种辞格。如"八方支援，解百姓燃'煤'之急"。

（2）仿词。根据表达的需要，更换现成词语中的某个语素或词，临时仿造出新的词语的辞格。包括两类：音仿，如"11月，广州还是秋高气爽，北国名城哈尔滨早已草木皆冰了"；义仿，如"有些天天喊大众化的人，连三句老百姓的话都讲不出来，可见他就没有下过决心跟老百姓学，实在他的意思仍是小众化"。

（3）顶针。用上一句结尾的词语做下一句的起头，使前后句子头尾蝉联、上递下接的辞格，也叫"顶真""联珠"。如"茵茵牧草绿山坡，山坡畜群似云朵，云朵游动起笛声，笛声悠扬卷浪波"。

（4）回环。把前后语句组织成穿梭一样循环往复的形式，以表达不同事物间有机联系的辞格。如"人人为我，我为人人"。

（5）层递。根据事物的逻辑关系，连用结构相似、内容上递升或递降的语句，表达层层递进的事理的辞格。如"听说四川有一首民谣，大略是'贼来如梳，兵来如篦，官来如剃'的意思"（递升）；"对于国内外、省内外、区内外的具体情况，他都做了周密细致的调查"（递降）。

（6）通感。在叙事状物时，用形象性语言使感觉转移，以启发接受者联想、体味的修辞方式，又称"移觉"。如"她的声音像蜜，听着甜滋滋的"。

略论语言形式美

王 力

文本导读

言之无文，行而不远。对语言形式的重视，历来是中国古典诗词的重要传统。而"语言的形式之所以能是美的，因为它有整齐的美、抑扬的美和回环的美"。王力先生认为，语言的形式美不仅存在于诗词中，也存在于散文中；不仅存在于古典诗文中，也存在于现代诗文中。他同时强调，内容决定形式，形式为情感服务，"决不牺牲了内容去迁就形式"，提倡"我们应该把内容和形式很好地统一起来，让读者既能欣赏诗文的内容，又能欣赏诗文的形式"。

语言的形式美与音乐的美有共通之处，因此王力先生认为既然在音乐理论中有所谓"音乐的语言"，那么在语言形式美理论中，也应该有所谓"语言的音乐"。在整齐的美方面，文章提到音乐中的整齐匀称是由长短相等的音乐片段配合而成的，这种美感在语言中通过对偶和排比得以表现。王力先生认为，在对偶这个修辞手段上，汉语"得天独厚"，其中的原因是什么，请同学们思考一下。在抑扬的美方面，文章探讨了语言中的节奏，指出节奏在音乐和语言中都有重要作用。文章强调汉语诗歌的节奏基本形式是平平仄仄、仄仄平平，其中平仄的交替创造了抑扬的美。不但诗赋骈体文能有抑扬的美，散文也能有抑扬的美，不过在散文中平仄的交替运用可以更加灵活一些，同学们在自己创作的时候也不妨试验一下。在回环的美方面，文章讨论了重复和再现在音乐和诗歌中的运用。诗歌中的韵与音乐中的再现类似，在对仗中，双声对双声、叠韵对叠韵等形式的回环也能构成诗歌的美感。文章强调这种形式美在中国古代诗歌中尤其突出，并举了许多例子加以说明。

诗是语言形式美的集中表现。王力先生最后讨论了诗的语言形式美与意境之间的关系，以及诗的格律和技巧对意境的影响。王力先生认为，语言形式美应该服从于诗的意境，而诗的格律和技巧可以有所取舍。

王力先生的这些观点，不仅极大地丰富了语言形式美的修辞学内涵，而且为今天的诗词欣赏和文学创作提出了审美的标准。作为新世纪的大学生，我们有必要对自己的言语行为提出更高的目标。在"文本于道"的基础上，明确语言形式美的发展要求，摒弃不良和低俗的语言形式，弘扬精致和生动活泼的语言形式，恰当地运用修辞手法，提高自己运用母语的能力和水平。

请参阅：王力. 略论语言形式美. 光明日报，1962-10-09—1962-10-11.

🎵 作者简介

王力（1900—1986），字了一，广西博白人。著名语言学家，中国现代语言学的奠基人之一。1926年考入清华大学国学研究院，1927年赴法国留学，1931年获巴黎大学文学博士学位。先后在清华大学、西南联合大学、北京大学等校任教，曾任中国文字改革委员会副主任、中国语言学会名誉会长等职。主要著作有《古代汉语》《汉语史稿》《诗词格律》《汉语诗律学》等。

🎵 知识链接

1. 王力先生的学问博大精深，为学界所公认。著名语言学家朱德熙曾说："先生之学，证古论今，融会贯通，博大与精微兼而有之，所以能够蔚为大家。"

2. 作为严谨的语言学家，王力先生并不是书斋型学者。专业研究之余，他翻译出版过法国小仲马、莫里哀、波德莱尔等作家的小说、剧本和诗歌，并创作了诗歌和散文集《龙虫并雕斋诗集》《王力诗论》与《龙虫并雕斋琐语》。鉴于此，中国现代文学史学家袁良骏教授把王力、梁实秋和钱锺书三位先生推崇为抗日战争时期三大学者散文家。

3. 王力. 正确地使用祖国的语言，为语言的纯洁和健康而斗争！. 人民日报，1951-06-06；王力. 诗词格律. 北京：中华书局，1977.

🎵 汉语语法的特点

朱德熙

🎵 文本导读

语法学是19世纪末从西方传入中国的，所以汉语语法研究从一开始就受到印欧语语法的影响。早期的汉语语法著作多是模仿印欧语语法的，直到20世纪40年代，一些语言研究者开始意识到这个问题，主动探索汉语自身的语法规律。只有打破印欧语眼光的束缚，才能看清汉语语法的本来面目，从而深入挖掘各种语言现象背后隐藏的规律。

在《语法答问》一书的《汉语语法的特点》中，朱德熙先生对比了英语等印欧语言跟汉语的主要差别，指出汉语缺乏形态变化，这造成了汉语语法的两大特点。这段主客对话首先提到了两个常见的观点，即汉语是单音节语言，且缺乏印欧语的名词、形容词、动词的那些性、数、格、时、人称的变化。接着对汉语词序和虚词的重要性进行了讨论。客人认为通常说汉语的词序和虚词重要，并提到汉语中词序的灵活性。主人指出，与拉丁语相比，汉语的词序灵活性较弱。拉丁语的词序可以有多种组合，但汉语的不同词序常常代表不同的结构。同学们可以思考一下，为什么会存在这种差别？针对客人所提到的虚词的重要性，主人反驳说，在汉语中虚词的使用可以"省略"，尤其在口语中。你们的看法如何呢？

在这段对话中，朱先生总结了汉语语法的两个主要特点，即词类与句法成分之间缺乏简单的一一对应关系，以及汉语句子的构造原则与词组的构造原则基本一致。汉语中的动词与形容词均具有多功能性，它们在做谓语、主宾语、定语等多种句法成分时，形式保持一致，这与印欧语有很大不同。另外，在印欧语中，句子的谓语部分的主要动词必须由限定式动词充任，而汉语主谓结构可以独立成句，也可以做句法成分，其中的谓词不发生形态变化。主谓结构做谓语的格式是汉语里最常见、最重要的句式之一。最后，朱先生指出，汉语缺乏形态标记是造成词类的多功能性和词组与句子构造上的一致性的根源。

请参阅：朱德熙．汉语语法的特点//语法答问．北京：商务印书馆，1985：2-9.

✿ 作者简介

朱德熙（1920—1992），江苏省苏州人，中国著名的语言学家、语法学家、古文字学家、教育家。1939年考取国立西南联合大学，第二年转入清华大学中文系学习。先后任教昆明中法大学、清华大学、保加利亚索菲亚大学和北京大学。曾任中国语言学会副会长、会长，世界汉语教学学会会长兼《世界汉语教学》主编，中国古文字研究会理事等职。著有《语法修辞讲话》（与吕叔湘合著）、《现代汉语语法研究》、《语法讲义》、《语法答问》等。

✿ 知识链接

《语法答问》是朱德熙先生于20世纪80年代写的关于汉语语法的一本通俗的小书。用主客问答的方式回答了汉语语法必须知道的一些问题，通过"客"对汉语语法知识提出问题，由"主"进行回答，引发大家对汉语语法现象的思考，同时对长期以来汉语语法研究中常常引起争论的问题作了一些分析和评论。关于汉语语法特点、汉语词类划分、汉语语法体系等问题，朱德熙先生在书中提出了一系列有创见的理论观点。

✿ 延伸阅读

1. 吕叔湘．汉语语法分析问题．北京：商务印书馆，1979.
2. 朱德熙．语法讲义．北京：商务印书馆，1982.
3. 赵元任．中国话的文法．北京：商务印书馆，2017.
4. 陈望道．修辞学发凡．上海：复旦大学出版社，2007.
5. 陆俭明．现代汉语语法研究教程．5版．北京：北京大学出版社，2019.

第二编

文学审美

第五讲　古代诗歌

概述

　　诗歌，是中国古典文学中最受重视、最具特色的文体，在我国文学史、文化史上占有特殊重要的地位。《尚书·尧典》记载："诗言志，歌永言，声依永，律和声。"古人认为，诗歌表现人的思想情感和主观体验。"诗言志"是现存最早的有关诗歌性质的认识，显示出中国古典诗歌主观性、表现性、抒情性等基本特征，后代的诗歌理论探讨都受到它深远的影响。

一、中国古代诗歌发展历程

　　中国古代诗歌活动从远古先民歌谣开始，《吕氏春秋·音初》记载的涂山氏①《候人歌》和夏孔甲的《破斧歌》，被认为分别代表着南音和东音的起源。自觉的诗人创作一般认为从屈原开始，但形成规模、演变为风气是汉代末年才开始的。中国古典诗歌两千多年的长期发展，大致可以划分为以下四个阶段。

　　先秦两汉阶段诗歌活动的最大特点就是，以民间创作为主体，作家创作（如屈原与楚辞）还是个别现象；是情感的自然抒发，还不是自觉的艺术创造。

　　《诗经》是现存最早的诗歌总集，主要收集了周初至春秋中叶五百多年的诗歌作品，编订成书大约在公元前6世纪。《诗经》所载录的诗歌深刻地揭示了西周初至春秋时期社会生活的各个方面，包括政治、经济、军事和世态人情、民俗风习，反映了当时人们的快乐与悲伤。《诗经》所收的诗歌分为风、雅、颂三类。一般认为，风，即音乐曲调，国风就是各地区的音乐；雅，即正，指朝廷正乐；颂，则是宗庙祭祀音乐。这三者主要是音乐曲调上的区别，不过，也包含着内容上的区别：雅、颂集中反映上层社会的政治文化活动，国风则比较集中地反映了民间劳动生产以及日常生活。《诗

---

　　①　涂山：古地名，传说地点在今安徽省蚌埠市怀远县。

经》诗歌艺术很质朴，多采用复沓的句式和章法，反复咏叹；其广泛使用以彼物比此物、触物起兴的比兴手法。《诗经》关注现实的热情、强烈的社会意识，以及真诚、积极的人生态度被后人概括为"风雅"精神，这种精神和比兴艺术手法，对后来文学的发展产生了深远的影响。

承接着《诗经》，在战国时期的长江、汉水流域，在楚国民间文化的基础上兴起了楚辞。屈原生活于战国后期，出身贵族，具有卓越的政治器识，"博闻强志，明于治乱，娴于辞令"（《史记·屈原贾生列传》），但是，屈原忠君爱国却遭到奸臣嫉妒而被流放，最后他在秦军攻破楚国都城的时刻自投汨罗江而死。屈原可以说是中国文学史上第一位伟大的诗人。《离骚》是带有自传性质的长篇抒情诗，表现屈原政治上受到的不公正待遇，批判楚国政治的黑暗腐朽，抒发其忠君爱国的感情，揭示出诗人选择的艰难和灵魂的煎熬，显示了生命的深度。全诗感情强烈，缠绵悱恻，想象丰富，富有强烈的感染力。屈原及其楚辞创作是楚文化开出的奇葩，在艺术上有着鲜明的特点：感情热烈奔放；句式自由变化，多用"兮"字；想象丰富，多使用象征意象，最典型者就是香草、美人；辞藻缤纷富丽。楚辞的兴起是承接《诗经》之后先秦诗歌的二度繁荣，诗、骚并美，构成中国诗歌的两大源头和创作传统。

汉代设立专门的政府机构"乐府"，广泛采集民间音乐，或娱乐，或观风知政。这些乐府民歌"感于哀乐，缘事而发"（《汉书·艺文志》），展现当时丰富的社会生活和社会问题，代表着汉代诗歌的成就。汉代乐府民歌继承了《诗经》现实主义精神，但在手法上多采用叙事写法，促进了叙事诗的成熟。形式上由杂言渐趋向五言，在五、七言诗歌形成过程中发挥了重要作用。

以《古诗十九首》为代表的汉末文人诗，是最早的大规模的下层文人诗歌创作。其内容大多是游子之歌和思妇之词，反映了失序的汉末社会现实和彷徨、颓废的社会心理。其艺术特色鲜明：长于抒情，却不径直言之，而是委曲婉转，反复低回；抒情手法多运用情景交融、物我互化的方式；语言质朴而又精练丰富，形成了深衷浅貌的语言风格，被刘勰誉为"五言之冠冕"。

魏晋南北朝在诗歌史上具有独特的地位：逐步认识到文学的抒情本质，文人文学活动走向自觉；文人创作重心渐由辞赋转向诗歌，诗歌逐渐成为主流文学体裁，五言诗流行；诗歌逐渐脱离音乐，开始自觉追求诗歌自身的语言美、形式美、艺术美；作家的个性在文学创作中得到比较充分的表现。

建安时期，曹操逐渐统一北方，网罗文士，形成了以曹氏父子为中心、"建安七子"为主要成员的文学群体，形成了特定的时代风格"建安风骨"。西晋末期，在士族清谈玄理的风气下，产生了玄言诗；东晋偏安江南，玄佛合流，玄言诗大盛。晋宋之际，陶渊明从日常生活中发掘诗意，从田园中找到了精神的自由，开创了田园诗这种诗歌类型。谢灵运由写意到摹象，发现了山水之美，山水诗从玄言诗中逐渐独立出来。南齐永明年间（483—494），以沈约、谢朓、王融等宫廷文人为代表的"竟陵八友"，自觉地将声律和对偶等技巧运用于诗歌创作，探索诗歌声律配合和谐的内在规律，创造出新体诗——"永明体"。从梁朝宫廷流徙到北方的庾信，意外地承担了南北文风融合的历史使命，他饱尝分裂时代特有的人生不幸，却创造出"穷南北之胜"（倪璠《庾子山集题辞》）的文学硕果，《拟咏怀》组诗二十七首叹恨羁旅、忧嗟身世，内容充实，情采并茂，南朝诗歌的清绮与北方文化的刚劲开始结合，代表着诗歌革新与前进的方向。

唐朝是中国诗歌发展的高峰，而宋诗具有与唐诗相映成趣的鲜明特色，二者取代了诗、骚，共同构成了此后学习、借鉴、继承的两大传统，因此，唐、宋时期是中国古典诗歌发展的黄金时代。

唐代是中国历史上政治军事强大、经济文化全面繁荣、思想兼容并包、中外文化充分交流融合的时期，隋朝是其序曲，五代乃其尾声。唐代文学的最高成就是诗。初唐诗歌创作主流还延续六朝宫廷诗风，以宫廷帝王为中心，讲究诗歌技巧，完成了近体诗的诗体建设，与此同时，科举制度的实行，调动了下层寒士的参政热情和人生希望，初唐四杰和陈子昂自觉地批判宫廷诗风，将北朝文学的刚健之气和南朝文学的清新明丽、汉魏风骨与六朝绮丽结合起来，开创了新的诗歌时代。开元十五年（727）前后，盛唐诗歌群体出现，创作《春江花月夜》的张若虚等"吴中四士"是盛唐之音的先声，他们风流潇洒，浪漫不羁。王维、孟浩然等表现了山水田园的静谧明秀之美，高适、岑参等表现了边塞生活的瑰奇壮伟、豪情慷慨，这两类题材分别代表了盛唐诗人人格追求的两个层面——既追求精神的自由、人格的高洁，也追求建功立业。"诗仙"李白追求个人实现，以其天纵之姿挥洒笔墨，信笔琳琅，呼风唤雨，喷玉吐珠，展示了盛唐人特有的豪放飘逸、自由奔放；其绝句和歌行如行云流水变化万千，如出水芙蓉天然清新。盛唐诗歌咏理想，激情洋溢，气象高华，骨气端详，清新自然。天宝后期，社会矛盾激化，最终导致安史之乱，以如椽巨笔反映这场空前历史转折的是"诗圣"杜甫，他带着盛唐人的热情和责任感直面惨淡的人生，忧国忧民，创作出《蜀相》《登楼》《登高》《秋兴八首》《春望》《赠卫八处士》等名作，将应酬性的七律转变为抒写政治关怀的政治抒情诗；直接表现苦难中的人民以及战火中涂炭的生灵，创作出《自京赴奉先县咏怀五百字》《北征》等"大篇"和以"三吏""三别"为代表的"诗史"作品。稍后活跃于京城的大历诗人群，因社会衰败而心绪彷徨，创作气骨顿衰，偏爱夕阳秋风。中唐中兴，诗坛上也出现了追求新变的风气：韩愈、孟郊、李贺等，师承杜甫奇崛、散文化的诗歌经验，崇尚奇怪，甚至以丑为美，形成了韩孟诗派；白居易、元稹以及张籍等，则学习民间乐府，追求通俗甚至世俗性，形成元白诗派。怪与俗构成了中唐诗风相反相成的两极。在二派之间，另有柳宗元、刘禹锡等自成一格。长庆以后直到唐王朝终场，李商隐、杜牧是这个时代的精神代言人。总体上看，唐诗歌颂理想，重视抒情，追求兴象之美，语言自然、高华、流丽。

宋诗先后选择白居易、姚合、贾岛、李商隐、李白等作为学习典范，后来发现了韩愈和杜甫，才自觉地加以学习并放大其艺术经验，逐渐建立宋诗风范，梅尧臣、欧阳修、王安石以及苏轼等人完成了这个文化使命。苏轼是古代罕见的艺术全才，饱经苦难，却儒、释、道兼修，随遇而安，超越苦难。如《题西林壁》发现妙理和乐趣，《饮湖上初晴后雨》发现了雨中西湖的别样美丽，这些都表现了诗人宽容平和的襟怀和热爱生活的积极态度。黄庭坚及其江西诗派受到苏轼的深刻影响，黄庭坚提倡"夺胎换骨"，刻意生新。两宋之际，山河破碎，改变了以才学为诗、文字为诗的江西诗派一统天下的局面，诗歌的视野回到现实生活，南宋"中兴四大诗人"中陆游的爱国诗歌、杨万里活泼自然的"诚斋体"，范成大的田园生活诗等，都以全新的艺术特征丰富了宋诗生活化、趣味性的精神面貌。南宋后期，"永嘉四灵"和江湖诗派以姚合、贾岛为师，重新回归晚唐体，表现清邃幽静的景色和枯寂淡泊的隐逸生活。宋元之际，文天祥《过零丁洋》和《正气歌》等爱国诗，堪称宋诗的绝响。总体上，宋诗题材向日常生活倾斜，情绪散淡，表达上追求散文化和议论，描写细致，创作观念上以才学为诗，这是宋诗不同于唐诗处，也正是宋诗特色和成就所在。

元明清时期，小说、戏曲兴起并成熟，影响日增，词、曲也分化了诗人的兴趣和精力，诗歌不再是时代文学活动的主流。面对着唐、宋诗歌的巨大成就和经典地位，诗人的诗歌活动不得不在复古与反复古、宗唐与宗宋的矛盾冲突中蹒跚，没有反映丰富的社会生活，屋下架屋，总体成就不高。

元初由金入元的元好问、由宋入元的赵孟頫诗歌反映了易代巨变，稍有特色，至于号称"元四家"的杨载、虞集、范梈、揭傒斯，当时名声很大。

明初台阁体盛行一时，歌功颂德。中叶以后，诗歌和散文都是在拟古与反拟古的交锋中发展：李梦阳、何景明等"前七子"在弘治年间打出"复古"的旗号，嘉靖年间唐宋派起而攻之；嘉靖、万历年间，李攀龙、王世贞为代表的"后七子"继承复古主义观念，随后以袁宏道兄弟为代表的"公安派"进行反拨，倡导"独抒性灵，不拘格套"，之后，湖北钟惺、谭元春为代表的"竟陵派"继续高举反对复古大旗；明末，复社、几社等文学团体出于现实需要，再次提出复古主张。

清代文学整体上呈现集大成景象，诗歌领域流派众多，理论总结丰富。除了黄宗羲、顾炎武等遗民诗人，清初继续沿着拟古的路线发展，钱谦益在明人宗唐之后开宗宋一脉，再后是翁方纲，提出重学问、重义理的"肌理说"；吴伟业则开宗唐一支，其《圆圆曲》一首具有诗史性质，而王士禛创立"神韵说"，主盟文坛数十年，其《秋柳》组诗意蕴丰满，此后，沈德潜倡导以"温柔敦厚"为准则的"格调说"。能够独立于拟古时风之外的诗人主要有袁枚所代表的"性灵派"和郑燮、黄景仁等。

1840年鸦片战争，晚清揭幕，虽清王朝延续其统治，但中国社会和中国文学同步跨入了近代。此时诗歌活动既是古代的延续和总结，也是现代的发端和探索，这是一个独特的过渡时期——既有激烈变革的呼唤，也有抱残守缺的坚守。

龚自珍首开风气，魏源、林则徐等受其影响，创作根植于社会现实，表现出炽烈的爱国激情。黄遵宪、谭嗣同、康有为、梁启超等提出"诗界革命""文界革命"等口号，开展诗文革新运动，表现出振兴国家、挽救民族于危亡的爱国精神。辛亥革命前后，以柳亚子为代表的文学团体"南社"成立，较有进步思想。贯穿近代诗坛，"宋诗派""同光体"等复古流派活跃。以文化革命为背景、借鉴西方文学观念、具有崭新文化内涵的白话诗歌运动兴起，标志着古典诗歌时代的结束、新的诗歌时代——现代中国诗歌的到来。

二、中国古典诗歌基本特点

中国古典诗歌无论古今、无论朝代、无论流派、无论个体显然具有一以贯之的共同特点，大略而言，有如下四个方面。

第一，人文性。

文学是文化的缩影，中国古典诗歌的人文性反映了中国文化的基本特点，如以人为本、忠君孝亲爱国、天人合一等。从《诗经》、屈原开始，中国古代诗人就将目光倾注到社会人生，关心国家命运，关心现实，关心政治，关心民生疾苦，这是中国诗歌数千年的传统。

第二，抒情性。

和欧洲叙事性文学高度发达相比，中国古典诗歌追求抒情，抒发诗人对社会、人生的感受，尽管《诗经》中不少作品具有明显的写实性，但叙事多为表达感慨；汉乐府具有较强的叙事性，然而所叙之事细节并不明确；杜甫诗歌号称"诗史"，其实并非以诗书史，其目的主要在于表现他的情感和评价。

第三，形式美。

当中国古典诗歌脱离口头歌唱以及音乐，演变为文人个体的案头写作之后，就开始自觉追求语言文字形式本身的整齐之美、音韵和谐之美、辞藻之美，最终形成了近体诗，而汉语的音节语言特点、方块汉字的独体性更有助于上述形式美的实现。

第四，含蓄蕴藉的风格。

中国人追求温柔敦厚、内敛含蓄，同样，中国文学追求含蓄、蕴藉的表达风格，中国诗歌的抒情不是喷吐而出，一览无余，而是移情入景，创造情景结合、情景相生的艺术形象和艺术境界，从而形成虚实结合、意在言外、言有尽而意无穷的审美效果。与此相应，产生了一系列的艺术手法和技巧，例如比兴、典故等。

七 月①

文本导读

　　本诗是《诗经·豳风》的第一首，也是《国风》中最长的一首，共8章88句。叙述了农夫一年的劳动过程与生活情况。

　　　　　　七月流火②，九月授衣③。
　　　　　　一之日觱发④，二之日栗烈⑤。
　　　　　　无衣无褐，何以卒岁⑥。
　　　　　　三之日于耜⑦，四之日举趾⑧。
　　　　　　同我妇子，馌彼南亩⑨，田畯至喜⑩。

　　　　　　七月流火，九月授衣。
　　　　　　春日载阳⑪，有鸣仓庚⑫。

---

　　①　毛诗正义//十三经注疏．影印清阮元校刻本．北京：中华书局，1980.
　　②　七月流火：火，又称大火，星名，即二十八星宿中的心宿。流，流动向西下行。每年夏历五月，黄昏时候，此星位于正南方，是它一年中所处视觉上最高的位置。七月就偏西向下了，这就叫作"流"。此时天气已转凉。
　　③　九月授衣：九月霜降，天气变冷，所以把做冬衣的活计交给妇女们去做，以抵御即将到来的寒冷天气。
　　④　一之日：即夏历的十一月。本诗此节后面的"二之日""三之日""四之日"，即夏历的十二月、一月、二月。本诗第三节的"蚕月"，即夏历的三月。觱（bì）发（bō）：拟声词，寒风吹物的声音。
　　⑤　栗烈：也作凛冽，寒气刺骨的意思。
　　⑥　卒：终。
　　⑦　于耜：往修田器。
　　⑧　举趾：抬脚，意思是下田春耕。
　　⑨　馌（yè）：送饭。南亩：泛指田地。
　　⑩　田畯：劝农官。
　　⑪　春日：夏历三月。载：开始。阳：天气和暖。
　　⑫　有：发语词，无实义。仓庚：黄莺。

女执懿筐①，遵彼微行②，爰求柔桑③。
春日迟迟④，采蘩祁祁⑤。
女心伤悲，殆及公子同归⑥。

七月流火，八月萑苇⑦。
蚕月条桑⑧，取彼斧斨⑨，
以伐远扬⑩，猗彼女桑⑪。
七月鸣鵙⑫，八月载绩⑬。
载玄载黄⑭，我朱孔阳⑮，为公子裳。

四月秀葽⑯，五月鸣蜩⑰。
八月其获，十月陨箨⑱。
一之日于貉⑲，取彼狐狸，为公子裘。
二之日其同⑳，载缵武功㉑，言私其豵㉒，献豜于公㉓。

五月斯螽动股㉔，六月莎鸡振羽㉕，
七月在野，八月在宇，

① 懿：深美。
② 遵：沿着。微行：小径。
③ 爰：于是。柔桑：稚嫩的桑叶。
④ 迟迟：日长而暖。
⑤ 蘩：白蒿。祁祁：众多的样子。
⑥ 殆：怕。公子：豳公之子，或认为指豳公的女儿。归：出嫁。
⑦ 萑苇：荻草和芦苇。
⑧ 蚕月：养蚕的月份，即三月。条："挑"的假借字。条桑：修剪桑苗。
⑨ 斨（qiāng）：方孔的斧子。
⑩ 远扬：长而高的桑树枝。
⑪ 猗（yī）：取其叶而存其枝条。女桑：嫩桑叶。
⑫ 鵙（jú）：鸟名，又名伯劳。
⑬ 载绩：开始纺织。
⑭ 载：又是。载玄载黄：又是黑来又是黄。
⑮ 朱：红色。孔：甚，很。阳：鲜明亮丽。
⑯ 秀：结穗。葽：草名，今名远志。
⑰ 蜩（tiáo）：蝉。
⑱ 陨：落。箨（tuò）：落叶。
⑲ 于：猎取。
⑳ 同：会合。
㉑ 载：则，就。缵：继续。
㉒ 私：自己占有。豵（zōng）：小猪，此处泛指小的野兽。
㉓ 豜（jiān）：三岁的大猪，此处泛指大的野兽。
㉔ 斯螽（zhōng）：蝗虫。股：大腿。
㉕ 莎（suō）鸡：虫名，俗称纺织娘。

九月在户，十月蟋蟀入我床下。
穹窒熏鼠①，塞向墐户②。
嗟我妇子，曰为改岁③，入此室处。

六月食郁及薁④，七月亨葵及菽⑤，
八月剥枣⑥，十月获稻，
为此春酒⑦，以介眉寿⑧。
七月食瓜，八月断壶⑨，
九月叔苴⑩，采荼薪樗⑪，食我农夫。

九月筑场圃，十月纳禾稼。
黍稷重穋⑫，禾麻菽麦⑬。
嗟我农夫，我稼既同⑭，上入执宫功⑮。
昼尔于茅⑯，宵尔索綯⑰。
亟其乘屋⑱，其始播百谷⑲。

二之日凿冰冲冲⑳，三之日纳于凌阴㉑。
四之日其蚤㉒，献羔祭韭㉓。

---

① 穹：打扫。窒：堵塞物。
② 向：北窗。墐（jìn）：用泥涂抹。
③ 曰：发语词。改岁：过年。
④ 郁：郁李，蔷薇科小灌木。薁（yù）：蘡薁，葡萄科落叶木质藤本植物。
⑤ 亨：同"烹"。葵：冬葵，冬寒菜。菽：大豆。
⑥ 剥：通"扑"。剥枣：打枣。
⑦ 春酒：冬天酿酒，经春始成，所以叫春酒。
⑧ 介：祈求。眉寿：长寿。
⑨ 断：斩断藤条摘下。壶：葫芦。
⑩ 叔：拾取。苴（jū）：秋麻之籽。
⑪ 荼：苦菜。薪：此处作动词"烧"用。樗（chū）：臭椿。
⑫ 黍：小米。稷：高粱。重：同"種"（tóng），早种晚熟的谷物。穋：同"稑"（lù），晚种早熟的谷物。
⑬ 禾：粟。
⑭ 同：收获完毕。
⑮ 上：同"尚"，还得。宫功：宫室的修缮和营造等。
⑯ 尔：语气助词。于：取。
⑰ 索：搓。綯：绳子。
⑱ 亟：急着，赶快。乘：覆盖。
⑲ 其始：将要开始。
⑳ 冲冲：凿冰的声音。
㉑ 纳：藏。凌阴：地下冰室。
㉒ 蚤：同"早"。
㉓ 献羔祭韭：祭献韭菜和小羊。古代藏冰和取冰都要祭祀。

九月肃霜①，十月涤场②。
朋酒斯飨③，曰杀羔羊④。
跻彼公堂⑤，称彼兕觥⑥，万寿无疆。

知识链接

关于古代天文，素有七政、二十八宿、四象、三垣、十二次、分野等概念和范畴。关于"七政"，王力先生在《中国古代文化常识》中讲道："古人把日月和金木水火土五星合起来称为七政或七曜。金木水火土五星是古人实际观测到的五个行星，它们又合起来称为五纬。金星古曰明星，又名太白，因为它光色银白，亮度特强。《诗经》'子兴视夜，明星有烂'，'昏以为期，明星煌煌'，都是指金星说的。金星黎明见于东方叫启明，黄昏见于西方叫长庚，所以《诗经》说'东有启明，西有长庚'。木星古名岁星，径称为岁。古人认为岁星十二年绕天一周，每年行经一个特定的星空区域，并据以纪年。水星一名辰星，火星古名荧惑，土星古名镇星或填星。值得注意的是，先秦古籍中谈到天象时所说的水并不是指行星中的水星，而是指恒星中的定星（营室），《左传·庄公二十九年》'水昏正而栽'，就是一个例子。所说的火也并不是指行星中的火星，而是指恒星中的大火，《诗经》'七月流火'就是一个例子。"

山 鬼⑦

屈 原

文本导读

《山鬼》是屈原所作组诗《九歌》11篇中的第9篇。自苏雪林提出《九歌》表现的是"人神恋爱"观点以后，学者多以"山鬼"与"公子"的失恋解说此诗。诗歌将幻想与现实交织在一起，以人、神结合的方法，采用内心独白的方式，塑造了美丽、率真、痴情的少女形象，热情缠绵，想象丰富，具有浓郁的浪漫主义色彩。

---

① 霜：通"爽"。肃霜：天高气爽。
② 场：通"荡"。涤场：干净敞亮。
③ 朋酒：两壶酒。斯：代词，代指酒。飨：以酒食待客。
④ 曰：同"聿"，发语词。
⑤ 跻：升，登上。
⑥ 称：举起。兕觥：一种铜制酒器。
⑦ 朱熹. 楚辞集注. 上海：上海古籍出版社，1979.

若有人兮山之阿①，被薜荔兮带女萝②。既含睇兮又宜笑③，子慕予兮善窈窕。乘赤豹兮从文狸④，辛夷车兮结桂旗⑤。被石兰兮带杜衡⑥，折芳馨兮遗所思⑦。余处幽篁兮终不见天⑧，路险难兮独后来。表独立兮山之上⑨，云容容兮而在下⑩。杳冥冥兮羌昼晦⑪，东风飘兮神灵雨⑫。留灵修兮憺忘归⑬，岁既晏兮孰华予⑭？采三秀兮于山间⑮，石磊磊兮葛蔓蔓。怨公子兮怅忘归⑯，君思我兮不得闲。山中人兮芳杜若⑰，饮石泉兮荫松柏。君思我兮然疑作⑱。靁填填兮雨冥冥⑲，猨啾啾兮又夜鸣⑳。风飒飒兮木萧萧，思公子兮徒离忧㉑。

《山鬼图》（徐悲鸿）

作者简介

屈原（约前340—约前278），名平，战国时楚国人。中国文学史上第一位伟大诗人，"逸响伟辞，卓绝一世"（鲁迅《汉文学史纲要》），富有浪漫精神，"骚体"文学创始人，其爱国精神与创作成就对后世影响甚为深远。

知识链接

《九歌》本是祭祀神灵的乐歌，相传是夏朝的音乐，流传于楚国民间。屈原流放时，觉得民间祭祀的歌舞虽然乐曲很美，但歌词却很鄙陋，于是在原来的基础上加以润色，创作了一套新的歌词。这就是《楚辞》中现存的《九歌》，共11篇，前9篇祀神，第10篇《国

---

① 山之阿：山隈，山坡。
② 被：披。薜荔：一种蔓生木本植物。女萝：一种蔓生草本植物。
③ 含睇：眼波流动的样子。宜笑：笑容自然、美好的样子。
④ 从：跟从。文：花纹。
⑤ 辛夷：木兰，一种小乔木。
⑥ 石兰、杜衡：均为香草名。
⑦ 遗：赠。
⑧ 余：我。幽篁：清幽的竹林。
⑨ 表：突出的样子。
⑩ 容容：即"溶溶"，水或烟雾流动的样子。
⑪ 杳冥冥：幽深昏暗。羌：语助词。
⑫ 神灵雨：神灵降下雨水。
⑬ 灵修：指山鬼。憺：安乐。
⑭ 晏：晚。华予："华"通"花"，"华予"即"让我像花一样美丽"。
⑮ 三秀：芝草，一年开花三次，传说服食后可延年益寿。
⑯ 公子：此处也指山鬼。
⑰ 杜若：香草名。
⑱ 然：相信。疑：犹疑。作：情绪的产生。然疑作：疑信交加。
⑲ 靁：同"雷"。填填：雷的轰隆声。
⑳ 猨：同"猿"。
㉑ 离：遭受。

殇》祭鬼，第 11 篇是尾声。《九歌》虽然是祭祀用的乐章，但其内容却是恋歌，用恋歌来祭神是为了娱神、悦神，从而得到神的保佑。《九歌》中的恋歌艺术形式完美，对后来 2 000 多年的文学有深远的影响。

行行重行行①

文本导读

梁昭明太子萧统主持编选的《文选》收录了汉末下层文人创作的五言诗 19 首，此诗即在其中。东汉末年，游宦之风极盛，读书人为了寻求出路，求取功名富贵，不得不背井离乡，四处奔走，离情别恨，相当普遍。此诗刻画了一位妇女思念远行丈夫的曲折、复杂心理。她咏叹别离的痛苦、相隔的遥远和见面的艰难，把自己的刻骨相思和丈夫的一去不返相对照，最后还是自我宽解，只希望远行的人自己保重。全诗心理刻画惟妙惟肖，长于抒情，韵味深长，语言朴素自然又精练生动。

行行重行行②，与君生别离③。
相去万余里，各在天一涯④；
道路阻且长⑤，会面安可知？
胡马依北风，越鸟巢南枝⑥。
相去日已远，衣带日已缓⑦；
浮云蔽白日，游子不顾反⑧。
思君令人老⑨，岁月忽已晚⑩。

---

① 萧统．文选．影印本．北京：中华书局，1977.

② 重行行：行了又行，走个不停。此句意思是说不断地漂泊。

③ 生别离：活生生地分离。

④ 天一涯：天边。意思是两人各在天之一方，相距遥远。

⑤ 阻且长：艰险而且遥远。

⑥ 胡马依北风，越鸟巢南枝：胡马南来后仍依恋于北风，越鸟北飞后仍筑巢于南向的树枝。意思是鸟兽尚眷恋故土，何况人呢。胡马，泛指北方的马，古时称北方少数民族为胡。越鸟，指南方的鸟。越，指南方百越。这两句是思妇对游子说的，意思是人应该有恋乡之情。

⑦ 相去日已远，衣带日已缓：相离越来越远，衣带也越来越松了。意思是人由于相思而消瘦了。已，通"以"。缓，宽松。

⑧ 蔽：遮掩。不顾反：不想着回家。顾，念。反，通"返"。云蔽白日是比喻，大致是以浮云喻邪，以白日喻正。意思是担心游子在外为人所惑，以致久出不归。

⑨ 思君令人老：由于思念的痛苦，我变得衰老了。

⑩ 岁月忽已晚：岁月已晚，指秋冬之际岁月无多的时候。意思是一年倏忽又将过完，年纪越来越大，还要等到什么时候呢！

弃捐勿复道①，努力加餐饭②!

知识链接

古诗，通常是指古代诗歌。汉人称《诗经》为古诗，南北朝人称汉魏诗为古诗。汉诗中有一部分无名氏作品，梁昭明太子萧统编的《文选》从其中选取了19首，流传后世，后人称之为《古诗十九首》。这些诗写作的时间和地点不一致，大约产生于东汉晚期。作者大概是一些失意的中下层知识分子，姓名已不可考。《古诗十九首》的内容主要是士子宦途失意、游子思乡以及怨叹等。艺术价值很高，开启了魏晋五言诗的风气，后来的诗人多受其影响。钟嵘的《诗品》评其为"一字千金"，诚非过誉。

责 子

陶渊明

文本导读

此诗作于陶渊明40多岁时，反映了诗人对儿子的殷切期望。诗人以风趣幽默的口吻责备儿子们不求上进，与自己所希望的差距太大；勉励他们能好学奋进，成为良才。其中流露出诗人对爱子们的深厚、真挚的骨肉之情。

白发被两鬓③，肌肤不复实④。
虽有五男儿⑤，总不好纸笔⑥。
阿舒已二八⑦，懒惰故无匹⑧。
阿宣行志学⑨，而不爱文术⑩。

---

① 弃捐勿复道：什么都撇开不必再说了。捐，弃。
② 努力加餐饭：有两说。一说此话是对游子说，希望他在外努力加餐，多加保重。另一说此话是思妇自慰：我还是努力加餐，保养好身体，等待着夫君归来。
③ 被（pī）：同"披"，覆盖，下垂。
④ 肌肤：指身体。实：结实。
⑤ 五男儿：陶渊明有五个儿子，大名分别叫俨、俟、份、佚、佟，小名分别叫舒、宣、雍、端、通。这首诗中皆称小名。
⑥ 好（hào）：喜欢，爱好。纸笔：这里代指学习。
⑦ 二八：即16岁。
⑧ 故：同"固"，本来，一向。一作"固"。无匹：无人能比。匹，字形近于"二""八"之合，这里用了析字的修辞法。
⑨ 行：行将，将近。志学：指15岁。《论语·为政》："子曰：吾十有五，而志于学。"后人遂以15岁为志学之年。
⑩ 文术：指读书、作文之类的事情。

雍端年十三，不识六与七①。

通子垂九龄，但觅梨与栗②。

天运苟如此③，且进杯中物④。

作者简介

陶渊明（365—427），东晋时期诗人、辞赋家、散文家。名潜，字元亮，私谥靖节，浔阳柴桑（今江西九江西南）人。出生于一个没落的仕宦家庭。曾祖陶侃是东晋开国元勋，祖父做过太守，父亲早死，母亲是东晋名士孟嘉的女儿。陶渊明一生大略可分为三个时期。第一个时期，28岁以前，由于父亲早死，他从少年时代就处于生活贫困之中。第二个时期，学习和仕宦时期，从晋孝武帝太元十八年（393）他29岁到晋安帝义熙元年（405）他41岁。第三个时期，归田时期，从义熙二年（406）至宋文帝元嘉四年（427）他病故。归田后20多年，是他创作最丰富的时期。陶渊明被称为"隐逸诗人之宗"，开创了田园诗一体。陶诗的艺术成就从唐代开始受到推崇，甚至被当作"为诗之根本准则"。传世作品共有诗125首，文12篇，后人编为《陶渊明集》。

知识链接

1. 唐代杜甫《遣兴五首》其三：

陶潜避俗翁，未必能达道。

观其著诗集，颇亦恨枯槁。

达生岂是足，默识盖不早。

有子贤与愚，何其挂怀抱。

2. 宋代黄庭坚《书陶渊明责子诗后》：

观渊明此诗想见其人岂弟（同"恺悌"，和乐安闲的意思）慈祥戏谑可观也。俗人便谓渊明诸子皆不肖而渊明愁叹见于诗耳，可谓痴人前不得说梦也。

关 山 月⑤

李 白

文本导读

这首诗描绘了边塞的风光、戍卒的遭遇，更深一层转入戍卒与思妇两地相思的痛苦。

---

① "雍端"二句：雍、端是两个孩子的名字，都是13岁，可能为孪生兄弟或异母所出。六与七，六加七等于13，这里用了数字的离合。

② 垂：即将到。觅：寻觅，寻找。

③ 天运：天命，命运。苟：如果。

④ 杯中物：指酒。

⑤ 关山月：乐府古题，属横吹曲辞，多抒离别哀伤之情。《乐府古题要解》："'关山月'，伤离别也。"

诗人放眼于古来边塞上漫无休止的民族冲突，揭示了战争所造成的巨大牺牲和给无数征人及其亲人带来的痛苦，但对战争并没有作单纯的谴责或歌颂，诗人像是沉思着一代代人为它所付出的沉重代价。

戍卒思乡之情，在一般诗人笔下，往往写得纤弱和过于愁苦，境界也往往狭窄。而李白却用"明月出天山，苍茫云海间。长风几万里，吹度玉门关"的万里边塞图来引发这种感情。用广阔的空间和时间做背景，把眼前的思乡之情融合进去，从而展开更深远的意境，引起深刻的思考，只有李白这样胸襟浩荡的人，才有如此手笔。

明月出天山①，苍茫云海间。
长风几万里，吹度玉门关②。
汉下白登道③，胡窥青海湾④。
由来征战地⑤，不见有人还。
戍客望边邑⑥，思归多苦颜。
高楼当此夜，叹息未应闲⑦。

作者简介

李白（701—762），字太白，号青莲居士。唐代著名诗人。有"诗仙"之美誉，与杜甫并称"李杜"。其诗以抒情为主，表现出蔑视权贵的傲岸精神，又善于描绘自然景色，表达对祖国山河的热爱。诗风雄奇豪放，想象丰富，语言流转自然，音律和谐多变，善于从民间文艺和神话传说中吸取营养和素材，构成其特有的瑰玮绚烂的色彩，达到盛唐诗歌艺术的巅峰。存世诗文千余篇，有《李太白集》30卷。

知识链接

1. 宋胡仔《苕溪渔隐丛话前集》卷五引吕祖谦语：气盖一世。
2. 宋吕本中《童蒙诗训》：
李太白诗如"晓月出天山，苍茫云海间。长风一万里，吹度玉门关"，及"沙墩至梁苑，二十五长亭，大舶类双橹，中流鹅鹳鸣"之类，皆气盖一世，学者能熟味之，自然不

---

① 天山：即祁连山。在今甘肃、新疆之间，连绵数千里。因汉时匈奴称"天"为"祁连"，所以祁连山也叫作"天山"。

② 玉门关：故址在今甘肃敦煌西北，古代通向西域的交通要道。此二句谓秋风自西方吹来，吹过玉门关。

③ 下：指出兵。白登：今山西大同东有白登山。汉高祖刘邦领兵征匈奴，曾被匈奴在白登山围困了七天。《汉书·匈奴传》："（匈奴）围高帝于白登七日。"颜师古注："白登山在平城东南，去平城十余里。"

④ 胡：此指吐蕃。窥：有所企图，窥伺，侵扰。青海湾：即今青海省青海湖，湖因青色而得名。

⑤ 由来：自始以来，历来。《易·坤》："臣弑其君，子弑其父，非一朝一夕之故，其由来者渐矣。"

⑥ 戍客：征人，驻守边疆的战士。

⑦ 高楼：古诗中多以高楼指闺阁，这里指戍边兵士的妻子。曹植《七哀诗》："明月照高楼，流光正徘徊。思妇高楼上，悲叹有余哀。"此二句当本此。

谝浅矣。

3. 明胡应麟《诗薮》：

青莲"明月出天山，苍茫云海间。长风几万里，吹度玉门关"，浑雄之中，多少闲雅！

4. 清唐汝询《汇编唐诗十集》：绝无乐府气。

5. 清高宗敕编《唐宋诗醇》：

朗如行玉山，可作白自道语。格高气浑、双关作收，弥有逸致。

6. 清宋宗元《网师园唐诗笺》：飘举欲仙（首四句下）。

7. 日本近藤元粹《李太白诗醇》：

严云："天山"亦若"云海"，皆虚境。若以某处山名实之谓与"玉门关"不远，即曲为解，亦相去万里矣。又云："由来"二句，极惨、极旷。又曰：似近体。入古不碍，真仙才也。

赠卫八处士①

杜 甫

文本导读

唐肃宗乾元元年（758），杜甫被贬华州司功参军，冬赴洛阳，二年春自洛阳回华州，途中遇见老友卫八处士，杜甫书此以赠。卫八处士，名字和生平事迹已不可考。处士，指隐居不仕之人。诗写偶遇少年知交的情景与感受：久别重逢，抚今追昔，世事渺茫，感慨万千。诗人只是随其所感，顺手写来，平易真切，富有人情味。清代张溍说："情景逼真，兼极顿挫之妙。"（转引自杨伦《杜诗镜铨》）

人生不相见，动如参与商②。
今夕复何夕，共此灯烛光③。
少壮能几时，鬓发各已苍④。
访旧半为鬼，惊呼热中肠⑤。
焉知二十载，重上君子堂。
昔别君未婚，儿女忽成行。
怡然敬父执⑥，问我来何方。

---

① 仇兆鳌．杜诗详注．北京：中华书局，1979.
② 参与商：二星座名，一出一没，永不相见。这两句是说人生动辄如参、商二星，不得相见。
③ 这两句字面意思是说今夕又是何夕，咱们能够在这烛光下叙谈？指意外相见，几乎不敢相信。
④ 苍：灰白色。
⑤ 热中肠：内心火辣辣的难受。
⑥ 父执：词出《礼记·曲礼》"见父之执"，父亲的执友。执友，即"挚友"。

问答乃未已，驱儿罗酒浆。
夜雨剪春韭，新炊间黄粱①。
主称会面难，一举累十觞②。
十觞亦不醉，感子故意长③。
明日隔山岳④，世事两茫茫⑤。

作者简介

杜甫（712—770），字子美，原籍湖北襄阳，生于河南巩县（今河南巩义西南）。初唐著名诗人杜审言之孙。因曾居长安城南少陵，故自称少陵野老，世称杜少陵。开元后期举进士不第，漫游各地。后寓居长安近 10 年。安禄山军陷长安，杜甫逃至凤翔，谒见肃宗，授官左拾遗。复京后被贬为华州司功参军，不久弃官居秦州。后又移家成都，筑浣花草堂。一度在剑南节度使严武幕中任参谋，因严武表荐为检校工部员外郎，故世又称杜工部。晚年携家出蜀，病逝于湘江北归船中。

《杜甫》（蒋兆和）

知识链接

杜甫的诗歌反映了唐朝盛极而衰的历史过程，以及兵荒马乱中底层人民的苦难生活与感受，被称为"诗史"。尤以古体、律诗见长；风格多样，以沉郁顿挫为主。他和李白性情、诗风各异：一沉郁顿挫，一潇洒飘逸；一长于律诗，一长于绝句；一为现实主义，一为浪漫主义。但是，二人友谊诚笃，为古今诗坛佳话。今人萧涤非的《杜甫诗选注》（人民文学出版社，1985）是学习杜甫诗歌很好的入门著作。

---

① 间（jiàn）：掺和。
② 累：连续。觞：饮酒器具。
③ 故意长：故交的情意深厚。
④ 山岳：西岳华山。杜甫和卫八处士天明离别后分处华山西、东。
⑤ 两茫茫：两人分手之后，世事沧桑，彼此命运难料。

登快阁①

黄庭坚

文本导读

宋神宗元丰五年（1082），黄庭坚在吉州太和县（今江西泰和）知县任上，公事之余，常到"澄江之上，以江山广远，景物清华得名"的快阁上览胜。这首著名的七律就是通过对登临快阁时倚阁观望江天的描述，勾勒了一幅深秋傍晚的图画，抒发了为官在外无可奈何、孤寂无聊的思乡之情，咏叹的是世无知己之感慨。黄庭坚此诗遣词凝练，意韵隽永，节奏如行云流水，特别是"落木千山天远大，澄江一道月分明"历来被誉为千古佳句。

痴儿了却公家事②，快阁东西倚晚晴③。
落木千山天远大，澄江一道月分明。
朱弦已为佳人绝④，青眼聊因美酒横。
万里归船弄长笛，此心吾与白鸥盟。

作者简介

黄庭坚（1045—1105），字鲁直，号山谷道人，后世称黄山谷，晚号涪翁，洪州分宁（今江西修水）人。治平进士。元祐初，召为校书郎，主持编写《神宗实录》。后擢起居舍人。绍圣初，被新党诬陷，贬涪州别驾，黔州安置，移戎州。徽宗即位后，领太平州事，9天即被罢免。随后流放至宜州（今广西宜山），卒。与张耒、晁补之、秦观并称"苏门四学士"，为"江西诗派"之祖。其书法擅长行、草，与苏轼、米芾、蔡襄并称"宋四家"。有《豫章黄先生文集》《山谷琴趣外篇》等。

知识链接

1. 张戒《岁寒堂诗话》云："山谷《登快阁》诗云：'落木千山天远大，澄江一道月分明。'此但以'远大''分明'之语为新奇，而究其实，乃小人语。"张宗泰《鲁岩所学集》云："至宋之山谷，诚不免粗疏涩僻之病。至其意境天开，则实能辟古今未泄之奥妙。而《登快阁》诗亦其一也。顾诋为小儿语，不知何处有此等小儿能具如许胸襟也。"方东树

---

① 刘尚荣.黄庭坚诗集注.北京：中华书局，2003.快阁：在吉州太和县（今江西吉安市泰和县）东澄江（赣江）之上。
② 痴儿：作者自指。
③ 东西：这里是指时而东、时而西，往来观赏。
④ "朱弦"句：《吕氏春秋·本味》："钟子期死，伯牙破琴绝弦，终身不复鼓琴，以为世无足复为鼓琴者。"朱弦：这里指琴。佳人：美人，引申为知己、知音。

《昭昧詹言》卷二十云："起四句且叙且写，一往浩然。五六句对意流行。收尤豪放，此所谓寓单行之气于排偶之中也。"

2. 在黄庭坚的影响下，北宋后期逐渐形成了所谓"江西诗派"。两宋之际的吕本中在《江西诗社宗派图》中，首先提出了"江西诗社宗派"的名称，指出了"江西诗派"存在的事实。他把黄庭坚尊为诗派的创始人，又列举陈师道等 25 名诗人作为其中成员。宋末元初的方回进一步提出"江西诗派"的"一祖三宗"之说，"一祖"指杜甫，"三宗"指黄庭坚、陈师道和陈与义。"江西诗派"是宋代影响最大的文学流派。

桂 源 铺①

杨万里

文本导读

唐诗长于抒情，追求情景结合，而宋诗重理趣，常常从自然现象中发现某种道理或趣味。本诗即如此：以"万"对"一"，以"山"对"溪"，多寡强弱的对比，几乎不能相提并论，万山似乎阻挡了这小小溪流的去向，然而，当时机成熟时，小溪还是去了它该去的地方。宇宙的法理总是遵循着一定的规律，在生生不息地运行着。从中不仅见出宋诗的理趣，也反映了宋人思考问题的圆融通达。

万山不许一溪奔，拦得溪声日夜喧②。
到得前头山脚尽，堂堂溪水出前村③。

作者简介

杨万里（1127—1206），字廷秀，号诚斋，吉州吉水（今江西吉水）人。宋高宗绍兴二十四年（1154）进士。历仕高宗、孝宗、光宗三朝。一生力主抗金，与尤袤、范成大、陆游合称南宋"中兴四大诗人"。所作诗多脱口而出，不堆砌古典，语言通俗，风格浏亮、清新、活泼、自然。工于七绝，以写景咏物见长。有《诚斋集》，共存诗 4 200 多首。

知识链接

杨万里是南宋时一位人品极高的儒者。他一生奉行"正心诚意"之理，把自己的书房取名为"诚斋"，并且用它作为自己的别号。他的诗作有一种幽默诙谐的趣味，有时还以俚语白话入诗，形成一种通俗晓畅的特色，被称为"诚斋体"。

---

① 辛更儒．杨万里集笺校．北京：中华书局，2007.
② "万山"二句：写的是一条小溪在群山万岭间奔流，好像被万山阻挡了去路，以至于溪水日夜在山间喧闹不停。
③ "到得"二句：谓溪水向下奔流，是大自然不变的法则，当溪水终于流到前面山脚尽头时，随着平野逐渐开阔，喧哗的溪声全都变成了堂堂盛大的流水，坦坦荡荡地流往前村去了。

冬夜读书示子聿①

陆 游

文本导读

宋宁宗庆元五年（1199）年底，陆游写了《冬夜读书示子聿》这首诗。这是一首典型的哲理诗，诗人一方面强调了做学问要坚持不懈，从书本中汲取营养，学习前人的经验和技巧。另一方面又指出，如果只是闭门读书，不去参加社会实践，不去接触广阔的社会生活，那么认识始终是浮浅的，只有通过"躬行"实践才能把书本上的知识变成自己的实际本领。

古人学问无遗力，少壮工夫老始成。

纸上得来终觉浅，绝知此事要躬行。

作者简介

陆游（1125—1210），字务观，号放翁，越州山阴（今浙江绍兴）人。南宋伟大的爱国诗人。陆游以"扫胡尘""靖国难"为生平志事，屡遭打击，始终不渝。他创作了大量作品，今存诗近万首，还有词130首和大量的散文。有《渭南文集》《剑南诗稿》《南唐书》《老学庵笔记》等传世。

知识链接

宋朝是个哲学思辨十分活跃、哲理学家辈出的时代。"好以议论为诗"，写哲理诗成了那个时代知识分子的特长。由于唐诗几乎把所有的艺术领域都挖掘完了，宋朝的诗人只能另辟蹊径，他们在让宋词的创作达到前所未有高度的同时，在诗歌领域也开创了哲理诗这个属于他们那个时代的独特诗歌形式。宋代哲理诗的显著特点就是既有诗歌的特征，又有哲理的内涵，将深刻的哲理诉诸艺术形象，在给人以美的享受的同时，使人得到人生哲理的启发。

秋 望②

李梦阳

文本导读

明代文坛复古思潮兴盛。以李梦阳、王世贞等为主导的前后七子，以复古为职志，相

---

① 钱仲联，马亚中.陆游全集校注：第5卷.杭州：浙江教育出版社，2011.
② 郝润华.李梦阳集校笺：第32卷.北京：中华书局，2022.诗题亦作《出使云中》。

继焜耀文坛。李梦阳才思雄鸷，卓然以复古自命。其诗重在模拟盛唐，批评者认为其"得史迁、少陵之似而失其真"。此诗亦是学古的产物，属于边塞诗的范畴。明代边患严重，瓦剌、鞑靼先后构成明王朝西北和北方的主要威胁。此诗紧扣诗题"秋望"二字，前三联均是望中所见，望中所感，秋风、征雁、野马、白月等物象，凄清肃杀，构成诗歌较为冷峻的氛围。尾联触物兴怀，呼唤郭子仪般的英雄再现。这种呼唤英雄的行为，实则是诗人仕途蹭蹬、心情愤懑的真实体现，同时表现出诗人希望建功立业的宏伟抱负。

> 黄河水绕汉宫墙①，河上秋风雁几行。
> 客子过壕追野马②，将军韬箭射天狼③。
> 黄尘古渡迷飞挽④，白月横空冷战场。
> 闻道朔方多勇略⑤，只今谁是郭汾阳⑥。

作者简介

李梦阳（1473—1530），字天赐，又字献吉，号空同（一称崆峒）山人，庆阳（今甘肃庆城）人。明代复古派"前七子"的领袖人物。弘治六年（1493）进士。生性刚介，敢于触犯权贵，仕途坎坷，一生五次下狱。弘治十一年（1498）任户部主事，后迁户部郎中，正德六年（1511）任江西提学副史。中年居家后一心致力于诗文创作。与何景明、徐祯卿、边贡、康海、王九思、王廷相并称"前七子"。诗文力倡"文必秦汉，诗必盛唐"的理念，名震海内。著有《空同子集》六十六卷传世。

知识链接

1. 《皇明诗选》卷十云：李舒章曰："关山历历。"宋辕文曰："'白月'一语，惊心动魄。"又曰："此诗《空同集》不录，或以为结用唐人故耳，然如汾阳公，亦自不妨。"

2. 清吴乔《围炉诗话》卷六云："献吉《秋望》诗曰'黄河水绕汉宫墙'，水而绕墙，近之至也，是汉何宫？瓠子宫与下文不合。谓以古比今，则明无离宫。'墙'字本趁韵，而违碍实甚。又云：'河上秋风雁几行'，在兰州及娘娘滩犹可，余处则为瞎话，篇中无处可据也。又云：'客子过濠追野马，将军韬箭射天狼'，刺避敌也。在大同则'濠'字不落空，其城沿边有濠有地网，余处则'濠'字落空，凑数矣。又云：'黄尘古渡迷飞挽'，渡须有水，是说何处？又云：'白月横空冷战场'，释典谓朔为黑月，望为白月，言时非言月也。彼见'白月'二字新僻，于明月即尔用之，不知出处意义也。月体如杯，何可言横？月光遍地，横又不可。选者谓此诗惊心动魄，当是以文理全无，故如是耳。如次联意，结当用唐休璟、张仁愿有边功者，而曰'闻道朔方多勇略，只今谁是郭汾阳'，汾阳有破贼功，无

① 汉宫墙：一作"汉边墙"，这里指明朝疆界。明大同府西北有长城，与鞑靼部相隔。
② 客子：诗人自称。壕：通"濠"，护城河。野马：尘埃。《庄子·逍遥游》："野马也，尘埃也。"
③ 韬箭：弓箭。韬，弓袋。天狼：星宿名，古时多以为主侵略。"射天狼"即抗击入侵之敌。
④ 飞挽：即"飞刍挽粟"的省说，指快速疾驰的车子。
⑤ 朔方：郡名，汉时所设，后泛指北方。
⑥ 郭汾阳：郭子仪，曾任朔方节度使，平息安史版乱建功，封汾阳王。

边功，其便桥之事，乃和戎，非战功也。若指郭登，上文又无土木事意。直是凑字凑句，见韵即趁，一经注释，百杂碎耳。"

咏　史①

龚自珍

文本导读

龚自珍是近代文坛较早具有觉醒意识的文人，他试图用诗文唤醒那个万马齐喑的时代。他的诗文犹如黑夜里的星光，照亮文坛，警醒世人。《咏史》撰于道光五年（1825），据传此诗为曾燠罢官而作，是年龚自珍34岁。此诗内涵深厚，具有战斗的气势，愤世嫉邪，匠心独运。他将目光投注于"金粉东南"，对江南官场的丑恶面貌痛加鞭笞，对一味逢迎取巧而不敢正色立朝的官吏进行无情嘲讽，酣畅淋漓。尾联以古讽今，感慨万千。

金粉东南十五州②，万重恩怨属名流③。
牢盆狎客操全算④，团扇才人踞上游⑤。
避席畏闻文字狱⑥，著书都为稻粱谋⑦。
田横五百人安在⑧，难道归来尽列侯⑨？

作者简介

龚自珍（1792—1841），字璱人，号定盦，仁和（今浙江杭州）人。道光九年（1829）年进士，官礼部主事，后辞官南归，卒于丹阳云阳书院。深于经学、小学和史地之学，为今文学派主要人物。曾与林则徐、魏源等结"宣南诗社"，讲求经世之学。主张改革内政、抵制外国侵略，为近代改良主义运动的先驱。有《定盦文集》传世。

知识链接

1. 明胡应麟《诗薮》云："《咏史》之名，起自孟坚，但指一事。魏杜挚《赠毋丘俭》，叠用八古人名，堆垛寡变。太冲题实因班，体亦本杜，而造语奇伟，创格新特，错综震荡，

---

① 龚自珍. 龚自珍全集. 上海：上海人民出版社，1975.
② 金粉：铅粉，旧时多用以形容繁华绮丽的生活。东南十五州：泛指江南地区。
③ 名流：知名人士，此处多有讽刺意。
④ 牢盆：煮盐器皿。狎客：泛指与帝王亲近宴饮之人，这里特指盐商的帮闲人士。
⑤ 团扇：谓《团扇郎歌》，这里泛指流连声色的文人。操全算、踞上游：均指得意貌。
⑥ 避席：离席而起。文字狱：特指用文字来罗织罪名的事件，清代康、雍、乾三朝，文字狱频发。
⑦ 为稻粱谋：为生计而奔走。
⑧ 田横：秦末狄人，事迹见《史记·田儋列传》。
⑨ 列侯：汉制异姓大臣有功者，封列侯。

逸气干云，遂为古今绝唱。"

2. 吴昌绶《定盦先生年谱》"道光五年"条：是岁有《咏史》一律，旧传为南城曾宾谷鹾使作。程庶常曰："案诗意，谓曾公罢官也。先是有某官过扬州，索曾馈，不副其意，遂为诗投曾，有'破格用人明主事，暮年行乐老臣心'之句，又故流播达上听，曾遂被召入都，坐整课惰销，投秩永废。此事予闻诸忠州李芋仙刺史士棻，刺史闻诸丰城徐稼轩侍讲士毂。"

延伸阅读

1. 袁行霈．中国诗歌艺术研究．北京：北京大学出版社，2009.
2. 刘学锴．唐诗选注评鉴．郑州：中州古籍出版社，2019.

第六讲　古代词曲

概述

一、词曲的特性和异同

词是隋唐时期兴起的一种新的文学样式，是为配合隋唐以来流行的以西域音乐为主体的"燕乐"而作的歌词，是一种密切配合音乐用以歌唱的"新兴抒情诗体"。词的体制特征与曲谱有密切依存关系，词的形态在很大程度上受到乐曲形态的支配和制约。唐五代时期，叫曲子或曲子词，到了宋代，简称为词。词是流动变化的文学艺术形式，早期，它是融诗、乐、歌、舞为一体的综合艺术形态，宋后期及元明以来，词渐渐摆脱音乐束缚，演变成纯文学意义的抒情诗体。

宋金之际，北方少数民族如契丹、女真、蒙古相继进入中原，他们带来了胡曲番乐，与汉族原有的音乐相结合，孕育出一种新的乐曲，适应这种新的音乐形式出现散曲。散曲分为小令和套数以及带过曲几种。小令是民间流行的小调，单作一支小曲，叫作"小令"。联用若干支同一宫调的曲牌，组成一套，叫作"套数"或"散套"。

词与散曲有不少共同之处。它们最初都是倚声而作，是和乐的歌词，词有词牌，曲有曲牌。后来，由于文人参与创作，它们逐渐脱离音乐，向单纯的书面文学发展。相对于诗而言，词和曲产生的时间较晚，且都和老百姓的生活有非常密切的关系。词和散曲都是抒情性的文体，都以抒情表意为目的。它们的体制都较为短小，句式参差不齐。尤其是词中的令词和散曲中的小令，二者在形态上非常相似。

但它们也有一些差别。首先，词是配合燕乐的，散曲是配合北曲的。从风格上看，词以婉约为正宗，散曲以豪放为本色。从句式与押韵上看，词与散曲都采用长短句形式，但词牌句数和字数有严格规定，不能随意增减，而散曲句式更加灵活多变，可以根据内容的需要，自由增加衬字，可以突破曲牌的句数，进行增句，散曲押韵也比较灵活，可以平仄通押。在表现手法上，词多用比兴，善于抒情，常常虚处传神；散曲则多用赋法，善于铺陈叙事，笔笔落到实处。

二、词曲的发展历程

词起源于隋代，发展于唐五代，兴盛于宋代，衰落于元明，再盛于清代。宋词在词史上的地位最高，影响和成就最大。

唐五代时期，词可分为三个部分。首先是以敦煌莫高窟藏经洞中发现的词的抄卷为代表，其中最主要的抄卷是《云谣集杂曲子》，以其结集时间早于《花间集》，成为我国第一部词总集。敦煌词题材广泛，词体风格面貌多样，有村夫野老之词，有文人墨客的歌吟，在文字雅俗上有很大差异，敦煌曲子词反映了词体初期发展状态和民间状态。其次是以白居易、刘禹锡、韦应物、戴叔伦、张志和等诗人创作为代表的中唐词，中唐词受民间词影响较大，形式短小，题材广泛，风格多清新明快活泼，多以写诗手法写词，词作多附录于文人诗集中，这种现象至晚唐温庭筠才有改变。温庭筠是唐代第一个大量写词的文人，他为文人词的创作翻开了新的一页。五代十国时期，词的创作以西蜀和南唐为中心。西蜀词以花间词派为代表，南唐词以冯延巳和南唐二主为代表，呈现出不同的风格。花间词以后蜀赵崇祚编的《花间集》为代表，《花间集》是第一部文人词总集。花间词大多以写冶游享乐和闺情离思见长，艺术上讲究辞藻华美，风格婉媚，花间词标志着词在文辞、风格、意境上词性特征的进一步确立。南唐词人中冯延巳是晚唐五代词人中作词最多的一位，南唐词以李煜成就最大。王国维说："词至后主而眼界始大，感慨遂深，遂变伶工之词而为士大夫之词。"（《人间词话》）

宋代城市经济繁荣，士大夫生活优裕，歌舞享乐之风盛行，对词的社会需求增加，因而词成为有宋一代最流行的文体之一，跻身为一代文学之胜，婉约与豪放是宋词两大基本流派。

北宋词分为前后两个时期，北宋前期词以晏殊、晏几道、欧阳修、柳永为代表。其特点是此时多数词人秉承唐五代词的婉约词风，填词以小令为主，内容多写男女艳情，词境开拓不大，而在词调和词的写作技巧方面则较唐五代有较大发展。欧阳修为词的发展做出重要贡献，欧词"疏隽开子瞻（苏轼），深婉开少游（秦观）"（冯煦《宋六十一家词选·例言》），他拓展了词的抒情功能。柳永是两宋词坛上创用词调最多的词人，柳永慢词的创作，对词体的发展做出了较大的贡献，在词的语言表达方式上也进行了大胆革新，使得词传唱于大街小巷，"凡有井水饮处，皆能歌柳词"（叶梦得《避暑录话》）。北宋后期词以苏轼和周邦彦为代表，以词的诗化为突出特征。苏轼词的创作，冲破了"词为艳科"与"诗庄词媚"的旧观念，使词的思想内容、创作题材和表现手法都有了新的开拓，在传统的婉约词风之外开创了豪放词风，使词坛形成了豪放、婉约并存的局面。北宋后期词坛领军人物是周邦彦。周邦彦精通音乐，善于创调，词的内容多写爱情、羁旅行役，以咏物词最多，他在词的思想内容上开拓不大，但在写作技巧发展方面多有贡献。王国维云："（美成）言情体物，穷极工巧，故不失为第一流之作者，但恨创调之才多，创意之才少耳。"周邦彦的词调美律严字工，好用典故，成为南宋后期格律词派的建立者。到南宋后期，姜夔、史达祖、吴文英、王沂孙、张炎、周密等人，沿着周邦彦开辟的格律词风发展，形成格律词派大盛的局面。

南北宋之交，出现了以李清照为代表的南渡词人。李清照是两宋词坛上杰出的女性词人，她主张"词别是一家"，词不仅讲平仄，还讲清浊、轻重、五音，坚持和维护词的婉约传统和音乐特征。她的词以靖康之变（1126—1127）为界，前期多写闺情离思，后期大多抒写个人身世之悲和河山破碎之慨。她的词深受后世读者喜爱。与她同时的有叶梦得、朱敦儒、向子諲及张元幹等词人，他们和李清照一样经历了朝廷动荡，在创作上大多由早期的绮罗香泽、闲情逸趣的个人生活转向表现民族兴亡的重大主题，词风也由柔婉绮艳一变而为刚健雄放，成为辛派词人的先驱。

在李清照、张元幹等人开创南宋词坛新风的基础上，张孝祥、辛弃疾、陈亮等词人创作了许多以抗战复国为主题的辞章，风格苍凉悲壮，形成了以辛弃疾为代表的辛派词人群体，他们继承苏轼的豪放词传统，以词抒发爱国之情，反映时代生活，表现时代精神，其中以辛弃疾成就最大，影响最著。

南宋后期，宋词进入一个更加严整、圆熟的发展阶段，代表人物有姜夔、史达祖、吴文英以及稍后的周密、王沂孙、张炎等。他们上承北宋周邦彦，尚雕琢、重音律、求典雅，以雅正丽密为工，词风臻于典雅化，使南宋词坛出现一种"复雅"的艺术倾向。元明时期，词体创作走向衰落。

进入清代之后，词体创作呈现复兴之势。清代前期出现了阳羡派、浙派，后期有常州词派。另外，陈维崧、朱彝尊、纳兰性德、顾贞观、张惠言、周济等名家，都为清词的发展做出了重要贡献。陈维崧以1 600余首词的惊人数量冠冕词坛，成为中国词史上填词最多的词人。

曲与词一样，也经历了一个发展的过程。元代是散曲的高峰时期。元代散曲的创作大致分为前后两个时期。前期创作的中心在北方，后期则向南移。前期散曲作家的代表有关汉卿、王和卿、白朴、马致远、卢挚、姚燧等。关汉卿、王和卿等人为书会才人作家。白朴、马致远是平民及胥吏作家的代表。马致远是元代作品最丰的散曲作家之一，被誉为"曲状元"。与关汉卿散曲浓厚的世俗情趣相比，马致远的散曲带有更多的传统文人气息。脍炙人口的是【天净沙】《秋思》（枯藤老树昏鸦），被赞为"秋思之祖"。

元代后期散曲的创作风貌有了比较明显的变化。散曲文体日趋成熟完善，表现领域得到扩展。前期那种对现实不满和激情迸发的作品大为减少，哀婉蕴藉的伤感情调逐渐成为散曲创作的主流，追求形式美的倾向愈益加强。公认的成就最高的两位作家是张可久和乔吉，有"曲中李杜"之誉。张可久散曲取材广泛，最能代表其成就的是大量的写景之作，清丽舒徐，缠绵委婉，情景相生，如【黄钟·人月圆】《春晚次韵》（萋萋芳草春云乱）。乔吉一生穷愁潦倒，多寄情山水和青楼调笑之作，恬淡而俊爽，婉丽而洒脱，雅俗兼至。后期比较重要的作家还有张养浩、睢景臣和刘时中、贯云石、徐再思等人。明代也有一些有成就的散曲作家，陈铎的《滑稽余韵》是有名的作品。

文选

破阵子^①

李 煜

文本导读

　　此词抒发亡国痛苦。上片描写自己早年无忧无虑、歌舞升平的帝王生活，下片写被俘以后沈腰潘鬓、朱颜顿改的囚徒生涯。尤其末尾回顾兵败被俘、尴尬出降那刻骨铭心的一幕，感叹自己作为一国之君，不仅愧对开基立业的祖先，而且连嫔妃宫女都不能保全。上下片的对比，造成急转直下的气势与强烈的情绪落差，有千钧之力，惊心动魄。既有对美好生活一去不复返的留恋，也有往事不堪回首的抑郁难平，更有对自己当日未能励精图治造成国家败亡的悔恨。

　　四十年来家国^②，三千里地山河。凤阁龙楼连霄汉^③，玉树琼枝作烟萝^④。几曾识干戈^⑤？

　　一旦归为臣虏^⑥，沈腰潘鬓消磨^⑦。最是仓皇辞庙日^⑧，教坊犹奏别离歌^⑨，垂泪对宫娥^⑩！

---

①　张璋，黄畲．全唐五代词．上海：上海古籍出版社，1986．

②　四十年：南唐始祖建国至后主为宋所灭，前后39年，举其成数称"四十年"。

③　凤阁龙楼：形容宫殿的华丽堂皇。

④　烟萝：云霞草木，指隐居生活。

⑤　干戈：兵器。

⑥　一旦归为臣虏：指自己被宋俘虏。

⑦　沈腰：南朝诗人沈约在给朋友信中有"老病百日数旬，革带常应移孔"的句子，后人用"沈腰"指人消瘦。潘鬓：西晋诗人潘岳在《秋兴赋序》里说他32岁时头发就开始花白，后以"潘鬓"指人到中年鬓发变白。

⑧　庙：祭祀祖宗的祠庙。

⑨　教坊：朝廷掌管音乐的机构。

⑩　宫娥：宫女。

作者简介

李煜（937—978），字重光，继其父李璟为南唐主，世称"李后主"。在位15年。国亡，为宋所俘，过了三年囚犯般的屈辱生活，传说被宋太宗毒死。妙解音律，能书画，尤工于词。艺术上能直抒胸臆，不加雕饰，生动如画，形象鲜明，后人辑有《南唐二主词》。

知识链接

1. 参考阅读李煜的《虞美人》（春花秋月何时了）、《浪淘沙》（帘外雨潺潺）。

2. 李煜即位为南唐主之时，南唐已经国势衰微。李煜面对北宋的强大势力，逆来顺受，奉宋为正朔，不想这样的日子也不能持久，最终城破被俘，被押赴汴京。李煜后期的词，绝大多数直接抒发国破家亡的愁恨，如前举《虞美人》和《浪淘沙》。有人说《浪淘沙》是李煜绝笔，也有人说《虞美人》是李煜绝笔。如果不是这些词作，李煜也许就不会遭到宋太宗的猜忌而很快被杀吧！

蝶恋花①

欧阳修

文本导读

这首词的作者一作冯延巳，但李清照及宋人词选均定为欧词，比较可信。内容写闺怨，上片写深闺女子独倚高楼，盼往日情人而不得，因而产生失望、幽怨、怅恨的迟暮感。连用三个"深"字，不仅写出庭院之深，也写出闺中女子与外界隔绝之深、寂寞苦闷之深。以景托情，词意深婉。下片写伤春，春天留不住，青春也一去不回。语意浑成，刻画深致。

庭院深深深几许？杨柳堆烟，帘幕无重数。玉勒雕鞍游冶处②，楼高不见章台路③。雨横风狂三月暮，门掩黄昏，无计留春住。泪眼问花花不语，乱红飞过秋千去④。

作者简介

欧阳修（1007—1072），字永叔，号醉翁，晚年又号六一居士，吉州永丰（今属江西）人。为谏官，支持范仲淹的改革，受到政敌的打击，屡遭贬谪。后累官至参知政事。晚年反对王安石变法，趋向保守。卒谥文忠。欧阳修是北宋诗文革新的领袖。有《欧阳文忠公集》《六一词》。

---

① 唐圭璋. 全宋词. 北京：中华书局，1979.
② 玉勒雕鞍：指华贵的车马。游冶处：指歌楼妓馆。
③ 楼高：谓高楼上看不到情人走马章台的地方。《汉书·张敞传》有"走马章台路"语。
④ 乱红：指在风中纷纷落下的落花。

知识链接

　　著名女词人李清照特别欣赏欧阳修的"庭院深深深几许"这句词，她作了两首《临江仙》，小序云："欧阳公作《蝶恋花》，有'庭院深深深几许'之句，予酷爱之。用其语作'庭院深深'数阕，其声即旧《临江仙》也。"这里引录一首："庭院深深深几许，云窗雾阁常扃。柳梢梅萼渐分明。春归秣陵树，人老建康城。　　感月吟风多少事，如今老去无成。谁怜憔悴更凋零。试灯无意思，踏雪没心情。"词作表达了她晚年独居深闺的孤苦之情。

望 海 潮①

柳 永

文本导读

　　柳永一生在汴、杭、苏等大城市流落多年，对城市生活体验较深。他创作了大量慢词，有不少作品反映了当时城市的繁荣景象和市民的生活风貌。《望海潮》这首词咏赞了杭州的繁华、钱塘江的壮丽、西湖的秀美。其词当时广为流传，影响颇大，在词史上占有重要地位。

　　东南形胜，江吴都会②，钱塘自古繁华。烟柳画桥，风帘翠幕，参差十万人家③。云树绕堤沙④。怒涛卷霜雪，天堑无涯⑤。市列珠玑，户盈罗绮竞豪奢⑥。

　　重湖叠𪩘清嘉⑦。有三秋桂子⑧，十里荷花。羌管弄晴，菱歌泛夜，嬉嬉钓叟莲娃⑨。千骑拥高牙，乘醉听箫鼓、吟赏烟霞⑩。异日图将好景，归去凤池夸⑪。

---

① 薛瑞生．乐章集校注．北京：中华书局，1994．
② 形胜：地理条件优越。都会：大都市。
③ 风帘：挡风的帘子。参差：指房屋楼阁高低不齐。
④ 云树：树木远望似云，极言其多。堤：钱塘江防潮汛的大堤。
⑤ 怒涛：汹涌的潮水。霜雪：比喻浪花。天堑（qiàn）：天然的险阻，这里指钱塘江。
⑥ 珠玑：泛指珍宝等珍贵商品。盈：充满，言其多。
⑦ 重湖：这里指西湖。西湖以白堤为界，分为外湖、里湖，故称重湖。叠𪩘（yǎn）：重叠的山峰。清嘉：清秀美丽。
⑧ 三秋：农历九月。
⑨ 羌管：笛子出自羌族，故称羌管。这里泛指乐器。泛夜：指在夜间飞扬。嬉嬉：欢乐快活的样子。莲娃：采莲的姑娘。
⑩ 高牙：古代将军旗杆用象牙装饰，故称牙旗。这里指大官高扬的仪仗旗帜。烟霞：山水美景。
⑪ 异日：他日。图：描绘。凤池：即凤凰池。原指皇帝禁苑中的池沼，多代指中书省，这里泛指朝廷。

作者简介

柳永（987？—1053？），字耆卿，福建崇安人。早年流连坊曲，为乐工歌伎撰作歌辞。曾官至屯田员外郎，故又称柳屯田。他一生在仕途上郁郁不得志，独以词著称于世。他精通音律，善于铺叙和使用俚俗语言，大量制作慢词，使慢词与小令两种体式平分秋色，齐头并进，对词的发展起了推动作用。所谓"凡有井水饮处，皆能歌柳词"（叶梦得《避暑录话》），不仅说明他的词数量多，同时也说明他的词平白易懂，流传广泛。

知识链接

词的上片总写杭州盛况，突出"形胜"和"繁华"。"烟柳"三句写"繁华"，"云树"三句写"形胜"，"珠玑"三句再渲染铺叙其繁华。下片专叙，以杭州的胜景西湖为重点，写太平盛世的和平生活，以及人民安居乐业，顺带颂扬杭州守将孙何。"三秋桂子，十里荷花"为写西湖的名句。在创作手法上此词最突出的特点就是运用赋法，上片分三层铺叙，先总说，后分说。下片专写西湖，层层铺叙，不断变换角度，转换场景，引人入胜。据宋人罗大经《鹤林玉露》载："此词流播，金主亮闻歌，欣然有慕于'三秋桂子，十里荷花'，遂起投鞭渡江之志。"这一说法虽不可信，却可以印证这首词强烈的艺术感染力。

卜算子·黄州定慧院寓居作[①]

苏 轼

文本导读

这首词是苏轼被贬黄州时所作。苏轼在黄州的作品多写夜晚，如前后《赤壁赋》，《承天寺夜游》，还有这首《卜算子》，以夜晚为背景，隐曲地反映了作者内心世界的孤独苦闷。这是一首咏物词。这首词的成功之处在于：首先，不仅刻画孤鸿的形，更刻画孤鸿的"神"，达到形神兼备的境界；其次，抓住孤鸿的特点，多层面地刻画了孤鸿的形象。孤鸿敏感、孤独，也是高洁的、坚毅的，这个形象，既是作者自身的写照，也具有一定的原型意义，能够引发读者多方面的联想。

缺月挂疏桐，漏断人初静[②]。谁见幽人独往来？缥缈孤鸿影[③]。

惊起却回头，有恨无人省[④]。拣尽寒枝不肯栖，寂寞沙洲冷[⑤]。

---

① 唐圭璋.全宋词.北京：中华书局，1979.

② 漏断：漏壶里水滴尽了，指深夜。漏，古时用水计时之器。

③ 缥缈：隐约不清的样子。

④ 省（xǐng）：领悟，了解。

⑤ "拣尽"二句：鸿雁栖宿田野苇丛间，不宿树枝，故云。后一句一作"枫落吴江冷"。

作者简介

苏轼（1037—1101），字子瞻，号东坡居士，眉山（今四川眉山）人。在政治上他反对王安石的新法，被一贬再贬，远谪惠州、儋州。文学上取得了极高成就，所作视野开阔，风格豪迈，意趣横生。有《苏东坡集》《东坡乐府》。

知识链接

1. 苏轼以鸿为吟咏对象寄托情思的作品，还有《和子由渑池怀旧》诗：

人生到处知何似？应似飞鸿踏雪泥。泥上偶然留指爪，鸿飞那复计东西。老僧已死成新塔，坏壁无由见旧题。往日崎岖还记否？路长人困蹇驴嘶。

2. 杨万里《诚斋诗话》：

欧公知举，得东坡之文惊喜，欲取为第一人。又疑为门人曾子固之文，恐招物议，抑为第二。坡来谢，欧公问："'皋陶曰杀之三，尧曰宥之三。'见何书？"坡曰："事在《三国志·孔融传》注。"欧阅之，无有。他日再问坡，坡云："曹操以袁熙妻赐子丕。孔融曰：'昔武王以妲己赐周公。'操问：'何经见？'融曰：'以今日之事观之，意其如此。'尧、皋陶之事，某亦意其如此。"欧退而大惊曰："此人可谓善读书，善用书，他日文章必独步天下。"

3. 苏轼是中国文学史上声誉最高的天才文人。在散文方面，他是"唐宋八大家"之一；在诗歌创作上，他与黄庭坚并称"苏黄"；论词的创作，他是豪放派词的开山鼻祖；在书法上，他是"宋四家"之一。

苏轼《寒食帖》

4. 苏轼一生在政治上大起大落，数遭贬谪，曾作《自题金山画像》，概括自己坎坷的遭遇："心如已灰之木，身似不系之舟。问汝平生功业，黄州惠州儋州。"黄州、惠州、儋州都是苏轼被贬之地。

踏 莎 行①

秦 观

文本导读

这首词是秦观被贬到湖南郴州时所写，当时他因旧党关系受到当政者的排斥，官职被

---

① 唐圭璋. 全宋词. 北京：中华书局，1979.

削，一再远徙，非常痛苦。这首词用比兴手法，抒发了他在这一特定境遇中的怅惘、失望和寂寞、愁苦的心情。最后两句，以水自比，说自己就像郴江水无端流下潇湘一样，远离了朝廷，远离了故乡，无缘无故地被抛掷到了遥远的异乡。通过对大自然的无理叩问，表达了内心的贬谪之悲。虽是"无理之语"，却是"至情之辞"。叶嘉莹说："结尾的发问有类似《天问》的深悲沉恨的问语，写得这样沉痛，是他过人的成就，是词里的一个世界。"（《唐宋词十七讲》）

　　雾失楼台，月迷津渡①，桃源望断无寻处②。可堪孤馆闭春寒，杜鹃声里斜阳暮③。驿寄梅花，鱼传尺素，砌成此恨无重数④。郴江幸自绕郴山，为谁流下潇湘去⑤？

作者简介

　　秦观（1049—1100），字少游，号太虚，学者称其淮海居士，扬州高邮（今属江苏）人。北宋著名词人。哲宗时历任太学博士、秘书省正字、国史院编修官。坐党籍历贬郴州、雷州等地。秦观词情韵兼胜，婉约清丽。有《淮海词》。

知识链接

　　1. 秦观写了《踏莎行》之后，流传甚广，苏东坡读到之后非常欣赏。由于两人交情深厚，又有着遭到贬谪的共同命运，所以有着心灵的契合，苏轼尤其喜欢"郴江幸自绕郴山，为谁流下潇湘去？"这两句，对其推崇备至，将其书写在扇面上，时时拿出来吟读。秦观去世之后，苏轼悲痛万分，说道："少游已矣，虽万人何赎（替代）！"当时著名的书法家米芾有感于二人之间的深厚友情，挥毫写下这首词，并将苏轼的那句悲叹作为跋语一同写下来。南宋时郴州有一位知府，将米芾的这幅字镌刻在郴州苏仙岭白鹿洞附近的石壁上，以供后人瞻仰。少游词、东坡跋、米芾字，世称"三绝"，转瞬间，三绝碑刻已经在苏仙岭上屹立

---

　　① "月迷"句：月色朦胧，迷失了渡口，含有找不到出路的意思。

　　② "桃源"句：有两种说法，一种认为是出自陶渊明的《桃花源记》，桃源是理想世界的象征；另一种认为化用刘晨、阮肇入天台山遇见仙女的故事，比喻往事不可追寻。相传东汉时，刘晨、阮肇入天台山迷路，遥望山上有一桃树，后来在一条溪水旁遇见二女子，于是在一起生活了10年。后来刘、阮二人回到家中一看，亲旧零落，见到了自己的七世孙。过了一段时间刘、阮二人又忽然远去，世人不知去处。

　　③ 可堪：不堪。孤馆：幽僻凄凉的旅舍，这里指贬所。杜鹃声里：杜鹃鸟啼声凄切，叫声如"不如归去"，容易引起离人的乡愁。

　　④ "驿寄"三句：有这样几种理解，一说远方亲友寄赠的礼物和慰藉的书信，更引起自己无限的愁苦；一说自己企盼远方亲友的寄赠，但是无法获得，愁苦万端；一说远方亲友渴望收到自己的寄赠，但是地处荒远，欲寄无从寄，徒增无穷愁恨。驿寄梅花：古人常寄梅花表达思念之情。鱼传尺素：鱼可以传书，据清代学者考证，在还没有纸张的时代，信封就是两片鱼形的木板，把帛书放在鱼腹之中，鱼尾可以打开，所以叫"鱼传尺素"。尺素，古人书写用素绢，通常为一尺，故称"尺素"，用为书信的代称。

　　⑤ 郴江：郴水，发源于湖南黄岑山，流入湘江。幸自：本是。为谁：为什么。潇湘：湖南二水名，合流后曰"湘江"。这里是说，郴江原来围绕着郴山流淌，但不知为什么要流到遥远的潇湘去。

了近千年，一首词就这样获得了永恒的生命。

2. 冯煦《宋六十一家词选·例言》："他人之词，词才也；少游词，词心也。"

永 遇 乐①

李清照

文本导读

这是李清照晚年的作品。经历国破、家亡、夫死之后，李清照词的内涵更为深广，艺术上达到很高的境界。女词人不愿放弃对美好生活的追求与热爱，但是，回忆中的美好与现实中帘外的笑语，都敲击着词人敏感的心灵，这是生命中不能承受之重。今昔不同的情景，构成鲜明的对照，强烈地反映出词人忧患余生的寂寞心情，也流露出对故国的眷恋不忘。词中有工致语，而不流于纤巧；有寻常语，而不流于庸俗。

　　落日镕金②，暮云合璧③，人在何处④？染柳烟浓，吹梅笛怨⑤，春意知几许？元宵佳节，融和天气，次第岂无风雨⑥？来相召，香车宝马，谢他酒朋诗侣。
　　中州盛日⑦，闺门多暇，记得偏重三五⑧。铺翠冠儿⑨，撚金雪柳⑩，簇带争济楚⑪。如今憔悴，风鬟霜鬓⑫，怕见夜间出去⑬。不如向、帘儿底下，听人笑语。

作者简介

李清照（1084—约1155），号易安居士，齐州章丘（今属山东）人。南北宋之交的杰出女词人。其词清丽自然，后人有《漱玉词》辑本。

---

① 唐圭璋．全宋词．北京：中华书局，1979.
② 镕金：形容落日灿烂的颜色。
③ "暮云"句：暮云弥漫，如璧之合。
④ 人在何处：承上文说景色虽好，而人事已非，句意是感伤自己的漂泊无依。一说人指亲人，指她去世的丈夫赵明诚。
⑤ "染柳"二句："烟染柳浓，笛吹梅怨"的倒文。梅，指《梅花落》笛曲。
⑥ 次第：转眼。
⑦ 中州：今河南省为古豫州地，居九州之中，故称"中州"。宋代东京（开封）、西京（洛阳）、南京（商丘）都在中州。此指东京。
⑧ 偏重三五：宋代元宵是盛大的节日，故云。三五：旧历正月十五，为元宵节。
⑨ "铺翠"句：镶翡翠珠子的冠儿。
⑩ "撚（niǎn）金"句：用金饰的丝绸或金纸扎的雪柳。撚金：金饰的一种。雪柳：古代女子元宵节插戴的装饰品。
⑪ "簇带"句：意思是插戴满头，夸自己打扮漂亮。簇带：犹言满戴。济楚：整齐，漂亮。
⑫ "风鬟"句：头发散乱，不加修饰貌。
⑬ "怕见"句：承"如今憔悴"二句而言。怕：懒得。

1. 南宋词人刘辰翁推崇李清照的《永遇乐》，说："余自乙亥上元，诵李易安《永遇乐》，为之涕下。今三年矣。每闻此词，辄不自堪。遂依其声，又托之易安自喻。虽辞情不及，而悲苦过之。"其所作《须溪词》如下：

璧月初晴，黛云远澹，春事谁主？禁苑娇寒，湖堤倦暖，前度遽如许！香尘暗陌，华灯明昼，长是懒携手去。谁知道？断烟禁夜、满城似愁风雨。　　宣和旧日，临安南渡，芳景犹自如故。缃帙流离，风鬟三五，能赋词最苦。江南无路，鄜州今夜，此苦又谁知否？空相对，残缸无寐，满村社鼓。

2.《四库全书总目提要》："清照以一妇人，而词格乃抗轶周柳，虽篇帙无多，固不能不宝而存之，为词家一大宗矣。"

鹧鸪天·元夕有所梦[1]

姜 夔

这首词是元宵节晚上的感梦之作，以梦境寄托相思。"人间别久不成悲"为全篇警策。当感情已经成为生命的一部分，人就不会再刻意地思念或悲哀，这种情感无处不在，沉淀下去，成为生命的底色。这一句与苏轼悼念亡妻的"不思量，自难忘"（《江城子》）一样，不说悲哀，不说思量，恰是此情深处对人生辛酸的深沉感悟。末两句写每年元宵节都触景生情，怀念不已，沈祖棻说："一念之来，九死不悔，惟两心各自知之，故一息尚存，终相印也。"（《宋词赏析》）

肥水东流无尽期[2]，当初不合种相思[3]。梦中未比丹青见[4]，暗里忽惊山鸟啼[5]。

春未绿，鬓先丝，人间别久不成悲。谁教岁岁红莲夜[6]，两处沉吟各自知。

姜夔（约1155—1221），字尧章，号白石道人，饶州鄱阳（今江西鄱阳）人。南宋著名词人，一生未入仕途。他精通音律，能自度曲，工诗，尤以词著称。其词格律谨严，境界

① 唐圭璋. 全宋词. 北京：中华书局，1979.
② 肥水：亦作"淝水"，源出安徽合肥紫蓬山。
③ 种相思：红豆名"相思子"。其树即相思树。因树故曰"种"。
④ 丹青：指画图。此句是说梦中所见，不如丹青真切。
⑤ "暗里"句：是说梦中被啼鸟惊醒，时已从夜到晓。
⑥ 红莲：指灯。元宵节晚上张灯结彩，红莲灯为其中一种。

清幽，上承周邦彦，下开吴文英、张炎一派。有《白石道人歌曲》等。

知识链接

姜夔的合肥情缘：姜夔20岁左右来到合肥，遇到了一位女子。我们不知道她的名字，只能称之为"合肥女子"。她善弹琵琶，多才多艺，可能是一位歌女。姜夔和她一见如故，心有灵犀，但后来由于某种原因离别。姜夔一介布衣，寄人篱下，踪迹不定，在40岁左右才有机会回到合肥。第一次回去，那位女子还没有出嫁。第二次回去，那位女子就出嫁了。此后20多年里，两人天各一方，再未见面。但是与合肥女子之间的点点滴滴，却留在姜夔的记忆深处，再也无法抹去。姜夔有关合肥女子的词，共有十八九首之多，这首《鹧鸪天》的情感是较为显豁深沉的。对于这位魂牵梦萦的恋人，姜夔不曾提到名字，他反复在词中提到合肥或合肥的别称。柳永、晏几道的词里，有时直接出现女子的名字。姜夔以爱情的发祥地——合肥代替心上人的名字，或许是不便明言，却多了一层含蓄的韵味和悠远的情思，引发了无数后人对这一段合肥情缘的追念与怀想。

虞美人·听雨①

蒋 捷

文本导读

这首词脍炙人口。它以"听雨"涵括了人生的三段经历：雨声中，有少年的欢乐，有中年的漂泊，更有晚年的凄凉。晚年时悲欢离合都已尝尽，内心仿佛已激不起波澜，任凭雨珠一声声滴落在阶前。但那阅尽沧桑之后的心灵，像是一汪平静的湖水，水面之下，犹有层层涟漪。晚年的雨，由背景变为主角；听雨的心境，看似"无情"、超脱，实则无奈、酸楚。总之，这首词通过听雨这一寻常的经历，高度精练地概括了人生的三个阶段、三种境界。蒋捷身处宋元易代之际，经历了从国家相对安定到灭亡这一过程，听雨的三段经历正契合着由盛到衰的时代变迁。听雨，包含着多少时代的悲凉、人生的感喟！

少年听雨歌楼上，红烛昏罗帐。壮年听雨客舟中，江阔云低，断雁叫西风。
而今听雨僧庐②下，鬓已星星也③。悲欢离合总无情，一任阶前点滴到天明。

作者简介

蒋捷（生卒年不详），字胜欲，号竹山，阳羡（今江苏宜兴）人。宋末词人，入元后坚不出仕。有《竹山词》。

---

① 蒋捷．竹山词//毛晋．宋六十名家词．影印本．上海：上海古籍出版社，1989.

② 僧庐，即寺庙。

③ 这句是说两鬓已经生出星星的白发。

　　蒋捷，先世为宜兴大族，南宋咸淳十年（1274）进士。宋亡后隐居不仕，人称"竹山先生""樱桃进士"，是一位十分有气节的爱国词人。他的词善于在体式上进行创新，独树一帜，清空骚雅又沁人心脾。清代初年，以陈维崧为代表的阳羡词派成立，推崇乡贤蒋竹山的人品与词品，在当时产生了巨大影响。

　　这首词的结尾"悲欢离合总无情，一任阶前点滴到天明"，其中"夜雨滴空阶"的意象源自南朝何逊的诗"夜雨滴空阶，晓灯暗离室"，这是古典诗词中的经典意象。蒋捷词发展了这一意象，赋予其新的内涵。

丑奴儿近·博山道中效李易安体①

辛弃疾

文本导读

　　此词作于辛弃疾闲居带湖期间。与他境界慷慨悲壮的词相比，这首词模仿李清照的风格，写得明白如话，清新快活。词的上片以及下片的前半，极力渲染风景的优美、环境的闲适。作者这样写的目的是衬托最后五句所表达的失意的心情。通过白鸥的背盟，写出自己的身世之感和生活道路的坎坷不平，不用一句直笔而收到很高的艺术效果。以淡景写浓愁，是辛词的一种常用的艺术手法。

　　千峰云起，骤雨一霎儿价②。更远树斜阳，风景怎生图画③。青旗卖酒，山那畔、别有人家④，只消山水光中，无事过这一夏。

　　午醉醒时，松窗竹户，万千潇洒。野鸟飞来，又是一般闲暇。却怪白鸥，觑着人、欲下未下⑤。旧盟都在⑥，新来莫是，别有说话⑦。

作者简介

　　辛弃疾（1140—1207），字幼安，号稼轩，历城（今属山东济南）人。21岁参加抗金起

---

　　①　博山：在江西广丰县（今江西广丰区）西南。效李易安体：指仿效李清照的语言和文体。

　　②　"千峰"两句：乌云在万千山峰间升起，突然下了一阵急雨。一霎儿：宋代口语，一会儿工夫。价：同"地"，语尾助词。

　　③　怎生：怎样。

　　④　青旗：古代酒馆的幌子多用青布，这里用来代指酒馆。那畔：那边。

　　⑤　觑（qù）：窥探。

　　⑥　"旧盟"句：白鸥生活在江湖上，古人诗词中往往用鸥盟表示退隐。作者在退居信州带湖之初，写过一首《水调歌头·盟鸥》，其中有这样的句子："凡我同盟鸥鹭，今日既盟之后，来往莫相猜。""旧盟"一语，即是指此。

　　⑦　"新来"两句：再次出现莫非是想悔弃旧盟？

义军，曾在耿京军中任掌书记，不久投归南宋。历任江阴签判、建康通判、江西提点刑狱、湖南转运使、湖北转运使、湖南安抚使、江西安抚使等职。42 岁遭谗落职，退居江西信州，长达 20 年之久，其间一度起为福建提点刑狱、福建安抚使。64 岁再起为浙东安抚使、镇江知府，不久罢归。68 岁病逝。辛弃疾一生力主抗金北伐，并提出有关方略，均未被采纳。其词风格多样，既有不少慷慨激昂、飞扬腾跃的作品，也有一些田园词和婉约词创作。有《稼轩长短句》与《辛稼轩诗文钞存》。

知识链接

"易安体"的得名，最早见于侯真的《眼儿媚（效易安体）》词。据考证，侯真与李清照大致是同时人，也就是说在李清照生活的同时期便已有人效仿她的词风，并称之为"易安体"。"易安体"的说法，反映了人们对李清照词的独特风格的认同和高度评价。

从侯真、辛弃疾、朱敦儒和刘辰翁诸人的"易安体"词来看，当时人们对"易安体"的理解并不局限于运用平易的方言口语，也高看其内容。人们既注重仿效其情感格调，又注意学习其艺术手法和特殊意象以及铸词造语的技巧。

金缕曲①

顾贞观

文本导读

这是两首"以词代书"的作品，是顾贞观写给因"丁酉科场案"而被流放宁古塔的好友吴兆骞（字汉槎）的。词中倾诉了作者对友人的深切思念和殷殷牵挂，道尽了人世沧桑；表达了全力营救老友的决心和信心，演绎出人间至情。此词语言并不华丽，格律亦非上乘，读来如叙家常，然细细叮咛、拳拳劝慰、灼灼誓言，一字一句皆发自肺腑，具有自然醇厚的美感，因而感人至深。此词一出，被誉为"千古绝调"。《白雨斋词话》评价说："二词纯以性情结撰而成。悲之深，慰之至，丁宁告戒，无一字不从肺腑流出，可以泣鬼神矣！"

寄吴汉槎宁古塔②，以词代书，丙辰冬寓京师千佛寺冰雪中作。

其 一

季子平安否③？便归来，平生万事，那堪回首？行路悠悠谁慰藉，母老家贫子幼。

---

① 陈乃乾. 清名家词. 上海：上海书店，1982.

② 吴汉槎（chá）：即吴兆骞，吴江人。顺治十四年（1657），吴汉槎参加江南乡试，中举，被人诬陷参与科场作弊案，家产籍没入官，父母兄弟妻子全部被流放到宁古塔（在今黑龙江）。

③ 季子：指吴汉槎。吴汉槎在兄弟中最幼，又因为春秋时吴国有位名人吴季子，故以此称。

记不起，从前杯酒。魑魅搏人应见惯①，总输他，覆雨翻云手②，冰与雪，周旋久③。

泪痕莫滴牛衣透④，数天涯，依然骨肉，几家能够？比似红颜多命薄，更不如今还有。只绝塞苦寒难受⑤。廿载包胥承一诺⑥，盼乌头马角终相救⑦。置此札，兄怀袖。

其 二

我亦飘零久。十年来，深恩负尽，死生师友。宿昔齐名非忝窃⑧，试看杜陵穷瘦⑨。曾不减夜郎僝僽⑩。薄命长辞知己别，问人生，到此凄凉否？千万恨，为兄剖。

兄生辛未吾丁丑，共些时，冰霜摧折，早衰蒲柳⑪。词赋从今须少作，留取心魂相守。但愿得河清人寿⑫。归日急翻行戍稿，把空名料理传身后。言不尽，观顿首⑬。

作者简介

顾贞观（1637—1714），字华峰，号梁汾，无锡人。东林党人顾宪成之曾孙。幼习经史，禀性聪颖，工古诗词，与清初著名词人纳兰性德为忘年交，与陈维崧、朱彝尊并称"词家三绝"。康熙五年（1666）举人。擢秘书院典籍，因遭排挤而归里，读书终老。著有《弹指集》《积书岩集》。

知识链接

吴兆骞于顺治十四年（1657）参加江南乡试，一举成功，不料一场大祸竟从天而降。有人向朝廷举报，此次江南科考有黑幕，正副主考方猷、钱开宗等人涉嫌舞弊。清世祖决定严惩不贷，于顺治十五年举行复试。考场气氛恐怖，戒备森严，如临大敌，吴兆骞胆战心惊，交了白卷。结果家产籍没入官，被流放至远离京城的宁古塔。此次科场案惩罚之严

---

① 魑魅：古代传说中的山神和精怪，据说性喜作祟祸人。泛指邪恶的坏人。

② 覆雨翻云：形容人情反复无常。吴汉槎遭人诬陷而获罪，故有此语。

③ "冰与雪"二句：比喻作者自己与吴汉槎的友谊纯洁，相与久长。

④ 牛衣：盖在牛身上御寒的覆盖物，一般由草或麻制成。《汉书·王章传》：汉代王章为诸生时，贫居长安，卧病无被，曾盖着牛衣和妻子诀别。此处用以比喻吴汉槎的困境。

⑤ 绝塞：极远的边塞，此处指远在黑龙江的宁古塔。

⑥ 包胥：即春秋时楚国大夫申包胥。史载申包胥与伍子胥为知交。伍子胥被迫出走吴国，为报仇，用计灭楚，攻破楚城。申包胥曾发誓一定要挽救楚国。为救楚，申包胥到秦国求救兵，在秦廷痛哭七日夜，终于感动秦王发兵救楚。在此作者借以表明自己一定会实践诺言营救吴汉槎。

⑦ 乌头马角：史载燕太子丹被囚禁在秦国，求归，秦王说，只有乌鸦头白、马头生角才准他回国。后以此比喻不可能实现的事。此句的意思是：不管有多么困难也一定要营救出你。

⑧ 宿昔：从前。忝窃：辱居其位或愧得其名，用作谦辞。

⑨ 杜陵穷瘦：杜陵，指杜甫，此处用杜甫的穷愁潦倒比喻作者自身。

⑩ 夜郎：即李白，李白曾经被流放到夜郎，故以夜郎代指，此处用以比喻被流放的吴汉槎。僝僽（chán zhòu）：烦恼苦闷。

⑪ 早衰蒲柳：比喻衰弱的体质。蒲、柳都是早凋植物。

⑫ 河清人寿：古时传说黄河水千年一清，此处指希望吴汉槎康强寿考，能平安归来。

⑬ 顿首：叩头下拜，古代九拜之一，后通用作同辈或下对上的敬礼，常用于书信的起头或末尾。

酷，前所未有。汉族知识分子一时惊悸怨愤不已。吴兆骞的好朋友顾贞观发誓营救，求助于太傅纳兰明珠的儿子纳兰性德，纳兰性德看到这两首《金缕曲》之后，被深深感动了，尽力帮助营救，最后吴兆骞于康熙二十年（1681）从关外回归，但已经家破人亡，自己也年过半百，很快就去世了。

点绛唇·夜宿临洺驿①

陈维崧

文本导读

《点绛唇·夜宿临洺驿》是一首记游怀古词。"临洺驿"在今河北省永年区，离邯郸市很近，是"古称多感慨悲歌之士"（韩愈《送董邵南游河北序》）的燕赵之地。上片写作者登览所见之眼前景。首二句写远眺太行山所看到的雄壮的太行山，"稗花"二句写杂草盈积，展示的是一幅萧条的秋天景象，烘托出作者置身此地时的凝重心境，与下文的"悲"字相照应。下片首句写作者登临怀古之情。从全词来看，上片着眼于现实描写，下片首句写过去之景，结句写眼前之景，一古一今。以过去来映衬现实，加强了词的苍凉深沉感，体现了陈维崧词的豪放特色。全词以写景为主，但抒情渗透于写景中，具有十分强烈的抒情性。

晴髻离离②，太行山势如蝌蚪。稗花盈亩③，一寸霜皮厚④。
赵魏燕韩⑤，历历堪回首。悲风吼，临洺驿口，黄叶中原走。

作者简介

陈维崧（1625—1682），字其年，号迦陵。清代词人、骈文作家。宜兴（今属江苏）人。明末清初词坛第一人，阳羡词派领袖。明末四公子之一陈贞慧之子。清初诸生，康熙十八年（1679）举博学鸿词，授翰林院检讨。54岁时参与修纂《明史》，四年后卒于任所。

知识链接

陈维崧事迹载《清史稿》列传二百七十一《文苑·陈维崧传》。
陈维崧天资绝艳，六岁时，云间派领袖陈子龙游宜兴，陈贞慧延子龙为维崧启蒙师。八

---

① 湖海楼全集：词集：卷一．浩然堂藏板，乾隆六年陈淮刻本．点绛唇：词牌名。双调，41字，仄韵。临洺（míng）：在今河北省邯郸市永年区西。
② 晴髻：晴空中山峰如女子的发髻。髻：本指妇女的发式，此处比喻山峰。离离：分明可见的样子。
③ 稗（bài）：稻田中的一种害草，其花色白。
④ 一寸霜皮厚：指稗花堆积如凝霜一寸。
⑤ 赵魏燕韩：战国时的四个国家。此指作者曾经游历过的地方。

九岁时就熟读《史记》《汉书》，十岁时就代他祖父写文章，"文殊可观"。十五岁，随父寓金陵，以诗文词为前辈所称赏。陈维崧幼年工诗，后来在王士禛等人影响下，遂开其填词之习（据叶嘉莹说），并于康熙八年（1669）起专攻填词（据沈松勤说）。现存词一千六百多首，词作之多，为历代词人之冠。他的词风以豪放为主，兼具哀艳、冷峻、清丽等多样化风格。

清人蒋景祁云："读先生之词者以为苏辛可，以为温韦可，以为《左》《国》《史》《汉》，唐宋诸家之文亦可。"马祖熙《陈维崧年谱》云："维崧词嗣响苏辛，悲凉雄肆，骨力劲道，气魄绝大，填词之富，古今无两，且壮柔并用，长短俱工。诗亦英伟磊落，又工俪体，所作高华赡丽，灼采流光。而亡国之痛，身世之感，亦深寓于诗文词中。然诗名为词所掩，文名为俪体所掩。"

【南吕·一枝花】不伏老①

关汉卿

文本导读

此曲是关汉卿《不伏老》套曲中的【黄钟尾】。作者将谐谑与夸张的手法推到极致，大肆渲染，成功地塑造了一个个性鲜明的"浪子"形象。这个"浪子"多才多艺，然而风流放诞、玩世不恭；他豪迈率真，却处世卑下、桀骜不驯。这是一个十分另类的形象，迥异于传统文士的人格理想和价值追求，呈现出极其自由的生命本色。

曲子以第一人称抒写，这既是关汉卿个体内在精神的投射，也是元代知识分子在荒诞现实挤压下以叛逆代救赎的缩影。这支曲子风格极其老辣恣肆，作者笔力横健，用词取喻，臻于化境。如大量运用衬字和增句，突破格律，却以和谐严整的节律统摄，表情达意舒卷自如。曲中多取口语俗句，却以机巧出之，化本色平淡为活泼神奇。这些都极大地增强了作品的艺术性，充分展示了关汉卿驾驭语言的才力。

我是个蒸不烂、煮不熟、捶不匾②、炒不爆、响当当一粒铜豌豆③，恁子弟每④，谁教你钻入他锄不断、斫不下、解不开、顿不脱、慢腾腾千层锦套头。我玩的是梁园月⑤，

---

① 隋树森．全元散曲简编．上海：上海古籍出版社，1984．
② 匾：同"扁"。
③ 铜豌豆：元代青楼勾栏中对老狎客的昵称。
④ 每：们，元代口语。
⑤ 玩：习以为常之意，此处指惯赏。梁园：汉代梁孝王修建的用来接待宾客的兔园，在今河南开封附近。

95

饮的是东京酒①，赏的是洛阳花，攀的是章台柳②。我也会围棋、会蹴鞠③、会打围④、会插科⑤、会歌舞、会吹弹、会咽作⑥、会吟诗、会双陆⑦。你便是落了我牙、歪了我嘴、瘸了我腿、折了我手，天赐与我这几般儿歹症候⑧，尚兀自不肯休⑨！则除⑩是阎王亲自唤，神鬼自来勾，三魂归地府，七魄丧冥幽，天哪！那其间才不向烟花路儿上走！

作者简介

关汉卿，号已斋（一作一斋）、已斋叟，大都（今北京）人。生卒年不详，据现存资料推测，大约生于金代末年（约 1220 年前后），卒于元成宗大德初年（约 1300 年前后）。关汉卿是元代最伟大的戏剧家，与马致远、郑光祖、白朴并称为"元曲四大家"。关汉卿面向下层，受到民间文学的滋养，作品数量多，富于现实意义，语言本色当行。他一生共创作杂剧 60 余种，现存约 18 种，此外还有小令 57 首和套曲 14 套存世。

知识链接

1. 散曲的形式体制：散曲又称"词余"，它在词的基础上发展而来，其形式体制主要有小令、套数以及介于两者之间的带过曲等几种。小令，又称"叶儿"，是散曲的基本单位，是单片只曲，调短字少是其最基本的特征。套数，又称"套曲""散套""大令"，是从唐宋大曲、宋金诸宫调发展而来，它由同一宫调的若干首曲牌连缀而生，各曲同押一部韵，通常在结尾部分还有【尾声】。本篇所选，即为套数的【黄钟尾】。带过曲由同一宫调的不同曲牌组成，如【雁儿落带得胜令】【骂玉郎带感皇恩采茶歌】等，曲牌最多不能超过三首。

2. 任半塘《散曲概论》论散曲与词的差异：

词静而曲动；词敛而曲放；词纵而曲横；词深而曲广；词内旋而曲外旋；词阴柔而曲刚阳；词以婉约为主，别体则为豪放，曲则以豪放为主，别体则为婉约；词尚意内言外，曲意为言外而意亦外——此词曲精神之所异，亦即性质之所异也。

---

① 东京：汉代以洛阳为东京，五代至宋以汴州（开封）为东京。

② 章台柳：谓妓女。章台，汉时长安城西南章台下街名，旧时用为妓女的代称。

③ 蹴鞠（cù jū）：古代的踢球游戏。

④ 打围：古代指打猎时的合围，后泛指打猎。

⑤ 插科：插入滑稽动作或诙谐幽默语言的表演，也称"插科打诨"，杂剧演出中常用。

⑥ 咽作：指唱曲子。

⑦ 双陆：一种赌博游戏，二人对局，木盘上置黑白两色木棋子（又称"马"）各十五枚。双方各执一色棋子在十二道的棋盘上掷骰行马，白马自右而左，黑马自左而右，先出完者胜。因横道左右各六，两两相对，故名"双陆"。一说因掷得双六必操胜券，故称"双陆"。

⑧ 歹症候：恶疾、坏毛病。

⑨ 尚兀自：还是、仍然。

⑩ 则除：只除是、除非是。

【仙吕·寄生草】酒①

范 康

文本导读

本曲以酒为题，实写饮酒之人的人生感喟。作者正话反说，字面上嬉笑怒骂，字里间则深蕴不平之鸣。作者视功名如粪土，"但愿长醉不复醒"（李白《将进酒》），宁愿在酒乡中寻找生活的寄托，也不愿到名利场中去追腥逐臭。全曲一气贯之，痛快淋漓，具有很强的艺术感染力，故周德清《中原音韵》称赞此曲"命意、造语、下字俱好"。

长醉后方何碍②？不醉时有甚思？糟腌两个功名字③，醅淹千古兴亡事④，曲埋万丈虹霓志⑤。不达时皆笑屈原非⑥，但知音尽说陶潜是⑦。

作者简介

范康（生卒年不详），字子安，一作子英，杭州人。约生活在元成宗大德（1297—1307）前后。

知识链接

元代后期的钟嗣成在他的《录鬼簿》一书里，将范康归入"方今已亡名公才人，余相知者"一类，可见他生活在元代后期；并说他"明性理，善讲解，能词章，通音律。因王伯成有《李太白贬夜郎》，乃编《杜子美游曲江》，下笔即新奇，盖天资卓异，人不可及也"。可惜这部杂剧已经亡佚，但他的另外一部杂剧《陈季卿悟道竹叶舟》幸而得以流传至今。

延伸阅读

1. 龙榆生. 词曲概论. 北京：中华书局，2017.

---

① 孟广来，等，元明散曲详注. 济南：山东文艺出版社，1990. "寄生草"为曲牌名。这组曲共四首，总题为"酒色财气"，所选为第一首。

② 方何碍：无所妨碍。

③ "糟腌"句：意谓忘掉和抛弃功名。糟腌：用酒糟腌制。

④ "醅淹"句：意谓但求终日一醉，将千古兴亡事置之脑后。醅：未过滤的酒。

⑤ "曲埋"句：意谓将远大的志向也沉埋于醉酒之中。曲：酒曲，做酒用的。虹霓志：远大的志向。

⑥ "不达"句：意谓不了解屈原的人，都讥笑他不随众人共醉是不知时务。屈原曾说："众人皆醉，而我独醒。"（《史记·屈原贾生列传》）

⑦ 陶潜：即陶渊明。此句意为，了解陶潜的人都说他的行为是对的。

2. 唐圭璋. 唐宋词简释. 上海：上海古籍出版社，1981.

3. 王兆鹏. 词学入门十讲. 北京：北京大学出版社，2021.

4. 村上哲见. 宋词研究. 杨铁婴，金育理，邵毅平，译. 上海：上海古籍出版社，2012.

5. 宇文所安. 只是一首歌：中国 11 世纪至 12 世纪初的词. 麦慧君，杜斐然，刘晨，译. 北京：生活·读书·新知三联书店，2022.

第七讲　古代辞赋

概述

人们常以"诗词曲赋"来概括中国传统文学的体式风貌，其中的"赋"便是辞赋。从文体角度看，辞赋是辞与赋的统称，偏重于赋，辞含赋内；从词义角度看，辞即文采，赋乃直陈，反映了辞赋尚辞藻、好铺叙的特点。[①] 辞赋兴盛于汉，故有汉赋为一代之胜的说法。辞赋与汉语的文字音韵形态特质关系密切，是中国特有的文体，对古代朝鲜、日本、越南等国的汉文学都产生过深远的影响。

一、辞赋诸体及其渊源

"辞赋"连用初见于《史记·司马相如列传》，但汉人将它与"辞""赋""楚辞"等词语混用，体现出它文体渊源的复杂性。早期辞赋家没有明确的文体区分意识，作品常不以赋名，性质界定存在困难。辞赋的发展过程也很特殊，与诗歌、骈文、散文、八股互相影响，作品归属多有争议。辞赋当如何分类，渊源如何，自汉代刘歆、班固以下学者各执一说。马积高、赵逵夫均将赋分为骚赋、文赋、诗体赋、俗赋四类，而前三类是传统文人辞赋的主流体式。

（一）骚赋

辞赋诸体中最早成熟的是骚赋，也称骚体赋，它是从屈原《离骚》、宋玉《九辩》等楚辞作品发展而来的。骚赋多以第一人称方式抒发幽怨婉转之情，铺陈色彩浓厚，带有"兮"字，篇末有"乱"辞，句式在楚辞基础上多有开拓。汉魏时人颇多拟骚之作，如贾谊《吊屈原赋》《鵩鸟赋》，淮南小山《招隐士》，以及王褒《九怀》、刘向《九叹》和王逸《九思》等"九体"作品。此后骚赋作品辈出，但整体变化较少。

---

① 班固《汉书·艺文志》："不歌而诵谓之赋，登高能赋可以为大夫。"这里的"赋"指的是赋《诗》言志，并非辞赋。

（二）文赋

文赋的起源也很早，先秦文人辞令、纵横说辞、蒙瞍诵说和隐语廋辞已有后世文赋的因素，而楚辞《招魂》《大招》都堪称文赋中散体大赋的滥觞。推动文赋定型的重要人物是宋玉，他的《高唐赋》《神女赋》《登徒子好色赋》是早期文赋的代表。辞赋诸体以文赋的发展变化最大，可分为散体赋、骈赋、律赋三类。

散体赋可分为大赋和小赋，二者的篇幅、题材、风格都有所差异：大赋兴起于汉初，篇幅很长，以帝国的京都宫苑、天子畋猎之类为题材，多采用主客问答方式展开，以体物写志、铺张扬厉、辞藻华美为主要特征，取得了令人瞩目的文学成就，甚至成为汉赋的代名词。枚乘《七发》标志着汉大赋体制的形成，"赋圣"司马相如的《子虚赋》《上林赋》代表了汉大赋的最高成就。小赋篇幅较短，重视押韵，以抒情而非体物为主，流行于东汉中后期，盛于魏晋，代表作品有张衡《归田赋》、王粲《登楼赋》等。

骈赋又称俳赋，兴于魏晋，盛行于南北朝，是辞赋受时代风气影响趋向骈化的产物。骈赋的特点是重视句式整齐对仗，讲究辞藻韵律，这种趋向早在曹植《洛神赋》等作品中已见端倪。代表作品有鲍照《芜城赋》、庾信《哀江南赋》等。

律赋是唐宋时期为适应科举考试而产生的赋体，与骈赋相比在对仗、用韵、结构、字数方面要求更为细密严格。唐宋律赋的数量很多，白居易《赋赋》、王棨《玄宗幸西凉府观灯赋》皆为名篇，但整体成就不如其他赋体。

（三）诗体赋

诗体赋是仿用《诗经》四言句式而创作的辞赋，与屈原《橘颂》和荀子《赋篇》也有直接关系。诗体赋题材多为咏物明志，篇幅短小精致，继承了《诗经》比兴手法，风格质朴。早期代表作品为扬雄《逐贫赋》。齐梁至唐又流行五、七言诗体赋，与歌行体相近，有些甚至与诗难以分别。诗体赋在敦煌唐五代写本中亦有发现，其创作热潮一直持续至明清。

（四）俗赋

俗赋是与上述三类文人辞赋相对的民间辞赋，起源很早，和俳优说唱有密切关系。实际上一些东汉文人辞赋已处于雅俗之间，而《汉书·艺文志》著录的233篇"杂赋"即包含不少俗赋，惜已全部失传。敦煌石窟中发现的唐五代时期俗赋写本，具有语言通俗、故事生动、换韵自由的特点，代表作品有《韩朋赋》《晏子赋》等，而《茶酒论》类似话本，体现出类似戏剧的表演属性。1993年在江苏连云港西汉晚期墓葬出土的《神乌赋》则表明俗赋至少在西汉末已经定型，它的历史贯穿了赋体文学的始终。

二、辞赋的历代发展

辞赋的发展源远流长，先秦至汉初是其肇始期。刘勰说："赋也者，受命于诗人，拓宇于楚辞也。"（《文心雕龙·诠赋》）屈原之后有宋玉、唐勒、景差，"皆好辞而以赋见称"（司马迁《史记·屈原贾生列传》），三人中有完整作品流传且产生很大影响的唯有宋玉。[1] 荀况自俗文学汲取养分，《荀子·赋篇》是现存最早以"赋"名篇的作品。汉初最重要的辞赋家是贾谊，他祖述屈原，作品意蕴深刻而感伤。当时纵横风气未息，藩国养士之风盛行，辞赋家多有文学侍从经历，尤以枚乘成就突出，他的《七发》采取主客问答、层层推进的方式，以音乐、饮食、车马、游宴、田猎、观涛、谈论七事启发太子，全篇韵散相间而句尚排偶，铺陈夸张而又寓意讽谏，堪称汉大赋开山之作。后世仿作者众多，形成"七体"。

西汉中至东汉末是辞赋的鼎盛期，辞赋诸体皆已形成，以大赋成就最高，司马相如、扬雄、班固和张衡并称"汉赋四大家"。汉武帝时帝国强盛，以辞赋求利禄者众多，大赋"遂客主以首引，极声貌以穷文"（刘勰《文心雕龙·诠赋》），铺张扬厉之风达到顶点。"赋圣"司马相如的《子虚赋》《上林赋》结构上取法宋玉，虚构子虚、乌有、亡是公三人问答，极力铺叙大汉天子上林苑之宏伟、游猎之壮观，以压倒齐、楚二国，主旨在尊天子而贬藩国，兼有讽谏天子之意。全篇音调铿锵，体现出辞赋利于诵读传播的特点。骚赋也不乏名作，如董仲舒《士不遇赋》、司马迁《悲士不遇赋》等皆以真情实感著称。昭、宣二朝以降，辞赋成为汉代文人创作的主要形式，涌现出王褒、扬雄等名家，他们对辞赋的体裁和题材皆有所探索。这一时期大赋重模拟、程式化倾向愈加严重，扬雄曾作《甘泉赋》《河东赋》《羽猎赋》《长杨赋》四大赋，但晚年放弃作赋，对大赋"多虚辞滥说""劝百讽一"的负面效果有所反思，发出"诗人之赋丽以则，辞人之赋丽以淫"（《法言》）的感叹。东汉时期赋风有较大转变，代表人物为张衡，他的《归田赋》是第一篇完整的抒情小赋，又体现出显著的骈化特征。他的《二京赋》和班固《两都赋》皆属京都大赋，写实性较前人明显增强，但班固侧重述颂汉德，而他对时事有所批判。东汉末年党锢屡兴、国家动荡，记行感伤、刺世抒怀之作增多，如蔡邕《述行赋》、赵壹《刺世疾邪赋》等。王延寿《鲁灵光殿赋》是汉代最后一篇著名大赋。

魏晋南北朝是文学自觉的时代，也是辞赋艺术提高、成熟的重要时期。汉末至曹魏时期的辞赋抒情色彩浓厚，"建安七子"多有佳构，王粲《登楼赋》体物写志，情景交融，有"魏晋之赋首"（刘勰《文心雕龙·诠赋》）、"魏赋之极"（晁补之《变离骚》）的美誉。曹植《洛神赋》辞采华茂，惊心动魄，堪称辞赋史之瑰宝。两晋时期辞赋进一步抒情小品化，铺采摘文的风格褪去，形成细腻婉转的风格，潘岳《秋兴赋》、陆机《叹逝赋》、孙绰《游天台山赋》、陶渊明《闲情赋》都是脍炙人口之作。左思《三都赋》继承汉代京都大赋传统，留下"洛阳纸贵"佳话；陆机《文赋》论"诗缘情而绮靡，赋体物而浏亮"，成为古代文论名篇。谢灵运、鲍照是刘宋朝最杰出的赋家，鲍照《芜城赋》即景感乱，是骈赋的佳作。齐梁以下赋家多以婉丽精细、善于刻画见长，如

---

[1] 1972 年在山东临沂银雀山西汉墓葬出土辞赋残简，存 232 字，首简简背刻"唐革"二字，整理者定名《唐勒赋》（尚有争议）。该赋以"六艺"之"御术"为题材，属散体赋，与传世宋玉辞赋风格类似。

沈约《丽人赋》、江淹《别赋》《恨赋》、萧绎《采莲赋》、张正见《石赋》等。北朝辞赋逊于南朝，庾信为南北朝辞赋之集大成者，他后期所作《哀江南赋》哀悼梁朝衰亡，感叹个人身世，有"赋史"之称。

唐宋辞赋往"律""散"两个方向进一步发展，唐赋从"律"和描写表现方面探索，宋赋从"散"和议论的方面开拓。初唐赋以抒情、咏物为主，在齐梁骈赋余风中蕴含着新变。盛唐赋以气驭文，简练浑成，大多亦散亦骈。柳宗元为中晚唐成就最高的辞赋家，骚赋尤其精彩。唐代将辞赋列入科举，律赋极盛。敦煌俗赋的发现，为今人了解唐代辞体盛况提供了崭新视角。

中唐以降直至宋代，辞赋家在"古文运动"旗帜下创作了一些文赋，学者称之为"新文赋"。新文赋的特点是虽不排斥偶对但多用散句，虽讲求用韵而更宽泛自由，在辞赋传统的状物抒情之外兼有议论说理，重视章法气势，有明显的散文化特征。代表性作品有唐杜牧《阿房宫赋》、宋欧阳修《秋声赋》、苏轼《赤壁赋》等。

元明清时期，辞赋在仿唐复古背景下发展，著名文人多有辞赋佳篇传世，然总体成就逊于前人。一些明末遗民和晚清文人赋家值得注意，如明末吴应箕、夏完淳、黄宗羲，晚清金应麟、龚自珍、章炳麟等。

文选

登楼赋①

王 粲

文本导读

王粲出身于名门望族，据《三国志·魏志》记载，汉献帝西迁，粲从至长安，年幼时就以异才为当时名士蔡邕所推重。东汉末年，战乱频仍，刘表所据的荆州比较安定，不少避难士人纷纷投靠，王粲即是其中之一。王粲身在荆州，既不能得到刘表的重用，又对国家混乱深感忧惧，因此登麦城城楼，借眼前所见景物抒写久留客地的思乡之情和不遇之感。《登楼赋》结构完整、段落分明、文字平正，第一段说荆州的富美，第二段说思乡怀归，第三段说自己怀才不遇，以凄凉之景物衬内心之苦痛，本为销忧而登楼，却因登楼而更加愁闷。前后照应，文气从容。

这篇赋写景和抒情相结合，风格沉郁悲凉，语言优美流畅，是建安时代抒情小赋中的代表作品。

登兹楼以四望兮②，聊暇日以销忧③。览斯宇之所处兮④，实显敞而寡仇⑤。挟清漳之通浦兮⑥，倚曲沮之长洲⑦。背坟衍之广陆兮⑧，临皋隰之沃流⑨。北弥陶牧⑩，西接

---

① 萧统．文选．影印本．北京：中华书局，1977.

② 兹楼：此楼，所登之楼。关于王粲所登之楼在何处，有不同说法。《文选》李善注引《荆州记》以为是当阳城楼，《文选》五臣注则以为是江陵城楼。

③ 这句是说，假借此日以消除忧愁。暇，同"假"，五臣注本《文选》作"假"。

④ 斯宇：此楼。

⑤ 显敞：宽阔敞亮。寡仇：无所匹敌。

⑥ 挟：带。漳：水名，在湖北当阳市境内。浦：大水有小口别通曰"浦"。这句是说，城楼临于漳水之上，好像挟带着清澄的江水。

⑦ 沮：沮水，也在当阳市境内，与漳水汇合南流入长江。这句是说，城楼位于曲折的沮水边，好像倚长洲而立。

⑧ 坟衍：地势高起为坟，广平为衍。

⑨ 皋：水边之地。隰（xí）：低湿之地。沃：美。

⑩ 弥：极致。陶：乡名。相传为陶朱公范蠡葬地。牧：郊外。

昭丘①。华实蔽野②，黍稷盈畴③。虽信美而非吾土兮④，曾何足以少留⑤？

遭纷浊而迁逝兮⑥，漫逾纪以迄今⑦。情眷眷而怀归兮⑧，孰忧思之可任⑨？凭轩槛以遥望兮⑩，向北风而开襟。平原远而极目兮，蔽荆山之高岑⑪。路逶迤而修迥兮⑫，川既漾而济深⑬。悲旧乡之壅隔兮⑭，涕横坠而弗禁。昔尼父之在陈兮，有归欤之叹音⑮。钟仪幽而楚奏兮⑯，庄舄显而越吟⑰。人情同于怀土兮，岂穷达而异心⑱？

惟日月之逾迈兮⑲，俟河清其未极⑳。冀王道之一平兮，假高衢而骋力㉑。惧匏瓜之徒悬兮㉒，畏井渫之莫食㉓。步栖迟以徙倚兮㉔，白日忽其将匿。风萧瑟而并兴兮，天惨惨而无色㉕。兽狂顾以求群兮，鸟相鸣而举翼。原野阒其无人兮㉖，征夫行而未息。

---

① 昭丘：楚昭王的坟墓，在当阳市郊外。

② 华实：花和果实。

③ 黍：黄米。稷：亦名"粢""穄"，一说，稷即高粱。盈畴（chóu）：充满田野。畴，耕种的田。

④ 信美：的确很好。非吾土：不是我的故乡。

⑤ 曾：语助词，表示反问。

⑥ "遭纷浊"句：指作者因董卓之乱而避难荆州。纷浊：纷扰污秽，比喻乱世。

⑦ 漫：犹"漫漫"，长远貌。逾纪：超过了12年。

⑧ 眷眷：形容思念的深切。

⑨ 孰：谁。任：当。这句意思是，有谁能担受得起这种怀念家乡的忧思呢？

⑩ 凭：依靠。轩槛（jiàn）：楼廊的栏杆。

⑪ 荆山：在今湖北省南漳县。岑：山小而高叫"岑"。这两句意思是，自己极目向北方的故乡眺望，但终于为高岑的山峰所遮蔽。

⑫ 逶迤（wēi yí）：长而曲折。修：长。迥（jiǒng）：远。

⑬ 漾：水势大。济：泛指河流。

⑭ 壅（yōng）隔：阻塞隔绝。

⑮ "昔尼父"二句：尼父，即孔子。《论语·公冶长》载，孔子在陈绝粮，叹曰："归欤！归欤！"

⑯ "钟仪"句：《左传·成公九年》载，春秋时楚国乐官钟仪被晋国俘虏，晋侯让他弹琴，他弹奏的仍是楚国的乐调。幽：囚禁。

⑰ "庄舄（xì）"句：《史记·张仪列传》载，越人庄舄在楚国做了大官，病时思念故乡，仍用越国的乡音说话、呻吟。

⑱ "人情"二句：人们思念乡土的情感是相似的，并不因为遭到患难或生活富贵而有所不同。

⑲ 惟：思忖。逾迈：过往。

⑳ 河清：以黄河水清比喻时世太平。

㉑ 高衢（qú）：大道。这两句意思是，期望时世清平之时，就可以施展自己的才力了。

㉒ "惧匏瓜"句：《论语·阳货》："（子曰）吾岂匏瓜也哉，焉能系而不食？"匏瓜：葫芦的一种。意思是，我不能像匏瓜那样只是挂在那里，而不为世所用。

㉓ "畏井渫（xiè）"句：《周易·井》："井渫不食，为我心恻。"渫：除去秽浊，使水清洁。这句意思是，把井淘干净而没有人来饮用，是很痛心的。比喻自己虽修身高洁而不为世所用。

㉔ 栖迟：流连。徙倚：徘徊。

㉕ 惨惨：暗淡不明。

㉖ 阒（qù）：寂静。

心凄怆以感发兮①，意忉怛而惨恻②。循阶除而下降兮③，气交愤于胸臆。夜参半而不寐兮④，怅盘桓以反侧⑤。

作者简介

王粲（177—217），字仲宣，山阳高平（今山东邹城西南）人。曾避难荆州，依附刘表未被重用。后归曹操，为丞相掾，赐爵关内侯。"建安七子"之一，在"建安七子"中成就最高。王粲的赋，刘勰誉之为"魏晋之赋首"（《文心雕龙·诠赋》）。后人将他和曹植相比，合称"曹王"。有《王侍中集》。

知识链接

1.《世说新语·伤逝》：

王仲宣好驴鸣。既葬，文帝临其丧，顾语同游曰："王好驴鸣，可各作一声以送之。"赴客皆一作驴鸣。

2.《三国志·王粲传》：

王粲字仲宣，山阳高平人也。献帝西迁，粲徙长安，左中郎将蔡邕见而奇之。时邕才学显著，贵重朝廷，常车骑填巷，宾客盈坐。闻粲在门，倒屣迎之。粲至，年既幼弱，容状短小。一坐皆惊。邕曰："此王公孙也，有异才，吾不如也。吾家书籍文章尽当与之。"

秋 声 赋⑥

欧阳修

文本导读

这篇赋作于宋仁宗嘉祐四年（1059），欧阳修53岁，时任翰林学士。欧阳修是北宋文坛的领袖，他突破赋体的限制，改造了六朝以来盛行的骈赋，化骈入散，以散文为主，又杂以骈偶韵语，音调铿锵，形成新的文赋风格。《秋声赋》开宋代文赋之先河，遣词造句富有音乐美感，兼有诗与散文的特质，此文既出，苏轼《赤壁赋》继响，遂成后世文人摹习之范本。此赋的主旨在于通过秋声摹写自然界的秋天，透露出对生命的追求与忧思，抒发作者困人事忧劳，形神日渐衰老的悲感。行文虽以写景为主，但重在表现作者的内心思绪与哲理思考。此赋以秋声发端，摹秋之景，以实写虚，描绘暮秋山川寂寥、草木零落的萧

---

① 凄怆：悲伤。
② 忉怛（dāo dá）：悲痛。惨恻：凄伤。
③ 阶除：阶梯。
④ 夜参半：半夜。参，分。
⑤ 盘桓：原为徘徊不前貌，这里借指想来想去。反侧：身体翻来覆去不能安卧。
⑥ 金民天．欧阳修散文选．上海：合众书店，1934.

条景象，极渲染之能事，达到情、景、理的浑融之境。

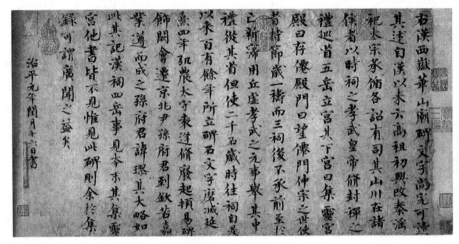

欧阳修书法《集古录跋》

欧阳子方夜读书，闻有声自西南来者，悚然而听之①，曰："异哉！"初淅沥以萧飒②，忽奔腾而砰湃③，如波涛夜惊，风雨骤至。其触于物也，鏦鏦铮铮④，金铁皆鸣。又如赴敌之兵，衔枚疾走⑤，不闻号令，但闻人马之行声。予谓童子："此何声也？汝出视之。"童子曰："星月皎洁，明河在天⑥，四无人声，声在树间。"

余曰："噫嘻悲哉！此秋声也，胡为而来哉？盖夫秋之为状也；其色惨淡⑦，烟霏云敛⑧；其容清明，天高日晶；其气慄冽⑨，砭人肌骨⑩；其意萧条，山川寂寥。故其为声也，凄凄切切，呼号愤发。丰草绿缛而争茂⑪，佳木葱茏而可悦⑫；草拂之而色变，木遭之而叶脱；其所以摧败零落者，乃其一气之余烈⑬。夫秋，刑官也⑭，于时为阴⑮；

---

① 悚（sǒng）然：惊骇的样子。

② 淅沥以萧飒：雨声夹杂着风声。以：而。

③ 砰（pēng）湃：波涛汹涌声。

④ 鏦（cōng）鏦铮铮：金属撞击声。

⑤ 衔枚：古代行军时，士兵口衔枚（形状像筷子）以防止喧哗，借以保密。

⑥ 明河：天河。

⑦ 惨淡：阴暗无色。

⑧ 烟霏云敛：烟云密集。霏：烟飞貌。敛：聚。

⑨ 慄冽：犹栗烈，寒冷貌。

⑩ 砭（biān）：古代用于治病的石针。此处为针刺的意思。

⑪ 缛：繁茂。

⑫ 葱茏：树木青翠而茂盛。

⑬ 一气：指秋气。余烈：余威。

⑭ 夫秋，刑官也：《周礼·秋官司寇》载，周朝以天地四时之名命官（谓之六卿），司寇为秋官，掌管刑法、狱讼。另《礼记·月令》载，秋气主杀，审决死罪犯人故在秋天。

⑮ 于时为阴：古代以阴阳二气配合四时，春夏为阳，秋冬为阴。

又兵象也①，于行用金②；是谓天地之义气，常以肃杀而为心③。天之于物，春生秋实。故其在乐也，商声主西方之音④；夷则为七月之律⑤。商，伤也，物既老而悲伤，夷，戮也，物过盛而当杀。嗟乎！草木无情，有时飘零。人为动物，惟物之灵⑥。百忧感其心，万事劳其形。有动于中，必摇其精⑦。而况思其力之所不及，忧其智之所不能，宜其渥然丹者为槁木⑧，黟然黑者为星星⑨。奈何以非金石之质，欲与草木而争荣。念谁为之戕贼⑩，亦何恨乎秋声？"

童子莫对，垂头而睡。但闻四壁虫声唧唧，如助余之叹息。

作者简介

参见第六讲《蝶恋花》中关于欧阳修的介绍。

知识链接

1. 参读同样以秋为题材的作品：宋玉《九辩》、刘彻《秋风辞》、王维《山居秋暝》、杜甫《秋兴八首》、刘禹锡《秋词二首》、杜牧《秋夕》。

2. 欧阳修晚年又号六一居士，自作《六一居士传》曰：

六一居士初谪滁山，自号醉翁。既老而衰且病，将退休于颍水之上，则又更号六一居士。客有问曰："六一，何谓也？"居士曰："吾家藏书一万卷，集录三代以来金石遗文一千卷，有琴一张，有棋一局，而常置酒一壶。"客曰："是为五一尔，奈何？"居士曰："以吾一翁，老于此五物之间，是岂不为六一乎？"

---

① 又兵象也：战争的象征。古代征伐多在秋季。

② 于行用金：古人以五行（金、木、水、火、土）分配四时，旧说谓秋天属金。

③ "是谓"二句：《礼记·乡饮酒义》："天地严凝之气，始于西南，而盛于西北，此天地之尊严气也，此天地之义气也。"孔颖达疏："西南，象秋始。"

④ 商声主西方之音：旧说以五声（宫、商、角、徵、羽）分配四时，秋天为商声。《礼记·月令》载，孟秋、仲秋、季秋之月，其音商。西方，是秋天的方位。

⑤ 夷则为七月之律：以十二律（黄钟、大吕、太簇、夹钟、姑洗、仲吕、蕤宾、林钟、夷则、南吕、无射、应钟）分配十二月，七月为夷则。（见《礼记·月令》）《史记·律书》："七月也，律中夷则。夷则，言阴气之贼万物也。"张守节《史记正义》引《白虎通》："夷，伤也；则，法也。言万物始伤被刑法也。"

⑥ "人为动物"二句：谓人在万物中特别具有灵性，不同于草木之无情。《尚书·周书·泰誓上》："惟人万物之灵。"

⑦ "百忧感其心"四句：《庄子·在宥》："心静必清，无劳女形，无摇女精，乃可以长生。"这里用其意从反面说。精：精神。

⑧ 渥（wò）然丹者为槁木：红润的容颜变为枯槁。渥然丹者：浓郁润泽的朱红色。《庄子·齐物论》："形固可使如槁木，而心固可使如死灰乎？"

⑨ "黟（yī）然"句：乌黑的头发变白。黟然：乌黑的样子。星星：喻白色。谢灵运《游南亭》诗："戚戚感物叹，星星白发垂。"

⑩ 念谁为之戕贼：寻思是谁伤害自己而致衰老的。戕贼：摧残、伤害。

延伸阅读

1. 铃木虎雄．赋史大要：上、下．殷石臞，译．太原：山西人民出版社，2015.

2. 马积高．赋史．上海：上海古籍出版社，1987.

3. 瞿蜕园．汉魏六朝赋选．上海：上海古籍出版社，1979.

第八讲 古代散文

一、古代散文的发展

　　散文的产生，始于文字记事。从现有材料来看，殷商时期的甲骨卜辞和铜器铭文即为最早的散文。稍晚的《尚书》是我国早期历史文献的汇编，也是我国第一部兼记叙和论述的散文集。它文字古奥，佶屈聱牙，体现了早期散文的风貌。

　　春秋战国是我国散文的第一次蓬勃发展期。这一时期，王纲解纽，礼崩乐坏，人们需要对新的历史情况加以整理记录，以便资以借鉴，这就促进了历史散文的发展，产生了《春秋》《左传》《国语》《战国策》等历史著作。《春秋》本是周王朝和各诸侯国历史记载的通称，后特指经孔子修订的鲁国编年体史书。它按时间顺序叙述历史事件，语言简约，但能在字里行间寓褒贬倾向，表现了作者维护周礼、反对僭越的思想立场，后代文章家赞之为"春秋笔法"。《左传》相传为鲁国史官左丘明所作，其记事基本上与《春秋》重合，但内容详尽，表现了作者重民、以民为本的思想。《左传》善于描写战争，它深入揭示战争的性质、起因及其后果，显示了高超的政治眼光和深刻的洞察力。《国语》主要是春秋时期的国别史，是各国史料的汇编，其记言多于记事。《战国策》记载了战国时期谋臣策士游说诸侯或进行谋议论辩时的政治主张和斗争策略，其突出成就是刻画了苏秦、张仪等一系列士人形象。《战国策》长于铺陈排偶，议论纵横，铺张扬厉，大量使用寓言故事，辞藻华丽，文风横肆。

　　在历史散文蓬勃发展的同时，诸子散文也极为发达，产生了《论语》《墨子》《孟子》《庄子》《荀子》《韩非子》等诸子散文。《论语》是对孔子生前言行的记录，其中很多言论富于哲学意味和思想深度。《墨子》仍是语录体，但已显示出向专论过渡的迹象。《孟子》长于论辩，善于使用逻辑推理，大量使用寓言以及比喻、排比手法，文章气势充沛。庄子富于批判精神和追求自由的思想，《庄子》一书寓言丰富，想象奇特，如行云流水，汪洋恣肆，瑰玮奇丽，极富表现力，赋予了《庄子》突出的文学品质。

《荀子》和《韩非子》都是系统的专论。

总之，从殷商、西周到春秋、战国，散文由片段的文辞发展到详赡的记事，由语录体、对话体发展到较为系统完整的长篇大论。先秦的历史散文和诸子散文构成了我国散文史上的黄金时代。

秦始皇统一天下之后，实行文化专制制度，制约了文学的发展，加上秦祚短促，故秦世不文，今存者唯诏令奏议及歌功颂德的刻石之文。这一时期的代表作有吕不韦的《吕氏春秋》和李斯的《谏逐客书》等。

汉魏六朝时期，中国散文的发展进入了一个新的历史阶段，呈现出前所未有的特点。

汉初之文继承先秦遗风，能畅论直言。以贾谊、晁错为代表的政论文，和以枚乘、邹阳为代表的纵横之文，皆任气逞说，颇有战国遗风。

成书于汉武之世的司马迁的《史记》，代表了汉代散文的最高成就。《史记》的纪传体奠定了我国古代正史的体制形态，它也是一部感情充沛的文学作品。司马迁将个人悲剧性的生命体验渗透到史学描述之中，使《史记》具有浓郁的悲剧氛围和突出的传奇色彩。鲁迅称之为"史家之绝唱，无韵之离骚"。

两汉之际，以刘向、刘歆父子和扬雄为代表的作家，倡导经学、文章复古，所写的文章不同寻常。东汉散文可称道者有班固的《汉书》。《汉书》是我国第一部断代史，重视规矩绳墨，行文谨严有法，品评人物平实合度。东汉中后期出现了大批政论文，代表者有王充《论衡》、王符《潜夫论》等，它们延续了西汉传统，好议论时事，但文章气势稍弱。

曹操像

东汉末年，三曹七子的文章，皆"雅好慷慨"（刘勰《文心雕龙·时序》），具有新的时代特点。魏晋之际的嵇康、阮籍之文，持论锋锐而论说随便，文章"师心独见，锋颖精密"（刘勰《文心雕龙·论说》），多愤世嫉俗之辞，体现了集权专制时代文章的特点。西晋散文成就较高的是潘岳和陆机。潘岳善为哀诔之文，陆机有"文章冠世"（《晋书·陆机传》）之誉。东晋最杰出的散文作者是王羲之和陶渊明。王文清新流畅，挥洒自如，不耽溺于玄风。陶文高标卓立，风格特异，具有自然和谐之美。南朝的朝代更易频繁，士人的思想和文风变化很大。其间涌现了一些很有特色的散文作者，如鲍照、陶弘景、刘骏、吴均

等，都有名篇传世。北朝之文，可称道者有郦道元的《水经注》、杨衒之的《洛阳伽蓝记》和颜之推的《颜氏家训》等，这些文章语言质朴，风格清新刚健，形成了一种新的文风。魏晋六朝时期，文章趋于骈偶，骈体文勃兴，散体文也在发展变化之中，这一时期散文特点是异彩纷呈。

隋唐五代，文章又由骈趋散。中唐，以韩愈、柳宗元为代表的文人学者，把为文与救世结合起来，主张文道合一，文以明道。他们借助儒家复古运动的旗帜，致力于

古文（即散体文）创作，反对骈体文，文学史上称之为"古文运动"，开启了散体文的新局面。晚唐五代，散体文的发展进入低潮，骈文继起，但皮日休、陆龟蒙、罗隐继承了先秦两汉和古文运动的优良传统，创作了不少富于战斗性的小品文。

韩愈像

宋代散文沿着中唐散文的道路而发展。欧阳修等既继承古文的章法、句法等技巧和叙事、议论等功能，又反对刻意追求古奥、艰涩的文风，突破文类界限，吸收骈体文在辞采、声律方面的长处，将议论、叙事、抒情、写景融为一体，提升了古文的表现力。宋文整体风格是趋于平易畅达、简洁明快，更自然，更贴近生活和读者。

南宋理学流行，文章不免有"腐语"之弊。但国家偏安一隅，危若累卵，文人系心国事，救亡图存，亦多慷慨激昂之文。金、元两代之文，上承唐宋文统和宋儒道统，但大多数作家脱离现实和人民，消极避世的倾向比较严重，文章成就不大。

柳宗元像

明初散文以宋濂和刘基为代表。宋濂文章多润色鸿业，雍容有度，乃明初文风之代表。他的"馆阁之文"，实开"台阁体"之先河。刘基的《郁离子》多为寓言、杂说，针砭时弊，颇见锋芒，继承发扬了中唐韩、柳的"杂说"及晚唐讽刺小品的传统。明代中期，文坛上出现了前后"七子"之文。"前七子"以李梦阳、何景明为领袖，"后七子"以李攀龙、王世贞为代表，他们标榜"文必秦汉""诗必盛唐"，大兴复古之风。同时又有王慎中、唐顺之、归有光、茅坤等，宣扬为文宗法唐宋，世称"唐宋派"。嘉靖、万历之际，先有李贽，倡"童心"之说；后有公安三袁，为文标举"性灵"，反对"复古"，主张"独抒性灵，不拘格套"，世称"公安派"。此后，又有以钟惺、谭元春为代表的"竟陵派"。散体文经"公安""竟陵"两派的革新，加上王思任、祁彪佳、张岱等人的创作，涌现了大量内容清新、形式活泼、潇洒自适、情采俱胜的短篇佳制，后世称之为"晚明小品"。这在散体文的发展史上，可谓标新立异，别开生面。

明末清初，以顾炎武、黄宗羲、王夫之为代表的学者，为文主张经世致用，且能放言无忌。但到康、乾之世，统治者实行文化专制，散体文的发展受到前所未有的限制。这时产生了以安徽桐城人方苞、刘大櫆、姚鼐为代表的"桐城派"。他们以古文正宗自命，提倡通经明道，继承孔孟、程朱道统。方苞提出"义法"论，刘大櫆标举"神气"说，姚鼐则主张"义理、考据、辞章"三者并重，形成了一整套比较完整的文学理论，成为有清一代影响最大的散文流派，时有"天下文章出桐城"之说。直到晚清末世，世变文变，梁启超创建"新文体"，才给桐城派古文以沉重的打击。五四运动前后，"白话文运动"兴起，古代散文的发展便走到了它的尽头。

二、古代散文的特点

中国古代散文有广、狭二义之分。就广义而言，其文体范围不仅包括记言、记事、抒情、写景、论说、杂感以及经传史书之类的散体文，还包括赋体文和骈体文。就狭义而言，散文即指散体文，又称"古文"，不包括赋体文和骈体文。散文在漫长的发展过程中形成了鲜明的文体特征。

与诗歌相比，散文的特点是形式自由，语言不受韵律的约束，表达方式随便，或记言、叙事，或议论、抒情，或数者并用，不拘一格。而诗歌从产生之时起，就要受韵律的约束。另外，散文重在叙事和说理，偏于对客观事物的记述，而诗歌重在言志和抒情，偏于对主观情志的抒发。

与赋体文、骈体文相比，散体文也有其明显的特征。赋体文发端于战国后期，兴盛于汉代，其基本特征就是铺陈、铺叙。而散体文以叙事说理为主，不以铺陈描绘为能事。

骈体文兴起于秦汉，形成于魏晋，至六朝盛极一时。因讲究对偶，又多用四六字句式，两句两句成文，好似两马并驾，故称"骈文"或"骈体文"。骈体文的主要特点是：着意对偶，句式四六；讲究平仄，讲究声律；多用典故，引古类今。而散体文则以散行单句为主，不特意追求排偶；也不特别讲究平仄和声律，不受韵律的约束；虽然有时也融史入文，以古鉴今，但并不刻意堆砌典故。因此，散体文与骈体文相比，其文体特征还是很明显的。

总之，以散行单句为主，不重排偶，不拘韵律，不雕章琢句、铺采摘文，不着意堆砌典故，可以说是散体文在文体上的主要特征。

谏逐客书①

李 斯

文本导读

《谏逐客书》是李斯上给秦始皇的一篇奏议。据《史记·李斯列传》记载，李斯本是楚国人，后拜为秦客卿。适值韩人郑国来做间谍，被秦发觉。秦宗室大臣皆对秦王曰："诸侯人来事秦者，大抵为其主游间于秦耳，请一切逐客。"李斯也在被逐之列，乃上此书，历叙客有功于秦，力陈逐客之失，劝谏秦王不要驱逐客卿。秦王乃除逐客之令，复李斯官。据《史记·秦始皇本纪》，逐客事在秦王嬴政十年（前237）。此文理足辞胜，雄辩滔滔，在写作技巧上十分出色。首先，文章开门见山，提出了驱逐客卿是错误的这一中心观点。通过摆事实、对比、铺叙等手法，反复论证，说理透辟。其次，在结构上，文章议论既曲折多变，又严谨有序。最后，文章多用排比、对偶句式，气势雄浑奔放。

臣闻吏议逐客，窃以为过矣②。昔缪公求士③，西取由余于戎④，东得百里奚于宛⑤，迎蹇叔于宋⑥，来丕豹、公孙支于晋⑦。此五子者，不产于秦，而缪公用之，并

---

① 司马迁. 史记. 北京：中华书局，1959.
② 窃：私下，表示自谦的意思。
③ 缪公：秦穆公，春秋时五霸之一。缪，同"穆"。
④ 由余：其先晋人，亡入戎，穆公屡次使人设法招他归秦，以客礼礼之。后秦用由余之计伐戎，开地千里，遂霸西戎。戎，我国古代西部少数民族的统称。
⑤ 百里奚：本虞大夫，晋灭虞，奚被晋国俘去，作为晋献公女儿陪嫁的奴仆入秦。奚从秦国逃走至楚国，为楚国边境的人所执。穆公闻其贤，以五羖羊（黑羊）皮赎之，并任用为相。宛，楚地，今河南南阳。
⑥ 蹇叔：百里奚对穆公说："臣不及臣友蹇叔，蹇叔贤而世莫知。"于是穆公使人厚币迎蹇叔以为上大夫。蹇叔时游宋，故迎之于宋。
⑦ 丕豹：丕郑之子，郑被杀，豹自晋奔秦，秦穆公任用为将。公孙支：又名子桑，先游晋，后归秦。

国二十，遂霸西戎。孝公用商鞅之法①，移风易俗，民以殷盛，国以富强，百姓乐用，诸侯亲服，获楚、魏之师，举地千里②，至今治强。惠王用张仪之计③，拔三川之地④，西并巴、蜀⑤，北收上郡⑥，南取汉中⑦，包九夷⑧，制鄢、郢⑨，东据成皋之险⑩，割膏腴之壤，遂散六国之从⑪，使之西面事秦，功施到今⑫。昭王得范雎，废穰侯，逐华阳⑬，强公室，杜私门⑭，蚕食诸侯⑮，使秦成帝业。此四君者，皆以客之功。由此观之，客何负于秦哉⑯！向使四君却客而不内，疏士而不用⑰，是使国无富利之实而秦无强大之名也。

今陛下致昆山之玉⑱，有随、和之宝⑲，垂明月之珠⑳，服太阿之剑㉑，乘纤离之马㉒，建翠凤之旗㉓，树灵鼍之鼓㉔。此数宝者，秦不生一焉，而陛下说之㉕，何也？必

① 商鞅：本卫之庶公子，一称卫鞅。西入秦，佐秦孝公变法，使秦富强。后来秦孝公以商於之地（辖区主要为今陕西省商洛市境内）封鞅，号为商君。

② 举：攻克，占领。

③ 张仪：魏人，惠王用为相，为秦筹划连横的计策。此句以下诸事，并非都是张仪之计，因仪曾为相，故皆归功于他。

④ 三川：本韩地，今河南省黄河以南、灵宝以东的地区。

⑤ 巴、蜀：皆古国名。巴，在今重庆。蜀，在今四川。

⑥ 上郡：本魏地，今陕西榆林。

⑦ 汉中：本属楚，今陕西汉中。

⑧ 包：这里有并吞的意思。九夷：属楚的部族。

⑨ 鄢：本楚地，今湖北宜城。郢：楚都，今湖北江陵。

⑩ 成皋：一名虎牢，为著名军事要塞，今属河南荥阳。

⑪ 六国：韩、魏、燕、赵、齐、楚。从：同"纵"，合纵，东方六国结成联合战线以抵抗秦国的一种策略。

⑫ 西面：向西。事：侍奉。施：延续。

⑬ 范雎：魏人，字叔。穰侯、华阳：均秦昭王母宣太后弟。穰侯等擅权，范雎说秦昭王免穰侯相国，将之与华阳君等并逐出关。

⑭ 强公室：巩固和增强了王室的权力。杜：杜塞。杜私门：指限制私家的权力。

⑮ 蚕食：形容逐步攻取各诸侯国领土。

⑯ 负：辜负，对不起。

⑰ 却：拒绝。内：同"纳"。疏士：疏远外来之士。

⑱ 昆山：昆仑山。

⑲ 随：同"隋"，西周春秋时的小国名。相传隋侯遇见一条中断的大蛇，使人以药封之，岁余，蛇衔明珠以报，大径寸，绝白有光，因号"隋珠"。和：和氏之璧。相传楚人卞和得璞玉于山中，以献楚厉王，王以为诳，砍其左足；武王即位，再献之，又以为诳，砍其右足。及文王立，乃抱璞泣于荆山下，王使人理其璞，果得玉，遂称为"和氏之璧"。后秦始皇以之为传国玺。

⑳ 明月之珠：夜光珠。

㉑ 太阿：利剑名，欧冶子和干将做铁剑三把，其一名太阿。

㉒ 纤离：骏马名。

㉓ 翠凤之旗：以翠羽为凤形的妆饰之旗。

㉔ 鼍：爬虫类动物，产长江下游，今称扬子鳄，其皮可以张鼓。

㉕ 说：同"悦"。

秦国之所生然后可，则是夜光之璧不饰朝廷，犀象之器不为玩好①，郑、卫之女不充后宫②，而骏良駃騠不实外厩③，江南金锡不为用，西蜀丹青不为采④。所以饰后宫充下陈娱心意说耳目者⑤，必出于秦然后可，则是宛珠之簪⑥，傅玑之珥⑦，阿缟之衣⑧，锦绣之饰不进于前，而随俗雅化佳冶窈窕赵女不立于侧也⑨。夫击瓮叩缶弹筝搏髀⑩，而歌呼呜呜快耳目者⑪，真秦之声也；郑、卫、桑间、韶、虞、武、象者⑫，异国之乐也。今弃击瓮叩缶而就郑卫⑬，退弹筝而取韶虞，若是者何也？快意当前，适观而已矣⑭。今取人则不然，不问可否，不论曲直⑮，非秦者去，为客者逐。然则是所重者在乎色乐珠玉，而所轻者在乎人民也。此非所以跨海内制诸侯之术也⑯。

臣闻地广者粟多，国大者人众，兵强则士勇。是以太山不让土壤⑰，故能成其大；河海不择细流⑱，故能就其深；王者不却众庶，故能明其德。是以地无四方，民无异国，四时充美，鬼神降福，此五帝、三王之所以无敌也。今乃弃黔首以资敌国⑲，却宾客以业诸侯⑳，使天下之士退而不敢西向，裹足不入秦，此所谓藉寇兵而赍盗粮者也㉑。

夫物不产于秦，可宝者多；士不产于秦，而愿忠者众。今逐客以资敌国，损民以

---

① 犀：犀牛角。象：象牙。
② 郑、卫之女不充后宫：当时人认为郑、卫之地多美女，故有此说。
③ 駃騠：良马名。厩：马棚。
④ 丹青：颜料。丹，丹砂，青，青雘。采：彩色。
⑤ 下陈：后列。侍奉君主的嫔妃、宫女，处于后列。
⑥ 宛珠：宛地的珠。宛珠之簪：以宛珠所饰的簪。
⑦ 傅：通"附"。玑：不圆的珠。珥：妇女耳饰。傅玑之珥：缀有珠子的耳饰。
⑧ 阿缟：齐国东阿所产的缟。缟，白色绢。阿，今山东东阿。
⑨ 随俗雅化：随着流行的式样打扮自己。冶：美。窈窕：美好貌。赵：古代赵国以出美女著称。
⑩ 瓮：盛水或酒等的陶器。缶：古代一种瓦质的打击乐器。筝：乐器名，瑟类。搏：击。髀：大腿。
⑪ 呜呜：秦地乐歌声。
⑫ 郑、卫：郑、卫之音，是春秋末年流行于郑国、卫国的民间音乐，以悦耳著称。桑间：地名，在濮水之滨，为卫国男女欢会歌唱的地方。韶：原作"昭"，据《史记索隐》改。韶、虞：舜乐名。武、象：周乐名。
⑬ 就：取，从。
⑭ 适：适合。观：欣赏。
⑮ 曲直：是非。
⑯ 跨：驾凌。喻统一。
⑰ 太山：即泰山，在今山东。让：拒绝。
⑱ 择：选择，这里是舍弃的意思。细流：小水。
⑲ 黔首：秦国统治者称百姓为黔首。《史记·秦始皇本纪》记载，二十六年（前221），"更名民为黔首"。黔，黑色。资：资助，给。
⑳ 业：这里作动词用，成就其事业的意思。
㉑ 藉：借。赍：同"赍"，给予。这里指把武器粮食提供给寇盗。

益仇①，内自虚而外树怨于诸侯②，求国无危，不可得也。

作者简介

李斯（约前284—前208），战国时楚国上蔡（今河南上蔡）人。李斯曾师从著名思想家荀卿学习帝王之术，后助秦始皇统一中国，官至丞相，为秦始皇定郡县之制，废分封制，制定法律，下禁书令，禁止私学，以小篆为标准统一文书。秦始皇死，李斯听从赵高的阴谋，矫诏杀太子扶苏。二世胡亥立，赵高用事，诬陷李斯谋反，将其腰斩于咸阳。

《泰山刻石》（局部，李斯书法）

知识链接

1. 《史记·河渠书》记载："韩闻秦之好兴事，欲罢之，毋令东伐，乃使水工郑国间说秦，令凿泾水自中山西邸瓠口为渠，并北山东注洛三百余里，欲以溉田。中作而觉，秦欲杀郑国。郑国曰：'始臣为间，然渠成亦秦之利也。'秦以为然，卒使就渠。渠就，用注填阏之水，溉泽卤之地四万余顷，收皆亩一钟。于是关中为沃野，无凶年，秦以富强，卒并诸侯，因命曰'郑国渠'。"郑国渠和都江堰、灵渠并称为秦代三大水利工程。

2. 《史记·李斯列传》记载："二世二年七月，具斯五刑，论腰斩咸阳市。斯出狱，与其中子俱执，顾谓其中子曰：'吾欲与若复牵黄犬，俱出上蔡东门逐狡兔，岂可得乎！'"遂父子相哭，而夷三族。

---

① 这句说，减少本国的人口而增加敌国的人力。

② 这句说，对内使自己陷于虚弱，而对外又和诸侯各国结了许多怨仇。就是说，被逐出者必然恨秦国，等于派了许多仇敌到国外去反对自己。

物 色

刘 勰

文本导读

　　本篇为《文心雕龙》第四十六篇，论述文学与自然景物的关系，揭示了文学创作过程中主、客之间的辩证关系，因景物具有各种各样的色彩，故名"物色"。全篇可分为三段。第一段说明一年四季气候景物各有不同，人们的感情也会随之变化，并以文辞表现出来。第二段概述先秦至汉代写景词语的发展。先是说《诗经》作者仔细观察对象，精心运用文辞加以表现，并举例作证，认为他们能做到以简约的词语充分地表现丰富的物色。再到《离骚》等楚辞作品，写景词语趋向繁荣。至司马相如等汉赋家，更喜用一连串的词语来描写山水景物，形成了扬雄所说"辞人之赋丽以淫"的状况。第三段先是指出了晋宋以来，山水写景文学发达，作者对于景物着力描摹，写景细致逼真，认为后来作者应吸取《诗经》《楚辞》作者写景善于抓住要害的经验。睹物兴情，要有从容不迫的心境，表现丰富多彩的物色，要善于运用简约的词语，这样才能写出情意新颖、余味无穷的佳作。《物色》篇赞美《诗经》写景"以少总多，情貌无遗"，奉为典则，对汉魏以来写景篇章有所指摘，认为其"丽淫繁句"，而对其描写的细致生动则肯定不足。本篇在《时序》篇后面，《时序》论文学与时代的关系，本篇论文学与自然景物的关系，两篇开头均为四言四句，内容句法彼此对称，乃为姊妹篇。

　　春秋代序①，阴阳惨舒②；物色之动，心亦摇焉③。盖阳气萌而玄驹步④，阴律凝而丹鸟羞⑤；微虫犹或入感⑥，四时之动物深矣。若夫珪璋挺其惠心⑦，英华秀其清气⑧，物色相召，人谁获安？是以献岁发春⑨，悦豫之情畅；滔滔孟夏，郁陶之心凝⑩；天高

---

① 春秋：这里用春秋来代指四季。代：更替。序：次序。

② 阴阳惨舒：即阴惨阳舒。秋冬阴气肃杀，春夏阳气舒展。惨，戚，不愉快。

③ 摇：动，指由外在景物引发的心理活动。

④ 阳气萌：冬至后阳气开始萌生。玄驹：蚂蚁。步：走动。

⑤ 阴律凝：此指阴气，古人用律管辨别气候。律，乐律，有十二律，阳律六，阴律六。丹鸟羞：《大戴礼记·夏小正》："八月……丹鸟羞白鸟（蚊蚋）。"丹鸟，也称丹良，萤虫。羞：进，此指捕捉以备食用。

⑥ 入感：感受到。

⑦ 珪璋：名贵的玉器，这里泛指美玉。挺：突出。惠：通"慧"。

⑧ 英华：美丽的花朵。华，同"花"。秀：开花，此有发出之意。

⑨ 献岁：进入新年。

⑩ 滔滔：形容阳气盛。孟夏：初夏。郁陶：忧闷郁积。

气清，阴沈之志远①；霰雪无垠，矜肃之虑深②。岁有其物，物有其容③；情以物迁，辞以情发。一叶且或迎意④，虫声有足引心⑤。况清风与明月同夜，白日与春林共朝哉！

是以诗人感物，联类不穷⑥；流连万象之际⑦，沈吟视听之区⑧。写气图貌，既随物以宛转⑨；属采附声，亦与心而徘徊⑩。故"灼灼"状桃花之鲜⑪，"依依"尽杨柳之貌⑫，"杲杲"为出日之容⑬，"瀌瀌"拟雨雪之状⑭，"喈喈"逐黄鸟之声⑮，"喓喓"学草虫之韵⑯。"皎日""嘒星"，一言穷理⑰；"参差""沃若"，两字连形⑱：并以少总多，情貌无遗矣⑲。虽复思经千载，将何易夺⑳？及《离骚》代兴㉑，触类而长㉒，物貌难尽，故重沓舒状㉓，于是"嵯峨"之类聚㉔，"葳蕤"之群积矣㉕。及长卿之徒，诡势瑰

① 沈：同"沉"，阴沉。志：情志。

② 矜肃：庄重、严肃。

③ 岁：一年四季。物：景物。

④ 迎意：引起感想。

⑤ 引心：触动心思。

⑥ "是以"二句：指《诗经》的作者为外物所感，对类似的事物产生无穷的联想。联类：联想到类似的事物。

⑦ 流连：依恋不忍离去。万象：万物。

⑧ 沈吟：沉思吟味。沈，同"沉"。

⑨ 宛转：宛曲随顺，此有随物变化之意。

⑩ 属：连缀。附：附会。徘徊：来回走动，此处指反复思考。

⑪ 灼灼：形容桃花盛开，色彩明艳。《诗经·周南·桃夭》："桃之夭夭，灼灼其华。"

⑫ 依依：枝条柔弱的样子。《诗经·小雅·采薇》："昔我往矣，杨柳依依。"

⑬ 杲杲（gǎo）：光明。《诗经·卫风·伯兮》："其雨其雨，杲杲出日。"

⑭ 瀌瀌（biāo）：雪下得很大的样子。雨雪：下雪，"雨"作动词。《诗经·小雅·角弓》："雨雪瀌瀌，见晛曰消。"

⑮ 喈喈（jiē）：众鸟和鸣声。逐：追逐，有模仿之意。黄鸟：黄鹂。《诗经·周南·葛覃》："黄鸟于飞，集于灌木，其鸣喈喈。"

⑯ 喓喓（yāo）：虫鸣声。《诗经·召南·草虫》："喓喓草虫，趯趯阜螽。"

⑰ 皎日：《诗经·王风·大车》："谓予不信，有如皦日。"皎，即"皦"，明亮。嘒星：《诗经·召南·小星》："嘒彼小星，三五在东。"嘒，微小。一言：一字，指上句中的"皎""嘒"。理：事理，此处指特点。

⑱ 参差：不齐。《诗经·周南·关雎》："参差荇菜，左右流之。"沃若：润泽。《诗经·卫风·氓》："桑之未落，其叶沃若。"两字连形：两字相连成为双声字和叠韵字，"参差"是双声，"沃若"是叠韵。

⑲ 总：概括。遗：遗漏。

⑳ 易：更换。夺：除去。

㉑ 《离骚》：屈原的作品，此处代指《楚辞》。代兴：代替《诗经》兴起。

㉒ 触类而长：语出《周易·系辞上》："引而伸之，触类而长之。"此指扩大了对事物的描写。

㉓ 重沓：重复繁多。舒：舒展，此指铺展描写。

㉔ 嵯峨（cuó é）：形容山势高峻。淮南小山《招隐士》："山气龙兮石嵯峨，溪谷崭岩兮水曾波。"

㉕ 葳蕤（wēi ruí）：草木繁盛的样子。汉代东方朔《七谏·初放》："上葳蕤而防露兮，下泠泠而来风。"

声，模山范水，字必鱼贯，所谓诗人丽则而约言，辞人丽淫而繁句也①。至如《雅》咏棠华，"或黄或白"②，《骚》述秋兰，"绿叶""紫茎"③；凡摛表五色④，贵在时见⑤，若青黄屡出，则繁而不珍。

自近代⑥以来，文贵形似。窥情风景之上，钻貌草木之中⑦；吟咏所发，志惟深远；体物为妙，功在密附⑧。故巧言切状，如印之印泥，不加雕削，而曲写毫芥⑨。故能瞻言而见貌，即字而知时也。然物有恒姿，而思无定检⑩，或率尔造极，或精思愈疏⑪。且《诗》《骚》所标⑫，并据要害，故后进锐笔，怯于争锋⑬。莫不因方以借巧⑭，即势以会奇⑮，善于适要⑯，则虽旧弥新矣。是以四序纷回⑰，而入兴贵闲⑱；物色虽繁，而析辞尚简；使味飘飘而轻举，情晔晔而更新⑲。古来辞人，异代接武⑳，莫不参伍以相变㉑，因革以为功㉒，物色尽而情有余者，晓会通也㉓。若乃山林皋壤，实文思之奥府㉔；略语则阙，详说则繁㉕。然则屈平所以能洞监《风》《骚》之情者，抑亦江山之助乎！

---

① "所谓"二句：扬雄《法言·吾子篇》："诗人之赋丽以则，辞人之赋丽以淫。"诗人：指《诗经》的作者。则：典则。约：简练。辞人：指辞赋家。淫：过度。

② "至如"二句：《诗经·小雅·裳裳者华》："裳裳者华，或黄或白。"雅：指《小雅》。棠华：指《裳裳者华》。裳：鲜明。华，同"花"。

③ 《骚》：此指《楚辞·九歌·少司命》。其有句云："秋兰兮青青，绿叶兮紫茎。"

④ 摛表：描绘。五色：指青、黄、赤、白、黑五种本色。

⑤ 时见：适时出现。

⑥ 近代：指晋、宋。

⑦ 窥：观察。钻：钻研。

⑧ 体物：描写外物。密附：密合，即文字描写与实际形貌相吻合。

⑨ 印之印泥：古人用泥来封住书信，然后在泥上盖印。这里形容文字与实际描写对象丝毫不差，完全符合。曲：委曲详尽。毫芥：指极细微处。毫，细毛。芥，小草。

⑩ 检：法式。

⑪ 率尔：随意，不经心。造：达到。极：极致。精思：精心构思。疏：与"密附"相反，指所写与实际不切合。

⑫ 标：指《诗经》《楚辞》中描写景物的文字。

⑬ 锐笔：文思敏捷者。争锋：争高下。

⑭ 因方：指沿袭《诗经》《楚辞》描写景物的方法。借巧：获得机巧。

⑮ 即势以会奇：顺着文势得到新奇。势，文体之势。会，适逢，有自然得到之意。

⑯ 适要：恰当地抓住要害。

⑰ 四序：四季。纷回：循环交替。

⑱ 入兴：引起情感兴致。闲：静，指内心虚静。

⑲ 晔晔（yè）：美盛的样子。

⑳ 接武：继承效法前人。武，足迹。

㉑ 参伍：错综。

㉒ 因革：继承革新。

㉓ 会通：融会贯通。

㉔ 皋壤：沼泽边的洼地，此指原野。奥府：蕴藏深厚的府库。

㉕ 略语则阙：描写简略则不完备。阙，即缺。详说则繁：描绘过详则繁冗芜杂。

赞曰：山沓水匝①，树杂云合。目既往还，心亦吐纳②。春日迟迟，秋风飒飒。情往似赠，兴来如答。

作者简介

刘勰（约465—约521），字彦和，南朝梁代文学理论家、文学批评家。其早年曾在建康（今南京）定林寺跟随高僧僧佑学习佛法和儒家经典，悉心整理佛经，从而"博通经论"，并写下了一篇近三千字的佛学论文《灭惑论》。在这段时间内，他对文史典籍刻苦研习并在三十多岁时写成《文心雕龙》。刘勰为官十六载，颇有清名，晚年于定林寺出家。《文心雕龙》奠定了他在中国文学史和文学批评史上的地位。其书引论古今文体及其作法，系统阐述先秦以来文学批评理论，与唐朝刘知幾的《史通》、清朝章学诚的《文史通义》并称中国文史批评三大名著。

知识链接

1. 刘勰在《文心雕龙》中提出了"感物吟志"的说法，指出心物交感存在两个阶段。首先"随物以宛转"，指的是诗人要客观地遵循自然运作的规律，将自己的情绪融入自然中去，诗人的主观行为必须切合客观事实。在创作时，要发挥自身的能动性，但不能背离客观的实际。其次是"与心而徘徊"，这强调的是用心驾驭客观情貌，描写客观的事物必须与自身的心境相符合，诗人选材也要切合主观情意，更强调的是诗人的能动性。刘勰在《明诗》篇中也写到"人禀七情，应物斯感，感物吟志，莫非自然。"在《诠赋》篇中明确陈述："情以物兴，故义必明雅；物以情观，故词必巧丽。"

2. 陆机《文赋》："遵四时以叹逝，瞻万物而思纷。悲落叶于劲秋，喜柔条于芳春。心懔懔以怀霜，志渺渺而临云。"陆机也认为四时的变迁引起物色的转换，物色的变化又激发诗人感情，从而引起创作的欲望。

进 学 解

韩 愈

文本导读

此文旧说作于唐宪宗元和八年（813），是年韩愈46岁。《旧唐书·韩愈传》云："（愈）复为国子博士，愈自以才高，累被摈黜，作《进学解》以自喻。执政览其文……以其有史才，改比部郎中，史馆修撰。""进学解"意谓对增进学、行问题的辨析。文章借先生劝学、生徒质问、先生再予解答的方式，抒发了作者长期不受重用，反遭贬斥的不满情绪，也暗

---

① 沓：重复。匝：环绕。
② 吐纳：吸纳，倾吐。

含着对当时的执政者不以才德取人，用人不公不明的讽刺。文章指出，增进学、行的方法在于"勤"与"思"，目的是"业精""行成"。文章分三段：第一段是国子先生勉励生徒的话，谓圣主贤臣励精图治、重视人才，诸生只要在"业"和"行"上努力，无须担心录用、公平的事。第二段是生徒对以上教诲提出质问，谓先生在"业""行"上皆有成就，却遭际坎坷，则"业精""行成"又有何用呢？生徒的质问之言，其实是韩愈借以吐露内心不平的契机。第三段是先生对生徒的回答。《进学解》以问答的形式抒发不遇之感，应是继承东方朔《答客难》、扬雄《解嘲》而来。文章属于辞赋一类，押韵和对偶句的运用，使文章音调和谐，语句整齐流畅，增强了艺术感染力。

国子先生晨入太学①，招诸生立馆下，诲之曰："业精于勤，荒于嬉；行成于思②，毁于随③。方今圣贤相逢，治具毕张④。拔去凶邪，登崇俊良⑤。占小善者率以录⑥，名一艺者无不庸⑦。爬罗剔抉⑧，刮垢磨光⑨。盖有幸而获选，孰云多而不扬⑩？诸生业患不能精，无患有司之不明⑪；行患不能成，无患有司之不公。"

言未既，有笑于列者曰："先生欺余哉！弟子事先生，于兹有年矣。先生口不绝吟于六艺之文，手不停披于百家之编⑫；记事者必提其要，纂言者必钩其玄⑬；贪多务得，细大不捐⑭；焚膏油以继晷⑮，恒兀兀以穷年⑯。先生之业，可谓勤矣。觝排异端，攘

---

①　国子先生：唐代对国子博士（官名）的尊称。元和七年（812）春，韩愈为国子博士，此为作者自称。太学：指当时的国子监（主管教育的官署）。唐朝国子监相当于古代的太学。

②　行：德行。思：思考。

③　随：因循随俗。

④　治具：治理的工具，此处指法令。《史记·酷吏列传》："法令者，治之具。"毕张：全部得以实施。

⑤　登崇俊良：指提拔才德优良的人。俊，一作"峻"。

⑥　率：大都。录：录用。

⑦　名一艺：指能以治一种经书著称的人。艺，经。庸：通"用"。

⑧　爬罗剔抉：意指仔细搜罗人才。爬罗，爬梳搜罗。剔抉，剔除挑选。

⑨　刮垢：刮去污垢。磨光：磨去毛瑕，使之光洁。意指精心造就人才。

⑩　"盖有"二句：意谓只有才行有所不及而幸获选拔的人，而绝无才行优异而不蒙提举的人。扬，提举。

⑪　有司：古代设官分职，各有专司，因称主管的官吏或官府为有司。此处指负责选拔人才的官吏。明：明察。

⑫　六艺：指儒家六经，即《诗》《书》《礼》《乐》《易》《春秋》六部儒家经典。百家之编：指儒家经典以外各学派的著作。《汉书·艺文志》把儒家经典列入《六艺略》中，另外在《诸子略》中著录先秦至汉初各学派的著作："凡诸子百八十九家，四千三百二十四篇。"春秋战国时期，各种学派兴起，著书立说，故有"百家争鸣"之称。

⑬　纂言者：指立论一类的著作。纂，同"撰"。钩其玄：探索深奥的道理。钩，引取。

⑭　捐：抛弃。

⑮　膏油：油脂，指灯烛。晷（guǐ）：日影。此句谓夜以继日。

⑯　恒：经常。兀（wù）兀：辛勤不懈的样子。穷：终、尽。

斥佛老①；补苴罅漏，张皇幽眇②；寻坠绪之茫茫，独旁搜而远绍③；障百川而东之，回狂澜于既倒。先生之于儒，可谓有劳矣。沉浸醲郁，含英咀华，作为文章，其书满家。上规姚姒，浑浑无涯④，周诰殷盘，佶屈聱牙⑤，春秋谨严，左氏浮夸，易奇而法，诗正而葩⑥，下逮庄骚，太史所录，子云相如，同工异曲。先生之于文，可谓闳其中而肆其外矣⑦。

　　"少始知学，勇于敢为；长通于方⑧，左右具宜。先生之于为人，可谓成矣。

　　"然而公不见信于人，私不见助于友。跋前踬后⑨，动辄得咎，暂为御史，遂窜南夷⑩。三年博士，冗不见治⑪。命与仇谋，取败几时⑫。冬暖而儿号寒，年丰而妻啼饥。头童齿豁⑬，竟死何裨⑭？不知虑此，而反教人为？"

　　先生曰："吁，子来前！夫大木为宗⑮，细木为桷⑯，欂栌侏儒⑰，椳闑扂楔⑱，各

---

　　① 异端：儒家称儒家以外的学说、学派为异端。《论语·为政》："攻乎异端，斯害也已。"朱熹集注："异端，非圣人之道，而别为一端，如杨、墨是也。"焦循补疏曰："异端者，各为一端，彼此互异。"攘（rǎng）：排除。佛老：指佛家和道家的学说。

　　② 苴（jū）：鞋底中垫的草，这里作动词用，是填补的意思。罅（xià）漏：裂缝，指前人学说未尽完善之处。张皇：张大，引申为阐发。幽眇：指深奥隐微的道理。

　　③ 坠绪：指已衰落不振的儒学。韩愈《原道》认为，儒家之道从尧舜传到孔子、孟轲，以后就失传了，而他以继承这个传统自居。绍：继承。

　　④ "上规"两句：规，取法。姚，虞舜之姓；姒，夏禹之姓。此指《尚书》中的《虞书》和《夏书》。浑浑，深而大的意思。扬雄《法言·问神》："虞夏之书，浑浑而。"

　　⑤ "周诰"两句：周诰，《尚书·周书》中有《大诰》等篇，此处指《周书》。殷盘，指《尚书》中的《盘庚》篇。佶屈聱牙，指文辞艰涩难读。

　　⑥ 诗正而葩：指《诗经》的思想纯正，文采华美。

　　⑦ 闳其中：指内容精深博大。肆其外：指文辞波澜壮阔。

　　⑧ 长：成年，与上句的"少"相对。方：学术。

　　⑨ 跋（bá）：踏。踬（zhì）：跌倒。《诗经·豳风·狼跋》："狼跋其胡，载疐其尾。"意思是说，老狼有胡（颈下垂肉），进则踏着胡，后则绊倒在尾巴上，即进退两难之意。

　　⑩ 窜：窜逐，贬谪。南夷：韩愈于贞元十九年（803）由监察御史贬为阳山（今广东阳山县东）令。因阳山地处南方荒僻地区，故称南夷。

　　⑪ 冗（rǒng）：闲散。见：通"现"，表现、显露。

　　⑫ 几时：不时，也即随时。取败几时，意谓屡次招致失败。

　　⑬ 头童齿豁：《释名·释长幼》："山无草木曰童。"人老发秃，如山无草木，故曰童。豁，开裂，破缺，这里指齿落。

　　⑭ 竟死何裨：意谓直到死有何好处。裨，补益。

　　⑮ 宗（máng）：屋梁。

　　⑯ 桷（jué）：屋椽。

　　⑰ 欂栌（bó lú）：斗栱，柱顶上承托栋梁的方木。侏（zhū）儒：梁上短柱。

　　⑱ 椳（wēi）：门枢臼。闑（niè）：门中央所竖的短木，在两扇门相交处。扂（diàn）：门闩之类。楔（xiē）：门两旁长木柱。

得其宜，施以成室者，匠氏之工也。玉札丹砂①，赤箭青芝②，牛溲马勃③，败鼓之皮④，俱收并蓄，待用无遗者，医师之良也。登明选公，杂进巧拙，纡余为妍，卓荦为杰，校短量长，惟器是适者，宰相之方也⑤。昔者孟轲好辩⑥，孔道以明。辙环天下，卒老于行⑦。荀卿守正，大论是弘⑧。逃谗于楚，废死兰陵⑨。是二儒者，吐辞为经，举足为法，绝类离伦，优入圣域，其遇于世何如也！今先生学虽勤而不繇其统⑩，言虽多而不要其中⑪，文虽奇而不济于用，行虽修而不显于众。犹且月费俸钱，岁靡廪粟⑫。子不知耕，妇不知织。乘马从徒，安坐而食。踵常途之役役，窥陈编以盗窃⑬。然而圣主不加诛，宰臣不见斥，兹非其幸欤！动而得谤，名亦随之。投闲置散，乃分之宜。若夫商财贿之有亡⑭，计班资之崇庳⑮，忘己量之所称⑯，指前人之瑕疵⑰，是所谓诘匠氏之不以杙为楹⑱，而訾医师以昌阳引年，欲进其豨苓也⑲。"

作者简介

韩愈（768—824），字退之，唐河内河阳（今河南孟州）人，郡望河北昌黎。唐德宗贞元八年（792）进士及第。贞元末，因疏谏旱饥蠲租，被贬阳山令。宪宗时，累官至太子右庶子、刑部侍郎。因谏阻宪宗迎佛骨，被贬潮州刺史。穆宗时，召为国子监祭酒，历任兵部、吏部侍郎及京兆尹。今存《韩昌黎集》。

---

① 玉札：药名，地榆。丹砂：朱砂。

② 赤箭：天麻。青芝：药名，又名龙芝。以上四种都是名贵药材。

③ 牛溲：牛尿，据说可治水肿。一说为车前草。马勃：菌类，生湿地以及腐木上，主治诸疮。

④ 败鼓之皮：年久败坏的鼓皮，据说可治虫毒。以上皆指贱价药材。

⑤ 纡（yū）余：委婉从容的样子。妍：美。卓荦（luò）：突出，超群出众。校（jiào）：比较。此处指选拔人才既明察又公正，使得各类人才都能尽其才。方：治术。

⑥ 孟轲好辩：孟轲曾痛斥杨朱、墨翟的主张，故曰好辩。

⑦ 辙（zhé）：车轮痕迹。此两句意谓，孟轲车迹遍于天下，终于老死在游说的途中。

⑧ 守正：遵守正道（指儒家思想体系）。大论：博大精深的理论。弘：展开。

⑨ "逃谗于楚"两句：荀子曾在齐国做祭酒，被人谗毁，逃到楚国。楚国春申君任他做兰陵（今临沂兰陵镇）令。春申君死后，他也被废，死在兰陵，著有《荀子》。

⑩ 繇（yóu）：通"由"。其：指儒家学说。

⑪ 要：求。中：要害。

⑫ 靡（mǐ）：浪费，消耗。廪（lǐn）：粮仓。

⑬ "踵常途"两句，谓疲劳不休地随俗行事而无特殊表现，在旧籍中窃取前人陈言而无新异见解。踵：作动词用，指（践履）役使，劳累不停的样子。

⑭ 财贿：财物，这里指俸禄。亡：通"无"。

⑮ 班资：等级、资格。庳（bēi）：通"卑"，低下。

⑯ 量：气量、才识。称：相副、相合。

⑰ 前人：指职位在自己之上的显贵者。瑕疵：微小的缺点。这里指上文所提的"不公""不明"。

⑱ 杙（yì）：小木桩。楹（yíng）：柱子。

⑲ 訾（zǐ）：毁谤非议。昌阳：菖蒲，药材名，相传久服可以长寿。豨（xī）苓：又名猪苓，利尿药。这句意思是说：自己小材不宜大用，不应计较待遇的多少、高低，更不该埋怨主管官员的任使有什么问题。

知识链接

《进学解》以问答形式抒发不遇之感，此种写法古已有之。西汉东方朔作《答客难》，扬雄仿之而作《解嘲》，其后继作者甚多。然《进学解》却仍能给人以新鲜感。全文结构虽简单，但其内在的气势、意趣却多变化，耐咀嚼。语言形象新颖，如以"口不绝吟""手不停披"状先生之勤学，以"踽常途之役役，窥陈编以盗窃"形容其碌碌无为，以"爬罗剔抉，刮垢磨光"写选拔培育人才等，不但化抽象为具体，而且其形象都自出机杼。此外，《进学解》文体系沿袭扬雄《解嘲》，采押韵的赋体，又大量使用整齐排比的句式，音节铿锵、对偶工切。然而又气势奔放，语言流畅，摆脱了汉赋、骈文中常有的艰涩呆板、堆砌辞藻等缺点。林纾所谓："浓淡疏密相间，错而成文，骨力仍是散文。"（《说进学解》）此文为杜牧《阿房宫赋》及苏轼《赤壁赋》等散文赋的前驱。

不亦快哉三十三则①

金圣叹

文本导读

金圣叹在《西厢记·拷艳》的批语中，记有这篇《不亦快哉三十三则》，其中所谈及的三十三则人生快意之事可谓亦俗亦雅，既有冬寒饮酒赏雪这样合乎文人之趣的快事，亦有夏日自拔快刀切西瓜之类属常人之乐的快事，更有比丘吃肉这般离经叛道之举被作者直呼"不亦快哉"。将诸多快事一一读来，一个狂放不羁、蔑视礼俗而又诙谐风趣的名士形象跃然纸上。值得注意的是，金圣叹自述的这些人生快意时刻，往往是精神与感官交错在一起，或者是以感官享受为前提的。正如林语堂在《生活的艺术》中所说："唯有承认现实人生的那种哲学才能够使我们获得真正快乐，也唯有这种哲学才是合理的、健全的。"

其一，夏七月，赤日停天，亦无风，亦无云，前后庭赫然如洪炉，无一鸟敢来飞。汗出遍身，纵横成渠。置饭于前，不可得吃。呼簟欲卧地上②，则地湿如膏，苍蝇又来缘颈附鼻，驱之不去。正莫可如何，忽然大黑车轴疾澍澎湃之声，如数百万金鼓，檐溜浩于瀑布③，身汗顿收，地燥如扫，苍蝇尽去，饭便得吃，不亦快哉！

其一，十年别友，抵暮忽至，开门一揖毕，不及问其船来陆来，并不及命其坐床坐榻，少叙寒暄，便自疾趋入内，卑辞叩内子："君岂有斗酒，如东坡妇乎④？"内子欣

---

① 王实甫，著；金圣叹，批改.金圣叹批本西厢记.上海：上海古籍出版社，1986.

② 簟（diàn）：竹席。

③ 檐溜（yán liù）：屋檐流下的雨水。

④ 此处所言参见《后赤壁赋》中云："归而谋诸妇。妇曰：'我有斗酒，藏之久矣，以待子不时之需。'"

然拔金簪以相付，计之可作三日供也，不亦快哉！

其一，空斋独坐，正思夜来床头鼠耗可恼，不知其戛戛者是损我何器，嗤嗤者是裂我何书。中心回惑，其理莫措。忽见一猨猫注目摇尾①，似有所睹。敛声屏息，少复待之，则疾趋如风，掇然一声，而此物竟去矣，不亦快哉！

其一，于书斋前，拔去垂丝海棠、紫荆等树，多种芭蕉一二十本，不亦快哉！

其一，春夜与诸豪士，快饮至半醉，住本难住，进则难进，旁一解意童子，忽送火纸炮可十余枚，便自起身出席，取火放之。硫黄之香，自鼻入脑，通身怡然，不亦快哉！

其一，街行见两措大执争一理②，既皆目裂颈赤，如不戴天；而又高拱手，低曲腰，满口仍用"者也之乎"等字，其语刺刺③，势将连年不休。忽有壮夫掉臂行来，振威从中一喝而解，不亦快哉！

其一，子弟背诵书，烂熟如瓶中泻水，不亦快哉！

其一，饭后无事，入市闲行，见有小物，戏复买之。买亦已成矣，所差者至鲜，而市儿苦争，必不相饶。便掏袖中一件，其轻重与前直相上下者，掷而与之。市儿忽改笑容，拱手连称"不敢"，不亦快哉！

其一，饭后无事，翻倒敝箧④，则见新旧逋欠文契⑤，不下数十百通，其人或存或亡，总之无有还理。背人取火，拉杂烧净，仰看高天，萧然无云，不亦快哉！

其一，夏月科头赤脚⑥，自持凉伞遮日，看壮夫唱吴歌，踏桔槔⑦，水一时涂涌而上，譬如翻银滚雪，不亦快哉！

其一，朝眠初觉，似闻家人叹息之声，言某人夜来已死。急呼而讯之，正是一城中第一绝有心计人，不亦快哉！

其一，夏月早起，看人于松棚下锯大竹作筒用，不亦快哉！

其一，重阴匝月⑧，如醉如病。朝眠不起，忽闻众鸟毕作弄晴之声⑨，急引手搴帷，推窗视之⑩，日光晶荧，林木如洗，不亦快哉！

其一，夜来似闻某人素心⑪，明日试往看之，入其门，窥其闺，见所谓某人方据案面南看一文书，顾客入来，默然一揖，便拉袖命坐，曰："君既来，可亦试看此书！"相与欢笑。日影尽去，既已自饥，徐问客曰："君亦饥耶？"不亦快哉！

---

① 猨（suān）：古代传说中的一种猛兽，状类狮子。
② 措大（cuò dà）：贫寒失意的读书人。
③ 刺刺（cì cì）：即"絮絮"，形容说话连续不止。
④ 箧（qiè）：小箱子。
⑤ 逋（bū）：拖欠。
⑥ 科头：不戴冠帽，裸露头髻。
⑦ 桔槔（jié gāo）：一种井上汲水工具。
⑧ 匝（zā）月：满月。
⑨ 弄晴：指禽鸟在初晴时鸣啭、戏耍。
⑩ 搴帷：撩起帷幕。
⑪ 素心：心地纯洁。

其一，本不欲造屋，偶得闲钱，试造一屋。自此日为始，需木，需石，需瓦，需砖，需灰，需钉，无晨无夕，不来聒于两耳，乃至罗雀掘鼠，无非为屋较计，而又都不得屋住。既已安之如命矣。忽然一日，屋竟落成，刷墙扫地，糊窗挂画，一切匠作，出门毕去。同人乃来，分榻列坐，不亦快哉！

其一，冬夜饮酒，转复寒甚，推窗试看，雪大如手，已积三四寸矣，不亦快哉！

其一，夏日于朱红盘中，自拔快刀切绿沉西瓜，不亦快哉！

其一，久欲为比丘①，苦不得公然吃肉。若许为比丘，又得公然吃肉，则夏月以热汤快刀净刮头发，不亦快哉！

其一，存得三四癫疮于私处，时呼热汤关门澡之，不亦快哉！

其一，箧中无意忽检得故人手迹，不亦快哉！

其一，寒士来借银，谓不可启齿，于是唯唯，亦说他事。我窥见其苦意，拉向无人处，问所需多少，急趋入内，如数给与。然后问其必当速归料理是事耶？为尚得少留共饮酒耶？不亦快哉！

其一，坐小船，遇利风，苦不得张帆，一快其心。忽逢艑舸疾行如风②，试伸挽钩，聊复挽之。不意挽之便著，因取缆，缆向其尾，口中高吟老杜"青惜峰峦过，黄知橘柚来"之句，极大笑乐，不亦快哉！

其一，久欲觅别居与友人共住，而苦无善地。忽一人传来云："有屋不多，可十余间，而门临大河，嘉树葱然。"便与此人共吃饭毕，试走看之。都未知屋如何，入门先见空地一片，大可六七亩许，异日瓜菜不足复虑，不亦快哉！

其一，久客得归，望见郭门，两岸童妇皆作故乡之声，不亦快哉！

其一，佳磁既损，必无完理，反复多看，徒乱人意。因宣付厨人作杂器充用，永不更令到眼，不亦快哉！

其一，身非圣人，安能无过？夜来不觉私作一事，早起怦怦，实不自安。忽然想得佛家有布萨之法③，不自覆藏，便成忏悔。因明对生熟众客，快然自陈其失，不亦快哉！

其一，看人作擘窠大书④，不亦快哉！

其一，推纸窗，放蜂出去，不亦快哉！

其一，作县官，每日打鼓退堂时，不亦快哉！

其一，看人风筝断，不亦快哉！

其一，看野烧，不亦快哉！

其一，还债毕，不亦快哉！

其一，读《虬髯客传》，不亦快哉！

---

① 比丘：和尚。

② 艑（biàn）：大船。舸（gě）：大船。

③ 布萨：佛教仪式。仪式上，出家的僧尼诵读戒律，信徒则向大众忏悔所犯罪过。

④ 擘窠（bò kē）大书：大字。

⁂ **作者简介**

金圣叹（1608—1661），名采，字若采，明亡后改名人瑞，字圣叹；一说本姓张，名喟，苏州吴县（今已撤销，属苏州市）人。顺治十八年（1661），清世祖顺治皇帝崩，吴地官吏设幕哭灵，时金圣叹与诸生百余人为逐贪官县令哭于文庙，因而以震惊先帝之灵罪被处斩。他的主要成就在文学批评方面，尤在小说戏曲的评点上。他将《庄子》、《离骚》、《史记》、杜诗、《水浒传》、《西厢记》合为六才子书，准备逐一评点，但仅完成第五、第六两种。著有《沉吟楼诗集》《唱经堂才子书汇稿》等。

⁂ **知识链接**

1. 金圣叹乃中国古代文学史上一位奇才，擅长评点古书，以见解独到、文笔幽默著称。生活中的金圣叹亦狂放不羁、幽默十足，他在临刑之际写下这样一句话："花生米与豆干同嚼，大有火腿之滋味。得此一技传矣，死而无憾也！"这句话成为金圣叹一生的最后一句话。

2. 林语堂读罢此文，做出这样的评价："金圣叹的才气文章，在今日看来，是抒情派、浪漫派。目所见，耳所闻，心所思，才气横溢，尽可入文。"

3. 同题材作品有明吴从先的《赏心乐事五则》、梁实秋的《快亦不哉》、林语堂的《来台快事廿四条》等。

⁂ 登泰山记①

姚　鼐

⁂ **文本导读**

此文是姚鼐与友人冬日游览泰山的一篇游记。第一段从地理环境落笔，在登山之前，先勾勒出泰山的整体轮廓。第二段写作者腊月离京抵达泰安的经过，与友人泰安知府朱孝纯登泰山的初程，日期与天气皆为点睛之笔。第三段写他们从南面山麓拾级而上，循中谷入，登顶后，"苍山负雪，明烛天南；望晚日照城郭，汶水、徂徕如画，而半山居雾若带然"，景象令人心旷神怡，而作者的兴奋与喜悦也溢于言表。第四段是全文的中心，作者傍晚登顶，第二天岁除五更时分与友人在日观亭等待日出，写日出前、后景象，寥寥数语，将日出奇景写得气势磅礴、层次分明。作者观日出之后，又简单描绘山顶建筑、山道石刻等，主次分明。最后一段则综述泰山特点，描绘泰山严冬景观，语言简练峭劲。全文仅四五百字，却描绘出许多壮丽的景观，行文简洁、语言生动，反映了桐城派散文"平正雅洁"的特点。此文将泰山的美，以强烈的艺术感染力呈现在读者面前，展现了作者对祖国名山大川的热爱，在同类作品中可谓出类拔萃。

---

① 姚鼐. 惜抱轩诗文集. 上海：上海古籍出版社，1992.

泰山之阳①，汶水西流②；其阴③，济水东流④。阳谷皆入汶，阴谷皆入济⑤。当其南北分者，古长城也⑥。最高日观峰⑦，在长城南十五里。

余以乾隆三十九年十二月⑧，自京师乘风雪⑨，历齐河、长清⑩，穿泰山西北谷，越长城之限⑪，至于泰安。是月丁未⑫，与知府朱孝纯子颍由南麓登⑬。四十五里，道皆砌石为磴⑭，其级七千有余。

泰山正南面有三谷⑮。中谷绕泰安城下，郦道元所谓环水也⑯。余始循以入⑰，道少半⑱，越中岭，复循西谷，遂至其巅。古时登山，循东谷入，道有天门⑲。东谷者，古谓之天门溪水，余所不至也。今所经中岭及山巅，崖限当道者⑳，世皆谓之天门云㉑。道中迷雾冰滑，磴几不可登。及既上，苍山负雪，明烛天南㉒；望晚日照城郭，汶水、徂徕如画㉓，而半山居雾若带然㉔。

戊申晦㉕，五鼓㉖，与子颍坐日观亭，待日出。大风扬积雪击面。亭东自足下皆云

---

① 泰山：古名岱山，又称岱宗、东岳，为五岳之首，位于山东省泰安市境内。阳：山南水北为阳。

② 汶（wèn）水：今称大汶河，发源于山东莱芜东北之原山，向西南流，汇入东平湖。

③ 阴：与阳相对，山北水南为阴。

④ 济水：发源于今河南济源之王屋山，流经山东入渤海。现在黄河下游的河道就是原来济水的河道。

⑤ 谷：泉出通川为谷。阳谷指山南的流水，阴谷指山北的流水。

⑥ 古长城：战国时齐国修筑的长城。据《水经注》载："西接岱山，东连琅邪巨海，千有余里，盖田氏之所造也。"

⑦ 日观峰：位于泰山主峰之巅玉皇顶东南，古称介丘岩，因可观日出而名。相传在峰巅西可望秦，南可望越，故又称秦观峰、越观峰。

⑧ 乾隆三十九年：公元 1774 年。但十二月初一，已是公元 1775 年。

⑨ 乘：冒着。

⑩ 齐河：县名，今属山东省德州市。长清：县名，因境内齐长城和清水而得名，今属山东省济南市。

⑪ 限：界限。

⑫ 丁未：指二十八日。

⑬ 朱孝纯：字子颍，号海愚，山东历城人，当时是泰安府的知府。

⑭ 磴（dèng）：台阶。

⑮ 三谷：即下文之西谷、中谷、东谷。

⑯ 郦道元（约 470—527）：字善长，北魏地理学家，著《水经注》四十卷，文笔隽永。

⑰ 循：沿着。以：而。

⑱ 道：行也。

⑲ 天门：泰山有南天门、东天门、西天门。

⑳ 限：阻隔。

㉑ 世：天下，世间。

㉒ 烛：照亮。

㉓ 徂徕（cú lái）：山名，在泰安东南四十里。

㉔ 居：停留。

㉕ 戊申：二十九日。晦：农历每月最后一日。

㉖ 五鼓：又称五更，第五更的时候，即天将明时。

漫。稍见云中白若摴蒱数十立者①，山也。极天云一线异色②，须臾成五采；日上③，正赤如丹。下有红光，动摇承之，或曰，此东海也④。回视日观以西峰，或得日，或否，绛皓驳色⑤，而皆若偻⑥。

亭西有岱祠⑦，又有碧霞元君祠⑧；皇帝行宫⑨在碧霞元君祠东。是日，观道中石刻，自唐显庆⑩以来，其远古刻尽漫失。僻不当道者，皆不及往。

山多石，少土；石苍黑色，多平方，少圜⑪。少杂树，多松，生石罅⑫，皆平顶。冰雪，无瀑水，无鸟兽音迹。至日观数里内无树，而雪与人膝齐。

桐城姚鼐记述。

作者简介

姚鼐（1732—1815），安徽桐城人，字姬传，一字梦毂，室名惜抱轩，人称惜抱先生。清乾隆二十八年（1763）进士，官至刑部郎中、记名御史。历主江宁、扬州等地书院，凡四十年。从刘大櫆学习古文，为"桐城派"主要作家。主张以阳刚、阴柔区别文章的风格，又发展了刘大櫆的拟古主张，提倡从模拟古文的"格律声色"入手，进而模拟其"神理气味"。文风简洁精练，清新自然。著有《惜抱轩全集》，选编有《古文辞类纂》等。

知识链接

1. 乾隆三十九年（1774）秋，姚鼐以养病为名辞官，应友人朱孝纯之邀赴泰山游赏。姚鼐与挚友泰安知府朱孝纯于此年十二月二十八日傍晚同上泰山山顶，第二天岁除五更时分至日观亭，观赏日出，写下了这篇游记。

2. 姚鼐所编《古文辞类纂》共75卷，是古文辞赋选本。分论辨、序跋、奏议、书说、赠序、诏令、传状、碑志、杂记、箴铭、颂赞、辞赋、哀祭十三类。所选作品以唐宋八大家的文章为主，体现了神、理、气、味、格、律、声、色并重的文学主张，奠定了桐城派"文章正宗"的地位。

---

① 摴蒱（chū pú）：古代一种博戏，后世亦指赌博。此处指博戏中用于掷的骰（tóu）子。
② 这句是说天边的云透出一线奇异的颜色。
③ 上：升起。
④ 这句是说太阳升起时下面有红光摇荡着托着它，有人以为晃动的红光的地方就是东海。
⑤ 绛皓驳色：指红白相杂。
⑥ 偻：身体弯曲，此处指恭敬受教之状。
⑦ 岱祠：一名岱庙，祭祀东岳大帝的庙宇。
⑧ 碧霞元君：道教尊奉的女神，俗称泰山娘娘、泰山圣母，传说是东岳大帝之女，宋真宗时封为"天仙玉女碧霞元君"。
⑨ 皇帝行宫：指乾隆皇帝巡视泰山时的居所。
⑩ 显庆：唐高宗李治的年号（656—661）。
⑪ 圜（yuán）：同"圆"。
⑫ 罅（xià）：缝隙。

少年中国说①

梁启超

文本导读

此文作于戊戌变法失败后的光绪二十六年（1900），是梁启超发表在《清议报》上的著名演说，主要讨论时人关注的救国问题，并输入传播新人耳目的启蒙思想。开篇从驳斥日本和西方列强污蔑我国为"老大帝国"入手，说明中国是一个正在成长的少年中国。文章紧扣主题，巧妙运用夕照、瘠牛、陨石、秋柳、琵琶女、白发宫女等人们所熟知的形象来烘托"老"，层层推进，逐次阐发，说明封建专制制度的腐朽没落。文中指出中国的希望在少年身上，并且坚信少年必有志士，能使国家富强、民族昌盛，雄立于地球，反映了作者深沉的爱国主义思想和积极乐观的民族自信心。文章在表达上突破韵散界限，汪洋恣肆而又不乏典丽；打破语言畛域，大量采用、输入外来新词与新思想，具有鲜明的时代特色。文章思路清晰、逻辑严密，饱含热情、富有气势，形象生动、对比鲜明，描摹逼真、褒贬分明，才华纵横、学识渊博。行文上洋洋洒洒，大开大合，极富感染力，是梁启超"开文章之新体，激民气之暗潮"的代表作品，一时风靡海内，洛阳纸贵，成为梁启超最著名的作品之一。

日本人之称我中国也，一则曰老大帝国，再则曰老大帝国。是语也，盖袭译欧西人之言也②。呜呼！我中国其果老大矣乎？梁启超曰：恶③！是何言！是何言！吾心目中有一少年中国在。

欲言国之老少，请先言人之老少。老年人常思既往，少年人常思将来。惟思既往也，故生留恋心；惟思将来也，故生希望心。惟留恋也，故保守；惟希望也，故进取。惟保守也，故永旧；惟进取也，故日新。惟思既往也，事事皆其所已经者，故惟知照例；惟思将来也，事事皆其所未经者，故常敢破格。老年人常多忧虑，少年人常好行乐。惟多忧也，故灰心；惟行乐也，故盛气。惟灰心也，故怯懦；惟盛气也，故豪壮。惟怯懦也，故苟且④；惟豪壮也，故冒险。惟苟且也，故能灭世界；惟冒险也，故能造世界。老年人常厌事，少年人常喜事。惟厌事也，故常觉一切事无可为者；惟好事也，故常觉一切事无不可为者。老年人如夕照，少年人如朝阳。老年人如瘠牛，少年人如乳虎。老年人如僧，少年人如侠。老年人如字典，少年人如戏文。老年人如鸦片烟，

---

① 梁启超．饮冰室合集．北京：中华书局，1989．

② 欧西：指欧美西方国家。

③ 恶（wū）：叹词，表不满。《孟子·公孙丑上》："然则夫子既圣矣乎？曰：恶！是何言也？"赵岐注："恶者，不安事之叹辞也。"

④ 苟且：敷衍了事，得过且过。

少年人如泼兰地酒①。老年人如别行星之陨石，少年人如大洋海之珊瑚岛。老年人如埃及沙漠之金字塔，少年人如西伯利亚之铁路。老年人如秋后之柳，少年人如春前之草。老年人如死海之潴为泽②，少年人如长江之初发源。此老年人与少年人性格不同之大略也③。梁启超曰：人固有之，国亦宜然。

梁启超曰：伤哉，老大也！浔阳江头琵琶妇④，当明月绕船，枫叶瑟瑟，衾寒于铁，似梦非梦之时，追想洛阳尘中春花秋月之佳趣。西宫南内，白发宫娥，一灯如穗，三五对坐，谈开元、天宝间遗事⑤，谱《霓裳羽衣曲》⑥。青门种瓜人⑦，左对孺人⑧，顾弄孺子，忆侯门似海珠履杂遝⑨之盛事。拿破仑之流于厄蔑⑩，阿剌飞之幽于锡兰⑪，与三两监守吏，或过访之好事者，道当年短刀匹马驰骋中原，席卷欧洲，血战海楼，一声叱咤，万国震恐之丰功伟烈，初而拍案，继而抚髀⑫，终而揽镜。呜呼，面皱齿尽，白发盈把，颓然老矣！若是者，舍幽郁之外无心事，舍悲惨之外无天地；舍颓唐之外无日月，舍叹息之外无音声；舍待死之外无事业。美人豪杰且然，而况寻常碌碌者耶？生平亲友，皆在墟墓；起居饮食，待命于人。今日且过，遑知他日⑬？今年且过，遑恤明年？普天下灰心短气之事，未有甚于老大者。于此人也，而欲望以擎云之手段⑭，回天之事功，挟山超海之意气⑮，能乎不能？

呜呼！我中国其果老大矣乎？立乎今日以指畴昔，唐虞三代，若何之郅治⑯；秦皇汉武，若何之雄杰；汉唐来之文学，若何之隆盛；康乾间之武功，若何之炬赫。历史家所铺叙，词章家所讴歌，何一非我国民少年时代良辰美景、赏心乐事之陈迹哉！而今颓然老矣！昨日割五城，明日割十城，处处雀鼠尽，夜夜鸡犬惊。十八省之土地财

---

① 泼兰地：今翻译为白兰地。

② 潴（zhū）：水停聚处。

③ 此段通过对比，意在用老人之"旧"反衬少年之"新"。

④ 琵琶妇：用白居易《琵琶行》典故。

⑤ 此句用元稹《行宫》"白头宫女在，闲坐说玄宗"诗意。

⑥ 《霓裳羽衣曲》：本名《婆罗门》，源出印度，开元中传入中国。传说李隆基梦游月宫，听诸仙奏曲，默记其调，醒后令乐工谱成。

⑦ 青门种瓜人：指召平。秦末封为东陵侯，秦亡后，在长安东门外种瓜为生。

⑧ 孺人：旧时对妻的通称。

⑨ 杂遝（tà）：即杂沓，纷杂繁多貌。

⑩ 厄蔑：即厄尔巴岛。1814年反法联军攻破巴黎，拿破仑被流放于厄尔巴岛。

⑪ 阿剌飞：埃及民族解放运动领袖阿拉比，曾率众推翻英、法殖民统治。1882年，英国侵略军进攻埃及，阿拉比领导军队抗击，战败后被流放于锡兰。

⑫ 髀（bì）：大腿。表示英雄迟暮之感。《三国志》裴松之注引《九州春秋》："备住荆州数年，尝于（刘）表坐起至厕，见髀里肉生，慨然流涕。还坐，表怪问备，备曰：'吾常身不离鞍，髀肉皆消；今不复骑，髀里肉生。日月若驰，老至矣，而功业不建，是以悲耳！'"

⑬ 遑：何暇，怎能。常用于反问句。

⑭ 擎云：擎同拿，持也。李贺《致酒行》有"少年心事当擎云"之句。

⑮ 挟山超海：夹着泰山跨越北海。喻不可能做到的事。《孟子·梁惠王上》："挟泰山以超北海。"

⑯ 郅治：大治。

产①，已为人怀中之肉；四百兆之父兄子弟，已为人注籍之奴②，岂所谓"老大嫁作商人妇"者耶？呜呼！凭君莫话当年事，憔悴韶光不忍看！楚囚相对③，岌岌顾影，人命危浅，朝不虑夕。国为待死之国，一国之民为待死之民。万事付之奈何，一切凭人作弄，亦何足怪！

梁启超曰：我中国其果老大矣乎？是今日全地球之一大问题也。如其老大也，则是中国为过去之国，即地球上昔本有此国，而今渐渐灭，他日之命运殆将尽也。如其非老大也，则是中国为未来之国，即地球上昔未现此国，而今渐发达，他日之前程且方长也。欲断今日之中国为老大耶，为少年耶，则不可不先明"国"字之意义。夫国也者，何物也？有土地，有人民，以居于其土地之人民，而治其所居之土地之事，自制法律而自守之；有主权，有服从，人人皆主权者，人人皆服从者。夫如是，斯谓之完全成立之国。地球上之有完全成立之国也，自百年以来也。完全成立者，壮年之事也。未能完全成立而渐进于完全成立者，少年之事也。故吾得一言以断之曰：欧洲列邦在今日为壮年国，而我中国在今日为少年国。

夫古昔之中国者，虽有国之名，而未成国之形也。或为家族之国，或为酋长之国，或为诸侯封建之国，或为一王专制之国。虽种类不一，要之，其于国家之体质也，有其一部而缺其一部。正如婴儿自胚胎以迄成童，其身体之一二官支④，先行长成，此外则全体虽粗具，然未能得其用也。故唐虞以前为胚胎时代，殷周之际为乳哺时代，由孔子而来至于今为童子时代，逐渐发达，而今乃始将入成童以上少年之界焉。其长成所以若是之迟者，则历代之民贼有窒其生机者也。譬犹童年多病，转类老态，或且疑其死期之将至焉，而不知皆由未完全未成立也。非过去之谓，而未来之谓也。

且我中国畴昔，岂尝有国家哉？不过有朝廷耳！我黄帝子孙，聚族而居，立于此地球之上者既数千年，而问其国之为何名，则无有也。夫所谓唐、虞、夏、商、周、秦、汉、魏、晋、宋、齐、梁、陈、隋、唐、宋、元、明、清者，则皆朝名耳。朝也者，一家之私产也。国也者，人民之公产也。朝有朝之老少，国有国之老少。朝与国既异物，则不能以朝之老少而指为国之老少明矣。文、武、成、康，周朝之少年时代也。幽、厉、桓、赧⑤，则其老年时代也。高、文、景、武，汉朝之少年时代也。元、平、桓、灵，则其老年时代也。自余历朝，莫不有之。凡此者谓为一朝廷之老也则可，谓为一国之老也则不可。一朝廷之老且死，犹一人之老且死也，于吾所谓中国者何与焉。然则，吾中国者，前此尚未出现于世界，而今乃始萌芽云尔。天地大矣，前途辽矣。美哉我少年中国乎！

---

① 十八省：清初全国共分为十八个省，此代指中国。

② 注籍：指登记入册。

③ 楚囚相对：形容人们遭遇国难或其他变故，相对无策，徒然悲伤。典出南朝宋刘义庆《世说新语·言语》。

④ 支："肢"的古字。

⑤ 赧（nǎn）：周赧王。文、武、成、康，周初之明君；幽、厉、桓、赧，西周、东周衰弱时的君王。

　　玛志尼①者，意大利三杰之魁也。以国事被罪，逃窜异邦。乃创立一会，名曰"少年意大利"。举国志士，云涌雾集以应之。卒乃光复旧物，使意大利为欧洲之一雄邦。夫意大利者，欧洲第一之老大国也。自罗马亡后，土地隶于教皇，政权归于奥国，殆所谓老而濒于死者矣。而得一玛志尼，且能举全国而少年之，况我中国之实为少年时代者耶！堂堂四百余州之国土，凛凛四百余兆之国民，岂遂无一玛志尼其人者！

　　龚自珍氏之集有诗一章，题曰《能令公少年行》。吾尝爱读之，而有味乎其用意之所存。我国民而自谓其国之老大也，斯果老大矣；我国民而自知其国之少年也，斯乃少年矣。西谚有之曰："有三岁之翁，有百岁之童。"然则，国之老少，又无定形，而实随国民之心力以为消长者也。吾见乎玛志尼之能令国少年也，吾又见乎我国之官吏士民能令国老大也。吾为此惧！夫以如此壮丽浓郁翩翩绝世之少年中国，而使欧西日本人谓我为老大者，何也？则以握国权者皆老朽之人也。非哦几十年八股，非写几十年白折②，非当几十年差，非捱几十年俸，非递几十年手本③，非唱几十年喏④，非磕几十年头，非请几十年安，则必不能得一官、进一职。其内任卿贰以上，外任监司以上者⑤，百人之中，其五官不备者⑥，殆九十六七人也。非眼盲则耳聋，非手颤则足跛，否则半身不遂也。彼其一身饮食步履视听言语，尚且不能自了，须三四人在左右扶之捉之，乃能度日，于此而乃欲责之以国事，是何异立无数木偶而使之治天下也！且彼辈者，自其少壮之时既已不知亚细亚、欧罗巴为何处地方，汉祖唐宗是那朝皇帝，犹嫌其顽钝腐败之未臻其极，又必搓磨之，陶冶之，待其脑髓已涸，血管已塞，气息奄奄，与鬼为邻之时，然后将我二万里山河，四万万人命，一举而畀于其手⑦。呜呼！老大帝国，诚哉其老大也！而彼辈者，积其数十年之八股、白折、当差、捱俸、手本、唱诺、磕头、请安，千辛万苦，千苦万辛，乃始得此红顶花翎之服色⑧，中堂大人之名号，乃出其全副精神，竭其毕生力量，以保持之。如彼乞儿拾金一锭，虽轰雷盘旋其顶上，而两手犹紧抱其荷包，他事非所顾也，非所知也，非所闻也。于此而告之以亡国也，瓜分也，彼乌从而听之⑨，乌从而信之！即使果亡矣，果分矣，而吾今年七十矣，八十矣，但求其

　　① 玛志尼：意大利爱国者，创立少年意大利党，发动和组织资产阶级革命，完成意大利的独立统一事业。他与加里波第、加富尔并称"意大利建国三杰"。

　　② 白折：清代科举应试的试卷之一。殿试取中进士后，还要进行朝考，以分别授予官职。朝考用白折，即用工整的楷书写在白纸制的折子上。

　　③ 手本：明清时见上司、座师或贵官所用的名帖。

　　④ 唱……喏（rě）：唱喏，又写作唱诺。古代男子所行之礼，叉手行礼，同时出声致敬。

　　⑤ 卿贰：次于卿相的朝中大官。监司：负有监察之责的官吏，清代通称各省布政使、按察使及各道道员为监司。

　　⑥ 五官不备：指五官功能不全。

　　⑦ 畀：交付。

　　⑧ 红顶花翎：借指高官。清朝一品官用红宝石顶珠。又以孔雀羽制成拖在帽后表示官品的帽饰，本来由皇帝赐给建有功勋的人或贵族，后来五品以上的官就可以出钱捐花翎戴。花翎有单眼、双眼、三眼之别，以三眼花翎为最贵。

　　⑨ 乌：何，哪里。

一两年内，洋人不来，强盗不起，我已快活过了一世矣！若不得已，则割三头两省之土地奉申贺敬①，以换我几个衙门；卖三几百万之人民作仆为奴，以赎我一条老命，有何不可？有何难办？呜呼！今之所谓老后、老臣、老将、老吏者，其修身齐家治国平天下之手段，皆具于是矣。西风一夜催人老，凋尽朱颜白尽头。使走无常当医生②，携催命符以祝寿，嗟乎痛哉！以此为国，是安得不老且死，且吾恐其未及岁而殇也。

梁启超曰：造成今日之老大中国者，则中国老朽之冤业也。制出将来之少年中国者，则中国少年之责任也。彼老朽者何足道，彼与此世界作别之日不远矣，而我少年乃新来而与世界为缘。如僦屋者然③，彼明日将迁居他方，而我今日始入此室处。将迁居者，不爱护其窗枨，不洁治其庭庑④，俗人恒情，亦何足怪！若我少年者，前程浩浩，后顾茫茫。中国而为牛为马为奴为隶，则烹脔鞭棰之惨酷，惟我少年当之。中国如称霸宇内，主盟地球，则指挥顾盼之尊荣，惟我少年享之。于彼气息奄奄与鬼为邻者何与焉？彼而漠然置之，犹可言也。我而漠然置之，不可言也。使举国之少年而果为少年也，则吾中国为未来之国，其进步未可量也。使举国之少年而亦为老大也，则吾中国为过去之国，其澌亡可翘足而待也。故今日之责任，不在他人，而全在我少年。少年智则国智，少年富则国富；少年强则国强，少年独立则国独立；少年自由则国自由，少年进步则国进步；少年胜于欧洲则国胜于欧洲，少年雄于地球则国雄于地球。红日初升，其道大光⑤。河出伏流，一泻汪洋。潜龙腾渊，鳞爪飞扬。乳虎啸谷，百兽震惶。鹰隼试翼，风尘吸张。奇花初胎，矞矞皇皇⑥。干将发硎⑦，有作其芒。天戴其苍，地履其黄。纵有千古，横有八荒。前途似海，来日方长。美哉我少年中国，与天不老！壮哉我中国少年，与国无疆！

作者简介

梁启超（1873—1929），字卓如，号任公，又号饮冰室主人、饮冰子、哀时客、中国之新民、自由斋主人等，广东新会人。中国近代维新派代表人物，戊戌变法（百日维新）领袖之一。著名政治活动家、启蒙思想家、教育家、史学家和文学家。曾倡导文体改良的"诗界革命"和"小说界革命"，其著作合编为《饮冰室合集》。

---

① 三头两省：三两个省。
② 走无常：旧时迷信，谓活人到阴间当差，事讫放还。
③ 僦（jiù）：租赁。
④ 庑（wǔ）：堂下周围的走廊、廊屋。
⑤ 其道大光：见于《周易·益》，指发扬光大。
⑥ 矞矞皇皇：见于《太玄经·交》，繁荣昌盛之意。
⑦ 干将发硎：干将，古剑名。相传春秋吴有干将、莫邪夫妇善铸剑，为阖闾铸阴阳剑，阳曰"干将"，阴曰"莫邪"。发硎，指刀新从磨刀石上磨出来。

知识链接

1. 徐志摩评价梁启超：

他在现代中国史上带来了一个新时代，他以个人的力量掀起了一个政治彻底的思想革命，而就是因着这项伟绩，以后接着来的革命才能马到成功，所以他在现代中国的地位是无与伦比的。（胡文辉．现代学林点将录．广州：广东人民出版社，2010.）

2. 梁启超致子女函：

我是个学问趣味方面极多的人，我之所以不能专积有成者在此，然而我的生活内容异常丰富，能够永久保持不厌不倦的精神，亦未始不在此。我每历若干时候，趣味转过新方面，便觉得像换个新生命，如朝旭升天，如新荷出水，我自觉这种生活是极可爱的，极有价值的。我虽不愿你们学我那泛滥无归的短处，但最少也想你们参采我那烂漫向荣的长处。（于文江，赵丰田．梁启超年谱长编．上海：上海人民出版社，1983.）

延伸阅读

1. 吴楚材，吴调侯．古文观止：上、下．北京：中华书局，1959.

2. 刘勰，著；范文澜，注．文心雕龙注．北京：人民文学出版社，1958.

3. 林纾．韩柳文研究法．太原：山西人民出版社，2014.

第九讲　古代戏曲

概述

一、中国古代戏曲的发展历程

戏曲是极富中国特色的戏剧艺术，它起源虽早，但发展极缓。以宋代为界，中国戏曲经历了原始社会的百兽率舞、先秦的优孟衣冠、秦汉的百戏杂陈、魏晋南北朝的歌舞小戏和隋唐五代的参军戏等几个发展阶段，以宋金杂剧和南戏的形成为标志，才最终发育成熟。

同西方戏剧一样，中国戏曲也孕育并诞生于原始时代的祭祀歌舞之中。随着时代的演进，从全民性的原始歌舞中逐渐分化出能歌善舞的专门人才，其中女性为巫，男性称觋。他们主持祭祀，长袖善舞，上达人之祈愿，下传神之意旨，享有特殊地位。同时，他们也是人类最早的职业表演者。

大概在周代，出现了由贵族豢养起来的表演者"优"。优有倡优和俳优之分，前者以歌舞表演为主，后者则以幽默表演为主。优的出现，象征着戏剧文化从为神服务向为人服务的转变，具有很大的进步意义。先秦的优孟、优施和秦代的优旃，都是有据可查的著名俳优，他们巧舌如簧、机敏诙谐、精于模仿、长于讽谏，其表演为后世戏曲的念白艺术奠定了基础。其中，优孟衣冠的故事尤为后世称道，有的研究者还将其看作中国戏曲史上最早的剧目。

秦汉以降，伴随着大一统的中央集权国家的建立，经济发达，国力昌盛，表演艺术也因此空前繁荣。原先散落于各地的民间歌舞、技艺等表演艺术，得以互相交流、补充乃至整合，出现了熔歌舞表演、杂技表演和竞技表演于一炉的大型综合性艺术——百戏，为多元综合的戏曲艺术最终形成创造了不可多得的条件。张衡《西京赋》中记载当时的百戏节目《总会仙倡》，其中有歌有舞，有模拟表演，还有舞台美术，表演的表现力和感染力都得到了增强。而汉代最为著名的角抵戏《东海黄公》，已经有了基本成形的情节和相对完整的因果关系，有了装扮表演、角色性格和戏剧"假定性"

意识的萌发，初具戏剧雏形。

魏晋南北朝时期，社会动荡，民族大迁徙、大融合成为时代主题。此期，出现了三个在戏剧史上颇具影响力的剧目：《大面》《拨头》和《踏谣娘》。《大面》主要表现兰陵王作战时的飒爽英姿，剧中出现了为刻画人物性格服务的面具，强化了戏剧表演"代言体"的本体特征，也为后世戏曲脸谱的产生奠定了基础。而《拨头》的题旨，是对人类亲情和生命的礼赞，作品通过歌唱和虚拟表演来叙事抒情，通过服饰造型和舞蹈动作来刻画人物性格，传达出感人至深的天伦之情和令人血脉偾张的复仇之快。《踏谣娘》敷衍北齐士子苏郎中酒醉殴妻事，该剧开始对人物性格进行"预设"，已初现戏曲塑造人物的萌芽，并且男扮女装的装扮表演，增加了强烈的戏谑色彩，也成为后世戏曲"反串"的发端。

隋统一天下后，由于政治相对稳定，加上统治者的提倡，戏曲等表演艺术获得良好的发展空间。隋炀帝时定"九部乐"，对后来戏曲音乐的制定产生重要影响。唐代最有价值的戏剧类型是参军戏，这是优人之戏的变体。参军戏通常有两个角色：一名"参军"，一名"苍鹘"，二人在规定情境之中，彼此问答或者即兴表演。参军是被戏弄、嘲弄的一方，对之进行嘲弄的一方是苍鹘。值得注意的是，参军、苍鹘这两个角色的类型规定，正是中国戏剧角色行当划分的初始状态。后世"净"和"丑"两个行当，就是由此演化而来的。中唐以后，女艺人开始参与参军戏演出，其表演也趋于科白、音乐、舞蹈三者合一。

宋金时期相继产生了宋杂剧、金院本和南戏等戏剧类型。宋杂剧是在唐代参军戏的基础上广泛吸收其他表演技艺而形成的戏剧样式。在演出形式上，宋杂剧一般由"艳段""正杂剧"和"散段"三部分构成。在角色体制上，宋杂剧包括末泥、引戏、副净、副末、装孤五个基本行当。金院本脱胎自宋杂剧，其表演方式、角色体制与宋杂剧并无二致。它和宋杂剧一起，为戏曲的成熟进行最后的准备。

南宋时的温州是当时最大的商业城市之一，各种民间艺术汇聚于此。受到宋杂剧演剧体制的启发，在吸收诸宫调、唱赚等说唱艺术养分的基础上，一种成熟的戏曲形式"永嘉杂剧"应运而生。由于永嘉杂剧主要用南曲演唱，后人称其为"南曲戏文"，简称"南戏"。作于南宋中期的《张协状元》为中国现存最早的戏剧剧本。作品叙述了"状元负心"的故事，为后世婚恋题材的戏曲定下"痴情女子负心汉"的基本故事格局。同时，它所开创的"大团圆"的结局模式，也成为中国戏曲结构样式的主流。南戏吸收了宋杂剧角色行当之长，又有新的发展，建立了以生、旦为主体的生、旦、净、末、丑、外、贴七种角色的行当体制。

元代杂剧代表着元代文学的最高成就，也昭示着中国戏曲黄金时代的到来。元杂剧是在金院本的基础上采用诸宫调等音乐形式，融合各种表演艺术的特点，广泛地吸收了宋词、大曲及各民族民间歌曲等艺术成分而形成的全新的戏剧样式。在结构和表演体制上，元杂剧形成了"四折一楔子"和"一人主唱"的特点。元杂剧的兴盛，一方面表现在剧本创作的繁荣上。关汉卿的《窦娥冤》《救风尘》《单刀会》，王实甫的《西厢记》，马致远的《汉宫秋》，白朴的《梧桐雨》《墙头马上》，郑光祖的《倩女离魂》，纪君祥的《赵氏孤儿》，康进之的《李逵负荆》都堪称元杂剧中的一流作品，流传至今，影响深远。另一方面，在元代南方戏剧文化圈里，南戏继续流行，与元杂剧双峰并峙，相映生辉。《荆钗记》《刘知远白兔记》《拜月亭记》《杀狗记》等，被后人称为"四大南戏"，在后世盛演不衰。元末高明在宋南戏《赵贞女》基础上改编而成的《琵琶记》，"用清丽之词，一洗作者之陋，于是村坊小伎，进与古法部相参，卓乎不可及已"（徐渭《南词叙录》），极大地提升了南戏的文学性和艺术性，代表着元南戏艺术的最高成就。

明代戏剧承上启下，自成一格。杂剧创作在内容和技巧上都有创新，出现了杨慎、徐渭、汪道昆、王衡、陈与郊、许潮等重要作家。其中最负盛名的当数徐渭，其代表作《四声猿》包括《狂鼓史》《玉禅师》《雌木兰》《女状元》四种，或对黑暗政权进行猛烈抨击，或对虚伪神权进行尽情嘲弄，或对女性才华进行讴歌赞美，或对人才遭埋没惋惜哀叹，洋溢着徐渭狂傲的叛逆精神。另外，由宋元南戏发展而来的明传奇，也迅速发展，日趋完善。伴随着弋阳腔、海盐腔、余姚腔和昆山腔等南戏四大声腔的广泛流传，传奇影响日益扩大，到明代中叶，取代杂剧成为明代戏剧的主流样式。李开先的《宝剑记》、梁辰鱼的《浣纱记》和无名氏的《鸣凤记》，并称为明中叶三大传奇，它们的问世标志着传奇创作繁荣时期的到来。汤显祖及其"临川四梦"，则把传奇创作推上了高峰。尤其是爱情剧《牡丹亭》，更以奇幻的情节、深刻的意蕴、优美的曲词和浓烈的情感，成为中国戏曲史上充满浪漫主义光辉的杰作。

清代戏曲的代表作品是洪昇的《长生殿》和孔尚任的《桃花扇》。《长生殿》颂扬了李隆基和杨玉环生死不渝的爱情，也客观描绘了当时的社会矛盾，富于抒情色彩和进步意义。《桃花扇》借侯方域与李香君的爱情悲欢来描写南明王朝的兴亡历史，结构精巧，情节动人，实现了艺术真实和历史真实的高度统一。清代乾隆年间，以京腔、秦腔、弋腔、梆子腔、二黄调等为代表的"花部"诸腔戏兴起，逐渐取代了被称为"雅部"的昆山腔的曲坛霸主地位，为京剧和近代地方戏的发展奠定了基础，中国的戏曲艺术也由此走进了更加绚丽多姿的崭新时代。

二、中国古代戏曲的审美特征

与西方戏剧相比，中国戏曲艺术的审美特征主要体现在以下三个方面。

第一，综合性。西方戏剧的起点是古希腊戏剧，它也是诗、乐、舞合一的综合性艺术。但在文艺复兴之后，西方戏剧逐渐分化为以文学为主的话剧、以音乐为主的歌剧和以舞蹈为主的芭蕾舞剧三支，三种戏剧类型各有侧重，各自发展，戏剧的综合性特征日益弱化。而中国戏曲在漫长的发展过程中，不断受到各类艺术样式的影响，最终把曲词、音乐、舞蹈、表演、美术、杂技甚至武术等艺术手段熔铸为一，成为各要素密不可分、和谐统一的综合性艺术。

第二，写意性。与西方话剧写实的风格不同，中国古典戏曲在艺术表现上更多采用写意的手法。如同中国画艺术一样，只用寥寥几笔线条，就勾勒出无限广阔的空间。中国戏曲的演出，常借助角色的唱词和动作，配以简单的道具，无中生有，虚中见实，把舞台有限的时空幻化成自由流动的时空，赋予演员极大的表演自由。一根马鞭在演员的手中来回挥动，就能将骑马的各种动作传神地表现出来。当然，这种写意的表现手法，还需要观众高度的配合，他们只有依靠丰富的想象力，才能领略中国戏曲神韵悠然的写意之美。戏曲的唱词同样具有写意的特征，好的唱词其实就是优美的诗词，拥有诗歌的抒情性特征，为戏曲演出营造了浓浓的诗意。

第三，程式化。程式是按照一定的程序和规范组成的某种固定的格式。全面程式化是中国戏曲的重要艺术特征。中国戏曲声腔要有曲牌或者板式，化妆要有定型的脸谱，服装要有穿戴关目，写作要严格遵照用韵、格律和宫调等方面的要求遣词造句，表演要有包含固定意义的定型的形体动作，这就是所谓的"程式化体系"。戏曲的程式化是对生活形态的一种提炼和美化，它构成了中国戏曲卓尔不群的独特个性。

西厢记·闹简①

王实甫

文本导读

　　王实甫《西厢记》是元杂剧中传诵最广、舞台艺术最为成熟的作品。它文辞优美、情景交融，人物刻画生动饱满，且第一次鲜明大胆地提出了以爱情为基础的婚姻观宣言（"愿天下有情的都成了眷属"）。元末明初贾仲明环顾剧坛云："新杂剧，旧传奇，《西厢记》天下夺魁。"明代王世贞称其为北曲"压卷之作"，充分肯定了《西厢记》在文学史上的地位。作品体制宏伟，共有5本21折，情节围绕相国小姐崔莺莺与书生张生（张君瑞）的爱情故事展开，分别讲述了角色邂逅倾心、退兵许婚、遭遇赖婚、酬简私会、定婚离别、衣锦还乡的过程。本文节选自第三本"张君瑞害相思"，接续"赖婚"情节。在老夫人赖婚后，红娘对崔、张爱情的态度由阻碍变为同情，而剧情刻画重点也从崔、张与封建家长的外部矛盾，转为崔、张、红三个年轻人内部性格矛盾导致的相互推拉试探。该过程围绕"简"字展开：由寄简、闹简、赖简、酬简构成。

　　第三本第二折主要写莺莺闹简。就莺莺来说，虽向往爱情，但上有封建礼教的束缚，近有对红娘"行监坐守"身份的忌惮，内有少女矜持的本能，因而内心复杂万分，行为真真假假反复无常，生出许多"假意儿"。一个"闹"字，把贵族少女崔莺莺的恋爱心理和性格特征言说得淋漓尽致。红娘虽已决心帮助小姐，但也因小姐的反复无常而摸不准对方心意，担心"消息儿踏着泛"，被小姐反告夫人，因此不得不察言观色，且劝且激，步步为营。张生则在莺莺的"闹"中，时喜时悲，为爱更加疯魔，憨态百出，营造出许多喜剧效果。三个主要角色各自的性格在对话中互相激荡体现：张生的痴情憨傻与红娘的伶俐机警彼此衬托，而红娘的伶俐机警又与莺莺的含蓄委婉互相映照，正如金圣叹评言："《西厢记》只为要写此一人（莺莺），便不得不又写一个人……若使不写红娘，却如何写双文（莺莺)?"足见《西厢记》烘云托月写法之精妙、塑造人物功力之深厚。

---

　　① 王实甫，著；王季思，校注．西厢记．上海：上海古籍出版社，1978.

（旦上云）红娘伏侍老夫人不得空便，偌早晚敢待来也①。起得早了些儿，困思上来，我再睡些儿咱。（睡科）

（红上云）奉小姐言语去看张生，因伏侍老夫人，未曾回小姐话去。不听得声音，敢又睡哩，我入去看一遭。

【中吕】【粉蝶儿】风静帘闲，透纱窗麝兰香散，启朱扉摇响双环。绛台高②，金荷小③，银釭犹灿④。比及将暖帐轻弹⑤，先揭起这梅红罗软帘偷看⑥。

【醉春风】只见他钗軃玉斜横⑦，鬓偏云乱挽。日高犹自不明眸⑧，畅好是懒⑨、懒。（旦做起身长叹科）（红唱）半晌抬身，几回搔耳，一声长叹。

我待便将简帖儿与他⑩，恐俺小姐有许多假处哩。我只将这简帖儿放在妆盒儿上，看他见了说甚么。（旦做照镜科，见帖看科）（红唱）

【普天乐】晚妆残，乌云軃，轻匀了粉脸，乱挽起云鬟。将简帖儿拈，把妆盒儿按，开拆封皮孜孜看⑪，颠来倒去不害心烦。（旦怒叫）红娘！（红做意云）呀，决撒了也⑫！厌的早挖皱了黛眉⑬。（旦云）小贱人，不来怎么！（红唱）忽的波低垂了粉颈，氲的呵改变了朱颜⑭。

（旦云）小贱人，这东西那里将来的？我是相国的小姐，谁敢将这简帖来戏弄我，我几曾惯看这等东西？告过夫人，打下你个小贱人下截来。（红云）小姐使将我去，他着我将来。我不识字，知他写着甚么？

【快活三】分明是你过犯，没来由把我摧残；使别人颠倒恶心烦⑮，你不惯，谁曾惯？

姐姐休闹，比及你对夫人说呵，我将这简帖儿去夫人行出首去来。（旦做揪住科）我逗你要来。（红云）放手，看打下下截来。（旦云）张生两日如何？（红云）我只不说。（旦云）好姐姐，你说与我听咱！（红唱）

【朝天子】张生近间、面颜，瘦得来实难看。不思量茶饭，怕待动弹；晓夜将佳期

---

① 偌早晚：这时候。偌，这。
② 绛台：红色的烛台。
③ 金荷：烛台上承接烛泪的铜盘。
④ 银釭（gāng）：银白色的灯盏、烛台。
⑤ 比及：元代常用词语，等到之意。
⑥ 梅红罗：紫红色的绫罗。
⑦ 钗軃（duǒ）玉斜横：指头上的玉钗斜坠下来。軃，下垂。
⑧ 不明眸：不肯睁开眼睛。
⑨ 畅好是：真是，正是。
⑩ 简帖儿：书信。
⑪ 孜孜看：专心注视的样子。
⑫ 决撒：败露，坏事。
⑬ 厌的：猛地，突然。挖（gē）皱：指皱眉。
⑭ 氲的：指因嗔怒而脸上起了红晕。
⑮ 恶心烦：懊恼。

盼，废寝忘餐。黄昏清旦，望东墙淹泪眼。（旦云）请个好太医看他证候咱①。（红云）他证候吃药不济。病患、要安，只除是出几点风流汗。

（旦云）红娘，不看你面时，我将与老夫人看，看他有何面目见夫人？虽然我家亏他，只是兄妹之情，焉有外事？红娘，早是你口稳哩！若别人知呵，甚么模样。（红云）你哄着谁哩，你把这个饿鬼弄得他七死八活，却要怎么？

【四边静】怕人家调犯②，"早共晚夫人见些破绽，你我何安"。问甚么他遭危难？撧断、得上竿，掇了梯儿看③。

（旦云）将描笔儿过来④，我写将去回他，着他下次休是这般。（旦做写科）（起身科云）红娘，你将去说：小姐看望先生，相待兄妹之礼如此，非有他意。再一遭儿是这般呵，必告夫人知道，和你个小贱人都有说话。（旦掷书下）（红唱）

【脱布衫】小孩儿家口没遮拦，一味的将言语摧残。把似你使性子⑤，休思量秀才，做多少好人家风范。（红做拾书科）

【小梁州】他为你梦里成双觉后单，废寝忘餐。罗衣不奈五更寒⑥，愁无限，寂寞泪阑干⑦。

【幺篇】似这等辰勾空把佳期盼⑧，我将这角门儿世不曾牢拴⑨，只愿你做夫妻无危难。我向这筵席头上整扮⑩，做一个缝了口的撮合山⑪。

（红云）我若不去来，道我违拗他，那生又等我回报，我须索走一遭。（下）（末上云）那书请红娘将去，未见回话。我这封书去，必定成事，这早晚敢待来也。（红上）须索回张生话去。小姐，你性儿太惯得娇了；有前日的心，那得今日的心来？

【石榴花】当日个晚妆楼上杏花残，犹自怯衣单，那一片听琴心清露月明间。昨日个向晚，不怕春寒，几乎险被先生馔⑫，那其间岂不胡颜⑬。为一个不酸不醋风魔汉，隔墙儿险化做了望夫山⑭。

---

① 证候：即"症候"。

② 调犯：嘲讽，讥刺，说闲话。

③ 撧断：同"撧掇"，怂恿之意。掇：拾取，用手拿、端，这里有取、搬的意思。

④ 描笔儿：古代女子描花之笔。

⑤ 把似：与其。

⑥ 罗衣不奈五更寒：罗衣，指轻软丝织品制成的衣服。奈，同"耐"。

⑦ 泪阑干：眼泪纵横的样子。

⑧ 辰勾：即水星，因与太阳的角距不超过28度，所以平时不容易见到，古人常以之喻难遇之事。此处喻佳期受到阻隔，难以期盼。

⑨ 世：长时间。

⑩ 整扮：元代勾栏习语，指搬演杂剧时妆扮特为整齐者。

⑪ 撮合山：指媒人。

⑫ 先生馔：《论语·为政》："有酒食，先生馔。"原义指学生应取酒食奉养老师，元剧中多借作调侃，此处指险被张生吃掉。

⑬ 胡颜：羞愧无颜之意。

⑭ 望夫山：民间传说女子因思念丈夫，登山而望，化为山石。

【斗鹌鹑】你用心儿拨雨撩云①，我好意儿传书寄简。不肯搜自己狂为②，只待要觅别人破绽。受艾焙权时忍这番③。畅好是奸。"张生是兄妹之礼，焉敢如此！"对人前巧语花言；——没人处便想张生，——背地里愁眉泪眼。

王叔晖工笔画《西厢记·传简》

（红见末科）（末云）小娘子来了。擎天柱，大事如何了也？（红云）不济事了，先生休傻。（末云）小生简帖儿是一道会亲的符箓④，则是小娘子不用心，故意如此。（红云）我不用心？有天理，你那简帖儿好听！

【上小楼】这的是先生命悭、须不是红娘违慢。那简帖儿倒做了你的招状，他的勾头⑤、我的公案。若不是觑面颜，厮顾盼⑥，担饶轻慢⑦；先生受罪，礼之当然。贱妾何辜？争些儿把你娘拖犯⑧。

【幺篇】从今后相会少，见面难。月暗西厢，凤去秦楼⑨，云敛巫山⑩。你也赸⑪，我也赸；请先生休讪⑫，早寻个酒阑人散。

（红云）只此再不必申诉足下肺腑，怕夫人寻，我回去也。（末云）小娘子此一遭

---

① 拨雨撩云：指挑动情思。

② 搜：检查。

③ 艾焙：以艾草熏灼患处，这里比喻吃苦头。

④ 符箓：符咒，道教中图符和秘文的合称，据传有召神劾鬼、降妖镇魔、治病除灾之功。

⑤ 勾头：拘捕罪犯的勾头文书。

⑥ 厮顾盼：相眷顾。

⑦ 担饶：饶恕。

⑧ 争些儿：险些。你娘：红娘自指。拖犯：拖累。此句是红娘责怪张生险些连累了她。

⑨ 凤去秦楼：汉刘向《列仙传·萧史》载，秦穆公女儿弄玉嫁与萧史，萧史教其吹箫作凤鸣，引凤来集，夫妇乘之仙去。借指情人离开原先的居处。

⑩ 云敛巫山：古代传说，楚襄王曾游高唐，梦与巫山神女交欢，神女临去告之："妾在巫山之阳，高丘之阻。旦为朝云，暮为行雨，朝朝暮暮，阳台之下。"后人多以此指男女幽会合欢。此处谓情人离去。

⑪ 赸（shàn）：走开。

⑫ 讪：怨谤。亦解作"讪脸"，厚颜之意。

去，再着谁与小生分剖？必索做一个道理，方可救得小生一命。（末跪下揪住红科）（红云）张先生是读书人，岂不知此意，其事可知矣。

【满庭芳】你休要呆里撒奸①；你待要恩情美满，却教我骨肉摧残。老夫人手执着棍儿摩娑看，粗麻线怎透得针关？直待我挂着拐帮闲钻懒，缝合唇送暖偷寒②。待去呵，小姐性儿撮盐入火③，消息儿踏着泛④；待不去呵，（末跪哭云）小生这一个性命，都在小娘子身上。（红唱）禁不得你甜话儿热趱⑤：好着我两下里做人难。

我没来由分说；小姐回与你的书，你自看者。（末接科，开读科）呀！有这场喜事！撮土焚香，三拜礼毕。早知小姐简至，理合远接，接待不及，勿令见罪！小娘子，和你也欢喜。（红云）怎么？（末云）小姐骂我都是假，书中之意，着我今夜花园里来，和他"哩也波哩也啰"哩⑥。（红云）你读书我听。（末云）"待月西厢下，迎风户半开。隔墙花影动，疑是玉人来。"（红云）怎见得他着你来？你解与我听咱。（末云）"待月西厢下"，着我月上来；"迎风户半开"，他开门待我；"隔墙花影动，疑是玉人来"，着我跳过墙来。（红笑云）他着你跳过墙来，你做下来？端的有此说么？（末云）俺是个猜诗谜的社家⑦，风流隋何，浪子陆贾⑧，我那里有差的勾当。（红云）你看我姐姐，在我行也使这般道儿⑨。

【耍孩儿】几曾见寄书的颠倒瞒着鱼雁⑩，小则小心肠儿转关⑪。写着道西厢待月等得更阑，着你跳东墙"女"字边"干"⑫。原来那诗句儿里包笼着三更枣⑬，简帖儿里埋伏着九里山⑭。他着紧处将人慢，您会云雨闹中取静，我寄音书忙里偷闲。

【四煞】纸光明玉板⑮，字香喷麝兰，行儿边湮透非春汗？一缄情泪红犹湿，满纸

---

① 呆里撒奸：外作痴呆，内怀奸诈。

② 直待我：简直要我。帮闲钻懒：逢迎凑趣、帮衬。此二句是红娘抱怨张生让其不顾一切去帮崔张牵线。

③ 撮盐入火：盐投入火中即会爆炸，以喻性子急躁。

④ 消息儿踏着泛：谓踏中了机关。消息儿，机关的枢纽，也叫"泛子"。

⑤ 热趱（zǎn）：紧紧地催赶。热，形容催逼之甚。趱，赶，快走。

⑥ 哩也波哩也啰："哩""啰"本为歌曲结尾处的腔声，这里用来作男女合欢的讳词。

⑦ 社家：宋元时，精通某种技艺的人常结社活动，社团成员均为行家，张生自夸为猜谜的社家，意谓他是善于猜谜的老手。

⑧ 风流隋何，浪子陆贾：隋何、陆贾，都是汉初智谋之士，张生以之自喻，意在自许聪明。

⑨ 道儿：圈套，诡计。

⑩ 鱼雁：红娘自指。古代有鱼腹藏书、鸿雁传书的传说，常以"鱼雁"代指书信或者传信的人，此处指传递消息者。

⑪ 转关：打埋伏，使巧。

⑫ "女"字边"干"：合起来即"奸"字。古人有拆白道字游戏，常将一个字拆开成为一句话。

⑬ 三更枣："枣"谐音"早"。佛教中传说，禅宗五祖欲秘密传法于六祖慧能，以粳米三粒、枣一枚赐之，慧能悟其意，乃于三更早拜谒五祖，得衣钵。此处谓莺莺诗中藏秘，暗约张生。

⑭ 九里山：传说韩信在九里山设埋伏，击破项羽。此处喻莺莺书信中打了埋伏。

⑮ 玉板：宣纸中最光洁坚致的纸，即"玉版笺"。

春愁墨未干。从今后休疑难，放心波玉堂学士，稳情取金雀鸦鬟①。

【三煞】他人行别样的亲②，俺根前取次看③，更做道孟光接了梁鸿案④。别人行甜言美语三冬暖，我根前恶语伤人六月寒。我为头儿看：看你个离魂倩女⑤，怎发付掷果潘安⑥。

（末云）小生读书人，怎跳得那花园过也？（红唱）

【二煞】隔墙花又低，迎风户半拴，偷香手段今番按⑦。怕墙高怎把龙门跳⑧，嫌花密难将仙桂攀。放心去，休辞惮；你若不去呵，望穿他盈盈秋水，蹙损他淡淡春山⑨。

（末云）小生曾到那花园里，已经两遭，不见那好处：这一遭知他又怎么？（红云）如今不比往常。

【煞尾】你虽是去了两遭，我敢道不如这番。你那隔墙酬和都胡侃，证果的是今番这一简⑩。（红下）

（末云）万事自有分定，谁想小姐有此一场好处。小生是猜诗谜的社家，风流隋何，浪子陆贾，到那里扢扎帮便倒地⑪。今日颓天百般的难得晚。天，你有万物于人，何故争此一日。疾下去波！"读书继晷怕黄昏，不觉西沉强掩门，欲赴海棠花下约，太阳何苦又生根？"（看天云）呀，才晌午也，再等一等。（又看科）今日万般的难得下去也呵。"碧天万里无云，空劳倦客身心，恨杀鲁阳贪战⑫，不教红日西沉！"呀，却早倒西也，再等一等咱。"无端三足乌⑬，团团光烁烁。安得后羿弓⑭，射此一轮落？"谢天

---

① 金雀鸦鬟：指莺莺。金雀，古代妇女头上的钗饰。鸦鬟，色黑如鸦的丫形发髻，指少女。

② 他人行：同下文的"别人行"，指在别人面前。

③ 取次看：意谓小觑了他。取次，造次，轻忽。

④ 孟光接了梁鸿案：典出《后汉书·梁鸿传》。梁鸿携妻孟光隐居："为人赁舂。每归，妻为具食，不敢于鸿前仰视，举案齐眉。"此处反言孟光接了梁鸿案，讥讽莺莺应了张生的邀约。

⑤ 离魂倩女：唐陈玄祐《离魂记》载，唐张镒居衡州，有女名倩娘，许婚其甥王宙。后镒悔婚，女闻而郁悒，竟离魂追随王宙，生二子。数年后偕归，魂与身体相合。元郑光祖有《倩女离魂》杂剧演此事。后以"离魂倩女"喻痴情美女。此处喻指莺莺。

⑥ 掷果潘安：南朝宋刘义庆《世说新语·容止》："潘岳妙有姿容，好神情。少时挟弹出洛阳道，妇人遇者，莫不连手共萦之。"刘孝标注引《语林》："安仁至美，每行，老妪以果掷之满车。"诗文中常用作美男子的代称。此处喻指张生。

⑦ 按：考验，验证。

⑧ 龙门：旧传黄河鲤鱼跳过龙门即可成龙，因以比喻士子科举及第，飞黄腾达。此处用作双关，将张生跳墙比作跳龙门。

⑨ 秋水：喻指女子清澈的眼睛。春山：喻指女子秀美的眉毛。

⑩ 证果：佛教用语，指修行得到圆满。此处喻指成就好事。

⑪ 扢（gǔ）扎帮：象声词，形容动作迅速。

⑫ 鲁阳贪战：《淮南子·览冥训》："鲁阳公与韩构难，战酣日暮，援戈而扬之，日为之反三舍。"此处意指太阳迟迟不落。

⑬ 三足乌：指太阳。古代神话传说太阳中有三只脚的金色乌鸦。

⑭ 后羿弓：神话传说，尧帝时十日并出，草木焦枯，民无所食，乃命后羿射之，中其九。此处表示张生急不可待，希望太阳下山，以赴莺莺之约。

地！却早日下去也！呀，却早发擂也①！呀，却早撞钟也！拽上书房门，到得那里，手挽着垂杨滴流扑跳过墙去②。（下）

作者简介

王实甫，名德信，大都（今北京市）人，生卒年与生平事迹俱不详。元代文学家钟嗣成《录鬼簿》把他列入"前辈已死名公才人"并置于关汉卿之后，可以推知他与关汉卿同时而略晚。王实甫创作的杂剧计有14种。完整地保留下来的，除《西厢记》外，还有《破窑记》《丽春堂》各四折和《贩茶船》《芙蓉亭》曲文各一折。至于其他剧作，均已散佚不传。

知识链接

1. 《西厢记》的题材来源于唐代元稹的传奇小说《莺莺传》，金代的董解元在《莺莺传》的基础上创造出以第三人称叙事的说唱体文学作品《西厢记诸宫调》，王实甫又在"董西厢"的基础上把崔张故事改为杂剧，这两部"西厢"一般被人们称为"董西厢"和"王西厢"。它们对《莺莺传》中的故事情节、矛盾冲突和人物形象作了根本性的改造，尤其是"王西厢"，在艺术上得到了很大的提升，备受后人称赞。明贾仲明《凌波仙》说："新杂剧，旧传奇，《西厢记》天下夺魁。"《西厢记》的语言艺术更是精妙，明朱权《太和正音谱》赞曰："王实甫之词，如花间美人。铺叙委婉，深得骚人之趣。极有佳句，若玉环之出浴华清，绿珠之采莲洛浦。"金圣叹称之为"天地妙文"。

2. 今人王季思、黄秉泽在《中国历代著名文学家评传》中将王实甫提升到了极其重要的地位：

王实甫以他的杰出杂剧《西厢记》熠耀中国古代剧坛。在元代堪与关汉卿比肩，在整个中国古代文学史上，可同屈原、司马迁、李白、杜甫、罗贯中、施耐庵、汤显祖、曹雪芹等并列。

牡丹亭·惊梦③

汤显祖

文本导读

在古代爱情戏曲中，汤显祖《牡丹亭》是在《西厢记》之后艺术成就最高、影响力最大的杰作，也是中国文学史中较为独特的浪漫主义作品。戏曲中的杜丽娘因春感梦，因梦定情，又忧情而死，思情复生，最后为情抗争到底，成就了中国文艺舞台上代表着鲜妍青

---

① 发擂：指起更打鼓，表示已到晚上。
② 滴流扑：也作"滴溜扑"，形容坠跌、丢下、抛掷等情状。
③ 汤显祖，著；徐朔方，杨笑梅，校注. 牡丹亭. 北京：人民文学出版社，1978.

春、至情至性的千古美丽化身。《牡丹亭》全本共 55 出，其中《惊梦》一出名声最大，至今亦作为经典折子戏在舞台上传演不绝。在《惊梦》的情节发生前，杜丽娘是家教甚严的深闺小姐，其父杜太守虽延请塾师教其知书识礼，也只是儒家礼教思想束缚其身心，期望她将来婚配后为母家添光。杜丽娘长到青春年纪，只拘在闺房中习书刺绣，连自家的后花园都未曾去过。然而禁锢越深，反抗越为彻底。《惊梦》中，聪慧敏感的少女一旦违背父母、塾师的训诫私游花园，感受到的便远不只是扑面而来的满园春色，更是其压抑许久、此刻奔涌而出的青春热情和自由向往。"原来姹紫嫣红开遍，似这般都付与断井颓垣。"叹的不仅是春光无人欣赏，也是自身之美无人赏识的幽怨，是人生中最美的青春时光亦如这春光般短暂，即将虚度。杜丽娘在美丽繁华的春景中感知到自己的困境，却说不清愁的根源，"便赏遍了十二亭台是枉然"，直到后文梦中奇遇柳梦梅才寻到了愁思与心意的落脚。《惊梦》一折以其优美的文辞、情景交融的刻画，为后续情节中杜丽娘决绝追逐爱情的行为做了极为扎实的铺垫，成为她精神上突破礼教、争取自由的先声，也成就了中国古典戏曲中歌颂青春之美、歌颂自然天性之美的辉煌篇章。

【绕池游】（旦上）梦回莺啭，乱煞年光遍①。人立小庭深院。（贴）炷尽沉烟②，抛残绣线，恁今春关情似去年③？

【乌夜啼】"（旦）晓来望断梅关④，宿妆残。（贴）你侧着宜春髻子恰凭阑⑤。（旦）剪不断，理还乱⑥，闷无端。（贴）已分付催花莺燕借春看。"（旦）春香，可曾叫人扫除花径？（贴）分付了。（旦）取镜台衣服来。（贴取镜台衣服上）"云髻罢梳还对镜，罗衣欲换更添香。"⑦ 镜台衣服在此。

【步步娇】（旦）袅晴丝吹来闲庭院⑧，摇漾春如线。停半晌、整花钿⑨。没揣菱花⑩，偷人半面，迤逗的彩云偏⑪。（行介）步香闺怎便把全身现！（贴）今日穿插的好。

【醉扶归】（旦）你道翠生生出落的裙衫儿茜⑫，艳晶晶花簪八宝填⑬，可知我常一

---

① 乱煞年光遍：意谓使人眼花缭乱的春光到处都是。

② 炷尽沉烟：指熏香用的沉香已经燃尽熄灭。炷，烧、燃香。沉烟，沉香燃烧的烟，借指沉香。

③ 恁（nèn）：怎么，即"为什么"。

④ 梅关：在大庾岭上，宋代蔡挺置。本剧故事发生在江西南安府，即大庾岭南面，故以此虚指。

⑤ 宜春髻子：饰有宜春彩燕的发髻。古俗立春之日，女子用彩绸剪作燕子状，上饰"宜春"二字，戴在发髻上。

⑥ 剪不断，理还乱：南唐后主李煜《相见欢》词中的句子。比喻杜丽娘因长期禁锢的生活而产生的苦闷无法排遣。

⑦ "云髻"二句：引自唐薛逢《宫词》诗。

⑧ 晴丝：春天晴朗的日子里飘荡在空中的游丝。

⑨ 花钿：泛指妇女头上戴的嵌有金花珠宝的首饰。

⑩ 没揣：不料。菱花：镜子。古代以铜制镜，背面多铸有菱花，故以菱花代称镜子。

⑪ 迤逗（yǐ dòu）：牵引、引惹。彩云：喻指美丽的发髻。

⑫ 翠生生：形容色彩极其明艳。出落的：衬托出，显出。茜：大红色。

⑬ 八宝：泛指各种珍宝。

生儿爱好是天然①。恰三春好处无人见②。不堤防沉鱼落雁鸟惊喧③，则怕的羞花闭月花愁颤④。（贴）早茶时了，请行。（行介）你看："画廊金粉半零星，池馆苍苔一片青。踏草怕泥新绣袜⑤，惜花疼煞小金铃⑥。"（旦）不到园林，怎知春色如许！

【皂罗袍】原来姹紫嫣红开遍⑦，似这般都付与断井颓垣。良辰美景奈何天，赏心乐事谁家院⑧！恁般景致，我老爷和奶奶再不提起。（合）朝飞暮卷⑨，云霞翠轩；雨丝风片，烟波画船⑩——锦屏人忒看的这韶光贱⑪！（贴）是花都放了⑫，那牡丹还早。

【好姐姐】（旦）遍青山啼红了杜鹃⑬，荼蘼外烟丝醉软⑭。春香呵，牡丹虽好，他春归怎占的先！（贴）成对儿莺燕呵！（合）闲凝眄⑮，生生燕语明如翦，呖呖莺歌溜的圆。（旦）去罢。（贴）这园子委是观之不足也。（旦）提他怎的！（行介）

【隔尾】观之不足由他缱⑯，便赏遍了十二亭台是枉然⑰。倒不如兴尽回家闲过遣。

（作到介）（贴）"开我西阁门，展我东阁床。瓶插映山紫⑱，炉添沉水香。"小姐，你歇息片时，俺瞧老夫人去也。（下）

作者简介

汤显祖（1550—1616），字义仍，号若士，又号海若，别署清远道人。所居名玉茗堂，又别号玉茗堂主人。临川（今江西临川）人。明代杰出的戏剧家、文学家。汤显祖的作品

---

① 爱好：爱美。天然：天性使然。

② 三春好处：比喻杜丽娘自己的青春美貌。

③ 沉鱼落雁：出自《庄子·齐物论》："毛嫱、丽姬，人之所美也，鱼见之深入，鸟见之高飞。"形容女子极其美丽。

④ 羞花闭月：极言女子之美。李白《西施》诗："秀色掩古今，荷花羞玉颜。"曹植《洛神赋》："髣髴兮若轻云之蔽月。"

⑤ 泥：玷污。

⑥ 惜花疼煞小金铃：《开元天宝遗事》记："天宝初，宁王……于后园中纫红丝为绳，密缀金铃，系于花梢之上。每有鸟鹊翔集，则令园吏掣铃索以惊之。盖惜花之故也。"疼煞，谓因为惜花驱鹊而勤于掣铃，致金铃疼煞。

⑦ 姹紫嫣红：形容百花盛开，鲜艳美丽。

⑧ 赏心乐事：此句与上句出自谢灵运《拟魏太子邺中集诗序》："天下良辰、美景、赏心、乐事，四者难并。"

⑨ 朝飞暮卷：唐王勃《滕王阁序》"画栋朝飞南浦云，珠帘暮卷西山雨"的省文。以此形容美好的景色。

⑩ 烟波：水汽弥漫的样子。

⑪ 锦屏人：泛指幽居深闺、无法领略自然美景的人，也指杜丽娘自己。韶光：春光。

⑫ 是：所有的。

⑬ 啼红了杜鹃：以杜鹃（鸟）泣血喻指红色的杜鹃花开。寇准诗："杜鹃啼处血成花。"

⑭ 荼蘼（tú mí）：蔷薇科花，晚春时开放。此处指荼蘼架。烟丝：即前所言晴丝。

⑮ 凝眄（miǎn）：注视。

⑯ 缱：留恋不舍。

⑰ 十二亭台：泛指所有亭台。

⑱ 映山紫：映山红的一种。

较多，其传奇《紫钗记》《还魂记》（即《牡丹亭》）、《邯郸记》《南柯记》较为著名，因四部作品皆有梦境，故合称"临川四梦"或"玉茗堂四梦"。他还另有诗集《红泉逸草》《问棘邮草》和诗文集《玉茗堂全集》流传。

知识链接

1. 《牡丹亭》是汤显祖的代表作，汤显祖说"一生'四梦'，得意处唯在《牡丹》"。

2. 关于《牡丹亭》的题材来源，汤显祖在《牡丹亭题词》中说："传杜太守事者，仿佛晋武都守李仲文、广州守冯孝将儿女事，予稍为更而演之。至于杜太守收拷柳生，亦如汉睢阳王收拷谈生也。"所引题材分别见于干宝《搜神记》和刘孝标《类苑》。

3. 《牡丹亭》一出，在思想上、艺术上都带给人们极大的震撼。明沈德符《顾曲杂言》说："汤义仍《牡丹亭梦》一出，家传户诵，几令《西厢》减价。"王骥德《曲律》说："前无作者，后鲜来哲，二百年来，一人而已。""临川尚趣，直是横行，组织之工，几与天孙争巧。"《牡丹亭》成为中国戏剧史和文化史上的瑰宝。

4. 汤显祖创作《牡丹亭》，不仅为中国戏剧与文化做出了贡献，也使他成为世界文化伟人之一，有"东方的莎士比亚"之誉。日本青木正儿直接将汤显祖与莎士比亚相提并论："东西曲坛伟人，同出其时，亦一奇也。"（《中国近世戏曲史》）

5. 《牡丹亭》以情反理，肯定和提倡人的自由权利和情感价值，深深地触动了处于困境中的明代妇女，清焦循《剧说》卷六引《洞房蛾术堂闲笔》载：

杭有女伶商小玲者，以色艺称，于《还魂记》尤擅场，尝有所属意，而势不得通，遂郁郁成疾。每作杜丽娘《寻梦》《闹殇》诸剧，真若身其事者，缠绵凄婉，泪痕盈目。一日，演《寻梦》，唱至"待打并香魂一片，阴雨梅天，守得个梅根相见"，盈盈界面，随声倚地。

6. 参考明代话本小说《杜丽娘慕色还魂》。

延伸阅读

1. 王国维．宋元戏曲史．北京：中华书局，2010.
2. 青木正儿．中国近世戏曲史．王古鲁，译．北京：中华书局，2010.
3. 王实甫，著；金圣叹，批注．金圣叹批本西厢记．上海：上海古籍出版社，1986.
4. 汤显祖，著；钱南扬，校点．汤显祖戏曲集．2版．上海：上海古籍出版社，2010.
5. 洪昇，著；翁敏华，陈劲松，评注．长生殿．北京：中华书局，2016.
6. 孔尚任，著；谢雍君，朱方道，评注．桃花扇．北京：中华书局，2016.

第十讲　古代小说

一、中国古代小说的形成和发展

"小说"一词,最早见于《庄子·外物》:"饰小说以干县令,其于大达亦远矣!"这里,将"小说"与"大达"相对应,说明当时人们认为小说只不过是无关政教的琐屑之谈而已。班固的《汉书·艺文志》将小说列入"诸子略"中,并解释说:"小说家者流,盖出于稗官。街谈巷语、道听途说者之所造也。"这个看法,与《庄子》对小说的认识比较接近。也因此,中国古代的小说,经历了一个迟缓的形成和发展过程。

在先秦时期,小说已经开始萌芽。神话、寓言、史传文中的叙事作品均包含着小说所必备的故事情节和人物性格的因素。魏晋时期,出现了更具小说形态的作品,那就是鲁迅所说的"志人小说"和"志怪小说"。前者以刘义庆的《世说新语》为代表,后者以干宝的《搜神记》为代表,它们无论是在故事情节的生动性上,还是在人物性格的描写、塑造上,都标志着小说文体已接近成熟。

唐代是小说发展的自觉阶段。鲁迅曾评价说:"小说亦如诗,至唐代而一变,虽尚不离于搜奇记逸,然叙述宛转,文辞华艳,与六朝之粗陈梗概者较,演进之迹甚明,而尤显者乃在是时则始有意为小说。"(《中国小说史略》)唐代小说在形式上均为文言短篇,因晚唐裴铏编有小说集《传奇》,文学史上遂将唐代的文言短篇小说称为"唐传奇"。唐传奇题材广泛,初期创作延续了志怪小说的传统,但逐渐地注重对人的感情的描写和人物形象的塑造,注重情节的曲折多变,注重辞采运用,具有很高的审美价值。其中有不少优秀的作品,如沈既济的《任氏传》和《枕中记》、白行简的《李娃传》、元稹的《莺莺传》、蒋防的《霍小玉传》、李公佐的《南柯太守传》、杜光庭的《虬髯客传》、陈鸿的《长恨歌传》等,在思想和艺术上都取得了很高成就,被后世不断改编。

宋元时期,由于城市经济的发展和市民娱乐的需求,"说话"艺术在城市得以兴起。宋元时期的"说话"有"四家",分别为小说、说经、讲史、合生。小说在题材上有烟粉、灵怪、传奇、公案等类别；说经是演说佛经故事；讲史则是讲说历代兴废更迭的历史；至于合生，是艺人"指物题咏，应命辄成"（洪迈《夷坚志》）的敏捷性应对，和前三种说话的叙事性不同。说话艺术本是口头演说，但随着它的盛行，各种文字记录本也应运而生，这就是通常所说的"话本"。由于它们是在艺人口头演说基础上记录加工而成，语言多为通俗的白话，遂开辟了白话小说的新阶段。现存的宋元小说话本有十多篇，讲史话本有《武王伐纣平话》《三国志平话》等，说经话本有《大唐三藏取经诗话》等。

明代是小说创作的繁荣时期。一方面，社会文化水平的提高使小说有了更大的阅读群体；另一方面，刻书和印刷业的进步使许多小说作品得到刊刻和流传。《三国志通俗演义》《水浒传》《西游记》《金瓶梅》四部"奇书"的相继问世，显示出长篇白话小说由世代累积型逐渐走向个人创作的历程，也表现出小说艺术的不断演进。在它们的影响下，分别出现了一大批历史演义小说、英雄传奇小说、神魔小说和世情小说。与长篇小说的繁荣相媲美的是，短篇小说的创作在明代同样活跃，冯梦龙编辑了《喻世明言》《警世通言》《醒世恒言》，合称"三言"，共辑录宋元以来白话短篇小说120篇，其中有部分为冯氏本人创作；凌濛初创作了《初刻拍案惊奇》和《二刻拍案惊奇》，合称"二拍"，共收录短篇白话小说80篇。明代的文言短篇小说也有优秀之作，明初瞿佑的《剪灯新话》、李昌祺的《剪灯余话》都是有较高成就的文言短篇小说集。

清代是中国古代小说发展的高峰期。在文言短篇小说创作上，出现了蒲松龄的《聊斋志异》和纪昀的《阅微草堂笔记》；在长篇白话小说创作上，则有曹雪芹的《红楼梦》和吴敬梓的《儒林外史》。它们代表了中国古代小说的最高成就，同时，也完成了中国古代小说个人化创作的历程。此外，还有"以小说见才学"（鲁迅《中国小说史略》）的李汝珍的《镜花缘》，以《三侠五义》为代表的侠义公案小说，以及《品花宝鉴》等"狭邪小说"。光绪以降，随着社会弊病的加剧和社会改良思想的兴起，出现了一批"谴责小说"，李伯元的《官场现形记》、吴沃尧的《二十年目睹之怪现状》、刘鹗的《老残游记》、曾朴的《孽海花》是其中影响较大的作品。

二、中国古代小说的形式特点和审美特征

中国古代小说在形式上和西方小说表现出明显的差异。从演进过程所形成的体裁类型看，中国古代小说可分为文言小说、短篇白话小说、长篇白话小说三种，它们在不同发展阶段又各自呈现出不同的特点。

文言小说均出自文人手笔。魏晋南北朝时候的志人和志怪小说在篇幅上比较短小，类似于今天的"微型小说"。唐代传奇已经具备一定的叙事规模，是成熟的短篇小说。到了元明两代，有些文人逞弄才情，将篇幅扩展到万字以上的规模，有的甚至达到4万字。因为是文人的创作，文言小说的语言一般都比较精练，文人们为了展示才情，在叙事之中，往往穿插一些诗词，增加了小说的典雅色彩。还有的文人为了有所"寄托"或是"风世"，在小说中加上议论的文字，如在《聊斋志异》中，蒲松龄就在不少

篇目的结尾处加上了"异史氏曰"的部分。

短篇白话小说从说话艺术中孕育而生，因而在形式上带有明显的脱胎于说话艺术的痕迹。宋元话本的开头有"入话"，往往以一首或数首诗词吟咏风景名胜，引发一段小故事，以让先来的听众安稳下来。"入话"之后是"正话"。最后，也往往用一首诗总结故事主题。明代中叶后冯梦龙、凌濛初等人创作的白话短篇小说在内容的深度、描写的细致、语言的流畅方面有了飞跃，但在形式上依然上承宋元话本，所以后世学者将这些小说称为"拟话本"。

长篇白话小说也脱胎于说话艺术，主要在宋元讲史话本的基础上发展而来。其开头或诗或词，结尾也以诗作结。正文往往以"话说"起首，在情节紧要关头截断，用"欲知后事如何，且听下回分解"引起听众继续听下去的兴趣。在正文之中，还经常插入诗词歌赋，描绘场景或评价人物。长篇白话小说最为突出的特征是结构上的"章回体制"。说话艺人讲说长篇故事时必然因时间的关系分段讲说，当文人记录这些故事内容时，就为这些不同的段落加上一个标题，后来的文人加工润色这些故事内容时，将这些标题进一步"文学化"，在文字上讲究对仗工整，甚至在回目数字上也取双不取单。当然，这些形式特征到了《红楼梦》《儒林外史》的时代已经有所改变，特别是"说书人口吻"大为削弱，但"章回体"的结构形式特点仍然得到继承乃至强化。

基于所产生的文化土壤和过程，中国古代小说也表现出与西方小说不同的审美特征。

第一，故事情节的传奇性。中国古代小说从魏晋时期的志怪、志人小说开始，在题材内容上注重搜奇索怪，在故事情节上也注重传奇说怪，而不追求对日常生活的描述和叙事。唐代传奇的"传奇"意识更加浓厚，尽管是文言短篇小说，但在情节上却力求波澜曲折，引人入胜。宋代的说话艺术为了吸引听众，同样注重故事情节的传奇性，在说话"四家"的小说家中，既有烟粉、灵怪，也有"传奇"一类。明代的白话短篇小说"极摹人情世态之歧，备写悲欢离合之致"（笑花主人《今古奇观序》），依然以故事情节的曲折吸引读者。这一传统一直延伸到长篇小说的创作中，《三国志通俗演义》《水浒传》《西游记》的故事情节，无不充满传奇色彩，即便是到后来的《红楼梦》和《儒林外史》，也或多或少地穿插了一些非现实的情节，给读者以新奇之感。

第二，诗歌传统的渗透。中国是诗的民族，随着"诗三百"被儒家经典化，诗体、诗性渗透在各种文学艺术乃至日常生活中，小说也不例外。在小说发展的各个阶段、各种体裁里，都可以看到诗歌的踪影。其情形表现为二：一是在小说叙事中，不时插入诗词歌赋。在文言小说里，这种情形很普遍，有的小说甚至就以诗词歌赋连缀而成，如唐传奇《游仙窟》，作者自述夜晚途经一宅，遇见十娘和五嫂两个女子，宴饮欢笑，通篇都以诗酬对。明代的文言小说《娇红记》写青年男子申纯和表妹王娇娘的爱情故事，通篇也多以诗词酬答和互通情意。在短篇和长篇白话小说中，诗词的穿插也很多。二是创造诗意之美。《三国志通俗演义》中的"三顾茅庐"一章，其中既穿插了不少诗歌，又有将隆中的环境和诸葛亮的性格相结合的描写，这些使这一章都着上了诗意的色彩。至于《红楼梦》，可以说更是一部充满诗意的小说。

第三，精练和"白描"的语言艺术。中国古代小说在语言上有文言和白话之分，文言小说的语言以精练为特色，白话小说以"白描"为特色。文言小说在叙事、描写、塑造人物时都注重炼字炼句，笔墨极省俭，却力求准确传神。白话小说的"白描"，也是用最俭省的笔墨叙事、描写、表现人物性格，如鲁迅所说的"有真意，去粉饰，少做作，勿卖弄"（《作文秘诀》），不作大段静止的描写和铺叙，叙事则简明扼要，描写是三言两语，刻画人物更多地通过语言和动作传递神采，这和西方的小说完全不同。

文选

世说新语·雅量①

刘义庆

文本导读

《世说新语》又名《世说》，由南北朝刘宋宗室刘义庆组织门客编写，梁代刘孝标作注。原书8卷，刘孝标注本10卷，分为德行、言语、政事、文学、方正、雅量等36门，记载魏晋名士趣闻逸事、玄言清谈共一千多则，是我国最早的文言志人小说集，具有笔记小说雏形。后世《唐语林》《续世说》《何氏语林》《今世说》《明语林》等皆为《世说新语》仿作，被称为"世说体"。

魏晋时代讲究名士风度和雅量，往往容常人不能容、忍常人不能忍，处变不惊、临危不惧、深藏不露，表现出自我克制、宽容待人、豁达处世的涵养与境界。

豫章太守顾劭，是雍之子②。劭在郡卒，雍盛集僚属，自围棋。外启信至，而无儿书。虽神气不变，而心了其故；以爪掐掌，血流沾褥。宾客既散，方叹曰："已无延陵之高③，岂可有丧明之责④!"于是豁情散哀，颜色自若。

嵇中散临刑东市⑤，神气不变，索琴弹之，奏《广陵散》⑥。曲终，曰："袁孝尼尝请学此散，吾靳固不与，《广陵散》于今绝矣!"太学生三千人上书，请以为师，不许。文王亦寻悔焉⑦。

---

① 刘义庆.世说新语.上海：上海古籍出版社，1982.

② 雍：顾雍，累迁尚书令，位至丞相。

③ 延陵：地名。春秋时，吴国季札受封于此，称延陵季子，他最重礼制，曾言：骨肉归复于土，命也。若魂气，则无不之也。

④ 丧明：《礼记·檀弓上》载，孔子弟子子夏因儿子早丧，哭瞎眼睛，曾子责备子夏。

⑤ 嵇中散：嵇康。

⑥ 广陵散：古琴曲。

⑦ 文王：司马昭。

有往来者云："庾公有东下意①。"或谓王公②："可潜稍严③，以备不虞。"王公曰："我与元规虽俱王臣，本怀布衣之好。若其欲来，吾角巾径还乌衣④，何所稍严！"

庾太尉风仪伟长⑤，不轻举止，时人皆以为假。亮有大儿数岁，雅重之质，便自如此，人知是天性。温太真尝隐幔怛之⑥，此儿神色恬然，乃徐跪曰："君侯何以为此？"论者谓不减亮。苏峻时遇害⑦。或云："见阿恭⑧，知元规非假。"

褚公于章安令迁太尉记室参军⑨，名字已显而位微，人未多识。公东出，乘估客船，送故吏数人⑩，投钱唐亭住⑪。尔时吴兴沈充为县令，当送客过浙江⑫，客出，亭吏驱公移牛屋下⑬。潮水至，沈令起彷徨，问牛屋下是何物人，吏云："昨有一伧父来寄亭中⑭，有尊贵客，权移之。"令有酒色，因遥问："伧父欲食饼不？姓何等？可共语。"褚因举手答曰："河南褚季野。"远近久承公名⑮，令于是大遽⑯。不敢移公，便于牛屋下修刺诣公⑰，更宰杀为馔具⑱。于公前鞭挞亭吏，欲以谢惭。公与之酌宴，言色无异，状如不觉。令送公至界⑲。

顾和始为扬州从事⑳，月旦当朝㉑，未入，顷停车州门外。周侯诣丞相㉒，历和车边，和觅虱，夷然不动㉓。周既过，反还，指顾心曰："此中何所有？"顾搏虱如故，徐

① 庾公：庾亮，字元规。晋成帝登基后，王导为司徒，录尚书事，和庾亮等参辅朝政。后来庾亮进征西将军，都督六州诸军事，镇守武昌，有人劝他起兵东下罢免王导，因郗鉴不同意而作罢。
② 王公：王导。
③ 潜：暗中。严：戒备。
④ 角巾：隐士常戴有棱角的头巾，此处指居家常服。乌衣：今南京乌衣巷，东晋时王导、谢安居于此。
⑤ 庾太尉：庾亮。
⑥ 隐幔怛之：隐藏在帷幔后惊吓他。
⑦ 苏峻时：指苏峻叛乱时。
⑧ 阿恭：庾亮长子庾彬的小名。
⑨ 褚公：褚裒，字季野，苏峻叛乱时，车骑将军郗鉴调他为参军。记室参军：官名，掌管文书。
⑩ 送故吏：长官离任或殁于任所，属吏赠钱远送或护送灵柩回故乡。
⑪ 钱唐亭：钱唐县的驿亭，乃官府客栈。
⑫ 浙江：江名。
⑬ 牛屋：牛棚。晋人多以牛驾车，客栈设牛棚。
⑭ 伧父（cāng fǔ）：粗鄙之人。吴人称中州人为伧人，有歧视之意。
⑮ 承：闻知。
⑯ 遽（jù）：惶恐。
⑰ 修刺：备办名片。
⑱ 馔具：酒食。
⑲ 界：县界。
⑳ 从事：官职。
㉑ 月旦当朝：农历每月初一晋见长官。
㉒ 周侯：武城侯周颤。
㉓ 夷然：安然。

应曰："此中最是难测地。"周侯既入，语丞相①曰："卿州吏中有一令仆才②。"

桓公伏甲设馔③，广延朝士，因此欲诛谢安、王坦之。王甚遽，问谢曰："当作何计？"谢神意不变，谓文度曰④："晋阼存亡⑤，在此一行。"相与俱前，王之恐状，转见于色；谢之宽容，愈表于貌。望阶趋席⑥，方作洛生咏⑦，讽"浩浩洪流⑧。"桓惮其旷远⑨，乃趣解兵⑩。王、谢旧齐名，于此始判优劣。

作者简介

刘义庆（403—约444），彭城（今江苏徐州）人，南朝宋宗室，袭封临川王，任荆州、江州等地刺史。著有《徐州先贤传》10卷、《典叙》、《集林》200卷、《幽明录》20卷、《宣验记》13卷、《宋临川王刘义庆集》8卷等。《世说新语》是其享名之作。刘义庆"性简素，寡嗜欲，爱好文义"，名士袁淑、陆展、何长瑜、鲍照等聚其门下，仿前人裴启《语林》编成此书。

知识链接

1. 刘孝标，南朝青州人，宋泰始五年（469）北魏攻克青州，其被迫迁平城并随母出家，后还俗。齐永明四年（486）还江南后，参加佛经翻译，并采用裴松之注《三国志》之法，对《世说新语》补缺纠谬，引用书籍400余种。刘孝标曾说："《世说》虚也"，"疑《世说》穿凿也"。

2. 刘知幾："晋世杂书，谅非一族，若《语林》《世说》《幽明录》《搜神记》之徒，其所载或诙谐小辨，或神鬼怪物。其事非圣，扬雄所不观；其言乱神，宣尼所不语。唐朝所撰《晋史》，多采以为书。夫以干、邓之所粪除，王、虞之所糠粃，持为逸史，用补前传，此何异魏朝之撰《皇览》，梁世之修《遍略》，务多为美，聚博为功，虽取悦于小人，终见嗤于君子矣。"（《史通·采撰》）

3. 鲁迅评《世说新语》"记言则玄远冷俊，记行则高简瑰奇"，为"名士底教科书"。

---

① 丞相：此处指王导。
② 令仆才：指担任尚书令和仆射的才干。
③ 桓公：桓温。
④ 文度：王坦之。
⑤ 阼：皇位，代指国家。
⑥ 望阶趋席：上台阶就疾行就座。
⑦ 方作洛生咏：仿效洛阳书生吟诗。方，通"仿"。
⑧ 浩浩洪流：出自三国嵇康《赠秀才入军》诗句。
⑨ 旷远：旷达，心胸宽阔。
⑩ 趣（cù）：通"促"，急促。

红　线①

袁　郊

文本导读

　　这篇传奇小说反映了中唐藩镇割据纷争紧张的社会现实，情节曲折惊险，生动地刻画了女侠客红线的形象。小说歌颂了红线的侠肝义胆，大胆批判藩镇割据，反映出当时人们对平息藩镇纷争、维护国家安定的愿望。

　　史书记载，潞州节度使薛嵩、魏博节度使田承嗣原来都是安禄山的部将，他们看到叛军大势已去，才不得不先后投降李唐中央政府，但仍称霸一方，相互争斗，形成割据势力。在小说中，田承嗣飞扬跋扈，骄横凶戾，叛逆朝廷，妄图吞并邻镇，坐大势力，但薛嵩拥护皇室，思守土封疆以报国恩。红线是薛嵩的侍婢，具有超人的力量。她施展神力，潜入戒备森严的田府，巧妙地从田承嗣枕旁取回其供神金盒。薛嵩取得金盒后，随即遣人送回。田承嗣发现自己枕边之宝物竟然在深夜被人轻易取走又送回，意识到自己性命完全被对手操控，才不得不收敛其狂妄气焰，回书表示悔过自新，并遣散了强悍骄纵的亲军"外宅男"。红线则在"两地保其城池，万人全其性命，使乱臣知惧，烈士安谋"之后，功成身退。红线的社会地位与见识、能力极不匹配，增强了小说的传奇性。小说并没有出现血腥搏杀的场景，红线退敌于无形，更好地突出了红线技艺超群；情节设置周密集中，且抑扬起伏，引人入胜。红线社会地位不高，但不求名利，爱憎分明，武艺超群，智勇双全，彰显了人格的高尚光彩。这篇小说对后代武侠小说产生了很大影响。

　　红线，潞州②节度使薛嵩青衣③，善弹阮④，又通经史，嵩遣掌笺表，号曰内记室⑤。时军中大宴，红线谓嵩曰："羯鼓⑥之音调颇悲，其击者必有事也。"嵩亦明晓音律，曰："如汝所言。"乃召而问之，云："某妻昨夜亡，不敢乞假⑦。"嵩遽⑧遣放归⑨。

---

① 汪辟疆．唐人小说．上海：上海古籍出版社，1978．

② 潞州：所辖区域现今主要在山西长治以及河北涉县等地。

③ 青衣：婢仆、差役等人一般穿黑色的衣服，故此处代指奴婢。

④ 阮：古代流行的一种弹拨乐器。

⑤ 内记室：协助处理文书的婢女。记室是古代正式官名，职掌是公文写作、收发。

⑥ 羯鼓：一种源自西域的乐器，两面蒙皮，腰部细，用公羊皮做鼓皮，因此叫羯鼓。羯（jié），公羊。

⑦ 乞假：请假外出。

⑧ 遽（jù）：很快，立即。

⑨ 遣放归：放他回去。

时至德①之后，两河②未宁，初置昭义军③，以釜阳为镇④，命嵩固守，控压山东⑤。杀伤之余，军府草创。朝廷复遣嵩女嫁魏博节度使⑥田承嗣男⑦，男娶滑州⑧节度使令狐彰女；三镇⑨互为姻娅⑩，人使日浃往来⑪。而田承嗣常患热毒风，遇夏增剧。每曰："我若移镇山东⑫，纳其凉冷，可缓数年之命。"乃募军中武勇十倍者得三千人，号外宅男，而厚恤养之。常令三百人夜直⑬州宅。卜选良日，将迁潞州。嵩闻之，日夜忧闷，咄咄⑭自语，计无所出。时夜漏将传⑮，辕门⑯已闭。杖策庭除⑰，唯红线从行。红线曰："主自一月，不遑寝食⑱。意有所属，岂非邻境乎？"嵩曰："事系安危，非汝能料。"红线曰："某虽贱品⑲，亦有解主忧者。"嵩乃具告其事，曰："我承祖父遗业，受国家重恩，一旦失其疆土，即数百年勋业尽矣。"红线曰："易尔。不足劳主忧。乞放某一到魏郡，看其形势，觇⑳其有无。今一更㉑首途㉒，三更可以复命。请先定一走马

---

① 至德：唐肃宗的年号（756—758）。

② 两河：唐代指黄河下游的南北地区。

③ 昭义军：广德元年（763）安史叛将薛嵩以相、卫、邢、洺四州投降朝廷，唐肃宗封其为相卫六州节度使，治所在相州（今河南安阳市），领有相州（故址在今河南省安阳市）、卫州（故址在今河南省卫辉市）、贝州（故址在今河北省清河县）、邢州（故址在今河北省邢台市）、洺州（故址在今河北省邯郸市永年区）等。

④ 釜阳：故址在今河北磁县。

⑤ 山东：指崤山、函谷关以东的地区。崤山、函谷关是从中原西去关中必经之地，在今河南省三门峡市。

⑥ 魏博节度使：宝应元年（762）十月，唐军再次收复洛阳，史朝义军节节败退，一路败至莫州，田承嗣见叛军大势已去，不得不投降李唐朝廷。唐朝为了笼络河北安史旧部，任命田承嗣为魏博节度使，驻魏州（今河北省大名县），拥兵十万，形同割据。

⑦ 男：儿子。

⑧ 滑州：故址在今河南省北部的滑县。

⑨ 镇：藩镇。

⑩ 昭义军节度使、魏博节度使、滑州节度使地处安史叛军老巢范阳至洛阳、长安关节点，控制三镇即控制黄河下游南北区域。三镇节度使中，田承嗣最为狡猾、阴险。

⑪ 日浃往来：指交往频繁，时常往来。日浃，从甲日到癸日共计十天的时间。

⑫ 山东：此处指太行山，当时潞州节度使薛嵩驻地潞州即在太行山上，地势高爽。

⑬ 夜直：晚上值班。直，通"值"。

⑭ 咄咄：象声词，感叹声。

⑮ 夜漏将传：指快要打更报时的时候。漏，古代一种计时器，泛指更点。

⑯ 辕门：官署前门的外大门。

⑰ 杖策庭除：拄着拐杖，徘徊在台阶前。

⑱ 不遑寝食：没有心情从容吃饭休息。不遑，无暇。

⑲ 某虽贱品：我虽然身份低贱。某，自指。贱品，低贱的身份。

⑳ 觇（chān）：窥视，观察。

㉑ 一更：古代分一个夜晚为五更，晚上七点到九点为一更。

㉒ 首途：启程，出发。

兼具寒暄书①，其他即俟②某却回也。"嵩大惊曰："不知汝是异人③，我之暗④也。然事若不济，反速其祸，奈何？"红线曰："某之行，无不济者。"乃入闺房，饰其行具。梳乌蛮髻⑤，攒⑥金凤钗，衣紫绣短袍，系青丝轻履。胸前佩龙文匕首，额上书太乙神⑦名。再拜而倏忽不见。

嵩乃返身闭户，背烛危坐。常时饮酒，不过数合，是夕举觞十余不醉。忽闻晓角吟风⑧，一叶坠露，惊而试问，即红线回矣。嵩喜而慰问曰："事谐⑨否？"曰："不敢辱命⑩。"又问曰："无伤杀否？"曰："不至是。但取床头金合为信耳。"红线曰："某子夜前三刻⑪，即到魏郡，凡历数门，遂及寝所。闻外宅男止于房廊，睡声雷动。见中军士卒，步于庭庑，传呼⑫风生。某发其左扉，抵其寝帐。见田亲家翁⑬正于帐内，鼓跌⑭酣眠，头枕文犀⑮，髻包黄縠⑯，枕前露一七星剑。剑前仰开一金合⑰，合内书生身甲子⑱与北斗神名；复有名香美珍，散覆其上。扬威玉帐，但期心豁于生前；同梦兰堂，不觉命悬于手下。宁劳擒纵，只益伤嗟。时则蜡炬光凝，炉香烬煨，侍人四布，兵器森罗。或头触屏风，鼾而軃⑲者；或手持巾拂，寝而伸者。某拔其簪珥，縻⑳其裤裳，如病如昏，皆不能寤㉑；遂持金合以归。既出魏城西门，将行二百里，见铜台高揭㉒，而漳水东注；晨飚动野，斜月在林。忧往喜还，顿忘于行役；感知酬德，聊副于心

<hr>

① 寒暄书：内容是闲聊家常的书信。

② 俟（sì）：等待。

③ 异人：不同寻常之人，有特异才华之人。

④ 暗：昏庸，糊涂。

⑤ 乌蛮髻：古乌蛮族人的发式。

⑥ 攒：插头饰。

⑦ 太乙神：唐代道教尊崇的神祇，传说神力广大。

⑧ 晓角吟风：风声中传来报晓的角声。

⑨ 谐：顺利。

⑩ 辱命：辜负使命。

⑪ 子夜前三刻：古代把一昼夜划分成十二个时段，每一个时段叫一个时辰，子夜指深夜十一点至一点。古代分一昼夜为百刻，三刻相当于今时四十三分。

⑫ 传呼：指夜晚值班的士兵彼此间传呼口令。

⑬ 亲家翁：彼此儿、女结婚，对姻家男主人的尊称。

⑭ 鼓跌（gǔ fū）：曲着腿、翘起脚，舒服的样子。

⑮ 文犀：绣有有花纹的犀牛图案的枕头。

⑯ 黄縠（hú）：黄色的绉纱。

⑰ 金合：金子做的盒子。

⑱ 生身甲子：出生的时间。古代迷信认为出生时间（生辰八字）决定一个人一生的命运。

⑲ 軃（duǒ）：下垂貌，此处指躺倒。

⑳ 縻（mí）：捆扎。

㉑ 寤：醒来。

㉒ 铜台高揭：铜雀台高耸。铜雀台是三国时曹操所筑。

期①。所以夜漏三时②，往返七百里；入危邦，经五六城；冀减主忧，敢言其苦。"嵩乃发使遗③承嗣书曰："昨夜有客从魏中来，云：自元帅头边获一金合，不敢留驻，谨却封纳。"专使星驰，夜半方到。见搜捕金合，一军忧疑。使者以马挝④扣门，非时请见⑤。承嗣遽出，以金合授之。捧承之时，惊怛绝倒⑥。遂驻使者止于宅中，狎以宴私，多其赐赍。明日遣使赍⑦缯帛⑧三万疋⑨，名马二百匹，他物称是⑩，以献于嵩曰："某之首领⑪，系在恩私⑫。便宜⑬知过自新，不复更贻伊戚⑭。专膺指使⑮，敢议姻亲。役当奉毂后车⑯，来则挥鞭前马。所置纪纲仆⑰号为外宅男者，本防它盗，亦非异图。今并脱其甲裳，放归田亩矣。"由是一两月内，河北河南，人使交至。

而红线辞去。嵩曰："汝生我家，而今欲安往？又方赖汝，岂可议行⑱？"红线曰："某前世本男子，历江湖间，读神农药书，救世人灾患。时里有孕妇，忽患蛊症⑲，某以芫花⑳酒下之，妇人与腹中二子俱毙。是某一举，杀三人。阴司㉑见诛，降为女子。使身居贱隶，而气禀贼星㉒，所幸生于公家，今十九年矣。身厌罗绮，口穷甘鲜，宠待有加，荣亦至矣。况国家建极㉓，庆且无疆。此辈背违天理，当尽弭患㉔。昨往魏郡，以示报恩。两地保其城池，万人全其性命，使乱臣知惧，烈士㉕安谋。某一妇人，功亦

---

① 心期：心中所期望的结果。

② 夜漏三时：夜漏三个时辰，相当于现代6个小时。

③ 遗（wèi）：赠与，送给。

④ 马挝：马鞭子。

⑤ 非时请见：指紧急约见。非时，不是正常时间。

⑥ 惊怛（dá）绝倒：惊愕、恐惧得几乎要倒下。

⑦ 赍（jī）：送东西给人。

⑧ 缯帛：丝绸的统称。

⑨ 疋：通"匹"，量词。

⑩ 他物称是：其他与此相当的物品。

⑪ 首领：头颈，代指性命。

⑫ 恩私：恩情，恩惠。

⑬ 便宜（biàn yí）：抓住机会处理好事情。

⑭ 更贻伊戚：意思是说不再使您烦恼。

⑮ 专膺指使：接受您的指派。

⑯ 奉毂（gǔ）后车：跟在车后照料，表示感恩、追随的意思。毂，车轮中心的圆木，代指车。

⑰ 纪纲仆：仆人。

⑱ 议行：提出离开。

⑲ 蛊（gǔ）症：肚子里长虫的病症。蛊，毒虫。

⑳ 芫花：又名"芫华""鱼毒""药鱼草"，古代使用的一种药用植物。

㉑ 阴司：古代迷信的说法，指阴间的司法机构。

㉒ 气禀贼星：气质受到代表不祥之象的流星影响。贼星，彗星。古代认为人的气质、思想、命运受天上星象制约。

㉓ 建极：建立中正之道，此处指平定安史之乱，恢复李唐王朝统治秩序。

㉔ 弭患：消除祸患。

㉕ 烈士：指有志于为国家建立功业的人。

不小。固可赎其前罪，还其本身。便当遁迹尘中①，栖心物外②，澄清一气③，生死长存。"嵩曰："不然，遗尔千金为居山之所给。"红线曰："事关来世，安可预谋。"嵩知不可驻，乃广为钱别；悉集宾客，夜宴中堂。嵩以歌送红线，请座客冷朝阳为词曰："采菱歌怨木兰舟，送别魂消百尺楼。还似洛妃乘雾去④，碧天无际水长流。"歌毕，嵩不胜悲。红线拜且泣，因伪醉离席⑤，遂亡其所在⑥。

作者简介

袁郊在唐昭宗（867—904）朝做翰林学士和虢州刺史，曾和晚唐著名诗人温庭筠有过唱和。袁郊著有小说集《甘泽谣》，《红线》是其九篇故事中最精彩的一篇。

知识链接

1. 鲁迅先生说："小说亦如诗，至唐代而一变，虽尚不离于搜奇记逸，然叙述宛转，文辞华艳，与六朝之粗陈梗概者较，演进之迹甚明，而尤显者乃在是时则始有意为小说。"小说是现代最有影响的文学文体之一，但在古代迟至唐代才发展成熟，唐传奇的出现标志着中国古代小说文体的独立。唐传奇将人物置于特定现实社会环境里，描述其曲折经历，展示其思想性格，人物个性鲜明，情节生动，具有很强的感染力。除了爱情婚姻题材的唐传奇"绰有情致"（胡应麟语），深受后代读者喜爱之外，叙述侠义故事的唐传奇也取得了很高成就。

2. 唐传奇创作的高潮出现在中唐，涌现了一批优秀作品，如《枕中记》《任氏传》《柳毅传》《霍小玉传》《李娃传》《莺莺传》等。这些作品语言精简工细，叙事条理清晰，富有组织和表现力，反映了市民生活的鲜明特色，反映了中唐复杂的社会政治生活。

包公断案⑦

文本导读

一般认为，话本小说是由民间艺人演说故事的底本改编而成。这种艺人说故事的民间艺术形式在宋元时期颇为流行，到了明代，经过作家和出版商的合作改编，成为今天所看到的书面小说形态。明代洪楩编刊《六十家小说》和《清平山堂话本》都收录了这篇小说。

---

① 遁迹尘中：离开世俗功利社会。
② 栖心物外：将心思放在人间俗务之外。
③ 澄清一气：将凡俗浑浊之气涤荡澄清。
④ 洛妃乘雾去：传说洛水女神宓妃乘云气而行。
⑤ 伪醉离席：假装喝醉离开宴席。
⑥ 亡其所在：不知道去了哪里。
⑦ 洪楩．清平山堂话本：卷一．上海：上海古籍出版社，1994．文中个别文字错误，据别本修改。

小说原题《合同文字记》，现题为编选者所拟。

这篇小说故事来源于真实历史人物、宋代名臣包拯的事迹。包公故事在宋代民间就已非常流行，这篇话本是较早的包公断案故事，对后来包公题材的戏曲小说影响很大。

这篇小说文字风格朴素，人物的描写和情节的安排都比较简单。宋仁宗时，离东京汴梁城（今河南开封）三十里的老儿村，住着刘添祥、刘添瑞兄弟二人。有一年遭受天灾，刘添瑞带妻儿去外乡逃荒，临走前与其兄订立合同文书，证明他的身份和产业。两年后，刘添瑞夫妇病死于异乡，儿子安住转由他人抚养。十五年后，刘安住携带父母的骨殖回乡。这时刘添祥已继娶王氏为妻，王氏为了独占家产，不认安住为亲。刘安住在开封府尹包拯那里告状，包公据合同文字判决，使添祥认安住为侄，刘安住得以与伯父刘添祥相认，并与父母生前约定的女子满堂成婚，刘安住的孝义行为也得到朝廷表彰，因此被授予官职，小说在大团圆中结束。小说反映了宋元时期民间社会生活状况，批判人性的贪婪，宣扬孝义道德，歌颂包拯的公正和智慧，也寄寓着百姓对公平法治的期待。

入话[①]：

吃食少添盐醋，不是去处休去。

要人知重勤学，怕人知事莫做。

话说宋仁宗朝庆历年间，去这东京汴梁城[②]离城三十里，有个村，唤做老儿村。村里有个农庄人家，弟兄二人，姓刘：哥哥名刘添祥，年四十岁，妻已故；兄弟名刘添瑞，年三十五岁，妻田氏，年三十岁，生得一个孩儿，叫名安住，年三岁。弟兄专靠耕田种地度日。

其年因为旱涝不收，一日，添瑞向哥哥道："看这田禾不收，如何过日？不若我们搬去潞州高平县[③]下马村，投奔我姨夫张学究[④]处趁熟[⑤]，将勤补拙过几时。你意下如何？"添祥道："我年纪高大，去不得。兄弟，你和二嫂去走一遭。"添瑞道："哥哥，则今日请我友人李社长[⑥]为明证[⑦]，见立两纸合同文字，哥哥收一纸，兄弟收一纸。兄弟往他州趁熟，'人无前后眼[⑧]'，哥哥年纪大，有桑田、物业、家缘[⑨]，又将不去，今日写为照证[⑩]。"添祥言："兄弟见得是。"遂请李社长来家，写立合同明白，各收一纸。安排酒相待之间，这李社长对刘添祥说："我有个女孩儿，刘二哥求作媳妇，就今日说开。"刘大言："既如此，选个吉日良辰，下些定礼。"

---

① 入话：通俗小说的套语，以引子的形式，用于每篇话本之首。多为诗词韵语或小故事，是说书人在叙述正文之前，为了候客、垫场、引人入胜或点明本事而使用。

② 汴梁城：北宋首都，故址在今河南省开封市。

③ 潞州：一般写作"潞州"，所辖区域现今主要在山西长治以及河北涉县等地。

④ 学究：唐代出现的科举名词，后成为读书人的通称，亦指迂腐浅陋的读书人。

⑤ 趁熟：赶往有收成的地方谋生，谋饭吃、谋生。

⑥ 社长：宋元时期农村基层自治组织的领导，相当于现在的村长或村委会主任。

⑦ 明证：证明。

⑧ 人无前后眼：谚语，意思是人看不到身后发生的事，比喻暗算难防，也比喻后事难料。

⑨ 家缘：家产。

⑩ 照证：证明、证据。

不数日完备，刘二辞了哥哥，收拾了行李，长行而去。只因刘二要去趁熟，有分教①道：去时有路，回却无门。正是：

旱涝天气数，家国有兴亡；

万事分已定，浮生空自忙。

当日，刘二带了妻子，在路行了数日，已到高平县下马村，见了姨夫张学究，备说来趁熟之事。其人大喜，留在家。

光阴荏苒，不觉两年。这刘二嫂害着个脑疽疮，医疗一月有余，疼痛难忍，饮食不进，一命倾世②。刘二痛哭哀哀，殡葬已毕。又过两月，刘二恹恹成病，医疗少可。张学究劝刘二休忆妻子，将息③身体，好养孩儿安住。又过半年，忽然刘二感天行时气④，头疼发热。正是：

福无双至从来有，祸不单行自古闻。

害了六七日，一命呜呼⑤，已归泉下⑥。张学究葬于祖坟边刘二嫂坟上，已毕。

光阴似箭，日月如梭，安住在张家村里一住十五年，孩儿长成十八岁，聪明智慧，德行方能，读书学礼。一日，正值清明节日，张学究夫妻两口儿打点祭物，同安住去坟上祭扫。到坟前将祭物供养，张学究与婆婆道："我有话和你说。想安住今已长成人了。今年是大通之年，我有心待交他将着刘二两口儿骨殖还乡⑦，认他伯父。你意下如何？"婆婆道："丈夫，你说得是。这的⑧是阴骘勾当⑨。"

夫妻商议已定，教安住："拜了祖坟，孩儿然后去兀那⑩坟前，也拜几拜。"安住问云："父亲，这是何人的坟？"拜毕，学究言："孩儿休问，烧了纸，回家去。"安住云："父亲不通名姓，有失其亲。我要性命如何？不如寻个自刎。"学究云："孩儿且住，我说与你：这是你生身父母。我是你养身父母，你是汴梁离城三十里老儿村居住。你的伯父刘添祥。你父刘添瑞同你母刘二嫂，将着你年方三岁，十五年前三口儿因为年歉⑪，来俺家趁熟。你母患脑疽疮身死，你父得天行时气而亡，俺夫妻两口儿备棺木殡葬了，将孩儿如嫡亲儿子看养⑫。"

不说万事俱休，说罢，安住向坟前放声大哭，曰："不孝子那知生身父母双亡？"学究云："孩儿不须烦恼！选吉日良时，将你父母骨殖还乡，去认了伯父刘添祥，葬埋了你父母骨殖。休忘了俺两口儿的抚养之恩！"安住云："父亲、母亲之恩，过如生身父母，孩儿怎

---

① 分教：通俗小说的套语，是说书人对听众的提示，往往对一段故事进行小结。

② 倾世：死亡。

③ 将息：调理、调养。

④ 天时行气：因气候不正常引起的流行病。

⑤ 一命呜呼：死亡。

⑥ 泉下：地下，被埋葬于地下，指死亡。

⑦ 骨殖（shí）还乡：尸骨回到故乡。中国古代习俗，人死亡之后一定要回到故乡安葬。

⑧ 的（dí）：的确，确实是。

⑨ 阴骘（zhì）勾当：积累阴德的行为。阴德，暗中做的有德于人的善事。

⑩ 兀那：那，那个。

⑪ 年歉：农业收成很差，导致生活艰难。

⑫ 看养：抚养。

敢忘恩？若得身荣①，结草衔环②报答！"道罢，收拾回家。至次日，交人择选吉日，将父母骨殖包裹了，收拾衣服、盘费③，并合同文字，做一担儿挑了，来张学究夫妻两口儿。学究云："你爹娘来时，盘缠无一文，一头挑着孩儿，一头是些穷家私。孩儿路上在意，山峻难行，到地头④便稍信来，与我知之。"安住云："父亲放心，休忆念！"遂拜别父母，挑了担儿而去。

话休絮烦。却说刘添祥忽一日自思："我兄弟刘二夫妻两个都去趁熟，至今十五六年，并无音信，不知有无？"因为家中无人，娶这个婆婆王氏，带着前夫之子来家，一同过活。一日，王氏自思："我丈夫老刘有个兄弟，和侄儿趁熟去，倘若还乡来时，那里发付⑤我孩儿？好烦恼人哉！"

当日春社⑥，老刘吃酒不在家。至下午，酒席散回家，却好安住于路问人，来到门首，歇下担儿。刘婆婆问云："你这后生⑦寻谁？"安住云："伯娘，孩儿是刘添瑞之子，十五年前，父母与孩儿出外趁熟，今日回来。"正议论间，刘大醉了回来，见了安住，问云："你是谁？来俺门前做甚么？"安住云："爹爹，孩儿是安住！"老刘问："你那父母在何处？"安住云："自从离了伯父，到路州高平县下马村张学究家趁熟，过不得两年，父母双亡，止存得孩儿。亲父母已故，多亏张学究看养到今。今将父母骨殖还乡安葬，望伯父见怜！"

当下老刘酒醉。刘婆言："我家无在外趁熟人，那里走这个人来，胡⑧认我家？"安住云："我见有合同文字为照，特来认伯父。"刘婆教老刘："打这厮⑨出去，胡厮缠来认我们！"老刘拿块砖，将安住打破了头，重伤血出，倒于地下。有李社长过，问老刘："打倒的是谁人？"老刘云："他诈称是刘二儿子，认我又骂我，被我打倒推死。"李社长云："我听得人说，因此来看。休问是与不是，等我扶起来问他。"

李社长问道："你是谁？"安住云："我是刘添瑞之子，安住的便是。"社长问："你许多年那里去来？"安住云："孩儿在路州高平县下马村张学究家抚养长成，如今带父母骨殖回乡安葬。伯父、伯母言孩儿诈认，我见将着⑩合同文字，又不肯看，把我打倒，又得爹爹救命。"

社长教安住："挑了担儿，且同我回去。"即时领安住回家中。歇下担儿，拜了李社长。社长道："婆婆，你的女婿刘安住将着父母骨殖回乡。"李社长教安住将骨殖放在堂前，乃言："安住，我是你丈人，婆婆是你丈母。"教满堂女孩儿出来："参拜了你公公、婆婆的灵

---

① 身荣：发达，当上官。
② 结草衔环：回报、报恩。
③ 盘费：盘缠，为出行准备的费用。
④ 地头：目的地。
⑤ 发付：打发。
⑥ 春社：春季的祭祀民俗活动。
⑦ 后生：年轻人。
⑧ 胡：胡乱，错误。
⑨ 厮：男性仆人，在通俗小说中用作对人的蔑称。
⑩ 将着：拿着。

枢。"安排祭物，祭祀化纸已毕，安排酒食相待，乃言："孩儿，明日去开封府包府尹^①处，告理被晚伯母、亲伯父打伤事。"

当日歇了一夜，至次早，安住径往开封府告包相公^②。相公随即差人捉刘添祥并晚婆婆来，就带合同，一并赴官。又拘李社长明证。当日一干人到开封府厅上，包相公问："刘添祥，这刘安住是你侄儿不是？"老刘言："不是。"刘婆亦言："不是。既是亲侄儿，缘何多年不知有无？"

包相公取两纸合同一看，大怒，将老刘收监问罪。安住告相公："可怜伯伯年老，无儿无女，望相公可怜见！"包相公言："将晚伯母收监问罪。"安住道："望相公只问孩儿之罪，不干伯父伯婆之事。"包相公交将老刘打三十下。安住告相公："宁可打安住，不可打伯父。告相公，只要明白家事，安住日后不忘相公之恩！"

包相公见安住孝义，发放各回家："待吾具表奏闻。"包相公判毕，各自回家。朝廷喜其孝心，旌表孝子刘安住孝义双全，加赠陈留县尹^③，全刘添祥一家团圆。

其李社长选日令刘安住与女李满堂成亲。一月之后，收拾行装，夫妻二人拜辞两家父母，就起程直到高平县，拜谢张学究已毕，遂往陈留县赴任为官。夫妻谐老，百年而终。正是：

李社长不悔婚姻事，刘晚妻^④欲损相公嗣；刘安住孝义两双全，包待制^⑤断合同文字。
话本说彻^⑥，权作散场。

知识链接

1. 包拯（999—1062），字希仁，宋代庐州合肥（今安徽肥东县）人，北宋名臣。宋仁宗天圣五年（1027），包拯登进士第。累迁监察御史、三司户部判官及京东、陕西、河北路转运使，后入朝担任三司户部副使，再授龙图阁直学士、河北都转运使，移知瀛、扬诸州。嘉祐七年（1062）逝世，享年64岁，被朝廷追赠礼部尚书，谥号"孝肃"，合肥今有"忠孝包公祠"。包拯为官廉洁公正，立朝刚毅，不附权贵，铁面无私，英明决断，敢于替百姓申不平，故有"包公""包青天"之名。

2. 唐代已出现说唱故事（说书）的民间艺术，至宋代广泛流行开来。"话本"就是宋、元民间艺人说唱的底本。宋、元底本大多失传，明代文人根据宋元话本进行加工，也就是后代所见的话本小说。六朝志人志怪小说和唐传奇都是文言小说，而话本则是用通俗语言

① 包府尹：包拯。北宋曾于京都开封设置府尹，以文臣充，专掌府事，位在尚书下、侍郎上，少尹二人佐之，掌管京师民政、司法、捕捉盗贼、赋役、户口等政务。

② 相公：民间对政府官员的泛称。

③ 陈留县尹：陈留县县令。陈留县，秦朝开始设置，故址在今河南省开封市祥符区。县尹，县长、县令。

④ 晚妻：后妻，原配妻子去世后再娶的妻子。

⑤ 包待制：包拯。宋真宗设置龙图阁学士（高）、直学士、待制（低），这是文人心目中非常向往的荣耀身份（头衔），后来又设天章阁学士、直学士、待制。包拯在宋仁宗皇祐二年（1050）担任知谏院时被授予天章阁待制，后来被授予龙图阁直学士。

⑥ 说彻：说完。

写成的白话小说，代表中国古代小说发展的新特点。六朝志人志怪小说、唐传奇小说主人公基本是上层社会贵族或文人，小说情节曲折，抒情意味浓厚，语言华丽，而话本小说的主人公，不少是民间底层百姓，话本小说主要反映底层百姓的遭遇和哀乐，说教意味较浓，语言通俗，文风朴实，还常常引用诗词渲染氛围。明清章回小说（长篇小说）就是继承话本小说的经验才出现的。

三顾茅庐①

罗贯中

文本导读

公元207年冬至208年春，当时驻军新野的刘备在徐庶建议下，三次到襄阳隆中拜访诸葛亮，但直到第三次方得见。诸葛亮为刘备分析了天下形势，提出先取荆州为家、再取益州成鼎足之势、继而图取中原的战略构想。本节文字通过徐庶、司马徽的赞美、推荐，三顾茅庐而两次不遇，一些亲友的歌吟谈吐，以及山林景色的幽雅清美，层层烘托了诸葛亮的高洁品格和绝世才能。同时也通过强烈的对比，把刘备的宽厚、张飞的莽撞、关羽的沉着，表现得惟妙惟肖。

却说玄德正安排礼物，欲往隆中谒诸葛亮，忽人报："门外有一先生，峨冠博带②，道貌非常，特来相探。"玄德曰："此莫非即孔明否？"遂整衣出迎。视之，乃司马徽也。玄德大喜，请入后堂高坐，拜问曰："备自别仙颜，因军务倥偬，有失拜访。今得光降，大慰仰慕之私。"徽曰："闻徐元直在此，特来一会。"玄德曰："近因曹操囚其母，徐母遣人驰书，唤回许昌去矣。"徽曰："此中曹操之计矣！吾素闻徐母最贤，虽为操所囚，必不肯驰书召其子；此书必诈也。元直不去，其母尚存；今若去，母必死矣！"玄德惊问其故，徽曰："徐母高义，必羞见其子也。"玄德曰："元直临行，荐南阳诸葛亮，其人若何？"徽笑曰："元直欲去，自去便了，何又惹他出来呕心血也？"玄德曰："先生何出此言？"徽曰："孔明与博陵崔州平、颍川石广元、汝南孟公威与徐元直四人为密友。此四人务于精纯，惟孔明独观其大略。尝抱膝长吟，而指四人曰：'公等仕进可至刺史、郡守。'众问孔明之志若何，孔明但笑而不答。每常自比管仲、乐毅，其才不可量也。"玄德曰："何颍川之多贤乎！"徽曰："昔有殷馗善观天文，尝谓'群星聚于颍分，其地必多贤士'。"时云长在侧曰："某闻管仲、乐毅乃春秋、战国名人，功盖寰宇；孔明自比此二人，毋乃太过？"徽笑曰："以吾观之，不当比此二人；

---

① 罗贯中. 三国演义. 北京：人民文学出版社，1979. 本文节选自第三十七回"司马徽再荐名士 刘玄德三顾茅庐"与第三十八回"定三分隆中决策 战长江孙氏报仇"，标题为编者所加。

② 峨冠博带：高帽阔带。

166

我欲另以二人比之。"云长问："那二人？"徽曰："可比兴周八百年之姜子牙、旺汉四百年之张子房也。"众皆愕然。徽下阶相辞欲行，玄德留之不住。徽出门仰天大笑曰："卧龙虽得其主，不得其时，惜哉！"言罢，飘然而去。玄德叹曰："真隐居贤士也！"

次日，玄德同关、张并从人等来隆中。遥望山畔数人，荷锄耕于田间，而作歌曰：

苍天如圆盖，陆地似棋局。世人黑白分，往来争荣辱。

荣者自安安，辱者定碌碌。南阳有隐居，高眠卧不足！

玄德闻歌，勒马唤农夫问曰："此歌何人所作？"答曰："乃卧龙先生所作也。"玄德曰："卧龙先生住何处？"农夫曰："自此山之南，一带高冈，乃卧龙冈也。冈前疏林内茅庐中，即诸葛先生高卧之地。"玄德谢之，策马前行。不数里，遥望卧龙冈，果然清景异常。后人有古风一篇，单道卧龙居处。诗曰：

襄阳城西二十里，一带高冈枕流水。高冈屈曲压云根，流水潺湲飞石髓。

势若困龙石上蟠，形如单凤松阴里。柴门半掩闭茅庐，中有高人卧不起。

修竹交加列翠屏，四时篱落野花馨。床头堆积皆黄卷，座上往来无白丁。

叩户苍猿时献果，守门老鹤夜听经。囊里名琴藏古锦，壁间宝剑挂七星。

庐中先生独幽雅，闲来亲自勤耕稼。专待春雷惊梦回，一声长啸安天下。

玄德来到庄前，下马亲叩柴门，一童出问。玄德曰："汉左将军、宜城亭侯、领豫州牧、皇叔刘备，特来拜见先生。"童子曰："我记不得许多名字。"玄德曰："你只说刘备来访。"童子曰："先生今早少出。"玄德曰："何处去了？"童子曰："踪迹不定，不知何处去了。"玄德曰："几时归？"童子曰："归期亦不定，或三五日，或十数日。"玄德惆怅不已。张飞曰："既不见，自归去罢了。"玄德曰："且待片时。"云长曰："不如且归，再使人来探听。"玄德从其言，嘱付童子："如先生回，可言刘备拜访。"

遂上马，行数里，勒马回观隆中景物，果然山不高而秀雅，水不深而澄清；地不广而平坦，林不大而茂盛；猿鹤相亲，松篁交翠。观之不已，忽见一人，容貌轩昂，丰姿俊爽，头戴逍遥巾，身穿皂布袍，杖藜从山僻小路而来。玄德曰："此必卧龙先生也！"急下马向前施礼，问曰："先生非卧龙否？"其人曰："将军是谁？"玄德曰："刘备也。"其人曰："吾非孔明，乃孔明之友博陵崔州平也。"玄德曰："久闻大名，幸得相遇。乞即席地权坐，请教一言。"二人对坐于林间石上，关、张侍立于侧。州平曰："将军何故欲见孔明？"玄德曰："方今天下大乱，四方云扰，欲见孔明，求安邦定国之策耳。"州平笑曰："公以定乱为主，虽是仁心，但自古以来，治乱无常。自高祖斩蛇起义，诛无道秦，是由乱而入治也；至哀、平之世二百年，太平日久，王莽篡逆，又由治而入乱；光武中兴，重整基业，复由乱而入治；至今二百年，民安已久，故干戈又复四起，此正由治入乱之时，未可猝定也。将军欲使孔明斡旋①天地，补缀②乾坤，恐不易为，徒费心力耳。岂不闻'顺天者逸，逆天者劳'、'数之所在，理不得而夺之；命之所在，人不得而强之'乎？"玄德曰："先生所言，诚为高见。但备身为汉胄，合当匡扶汉室，何敢委之数与命？"州平曰："山野之夫，不足与论天下事，适承明问，故妄言之。"玄德曰："蒙先生见教。但不知孔明往何处去了？"州

---

① 斡旋：这里是挽回、转变的意思。

② 补缀：缝补破裂的衣服。

平曰："吾亦欲访之，正不知其何往。"玄德曰："请先生同至敝县，若何？"州平曰："愚性颇乐闲散，无意功名久矣。容他日再见。"言讫，长揖而去。玄德与关、张上马而行。张飞曰："孔明又访不着，却遇此腐儒，闲谈许久！"玄德曰："此亦隐者之言也。"

三人回至新野，过了数日，玄德使人探听孔明。回报曰："卧龙先生已回矣。"玄德便教备马。张飞曰："量一村夫，何必哥哥自去，可使人唤来便了。"玄德叱曰："汝岂不闻孟子云：'欲见贤而不以其道，犹欲其入而闭之门也。'孔明当世大贤，岂可召乎！"遂上马再往访孔明。关、张亦乘马相随。时值隆冬，天气严寒，彤云①密布。行无数里，忽然朔风凛凛，瑞雪霏霏；山如玉簇，林似银妆。张飞曰："天寒地冻，尚不用兵，岂宜远见无益之人乎！不如回新野以避风雪。"玄德曰："吾正欲使孔明知我殷勤之意。如弟辈怕冷，可先回去。"飞曰："死且不怕，岂怕冷乎！但恐哥哥空劳神思。"玄德曰："勿多言，只相随同去。"将近茅庐，忽闻路傍酒店中有人作歌。玄德立马听之。其歌曰：

壮士功名尚未成，呜呼久不遇阳春！君不见东海老叟辞荆榛，后车遂与文王亲。

八百诸侯不期会，白鱼入舟涉孟津。牧野一战血流杵，鹰扬伟烈冠武臣。

又不见高阳酒徒起草中，长揖芒砀隆准公②。高谈王霸惊人耳，辍洗延坐钦英风。

东下齐城七十二，天下无人能继踪。二人功迹尚如此，至今谁肯论英雄？

歌罢，又有一人击桌而歌。其歌曰：

吾皇提剑清寰海，创业垂基四百载。桓灵季业火德衰，奸臣贼子调鼎鼐。

青蛇飞下御座傍，又见妖虹降玉堂。群盗四方如蚁聚，奸雄百辈皆鹰扬。

吾侪长啸空拍手，闷来村店饮村酒。独善其身尽日安，何须千古名不朽！

二人歌罢，抚掌大笑。玄德曰："卧龙其在此间乎！"遂下马入店。见二人凭桌对饮：上首者白面长须，下首者清奇古貌。玄德揖而问曰："二公谁是卧龙先生？"长须者曰："公何人？欲寻卧龙何干？"玄德曰："某乃刘备也。欲访先生，求济世安民之术。"长须者曰："我等非卧龙，皆卧龙之友也。吾乃颍川石广元，此位是汝南孟公威。"玄德喜曰："备久闻二公大名，幸得邂逅。今有随行马匹在此，敢请二公同往卧龙庄上一谈。"广元曰："吾等皆山野慵懒之徒，不省治国安民之事，不劳下问。明公请自上马，寻访卧龙。"

玄德乃辞二人，上马投卧龙冈来。到庄前下马，扣门问童子曰："先生今日在庄否？"童子曰："现在堂上读书。"玄德大喜，遂跟童子而入。至中门，只见门上大书一联云：

"淡泊以明志，宁静而致远。"玄德正看间，忽闻吟咏之声，乃立于门侧窥之，见草堂之上，一少年拥炉抱膝，歌曰：

凤翱翔于千仞兮，非梧不栖；士伏处于一方兮，非主不依。

乐躬耕于陇亩兮，吾爱吾庐；聊寄傲于琴书兮，以待天时。

玄德待其歌罢，上草堂施礼曰："备久慕先生，无缘拜会。昨因徐元直称荐，敬至仙庄，不遇空回。今特冒风雪而来。得瞻道貌，实为万幸！"那少年慌忙答礼曰："将军莫非

---

① 彤云：旧解以为就是同云，下雪时，天上布满颜色一样的阴云，所以叫同云。一说彤即红色本义，将要下雪，云色呈暗红色，所以叫彤云。

② 隆准公：对汉高祖刘邦的别称。隆，高大；准，鼻子。据说刘邦的鼻子生得高大挺拔，故有此称。

刘豫州，欲见家兄否？"玄德惊讶曰："先生又非卧龙耶？"少年曰："某乃卧龙之弟诸葛均也。愚兄弟三人，长兄诸葛瑾，现在江东孙仲谋处为幕宾；孔明乃二家兄。"玄德曰："卧龙今在家否？"均曰："昨为崔州平相约，出外闲游去矣。"玄德曰："何处闲游？"均曰："或驾小舟游于江湖之中，或访僧道于山岭之上，或寻朋友于村落之间，或乐琴棋于洞府之内。往来莫测，不知去所。"玄德曰："刘备直如此缘分浅薄，两番不遇大贤！"均曰："少坐献茶。"张飞曰："那先生既不在，请哥哥上马。"玄德曰："我既到此间，如何无一语而回？"因问诸葛均曰："闻令兄卧龙先生熟谙韬略，日看兵书，可得闻乎？"均曰："不知。"张飞曰："问他则甚！风雪甚紧，不如早归。"玄德叱止之。均曰："家兄不在，不敢久留车骑。容日却来回礼。"玄德曰："岂敢望先生枉驾。数日之后，备当再至。愿借纸笔作一书，留达令兄，以表刘备殷勤之意。"均遂进文房四宝。玄德呵开冻笔，拂展云笺，写书曰：

备久慕高名，两次晋谒，不遇空回，惆怅何似！窃念备汉朝苗裔，滥叨名爵，伏睹朝廷陵替①，纲纪崩摧，群雄乱国，恶党欺君，备心胆俱裂。虽有匡济之诚，实乏经纶之策。仰望先生仁慈忠义，慨然展吕望之大才，施子房之鸿略，天下幸甚！社稷幸甚！先此布达，再容斋戒薰沐，特拜尊颜，面倾鄙悃。统希鉴原。

玄德写罢，递与诸葛均收了，拜辞出门。均送出，玄德再三殷勤致意而别。方上马欲行，忽见童子招手篱外，叫曰："老先生来也。"玄德视之，见小桥之西，一人暖帽遮头，狐裘蔽体，骑着一驴，后随一青衣小童，携一葫芦酒，踏雪而来；转过小桥，口吟诗一首。诗曰：

一夜北风寒，万里彤云厚。长空雪乱飘，改尽江山旧。

仰面观火虚，疑是玉龙斗。纷纷鳞甲飞，顷刻遍宇宙。

骑驴过小桥，独叹梅花瘦！

玄德闻歌曰："此真卧龙矣！"滚鞍下马，向前施礼曰："先生冒寒不易！刘备等候久矣！"那人慌忙下驴答礼。诸葛均在后曰："此非卧龙家兄，乃家兄岳父黄承彦也。"玄德曰："适间所吟之句，极其高妙。"承彦曰："老夫在小婿家观《梁父吟》，记得这一篇。适过小桥，偶见篱落间梅花，故感而诵之。不期为尊客所闻。"玄德曰："曾见令婿否？"承彦曰："便是老夫也来看他。"玄德闻言，辞别承彦，上马而归。正值风雪又大，回望卧龙冈，悒怏②不已。后人有诗单道玄德风雪访孔明。诗曰：

一天风雪访贤良，不遇空回意感伤。冻合溪桥山石滑，寒侵鞍马路途长。

当头片片梨花落，扑面纷纷柳絮狂。回首停鞭遥望处，烂银堆满卧龙冈。

玄德回新野之后，光阴荏苒，又早新春。乃令卜者揲蓍③，选择吉期，斋戒三日，薰沐更衣，再往卧龙冈谒孔明。关、张闻之不悦，遂一齐入谏玄德。关公曰："兄长两次亲往拜谒，其礼太过矣。想诸葛亮有虚名而无实学，故避而不敢见。兄何惑于斯人之甚也！"玄德

---

① 陵替：衰微低落。指汉王朝统治失败，权力减弱。

② 悒怏：指愁闷不乐。

③ 揲蓍：指借卜卦以推知吉凶祸福。

曰："不然，昔齐桓公欲见东郭野人，五反而方得一面①。况吾欲见大贤耶？"张飞曰："哥哥差矣。量此村夫，何足为大贤？今番不须哥哥去。他如不来，我只用一条麻绳缚将来！"玄德叱曰："汝岂不闻周文王谒姜子牙之事乎？文王且如此敬贤，汝何太无礼！今番汝休去，我自与云长去。"飞曰："既两位哥哥都去，小弟如何落后！"玄德曰："汝若同往，不可失礼。"飞应诺。

于是三人乘马引从者往隆中。离草庐半里之外，玄德便下马步行，正遇诸葛均。玄德忙施礼，问曰："令兄在庄否？"均曰："昨暮方归。将军今日可与相见。"言罢，飘然自去。玄德曰："今番侥幸得见先生矣！"张飞曰："此人无礼！便引我等到庄也不妨，何故竟自去了！"玄德曰："彼各有事，岂可相强。"三人来到庄前叩门，童子开门出问。玄德曰："有劳仙童转报：刘备专来拜见先生。"童子曰："今日先生虽在家，但今在草堂上昼寝未醒。"玄德曰："既如此，且休通报。"分付关、张二人，只在门首等着。玄德徐步而入，见先生仰卧于草堂几席之上。玄德拱立阶下。半晌，先生未醒。关、张在外立久，不见动静，入见玄德犹然侍立。张飞大怒，谓云长曰："这先生如何傲慢！见我哥哥侍立阶下，他竟高卧，推睡不起！等我去屋后放一把火，看他起不起！"云长再三劝住。玄德仍命二人出门外等候。望堂上时，见先生翻身将起，忽又朝里壁睡着。童子欲报。玄德曰："且勿惊动。"又立了一个时辰，孔明才醒，口吟诗曰：

大梦谁先觉？平生我自知。草堂春睡足，窗外日迟迟。

孔明吟罢，翻身问童子曰："有俗客来否？"童子曰："刘皇叔在此，立候多时。"孔明乃起身曰："何不早报！尚容更衣。"遂转入后堂。又半晌，方整衣冠出迎。

玄德见孔明身长八尺，面如冠玉，头戴纶巾②，身披鹤氅，飘飘然有神仙之概。玄德下拜曰："汉室末胄、涿郡愚夫，久闻先生大名，如雷贯耳。昨两次晋谒，不得一见，已书贱名于文几，未审得入览否？"孔明曰："南阳野人，疏懒性成，屡蒙将军枉临，不胜愧赧。"二人叙礼毕，分宾主而坐，童子献茶。茶罢，孔明曰："昨观书意，足见将军忧民忧国之心；但恨亮年幼才疏，有误下问。"玄德曰："司马德操之言，徐元直之语，岂虚谈哉？望先生不弃鄙贱，曲赐教诲。"孔明曰："德操、元直，世之高士。亮乃一耕夫耳，安敢谈天下事？二公谬举矣。将军奈何舍美玉而求顽石乎？"玄德曰："大丈夫抱经世奇才，岂可空老于林泉之下？愿先生以天下苍生为念，开备愚鲁而赐教。"孔明笑曰："愿闻将军之志。"玄德屏人促席而告曰："汉室倾颓，奸臣窃命，备不量力，欲伸大义于天下，而智术浅短，迄无所就。惟先生开其愚而拯其厄，实为万幸！"孔明曰："自董卓造逆以来，天下豪杰并起。曹操势不及袁绍，而竟能克绍者，非惟天时，抑亦人谋也。今操已拥百万之众，挟天子以令诸侯，此诚不可与争锋。孙权据有江东，已历三世，国险而民附，此可用为援而不可图也。荆州北据汉、沔，利尽南海，东连吴会，西通巴、蜀，此用武之地，非其主不能守，是殆天所以资将军，将军岂有意乎？益州险塞，沃野千里，天府之国，高祖因之以成帝业。今刘璋暗弱，民殷国富，而不知存恤，智能之士，思得明君。将军既帝室之胄，信义著于四海，总揽英雄，思贤如渴，

---

①　春秋时齐桓公亲自去看一个小臣，三次都没见着。旁人劝他不要去了，他不听，第五次才终于得见。这里的东郭野人就是指原来故事里的"小臣"。

②　纶巾：用丝带制成的一种冠巾，后来又名"诸葛巾"。

若跨有荆、益，保其岩阻，西和诸戎，南抚彝、越，外结孙权，内修政理，待天下有变，则命一上将将荆州之兵以向宛、洛，将军身率益州之众以出秦川，百姓有不箪食壶浆以迎将军者乎？诚如是，则大业可成，汉室可兴矣。此亮所以为将军谋者也。惟将军图之。"言罢，命童子取出画一轴，挂于中堂，指谓玄德曰："此西川五十四州之图也。将军欲成霸业，北让曹操占天时，南让孙权占地利，将军可占人和。先取荆州为家，后即取西川建基业，以成鼎足之势，然后可图中原也。"玄德闻言，避席拱手谢曰："先生之言，顿开茅塞，使备如拨云雾而睹青天。但荆州刘表、益州刘璋，皆汉室宗亲，备安忍夺之？"孔明曰："亮夜观天象，刘表不久人世，刘璋非立业之主，久后必归将军。"玄德闻言，顿首拜谢。只这一席话，乃孔明未出茅庐，已知三分天下，真万古之人不及也！后人有诗赞曰：

豫州当日叹孤穷，何幸南阳有卧龙！欲识他年分鼎处，先生笑指画图中。

玄德拜请孔明曰："备虽名微德薄，愿先生不弃鄙贱，出山相助。备当拱听明诲。"孔明曰："亮久乐耕锄，懒于应世，不能奉命。"玄德泣曰："先生不出，如苍生何！"言毕，泪沾袍袖，衣襟尽湿。孔明见其意甚诚，乃曰："将军既不相弃，愿效犬马之劳。"玄德大喜，遂命关、张入拜，献金帛礼物。孔明固辞不受。玄德曰："此非聘大贤之礼，但表刘备寸心耳。"孔明方受。于是玄德等在庄中共宿一宵。次日，诸葛均回，孔明嘱付曰："吾受刘皇叔三顾之恩，不容不出。汝可躬耕于此，勿得荒芜田亩。待我功成之日，即当归隐。"后人有诗叹曰：

身未升腾思退步，功成应忆去时言。只因先主丁宁后，星落秋风五丈原。

又有古风一篇曰：

高皇手提三尺雪，芒砀白蛇夜流血。平秦灭楚入咸阳，二百年前几断绝。

大哉光武兴洛阳，传至桓灵又崩裂。献帝迁都幸许昌，纷纷四海生豪杰。

曹操专权得天时，江东孙氏开鸿业。孤穷玄德走天下，独居新野愁民厄。

南阳卧龙有大志，腹内雄兵分正奇。只因徐庶临行语，茅庐三顾心相知。

先生尔时年三九，收拾琴书离陇亩。先取荆州后取川，大展经纶补天手。

纵横舌上鼓风雷，谈笑胸中换星斗。龙骧虎视安乾坤，万古千秋名不朽！

玄德等三人别了诸葛均，与孔明同归新野。玄德待孔明如师，食则同桌，寝则同榻，终日共论天下之事，孔明曰："曹操于冀州作玄武池以练水军，必有侵江南之意。可密令人过江探听虚实。"玄德从之，使人往江东探听。

作者简介

罗贯中（约 1330—约 1400），名本，字贯中，号湖海散人。祖籍东原（今山东东平），流寓杭州，是元末明初著名的小说家、戏曲家，是中国章回小说的鼻祖。他的《三国志通俗演义》约成书于明初。此外，他还是《水浒传》的编写者之一。

知识链接

1. 三国故事在民间长期流传，陈寿《三国志》和裴松之的注文中就包含了无数生动的故事。隋代的文艺表演中已有三国题材的节目，杜宝《大业拾遗记》载隋炀帝看水上杂戏，有曹操谯水击蛟、刘备檀溪跃马等内容。唐代，连儿童也熟悉三国故事，李商隐《娇儿》

诗云"或谑张飞胡，或笑邓艾吃"。宋元时期，"说话"艺术中已出现"说三分"的专门科目和专业艺人，而现知三国题材的杂剧剧目就有60多种。现存早期的三国讲史话本有元至治年间刊行的《全相三国志平话》和内容大致相同的《三分事略》，故事初具规模。元末明初，罗贯中运用陈寿《三国志》和裴松之的注文，结合民间艺人的创作成果，"据正史，采小说，证文辞，通好尚"，创作了这部历史演义的典范之作。

2. 鲁迅在《中国小说史略》中说：

……皆排比陈寿《三国志》及裴松之注，间亦仍采平话，又加推演而作之；论断颇取陈裴及习凿齿孙盛语，且更盛引"史官"及"后人"诗。然据旧史即难于抒写，杂虚辞复易滋混淆，故明谢肇淛（《五杂俎》十五）既以为"太实则近腐"，清章学诚（《丙辰札记》）又病其"七实三虚惑乱观者"也。至于写人，亦颇有失，以致欲显刘备之长厚而似伪，状诸葛之多智而近妖；惟于关羽，特多好语，义勇之概，时时如见矣。

王孝廉村学识同科　周蒙师暮年登上第[①]

吴敬梓

文本导读

此文选自《儒林外史》第二回。本回写范进的老师周进到薛家集"坐馆"的一段屈辱经历。由于他连秀才都没考上，所以尽管他60多岁，是被请的"先生"，却被已经是秀才的梅玖称为"小友"，又被梅玖借着他吃斋的事情嘲笑一通。王举人因为是举人，所以不仅在他面前倨傲神气，而且吃得"撒了一地的鸡骨头、鸭翅膀、鱼刺、瓜子壳"，让他"昏头昏脑，扫了一早晨"。他的生活本来就贫困，在薛家集教书所得也菲薄，但就连这样"坐馆"的差事也丢了。通过这些描写，作品展示了科举时代读书人的困境，揭示了科举制度对全社会的毒害，特别是对读书人的戕害。在艺术上，作者隐身其中，以同情和批判的态度叙述，表现出"戚而能谐，婉而多讽"的风格；用"白描"手法写人、写景，无不生动如画，令人称赏难忘。

话说山东兖州府汶上县有个乡村，叫做薛家集。这集上有百十来人家，都是务农为业。村口一个观音庵，殿宇三间之外，另还有十几间空房子，后门临着水次。这庵是十方的香火，只得一个和尚住持。集上人家，凡有公事，就在这庵里来同议。

那时成化末年[②]，正是天下繁富的时候。新年正月初八日，集上人约齐了，都到庵里来议闹龙灯之事。到了早饭时候，为头的申祥甫，带了七八个人走了进来，在殿上拜了佛。和尚走来与诸位见节，都还过了礼。申祥甫发作和尚道："和尚，你新年新

---

①　吴敬梓. 儒林外史. 北京：人民文学出版社，1997.

② 成化：明宪宗朱见深的年号（1465—1487）。《儒林外史》借明代写作者所生活的清代社会。

岁，也该把菩萨面前香烛点勤些！阿弥陀佛！受了十方的钱钞，也要消受。"又叫："诸位都来看看：这琉璃灯内，只得半琉璃油！"指着内中一个穿齐整些的老翁，说道："不论别人，只这一位荀老爹，三十晚里还送了五十斤油与你，白白给你炒菜吃，全不敬佛！"和尚陪着小心，等他发作过了，拿一把铅壶，撮了一把苦丁茶叶，倒满了水，在火上燎的滚热，送与众位吃。

荀老爹先开口道："今年龙灯上庙，我们户下各家须出多少银子？"申祥甫道："且住，等我亲家来一同商议。"正说着，外边走进一个人来，两只红眼边，一副锅铁脸，几根黄胡子，歪戴着瓦楞帽，身上青布衣服就如油篓一般；手里拿着一根赶驴的鞭子，走进门来，和众人拱一拱手，一屁股就坐在上席。这人姓夏，乃薛家集上旧年新参的总甲①。夏总甲坐在上席，先吩咐和尚道："和尚，把我的驴牵在后园槽上，卸了鞍子，将些草喂的饱饱的。我议完了事，还要到县门口黄老爹家吃年酒去哩。"吩咐过了和尚，把腿跷起一只来，自己拿拳头在腰上只管捶。捶着，说道："俺如今倒不如你们务农的快活了。想这新年大节，老爷衙门里，三班六房②，那一位不送帖子来。我怎好不去贺节？每日骑着这个驴，上县下乡，跑得昏头晕脑。打紧又被这瞎眼的忘八在路上打个前失，把我跌了下来，跌的腰胯生疼。"申祥甫道："新年初三，我备了个豆腐饭邀请亲家，想是有事不得来了。"夏总甲道："你还说哩，从新年这七八日，何曾得一个闲？恨不得长出两张嘴来，还吃不退。就像今日请我的黄老爹，他就是老爷面前站得起来的班头；他抬举我，我若不到，不惹他怪？"申祥甫道："西班黄老爹，我听见说，他从年里头就是老爷差出去了。他家又无兄弟、儿子，却是谁做主人？"夏总甲道："你又不知道了。今日的酒是快班李老爹请。李老爹家房子褊窄，所以把席摆在黄老爹家大厅上。"

说了半日，才讲到龙灯上。夏总甲道："这样事，俺如今也有些不耐烦管了。从前年年是我做头，众人写了功德，赖着不拿出来，不知累俺赔了多少。况今年老爷衙门里，头班、二班、西班、快班，家家都兴龙灯，我料想看个不了，那得功夫来看乡里这条把灯。但你们说了一场，我也少不得搭个分子，任凭你们那一位做头。像这荀老爹，田地又广，粮食又多，叫他多出些；你们各家照分子派，这事就舞起来了。"众人不敢违拗，当下捺着姓荀的出了一半，其余众户也派了，共二三两银子，写在纸上。和尚捧出茶盘——云片糕、红枣和些瓜子、豆腐干、栗子、杂色糖，摆了两桌，尊夏老爹坐在首席，斟上茶来。

申祥甫又说："孩子大了，今年要请一个先生。就是这观音庵里做个学堂。"众人道："俺们也有好几家孩子要上学。只这申老爹的令郎，就是夏老爹的令婿，夏老爹时刻有县主老爷的牌票，也要人认得字。只是这个先生，须是要城里去请才好。"夏总甲

① 总甲：明清时期的赋役制度将一百一十户分为一里，一里分为十甲，总甲就是负责一里的赋役事务的人。

② 三班六房：清代州、县衙门里，分快、壮、皂三班，专门应差；对应朝廷六部，分吏、户、礼、兵、刑、工六房。

173

道："先生倒有一个。你道是谁？就是咱衙门里户总科提控①顾老相公家请的一位先生，姓周，官名叫做周进，年纪六十多岁，前任老爷取过他个头名，却还不曾中过学。顾老相公请他在家里三个年头，他家顾小舍人②去年就中了学，和咱镇上梅三相一齐中的。那日从学里师爷家迎了回来，小舍人头上戴着方巾，身上披着大红绸，骑着老爷棚子里的马，大吹大打，来到家门口。俺合衙门的人都拦着街递酒。落后请将周先生来，顾老相公亲自奉他三杯，尊在首席。点了一本戏，是梁灏八十岁中状元③的故事。顾老相公为这戏，心里还不大喜欢。落后戏文内唱到梁灏的学生却是十七八岁就中了状元，顾老相公知道是替他儿子发兆，方才喜了。你们若要先生，俺替你把周先生请来。"众人都说是好。吃完了茶，和尚又下了一斤牛肉面吃了，各自散讫。

次日，夏总甲果然替周先生说了，每年馆金十二两银子，每日二分银子在和尚家代饭，约定灯节后下乡，正月二十开馆。

到了十六日，众人将分子送到申祥甫家备酒饭，请了集上新进学的梅三相做陪客。那梅玖戴着新方巾，老早到了。直到巳牌④时候，周先生才来。听得门外狗叫，申祥甫走出去迎了进来。众人看周进时，头戴一顶旧毡帽，身穿元色绸旧直裰，那右边袖子同后边坐处都破了，脚下一双旧大红绸鞋，黑瘦面皮，花白胡子。申祥甫拱进堂屋，梅玖方才慢慢的立起来和他相见。周进就问："此位相公是谁？"众人道："这是我们集上在庠⑤的梅相公。"周进听了，谦让不肯僭梅玖作揖。梅玖道："今日之事不同。"周进再三不肯。众人道："论年纪也是周先生长，先生请老实些罢。"梅玖回过头来向众人道："你众位是不知道我们学校规矩，老友是从来不同小友序齿⑥的。只是今日不同，还是周长兄请上。"

原来明朝士大夫称儒学生员叫做"朋友"，称童生是"小友"。比如童生进了学，不怕十几岁，也称为"老友"。若是不进学，就到八十岁，也还称"小友"。就如女儿嫁人的：嫁时称为"新娘"，后来称呼"奶奶"、"太太"，就不叫新娘了。若是嫁与人家做妾，就到头发白了，还要唤做"新娘"。

闲话休题。周进因他说这样话，倒不同他让了，竟僭着他作了揖。众人都作过揖坐下。只有周、梅二位的茶杯里，有两枚生红枣，其余都是清茶。吃过了茶，摆两张桌子杯箸，尊周先生首席，梅相公二席，众人序齿坐下，斟上酒来。周进接酒在手，向众人谢了扰，一饮而尽。随即每桌摆上八九个碗，乃是猪头肉、公鸡、鲤鱼、肚、

---

① 户总科提控：县衙门户房的小吏。

② 舍人：本是古代官名，后被用来恭维官僚、有钱人家的子弟。

③ 梁灏，即梁颢（963—1004），字太素，东平州城人。他少年丧父，由叔父抚养成人。自幼专志好学，初次考进士，没能考中，雍熙二年（985），再次进京科考，经廷试和太宗殿试，考取第一名（状元），时年23岁。后世传说梁颢82岁中状元，不符合历史事实，只是传说故事。

④ 巳牌：古代把一昼夜分为十二个时辰，以子丑寅卯十二地支表示，官府在衙门前挂牌报时。巳牌就是巳时，等于现在的上午9点到11点。

⑤ 庠（xiáng）：古代的学校。

⑥ 序齿：排年龄大小。齿，年龄。

肺、肝、肠之类，叫一声"请！"一齐举箸，却如风卷残云一般，早去了一半。看那周先生时，一箸也不曾下。申祥甫道："今日先生为甚么不用肴馔？却不是上门怪人？"拣好的递了过来。周进拦住道："实不相瞒，我学生是长斋。"众人道："这个倒失于打点，却不知先生因甚吃斋？"周进道："只因当年先母病中，在观音菩萨位下许的。如今也吃过十几年了。"梅玖道："我因先生吃斋，倒想起一个笑话，是前日，在城里我那案伯①顾老相公家听见他说的。有个做先生的一字至七字诗……"众人都停了箸听他念诗。他便念道："呆，秀才，吃长斋，胡须满腮，经书不揭开，纸笔自己安排，明年不请我自来。"念罢说道："像我这周长兄如此大才，呆是不呆的了。"又掩着口道："'秀才'指日就是，那'吃长斋，胡须满腮'，竟被他说一个着！"说罢，哈哈大笑。众人一齐笑起来。周进不好意思。申祥甫连忙斟一杯酒道："梅三相该敬一杯。顾老相公家西席就是周先生了。"梅玖道："我不知道，该罚！该罚！但这个话不是为周长兄，他说明了是个秀才。但这吃斋也是好事。先年俺有一个母舅，一口长斋。后来进了学，老师送了丁祭的胙肉②来，外祖母道：'丁祭肉若是不吃，圣人就要计较了：大则降灾，小则害病。'只得就开了斋。俺这周长兄，只到今年秋祭，少不得有胙肉送来，不怕你不开哩。"众人说他发的利市好，同斟一杯，送与周先生预贺，把周先生脸上羞的红一块白一块，只得承谢众人，将酒接在手里。厨下捧出汤点来，一大盘实心馒头，一盘油煎的扛子火烧。众人道："这点心是素的，先生用几个。"周进怕汤不洁净，讨了茶来吃点心。

内中一人问申祥甫道："你亲家今日在那里？何不来陪先生坐坐？"申祥甫道："他到快班李老爹家吃酒去了。"又一个人道："李老爹这几年在新任老爷手里，着实跑③起来了，怕不一年要寻千把银子。只是他老人家好赌，不如西班黄老爹，当初也在这些事里顽耍，这几年成了正果，家里房子盖的像天宫一般，好不热闹！"荀老爹向申祥甫道："你亲家自从当了门户，时运也算走顺风。再过两年，只怕也要弄到黄老爹的意思哩。"申祥甫道："他也要算停当的了。若想到黄老爹的地步，只怕还要做几年的梦。"梅相公正吃着火烧，接口道："做梦倒也有些准哩。"因问周进道："长兄这些年考校，可曾得个甚么梦兆？"周进道："倒也没有。"梅玖道："就是侥幸的这一年，正月初一日，我梦见在一个极高的山上，天上的日头不差不错，端端正正掉了下来压在我头上，惊出一身的汗。醒了摸一摸头就像还有些热。彼时不知甚么原故。如今想来，好不有准！"于是点心吃完，又斟了一巡酒。直到上灯时候，梅相公同众人别了回去。申祥甫拿出一副蓝布被褥，送周先生到观音庵歇宿；向和尚说定，馆地就在后门里这两间屋内。

直到开馆那日，申祥甫同着众人领了学生来，七长八短几个孩子，拜见先生。众

---

① 案伯：同年考取的秀才彼此称"同案""同年"，称彼此的父亲为"案伯"。

② 丁祭的胙（zuò）肉：明清时期，每年阴历二月、八月的第一个丁日，要祭祀孔子，叫做"丁祭"。供祭祀用的肉叫胙肉。有资格参加祭祀的人可以在祭祀后分得供肉。

③ 跑：方言，发达的意思。

人各自散了。周进上位教书。晚间，学生家去，把各家赞见①拆开来看，只有荀家是一钱银子，另有八分银子代茶②；其余也有三分的，也有四分的，也有十来个钱的，合拢了不够一个月饭食。周进一总包了，交与和尚收着再算。那些孩子就像蠢牛一般，一时照顾不到，就溜到外边去打瓦踢球，每日淘气不了。周进只得捺定性子，坐着教导。

不觉两个多月，天气渐暖。周进吃过午饭开了后门出来，河沿上望望。虽是乡村地方，河边却也有几树桃花柳树，红红绿绿，间杂好看。看了一回，只见蒙蒙的细雨下将起来。周进见下雨，转入门内，望着雨下在河里，烟笼远树，景致更妙。这雨越下越大，却见上流头一只船冒雨而来。那船本不甚大，又是芦席篷，所以怕雨。将近河岸，看时：中舱坐着一个人，船尾坐着两个从人，船头上放着一担食盒。将到岸边，那人连呼船家泊船，带领从人走上岸来。周进看那人时，头戴方巾，身穿宝蓝缎直裰，脚下粉底皂靴，三绺髭须，约有三十多岁光景。走到门口，与周进举一举手，一直进来。自己口里说道："原来是个学堂。"周进跟了进来作揖，那人还了个半礼道："你想就是先生了。"周进道："正是。"那人问从者道："和尚怎的不见?"说着，和尚忙走了出来，道："原来是王大爷。请坐。僧人去烹茶来。"向着周进道："这王大爷，就是前科新中的。先生陪了坐着，我去拿茶。"

那王举人也不谦让，从人摆了一条凳子，就在上首坐了。周进下面相陪。王举人道："你这位先生贵姓?"周进知他是个举人，便自称道："晚生姓周。"王举人道："去年在谁家做馆?"周进道："在县门口顾老相公家。"王举人道："足下莫不是就在我白老师手里曾考过一个案首的? 说这几年在顾二哥家做馆，不差不差。"周进道："俺这顾东家，老先生也是相与的?"王举人道："顾二哥是俺户下册书③，又是拜盟的好弟兄。"

须臾，和尚献上茶来吃了。周进道："老先生的朱卷④是晚生熟读过的，后面两大股文章，尤其精妙。"王举人道："那两股文章不是俺作的。"周进道："老先生又过谦了。却是谁作的呢?"王举人道："虽不是我作的，却也不是人作的。那时头场，初九日，天色将晚，第一篇文章还不曾做完，自己心里疑惑，说：'我平日笔下最快，今日如何迟了?'正想不出来，不觉瞌睡上来，伏着号板⑤打一个盹，只见五个青脸的人跳进号来。中间一人，手里拿着一支大笔，把俺头上点了一点，就跳出去了。随即一个戴纱帽、红袍金带的人，揭帘子进来，把俺拍了一下，说道：'王公请起!'那时弟吓

① 赞见：学生初次拜见老师的见面礼物。
② 代茶：代替茶水之资。
③ 册书：为官府征收钱粮的税吏。
④ 朱卷：明清科举制度中，应试者在乡试和会试中的答卷用墨笔书写，这叫"墨卷"；阅卷官批阅的卷子则由专门的人用朱笔誊录，上面只有编号，没有姓名，这叫"朱卷"。考中的人把自己在考场里写的应试文章刻印送人，也叫"朱卷"。
⑤ 号板：明清乡试的考场叫"贡院"，里面是一排排分隔而成的仅能容身的小房屋，叫"号舍"。号舍中间有上下两块可以移动的木板，叫"号板"，白天做桌子和板凳，晚上则将它们并在一起用来睡觉。

了一跳，通身冷汗，醒转来，拿笔在手，不知不觉写了出来。可见贡院里鬼神是有的。弟也曾把这话回禀过大主考座师，座师就道弟该有鼎元之分。"

正说得热闹，一个小学生送仿来批，周进叫他搁着。王举人道："不妨，你只管去批仿，俺还有别的事。"周进只得上位批仿。王举人吩咐家人道："天已黑了，雨又不住，你们把船上的食盒挑了上来，叫和尚拿升米做饭。船家叫他伺候着，明日早走。"向周进道："我方才上坟回来，不想遇着雨，耽搁一夜。"说着，就猛然回头，一眼看见那小学生的仿纸上的名字是荀玫，不觉就吃了一惊。一会儿咂嘴弄唇的，脸上做出许多怪物像。周进又不好问他，批完了仿，依旧陪他坐着。他就问道："方才这小学生几岁了？"周进道："他才七岁。"王举人道："是今年才开蒙？这名字是你替他起的？"周进道："这名字不是晚生起的。开蒙的时候，他父亲央及集上新进梅朋友替他起名。梅朋友说自己的名字叫做'玖'，也替他起个'王'旁的名字发发兆，将来好同他一样的意思。"

王举人笑道："说起来，竟是一场笑话。弟今年正月初一日梦见看会试榜，弟中在上面是不消说了，那第三名也是汶上人，叫做荀玫。弟正疑惑我县里没有这一个姓荀的孝廉①，谁知竟同着这个小学生的名字。难道和他同榜不成！"说罢，就哈哈大笑起来，道："可见梦作不得准！况且功名大事，总以文章为主，那里有甚么鬼神！"周进道："老先生，梦也竟有准的。前日晚生初来，会着集上梅朋友。他说也是正月初一日，梦见一个大红日头落在他头上，他这年就飞黄腾达的。"王举人道："这话更作不得准了。比如他进过学，就有日头落在他头上，像我这发过的，不该连天都掉下来，是俺顶着的了？"彼此说着闲话，掌上灯烛。管家捧上酒饭，鸡、鱼、鸭、肉，堆满春台②。王举人也不让周进，自己坐着吃了，收下碗去。落后和尚送出周进的饭来，一碟老菜叶，一壶热水。周进也吃了。叫了安置，各自歇宿。

次早，天色已晴。王举人起来洗了脸，穿好衣服，拱一拱手，上船去了。撒了一地的鸡骨头、鸭翅膀、鱼刺、瓜子壳，周进昏头昏脑，扫了一早晨。

自这一番之后，一薛家集的人都晓得荀家孩子是县里王举人的进士同年，传为笑话。这些同学的孩子赶着他就不叫荀玫了，都叫他"荀进士"。各家父兄听见这话，都各不平，偏要在荀老翁跟前恭喜，说他是个封翁③太老爷，把个荀老爹气得有口难分。申祥甫背地里又向众人道："那里是王举人亲口说这番话。这就是周先生看见我这一集上只有荀家有几个钱，捏造出这话来奉承他，图他个逢时遇节，他家多送两个盒子。俺前日听见说，荀家炒了些面筋、豆腐干送在庵里，又送了几回馒头、火烧，就是这些原故了。"众人都不喜欢。以此周进安身不牢，因是碍着夏总甲的面皮，不好辞他，将就混了一年。后来夏总甲也嫌他呆头呆脑，不知道常来承谢，由着众人把周进辞了

---

① 孝廉：本是汉代选拔官吏的科目之一，孝是孝子，廉是廉洁，合称"孝廉"。明清时期俗称举人为"孝廉"。

② 春台：指饭桌。

③ 封翁：封建社会里，子孙有了功名，其父亲、母亲都可受到封赠，显示儿孙光宗耀祖。

来家。

那年却失了馆，在家日食艰难。一日，他姊丈金有余来看他，劝道："老舅，莫怪我说你，这读书求功名的事，料想也是难了。人生世上，难得的是这碗现成饭。只管'稂不稂莠不莠'的到几时？我如今同了几个大本钱的人到省城去买货，差一个记账的人，你不如同我们去走走，你又孤身一人，在客伙内，还是少了你吃的、穿的？"周进听了这话，自己想："'瘫子掉在井里，捞起也是坐。'有甚亏负我？"随即应允了。

金有余择个吉日，同一伙客人起身，来到省城杂货行里住下。周进无事闲着，街上走走，看见纷纷的工匠都说是修理贡院。周进跟到贡院门口，想挨进去看，被看门的大鞭子打了出来。晚间向姊夫说，要去看看。金有余只得用了几个小钱，一伙客人也都同了去看；又央及行主人领着。行主人走进头门，用了钱的并无拦阻。到了龙门①下，行主人指道："周客人，这是相公们进的门了。"进去两边号房门，行主人指道："这是天字号了。你自进去看看。"周进一进了号，见两块号板摆的齐齐整整，不觉眼睛里一阵酸酸的，长叹一声，一头撞在号板上，直僵僵不省人事。只因这一死，有分教：累年蹭蹬，忽然际会风云②；终岁凄凉，竟得高悬月旦③。未知周进性命如何，且听下回分解。

作者简介

吴敬梓（1701—1754），字敏轩，号粒民，晚年号文木老人，安徽全椒人。他出生于科第世家，青年时期曾经参加科举考试。中年以后，随着对科举制度弊病认识的逐渐深刻，完全放弃了科举道路，并且创作出了批判和否定科举制度的《儒林外史》，被胡适赞美为"安徽的第一个大文豪"。他的存世作品还有诗文集《文木山房集》和近年发现的《诗说》。

知识链接

1. 卧闲草堂本《儒林外史》本回评语说：

"功名富贵"四字，是此书之大主脑，作者不惜千变万化以写之。起首不写王侯将相，却先写一夏总甲。夫总甲是何功名，是何富贵？而彼意气扬扬，欣然自得，颇有"官到尚书吏到都"的景象。……文笔之妙乃至于此！

2. 鲁迅在《中国小说史略》中指出：

迨吴敬梓《儒林外史》出，乃秉持公心，指擿时弊，机锋所向，尤在士林；其文又戚而能谐，婉而多讽：于是说部中乃始有足称讽刺之书。……敬梓之所描写者即是此曹，既多据自所闻见，而笔又足以达之，故能烛幽索隐，物无遁形，凡官师，儒者，名士，山人，间亦有市井细民，皆现身纸上，声态并作，使彼世相，如在目前，惟全书无主干，仅驱使

---

① 龙门：贡院的第三道门。传说鲤鱼跃过黄河的龙门就可以变成龙，所以常用"鲤鱼跃龙门"比喻读书人通过科举考试改变身份地位。

② 际会风云：遭逢好的际遇。晋陆机《塘上行》诗："被蒙风云会，移居华池边。"

③ 高悬月旦：汉末大儒许劭、许靖兄弟，经常评论乡党人物，每月月初更换品题内容，称为"月旦评"。这里是指周进后来科举考试一路顺利，成为广东学政，主持科举考试。

各种人物，行列而来，事与其来俱起，亦与其去俱讫，虽云长篇，颇同短制；但如集诸碎锦，合为帖子，虽非巨幅，而时见珍异，因亦娱心，使人刮目矣。

3. 胡适作《吴敬梓传》，评论《儒林外史》道：

不给你官做，便是专制君主困死人才的唯一妙法。要想抵制这种恶毒的牢笼，只有一个法子：就是提倡一种新社会心理，叫人知道举业的丑态，知道官的丑态；叫人觉得"人"比"官"格外可贵，学问比八股文格外可贵，人格比富贵格外可贵。社会上养成了这种心理，就不怕皇帝"不给你官做"的毒手段了。……一部《儒林外史》的用意只是要想养成这种社会心理。

延伸阅读

1. 鲁迅. 中国小说史略. 上海：上海古籍出版社，2014.

2. 杨义. 中国古典小说史论. 北京：中国社会科学出版社，1995.

3. 刘义庆，著；沈海波，译注. 世说新语. 北京：中华书局，2016.

4. 张友鹤. 唐宋传奇选. 北京：人民文学出版社，2007.

5. 罗贯中. 三国演义. 北京：人民文学出版社，2019.

6. 施耐庵，罗贯中. 水浒传. 北京：人民文学出版社，2004.

7. 吴承恩. 西游记. 北京：人民文学出版社，2010.

8. 曹雪芹. 红楼梦. 北京：人民文学出版社，2008.

9. 蒲松龄，著；赵伯陶，注评. 聊斋志异详注新评. 北京：人民文学出版社，2016.

10. 吴敬梓，著；张慧剑，校注. 儒林外史. 北京：人民文学出版社，2020.

第十一讲　现当代诗歌

概述

　　中国现当代诗歌的发展既同步于中国现当代文学的整体进程，又拥有诗歌文体自身的演变轨迹。它的发展既有诗歌观念上的变革，也有创作实绩的累积；既有不同社团与流派的形成，也有众多诗人与诗作的涌现；既受文化境遇的历史制约，也有超越时代的本体探索。

一、现代诗歌

　　现代诗歌肇始于五四文学革命，主要是指五四运动以后的白话自由体诗，个体化书写与现代审美的构建，是其两个标志性特征。从 20 世纪 20 年代至 40 年代，现代诗歌的发展大致经历了词曲化的新诗、自由诗、小诗、格律诗、象征诗、现代诗等阶段。

　　经过"诗界革命"和"诗体大解放"，白话诗终于突破古诗词体式的束缚，进入"现代"时期。1917 年 2 月胡适率先在《新青年》发表《白话诗八首》，是尝试白话诗的第一人。1918 年 1 月《新青年》发表胡适、沈尹默、刘半农三人的九首白话诗。胡适、刘半农、沈尹默、俞平伯、康白情、刘大白、周作人、朱自清等是重要的白话诗人。胡适 1920 年 3 月出版的《尝试集》是第一部白话新诗集。它在诗体大解放和诗的白话音韵节奏等方面大胆尝试，开风气之先。而郭沫若的诗集《女神》传达着五四狂飙突进的时代精神，为诗坛开创了浪漫主义的新风，使新诗的抒情本质与个性化得到了充分的发挥。《女神》中大部分作品写于 1920 年前后，《天狗》最能充分体现其反抗叛逆与破旧创新的基本思想。

　　与《女神》同时出现于诗坛的，是湖畔诗人和小诗。汪静之、冯雪峰、潘谟华、应修人四人于 1921 年开始写诗，1922 年春成立杭州湖畔诗社，同年 4 月出版诗歌合集《湖畔》。《湖畔》甫一问世，立刻引起了热烈反响。1922 年 5 月汪静之出版了个人诗集《蕙的风》。"湖畔诗人"是五四精神所催生的一代新人，对质直单纯的爱情的歌咏和对内心世界的大胆剖白构成了他们的诗歌特色。与此同时，小诗一度也风靡一时。冰心的《繁星》《春水》以及宗白华的《流云小诗》就是其中的佼佼者。冰心是小诗体的代表诗人，她的诗歌短小凝练，常含哲理，明丽清新又略带忧愁。冰心的小诗基调是对"母爱、童真与大自然"的赞颂，行文的核心是"爱的哲学"。另一位重要的诗人冯至在这一时期的诗风也是浪漫主义的，从《我是一条小河》《蚕马》到《蛇》等作品，诗人的诗艺日臻娴熟。

20 年代中后期的新月诗派与象征诗派成为新的诗歌风潮。1926 年，围绕着《晨报副刊》《新月》以及《诗刊》，集合了一批立志要为新诗创造格律的诗人，以闻一多、徐志摩和朱湘三人为代表。他们对格律诗的探索，各有擅场。其中，闻一多的诗歌理论最为完整明确，他主张诗歌应当有"音乐美、绘画美、建筑美"，要戴着"镣铐"来"跳舞"。闻一多的《死水》、徐志摩的《再别康桥》、朱湘的《采莲曲》成为现代诗歌的重要作品。20 年代后期，诗坛还兴起了"象征派"诗风，以李金发为代表，后期创造社的王独清、穆木天、冯乃超等也是有影响的诗人。他们钟情怪异、突兀，追求朦胧，以奇崛冷僻的意象组合，抒写个人忧郁伤感的精神心态。

1932 年之后，围绕《现代》杂志的一批诗人，包括戴望舒、何其芳、卞之琳等人，形成了"现代派"诗歌流派。他们继承了中国传统诗歌的抒情传统，推崇李商隐、温庭筠等人的诗词，同时借鉴了法国象征派、美国意象派和英国现代主义诗歌的创作手法，在诗歌创作中追求抒情性以及情调的感伤性，善于将对日常生活的观察转为哲理性的感悟，圆熟而又冷静的表达常常出奇制胜。20 世纪 30 年代还有另一诗潮，即由"左联"倡导的革命诗歌运动。1932 年 9 月，"左联"领导下的"中国诗歌会"成立，同时创办《新诗歌》旬刊，史称"新诗歌派"。这群诗人提倡诗歌大众化，臧克家、艾青、田间等人的诗作是现实主义诗歌在 30 年代艺术高度的代表。

抗日战争的全面爆发，使得新诗的创作呈现出了新特点，代表抗战时期以及 20 世纪 40 年代新诗发展水平的，是"七月派"和"九叶派"诗人。"七月派"是在艾青的影响下，以理论家兼诗人胡风为中心，围绕着《七月》及以后的《希望》《诗垦地》《诗创作》等杂志而形成的青年诗人群体，以绿原、阿垅、曾卓、牛汉等诗人为代表。"七月派"诗作具有强烈的战斗精神，创作方法倾向于革命现实主义，追求自然、真挚、素朴的诗风。"九叶派"则是以《中国新诗》等刊物为中心的另一风格趋向的诗人群，代表诗人是辛笛、穆旦、郑敏等。"九叶派"诗人继承了新诗的现代派传统，同时从西方后期现代派艾略特、奥登、里尔克等人的诗歌中吸收了一些表现手法。与此同时，20 世纪 40 年代的解放区也出现了大批的诗歌，以李季的《王贵与李香香》为代表的优秀叙事长诗的大量出现，标志着新诗在民族化、大众化方面的新突破。

二、当代诗歌

随着中华人民共和国的成立，新诗开始了新纪元。中华人民共和国成立后的新诗在文学追求上开始不再以"个人"为本位，在美学追求上则转变为以"大众化"为范本。为满足表现新的人民时代的题材与主题的要求，"政治抒情诗"发展成了中华人民共和国成立初期诗歌创作的普遍范式。

从 1949 年到 1966 年"十七年"时期的诗歌创作取得了丰硕成果。中华人民共和国成立，新老诗人沉浸在喜悦之中，他们以充沛的政治热情歌颂新时代、歌唱新生的祖国和充满阳光的新生活，代表作有胡风的《时间开始了》、郭沫若的《新华颂》。除了政治抒情诗外，郭小川的长篇叙事诗和闻捷的爱情诗也是"十七年"诗歌创作中的重要收获。除了诗人群体的创作外，民歌也构成了当时诗歌创作的主体，1959 年 9 月，由郭沫若和周扬主持编选的新民歌选集《红旗歌谣》正式出版。

随后十年的"显流"诗歌多是颂歌和战歌，创作手法单一，艺术价值有限，但作为一个时代的证言，这批诗歌又有着举足轻重的文学史价值。而以食指、黄翔等诗人的创作为代表的"潜流"诗歌创作，则以手抄本的形式在民间流传。1976 年的天安门诗歌运动，是群众自发的诗歌集体创作运动，涌现出一批批判极左思想、批判封建主义的诗歌。

及至新时期，诗歌重新获得了自己独立的政治价值和文化价值。诗坛出现了一个庞大的"归来"诗人群，包括"七月派"诗人如绿原、牛汉，在反右派斗争中被错划为"右派"的诗人如艾青、公木，以及"九叶派"诗人等。"归来"的诗人在对诗歌内容的历史反思和艺术的个性化方面，对当代诗歌发展进行了探索。艾青的《鱼化石》、曾卓的《悬崖边的树》、公刘的《沉思》等作品，是其中的重要代表。

"朦胧诗"是另一种新诗潮。1978 年创办的民间刊物《今天》是其开始的标志，成长起来的青年诗人以北岛、舒婷、顾城、江河、杨炼、芒克、多多、梁小斌等为代表。"朦胧诗"自出现以来便呈现出与传统诗歌不同的审美特征，对自我价值的重新确认、对人道主义与人性复归的呼吁、对人的心灵自由的渴求，其思想启蒙的意义与其文学的价值同样重要和珍贵。意象化、象征化和立体化，则是"朦胧诗"在艺术表现上的重要特征。北岛的《回答》、舒婷的《致橡树》、顾城的《一代人》、江河的《纪念碑》、杨炼的《大雁塔》、梁小斌的《中国，我的钥匙丢了》等是"朦胧诗"的代表性作品。

到了 20 世纪 80 年代中后期，"朦胧诗"逐渐走向衰微，更年轻的"新生代诗人"登上了历史舞台。"新生代诗人"又被称为"第三代诗人"，这一群体构成复杂，代表群体有"他们""非非主义""新传统主义""整体主义"等 60 余家。第三代诗人试图反叛、挑战和超越朦胧诗，寻找和确立一种新的诗歌精神，反英雄、反崇高、平民化成为这种新诗潮的总体特征。在语言试验方面，第三代诗歌普遍选择了反意象、反修辞和口语化的策略和方式。第三代诗人以韩东、于坚、王小龙等为代表，《有关大雁塔》《尚义街六号》《外科病号》《冷风景》是代表性作品。

20 世纪 90 年代，文学进入艰难的转型期，诗歌也在社会变革的过程中寻找新的空间。在步履维艰的同时，诗歌也进入了一个新的开阔的境地。文体意识的强化和诗歌技艺的探索，对现实的关注与对存在的反思，是 90 年代以来诗歌的主要路向。这当中，以李瑛、张新泉、韩作荣等为代表的老诗人都写出了新的作品，而以欧阳江河、陈东东、柏桦、西川、翟永明、臧棣为代表的诗人则更为瞩目。总之，诗人群体的分化，不同观念的碰撞，多元格局的形成，成为 20 世纪 90 年代到 21 世纪以来诗歌发展最显著的特征。

文选

偶　然①

徐志摩

文本导读

　　这首小诗作于 1926 年 5 月，是徐志摩和陆小曼合写剧本《卞昆冈》第五幕中的唱词。关于此诗的创作背景，较为流行的说法是徐志摩与陆小曼相爱未果，失意之余，远涉重洋。一个偶然的机会，徐志摩在巴黎咖啡馆内邂逅了一位异国女郎，这位女郎向他诉说了自己凄婉的爱情遭遇。徐志摩感同身受，嗟叹不已，作别女郎回旅馆后夜不能寐，遂作此诗。

　　然而，古今中外的诗歌多以朦胧多义为基本特点，比如李商隐的《无题》诗，其实只是披着爱情的外衣，背后还蕴含着更为复杂的政治隐喻和人生哲思。对《偶然》的理解同样不能过于坐实，否则无异于给该诗的解读套上了思想的枷锁。这首小诗在徐志摩的诗歌创作历程中具有独特的"转折"性意义，托物言志，可以视作诗人人生的感叹曲。诗人领悟到了人生中许多美与爱的消逝，在诗中抒写了一种人生的失落感。小到朝菌蟪蛄、飘风云霓，大到世事变幻、沧海桑田，一切能给人留下深刻印象的"偶然"都可以视作永恒——即使"在转瞬间消灭了踪影"，也难以忘怀"在这交会时互放的光亮"。该诗感情负荷之重、诗意蕴藉之深，令人难以忘怀。

　　徐志摩的学生、著名诗人卞之琳认为这首诗在作者诗中是形式最完美的一首。② 这首诗用形象鲜明的比喻，表达出诗人对美好事物的渴求与期待，它"用整齐柔丽的清爽的诗句，来写出那些微妙的灵魂的秘密"。作为中国现代著名诗歌流派"新月派"的代表诗人，徐志摩曾与闻一多、朱湘等共同倡导"新诗格律化"运动，提出新诗应具备音乐美、绘画美和建筑美，即注重新诗音节的协畅、辞藻的华美和结构的匀称。这些诗学理念在《偶然》中有着鲜明的体现。《偶然》由格律基本对称的上下两节构成，上下五句在情感和意义上又形

　　① 徐志摩，著；顾永棣，编. 新编徐志摩全诗. 上海：学林出版社，2006. 本诗初载于 1926 年 5 月 27 日《晨报副刊·诗镌》第 9 期，署名志摩，是徐志摩和陆小曼合写的剧本《卞昆冈》第 5 幕中老瞎子的唱词。

　　② 陈旭光.《偶然》赏析// 谢冕. 徐志摩名作欣赏. 北京：中国和平出版社，1993.

成一一对应关系。每节的第一、二、五句由三个音顿构成，三、四句则由两个音顿构成，整饬中富于变化，参差错落的韵律节奏正对应着诗人摇荡的性情。在语词和意象的使用上，"云影""波光"等是以柔丽清爽为主，"你""我""记得""忘掉""踪影""光亮"则在词义对比中彰显出惆怅落寞之感，两相结合，奠定了全诗的基本格调。

> 我是天空里的一片云，
> 偶尔投影在你的波心——
> 你不必讶异，
> 更无须欢喜——
> 在转瞬间消灭了踪影。
>
> 你我相逢在黑夜的海上，
> 你有你的，我有我的，方向；
> 你记得也好，
> 最好你忘掉，
> 在这交会时互放的光亮！

作者简介

徐志摩（1897—1931），浙江海宁人。1921 年赴英国留学，入伦敦剑桥大学当特别生，1923 年参与发起成立了新月社。1924 年与胡适、陈西滢等创办了《现代评论》周刊，任北京大学教授。他不仅是出色的诗人，也是杰出的散文家，他的《翡冷翠山居闲话》《我所知道的康桥》是现代散文的著名篇目。有诗集《志摩的诗》《猛虎集》等。

知识链接

1. 徐志摩出生于富商家庭。笔名云中鹤、南湖、诗哲等，中学时与现代著名作家郁达夫是同班同学。

2. 徐志摩与张幼仪、林徽因、陆小曼之间的故事为众人所熟知。胡适说徐志摩的人生观里只有三个词：一个是爱，一个是自由，一个是美。

3. 徐志摩是新月社的主要成员。1924 年，印度著名诗人泰戈尔访华，徐志摩担任翻译，后随泰戈尔漫游欧洲。茅盾说徐志摩既是中国的布尔乔亚的"开山诗人"，又是"末代诗人"。

4. 1931 年 11 月 19 日，徐志摩从南京乘飞机去北平，途中飞机失事，不幸遇难于泰山脚下，时年 34 岁。

《徐志摩》（孙建平）

采 莲 曲[①]

朱 湘

文本导读

　　"五四"新诗运动整体上受到外国思想和文化的影响，胡适等新诗的草创者们对中国古典诗词采取的是基本否定的批判策略。早期白话诗追求诗体和诗思的解放，其革新和进步意义不容小觑。但其后不久，诗坛的消沉也引发了成仿吾、闻一多、穆木天等人艺术上的反叛，他们不约而同地将矛头对准了过于西化的早期白话诗。朱湘创作于 1925 年的《采莲曲》正是前期"新月派"写作"中国的新诗"（闻一多语）的有力尝试。

　　这首诗奠定了朱湘在我国诗坛上的地位，正如现代著名作家沈从文在《论朱湘的诗》一文中所指出的那样："用东方的声音，唱东方的歌曲，使诗歌从歌曲意义中显出完美，《采莲曲》在中国新诗的发展上，也是非常有意义的。"《采莲曲》表现的是江南水乡女子摇着小船在日落黄昏时分采莲的场景。充满诗情画意的自然风光，优美朴素的词句，清新幽婉的格调，以及具有东方色彩的古典静谧的意境，使得这首诗传递出了"纯粹的中国人感情"。朱湘以此诗为中国新诗的民族化做出了可贵的贡献，是对中国古代民歌如《采莲弄》《西洲曲》的创造性转化和创新性发展。

　　《采莲曲》在形式上的"和谐"与"均齐"亦值得称道。全诗五节整齐划一，节与节之间有着对称的形式，同时吸收了传统民歌句法上自由灵活的特点。在韵律的安排上，该诗融合了中西音律学的长处，还从民歌和口语中汲取了营养。如朱湘在致赵景深的信中强调"左行""右撑""拍紧""拍轻"等短语是"以先重后轻的韵表现出采莲舟过路时随波上下的一种感觉"，诗韵的转换、节奏的跳动与采莲人动作、情感的变化若合符契，给人一种轻松愉快的感觉。朱湘称自己是"每天 24 小时写诗的人"，《采莲曲》正体现了诗人对诗、对人生的全面追求，亦体现了诗人对平和宁静生活的向往。《采莲曲》后来被排入曲，在小船上演奏。朱湘听后，感慨万千，即席吟诗："不识歌者苦，但伤知音稀。知音如不赏，归卧故里丘。"

<table>
<tr><td>

小船呀轻飘，
杨柳呀风里颠摇；
荷叶呀翠盖，
荷花呀人样娇娆。
日落，

</td><td>

微波，
金丝闪动过小河。
左行，
右撑，
莲舟上扬起歌声。

</td></tr>
</table>

---

　　① 王清波，陈依. 新月抒情诗选. 北京：中国人民大学出版社，1991. 此诗创作于 1925 年，当时 21 岁的朱湘刚刚和刘霓君完婚。

菡萏呀半开，　　　　　　　莲蓬呀子多：
蜂蝶呀不许轻来，　　　　　两岸呀榴树婆娑，
绿水呀相伴，　　　　　　　喜鹊呀喧噪，
清净呀不染尘埃。　　　　　榴花呀落上新罗。
溪间　　　　　　　　　　　溪中
采莲，　　　　　　　　　　采蓬，
水珠滑走过荷钱。　　　　　耳鬓边晕着微红。
拍紧，　　　　　　　　　　风定，
拍轻，　　　　　　　　　　风生，
桨声应答着歌声。　　　　　风飔荡漾着歌声。

藕心呀丝长，　　　　　　　升了呀月钩，
羞涩呀水底深藏：　　　　　明了呀织女牵牛；
不见呀蚕茧　　　　　　　　薄雾呀拂水，
丝多呀蛹裹中央？　　　　　凉风呀飘去莲舟。
溪头　　　　　　　　　　　花芳
采藕，　　　　　　　　　　衣香
女郎要采又夷犹。　　　　　消溶入一片苍茫；
波沉，　　　　　　　　　　时静，
波升，　　　　　　　　　　时闻，
波上抑扬着歌声。　　　　　虚空里袅着歌音。

作者简介

朱湘（1904—1933），安徽太湖人，1920年入读清华大学，在清华学习期间开始进行新诗创作。1922年开始在《小说月报》上发表新诗，并加入文学研究会。朱湘曾赴美国留学，回国后担任安徽大学英国文学系主任。在后期，他多用西方的诗体和格律进行诗歌创作，其中《石门集》所收的70余首十四行诗，被称为他诗集中"最有价值的一部分"。

知识链接

1. "中国的济慈"。朱湘一生致力于探索中国新诗创作和外国诗歌的译介，提倡诗歌的"形式美"，他特别追求"理智节制情感"的具有东方神韵的美学原则，从诗的情感到诗的章法、字句，他一直不懈地实践着，形式上讲究整齐、对称，诗韵上讲究内容与情绪合一，被鲁迅称为"中国的济慈"。

2. "清华四子"。朱湘字子沅，他是20世纪20年代清华园四个著名的学生诗人之一，与饶孟侃（字子离）、孙大雨（字子潜）和杨世恩（字子惠）并称为"清华四子"，是当时清华校园的文学名人。

3. 朱湘回国后曾执教于安徽大学，广受学生好评。朱湘为人外冷内热，性情孤傲、倔

强，1933 年 12 月自沉于长江，时年仅 29 岁。

回 答

北 岛

文本导读

　　20 世纪 70 年代后期，以北岛、舒婷、顾城等为代表的青年诗人崛起，他们的诗歌旨在面向历史真实，以朦胧的语言抒发真情实感，以叛逆的姿态进行自我价值的确证。他们被称为"朦胧诗人"。面对这一"崛起的诗群"，孙绍振提出："与其说是新人的崛起，不如说是一种新的美学原则的崛起"，"他们和我们 20 世纪 50 年代的颂歌传统和 20 世纪 60 年代战歌传统有所不同，不是直接去赞美生活，而是追求生活溶解在心灵中的秘密。"（《新的美学原则在崛起》）《回答》是北岛最著名的诗作，标志着"朦胧诗"时代的开始，这最初的宣言只是北岛诗歌的起点。

　　北岛的诗歌往往具有先声夺人的气势、醒目的意象和冷峻的色彩。他在象形文字的丛林中穿越，在这个急速变幻的时代为自己的内心寻找永恒的依托。作品开篇以悖论式的警句，斥责了是非颠倒的荒谬时代，只这两句就能将《回答》一诗的主题——社会黑白不分、道德沦丧的现象表露无遗。诗人一反对生活进行照相式简单写实的传统诗歌姿态，用超现实主义的手法究诘世上为虚假世相所遮蔽的本质真实。于是我们才看到那幅冲破了现实主义画框的"怪异"图像："在那镀金的天空中，飘满了死者弯曲的倒影。"带着对既定事实不信任的态度，诗人只身携带"纸、绳索和身影"前来。"我——不——相——信！"用破折号加重了语气，表现出无畏的挑战者形象，一系列"我不相信"的排比句表现出否定和怀疑精神。"如果"这两句表现出诗人对苦难的态度，抒发诗人自觉承担未来重托的英雄情怀，最后则传达出对未来的期望。《回答》一诗并未局限于诗人的个体经验，而是上升到了历史与哲学的高度，它表现了一代觉醒青年反抗旧的时代秩序、选择理性社会的探索精神，显示了以北岛为首的新一代诗人深沉、冷峻、凝重的艺术风格和较强的现代主义特征。

　　请参阅：北岛. 回答//秦宇慧，王立. 现当代诗歌精选集. 北京：当代世界出版社，2007：87 - 88.《回答》写于 1976 年清明前后，初载于《今天》创刊号（1978 - 12 - 23），后作为第一首公开发表的"朦胧诗"，刊载于《诗刊》1979 年第 3 期。

作者简介

　　北岛（1949— ），原名赵振开，"北岛"是诗人芒克给他取的笔名。他出生于北京，现定居香港。北岛写有多部诗集，作品被译成 20 余种文字，先后获诺贝尔文学奖提名、瑞典笔会文学奖、美国西部笔会中心自由写作奖、古根海姆奖等奖项，并被选为美国艺术文学院终身荣誉院士。北岛想通过作品建立一个自己的世界，这是一个真诚而独特的世界、正直的世界、正义和人性的世界。

🐚 知识链接

1. "朦胧诗派"的精神领袖。"他的诗刺穿了乌托邦的虚伪，呈现出了世界的本来面目。"1978年，北岛和诗人芒克创办了刊物《今天》，北岛成为"朦胧诗派"的代表性诗人和精神领袖。

2. 北岛在海外汉学界享有盛名。香港中文大学1984年出版了他的小说集和诗集。美国康奈尔大学1983年出版过他的诗集《太阳城札记》。这所大学在讲中国当代文学时还专辟了一个章节，名为"赵振开的小说技巧"。英国的汉学家杜博妮在英文《南华早报》撰文介绍赵振开，说他是中国最有希望获诺贝尔奖的候选人。

3. 北岛的散文集有《青灯》《蓝房子》《午夜之门》等。

🐚 相信未来

食　指

🐚 文本导读

《相信未来》是"文化大革命"期间"新诗歌"的发轫之作，它的出现唤醒了一代青年诗人；它以深刻的思想、开阔的境界、朗朗上口的节奏，表现出诗人在动乱年代对未来的坚定信念，被诗人林莽在《并未被埋葬的诗人——食指》中称赞"是一篇预言性的诗歌力作"。这首诗让人们懂得了在逆境中怎样自我鼓励，怎样矢志不渝地恪守自己对明天的承诺。该诗曾以手抄本的形式在社会上广为流传，并迅速传诵于一代青年人的口中。诗歌以绝望、惆怅、感伤与希望、未来、幻想的激烈争斗的痛苦语言，奏响了悲怆的心弦，在无法调和的对立中产生了一种震撼人心的悲剧性情感，形象而又凝练地表达了这一代人从盲目、狂热走向失望与挣扎的内心世界。

这首诗构思巧妙，前三节写怎样"相信未来"。诗人运用象征、排比、反复等修辞手法，铺排具有强烈情感色彩的新颖独特意象。被"蜘蛛网"查封的"炉台"、"灰烬的余烟"、"贫困的悲哀"都是衰败和绝望的景象，"美丽的雪花""深秋的露水""天边的排浪""太阳的大海"等意象则纯净、隽秀，"固执地""孩子的笔体"又充满儿童般的执拗和真挚，意象的组合表现出绝望中带着希望的坚决。接下来三节写为什么要"相信未来"，表达方式也由以抒情为主转向了议论和说教，直白的诗语和过多的图解对诗境造成了一定程度的伤害。最后一节采用的是一般政治抒情诗的结尾方式，呼唤人们带着对未来的信念去努力，去热爱，去生活。当时代的迷雾使人们陷入迷茫与困顿中，食指怀揣着对世界和人类的关爱，以一个充满希望的光辉命题照亮了前途未卜的命运。简洁凝重的意象、格言式的诗句和灌注全诗的英雄主义气概，再加上诗歌背后宏大的政治背景，使得北岛这首早期的诗歌代表作魔幻般地攫获了广大青年的心。

请参阅：食指. 相信未来//王家新. 中国当代诗歌经典. 沈阳：春风文艺出版社，2003：34.

作者简介

食指（1948—　），原名郭路生，原籍山东，成长于北京。15 岁开始诗歌创作，《相信未来》曾被江青点名批判，然而食指的许多诗歌却以手抄本的形式在知青中传播，影响深远。1971 年，食指参军。1973 年被诊断为精神分裂症（后病愈）。1988 年，他出版了第一本诗集《相信未来》。

知识链接

1. 食指的诗歌《相信未来》《海洋三部曲》《这是四点零八分的北京》等曾被"上山下乡"的知识青年广泛传抄，在社会上产生了较大的影响，被称为"'文革'中新诗的第一人"。

2. 食指在当时的年轻人中颇有名气，陈凯歌考北京电影学院时就曾朗诵食指的《写在朋友结婚的时候》。食指从不以诗名自傲。他的生活非常简朴，总是穿着一身干干净净、洗得发白的旧军装和一双军用旧胶鞋，从不刻意地修饰自己。

祖国（或以梦为马）

海　子

文本导读

《祖国（或以梦为马）》表达了诗人对自身局限和使命的清醒认识。祖国以独特的文明形式哺育了诗人，也成为诗人无边的梦的世界。诗人在开篇即宣称自己对"远方"的忠诚与迷恋，他不愿陷入俗世的庸常与羁绊，渴望徜徉在一个诗的国度，这奠定了全诗"以梦为马"的理想主义总基调。理想或精神的火种为大，即便有万人阻挡，海子也誓要将其"高高举起"。"祖国的语言"是精神赖以生存的基础，"梁山城寨"表示反抗者的角色，"以梦为上的敦煌"是人类文明的总和，这三者成为引领诗人前行的力量。在这一征程中，无数人将会从诗人的刀口走过，海子甘愿将牢底坐穿，不惧将自己埋葬，只为那已经被选定了的"永恒的事业"。诗人选择的"永恒的事业"，就是要"去建筑祖国的语言"，完成伟大的诗歌抱负。像先圣屈原、李白、杜甫那样，用诗歌之火照耀祖国，像梁山好汉穿行于水泊江湖那样，自由驰骋于诗的世界。但是生命本身的局限性和伟大抱负之间有不可缓和的冲突。"最后我被黄昏的众神抬入不朽的太阳"表达了对真理的皈依。

海子深受尼采、雅斯贝斯、海德格尔的影响，诗歌具有浓郁的存在主义色彩。评论家张清华曾将海子的诗歌母题概括为"神启""大地"和"死亡"，并且指出："神启给他以灵性和疯狂，大地给他以沉思和归所，死亡给他以勇气和深刻。"（《"在幻象和流放中创造了伟大的诗歌"——海子论》）这些母题在《祖国（或以梦为马）》这首诗中得到了全面且集中的展示。如诗中频繁出现的"祖国"以及"家园""故乡"等对应着"大地"，"众神"等同于"神启"，"带着不可抗拒的死亡的速度"、"易朽"的诗人、"诗歌的尸体"则指明了灵与肉的最终归宿——"死亡"。整首诗汪洋恣肆，气势磅礴，具有强烈的抒情色彩和感染力。作为海子最长的一首自我抒情诗，《祖国（或以梦为马）》可被视为诗人的"精神自传"，也可被视作诗人诗歌创作历程的一份抒情总纲。

请参阅：海子．祖国（或以梦为马）//海子的诗．北京：人民文学出版社，1995：139－141.

作者简介

海子（1964—1989），原名查海生，安徽怀宁县人，当代著名诗人。

知识链接

1. 海子 15 岁时考入北京大学法律系，1989 年 3 月 26 日在河北山海关卧轨自杀。他是20 世纪 80 年代中国新文学史中一位全力冲击文学与生命极限的诗人。

2. 海子曾于 1986 年获北京大学第一届艺术节"五四"文学大奖赛特别奖，1988 年获第三届《十月》文学奖荣誉奖，2001 年 4 月 28 日，海子与诗人食指共同获得第三届人民文学奖诗歌奖。

3. 海子的诗歌风格很独特，它浪漫、敏感、纤细，他的诗歌理想很高远，他的愿望是要建立一种"不是感性的诗歌，也不是抒情的诗歌，不是原始材料的片段流动，而是主体人类在某一瞬间突入自身的宏伟——是主体人类在原始力量中的一次性诗歌行动"的大诗。代表作有《祖国（或以梦为马）》《面朝大海，春暖花开》等。

乡愁四韵

余光中

文本导读

在我国台湾诗人的众多乡愁诗中，余光中的乡愁诗独树一帜，这首《乡愁四韵》堪称典范之作。

《乡愁四韵》创作手法新颖而灵活，诗人没有撷取人生历程中那些能够勾起乡愁的往事，而是将一腔情感倾注在了具有象征意味和概括性的意象上。诗人多番使用比喻手法，驱遣那些奇特而又妥帖的意象，仿佛电影中并列式的蒙太奇特写镜头，让人难以忘怀。以"酒一样的长江水"喻乡愁之沉醉，以"血一样的海棠红"喻乡愁之烧痛，以"信一样的雪花白"喻乡愁之焦虑，以"母亲一样的腊梅香"喻乡愁之芬芳。这些诗句能够调动读者的味觉、视觉、感觉、嗅觉，将对土地的眷恋和对祖国的热爱演绎得淋漓尽致。

《乡愁四韵》的结构匠心独运，抒情细腻缠绵。在节奏上，每段每行的字数基本上分别是十一、七、五、六、十一，在整齐中又有跳跃。在韵律上，《乡愁四韵》四段分别押 ui、ong、ai 和 ang 韵，使得全诗一唱三叹，韵律优美。此诗曾被台湾著名音乐人罗大佑谱成歌曲，同名歌曲旋律悠扬，吟唱时反复低徊、哀婉缠绵，收到"一倍增其哀乐"的情感效果。

从《乡愁四韵》中，我们可以看出余光中创作的特征：兼有中国古典文学之神韵与外国现代文学之精神。作为一个中国人，余光中长期身居海外，但他对祖国和传统文化的眷恋不仅丝毫不减，反而更加深沉。正因如此，他的乡愁诗从内在情感上与中国古典诗歌传统一脉相承，具有厚重的历史感和浓郁的乡土气息。而在外在形式上，《乡愁四韵》在古典诗词和民歌的基础上又汲取了西方现代自由诗体的表现技巧，属于中西诗歌结合孕育而出的宁馨儿。本诗也可与余光中的另一首代表作《乡愁》对照阅读。这两首诗共同表达了具有强烈地域感、现实感和时代感的民族情感，再加上优美的语言和独特的表现形式，不能不激起海外游子思乡的情感波涛。

请参阅：余光中．乡愁四韵//李小雨，曾凡华．中国新时期朗诵诗选．北京：线装书局，2013：181－182．本诗创作于1974年3月。

作者简介

余光中，诗人、作家、学者、翻译家。祖籍福建永春，1928年生于江苏南京，2017年逝于台湾高雄。曾在我国台湾、香港地区和美国各大学任教。1949年开始发表作品，自称右手写诗，左手写散文，诗、散文、批评、翻译是自己写作生命的"四度空间"。出版诗集19种，散文11种，评论7种，翻译14种，另有选本数十种行世。作品多次获奖，并选入大陆、台湾、香港等各地大中学校语文课本。《乡愁》《乡愁四韵》等作品被广泛吟诵传唱，家喻户晓，是大陆读者最熟悉的台湾诗人。

知识链接

诗歌《乡愁四韵》的作者余光中，以写"乡愁"为世人所知，他不仅是一位优秀的诗人、散文家、评论家，还是一位出色的翻译家。余光中的翻译活动与其文学创作几乎是同时起步，他翻译了海明威、麦尔维尔、王尔德等作家的作品，涉及小说、诗歌、戏剧、传记等多种文类，其中不少篇目备受赞誉。在从事外文译中文的同时，余光中也将一些中文作品翻译成英文，承担起向世界传播中国文学的使命。在翻译理论方面，余光中也有独到的探索和精彩的识见，他认为翻译也是一种创作，翻译活动与创作活动的心智颇为相似甚至更为复杂。

延伸阅读

1. 伊格尔顿．如何读诗．陈太胜，译．北京：北京大学出版社，2016.

2. 朱自清．新诗杂话．北京：生活·读书·新知三联书店，1984.

3. 冯文炳．谈新诗．北京：人民文学出版社，1984.

4. 张枣．现代性的追寻：论1919年以来的中国新诗．亚思明，译．成都：四川文艺出版社，2020.

5. 张新颖．新诗一百句．上海：复旦大学出版社，2012.

6. 谢冕．中国百年文学经典文库：诗歌卷：1895—1995．深圳：海天出版社，1996.

7. 中国作家协会，诗刊社．中国新诗百年志：理论卷：上、下．北京：中国工人出版社，2017.

第十二讲 现当代散文

概述

一、现当代散文发展历程

中国是一个散文传统深厚的国度。先秦诸子散文、唐宋散文、明清小品文等，都是散文发展史上的高峰。中国现代散文孕育于晚清，而现代散文最早出现的品种是"随感录"式的杂文，它是五四思想革命和文学革命的产物。

1917—1927 年是现代散文创作成就显著时期。出现了鲁迅、朱自清、郁达夫、周作人、冰心、林语堂等众多名家。鲁迅在《小品文的危机》中说，这一时期散文小品的成功，几乎在小说、戏曲和诗歌之上。此时的散文创作题材广泛，散文体式众多，抒情散文、叙事散文、纪实散文、日记体散文、杂文、美文等，花样翻新；创作个性与风格独特鲜明，众多名家佳作对后世产生了深远的影响。

1927—1937 年的散文创作，从流派与文体方面看，重要的现象有：其一，左翼作家的"鲁迅风"杂文。在鲁迅的影响下，新的杂文作者不断涌现。其二，以林语堂为代表的"论语派"的小品散文。主张"幽默"，提倡"以自我为中心，以闲适为格调"，"宇宙之大，苍蝇之微，皆可取材"，可谓别具一格。其三，抒情散文继续发展。尤以"京派"作家为重镇，如何其芳的《画梦录》。随笔、游记方面，如丰子恺、夏丏尊、叶圣陶、郁达夫、朱自清、茅盾、巴金、沈从文等时有佳作。其四，报告文学兴起。1936 年，夏衍的报告文学名篇《包身工》和宋之的的《一九三六年春在太原》问世，是中国报告文学趋向成熟的重要标志。

1937—1949 年的散文，虽历经战乱，但创作的成绩依然丰硕，报告文学、杂文与抒情文等各式文体的创作都较成熟。出现了梁实秋的《雅舍小品》、钱锺书的《写在人生边上》、张爱玲的《流言》等优秀文集。解放区散文则以努力"写出新生活的内容和外观"而开拓了现代散文发展新路。如何其芳、吴伯箫、孙犁、萧也牧等人的散文创作，洋溢着清新芬芳的泥土气息和朗阔高昂的革命激情，与国统区散文的色调迥然有别，在中国现代散文史上具有划时代意义。

中华人民共和国成立之后，散文发展大体经历了三个大的阶段：五六十年代是"转型"与"诗化"阶段，80 年代是"回归"与"探索"阶段，90 年代之后是"多元"与"厚重"阶段。

第一阶段，中国当代散文一方面承续"延安文学"传统，另一方面呼应特定时期的时代精神与民族精神，形成新的审美规范。如《游了三个湖》（叶圣陶）、《茶花赋》（杨朔）、《花城》（秦牧）、《长江三日》（刘白羽）、《菜园小记》（吴伯箫）、《桂林山水》（方纪）、《雨中登泰山》（李健吾）等散文，在读者中风靡一时，影响深广。

20 世纪 70 年代末，思想解放、社会逐步开放使散文创作开始挣脱思想禁锢和束缚。个性的复苏，改变了散文的主题意向。散文创作由"载他人之道"扩展到对作家自身的观照。巴金的《随想录》就曾被称为"一部代表当代文学最高成就的散文作品"，黄秋耘的《雾失楼台》、陈白尘的《云梦断忆》、杨绛的《干校六记》等，不仅显示作者人生参悟之深透、精辟，亦隐含作者艺术表现之娴熟、精湛。中青年作家成了 80 年代散文创作的主力，宗璞、姜德明、韩少功、贾平凹、赵丽宏、王英琦等创作活跃，以其独特的风格成为 80 年代散文创作的"新星"。女作家的散文创作显示强劲集团优势，张洁、斯妤、王英琦、韩小惠、毕淑敏等，以不凡的创作实力绘就了女性散文亮丽的风景。

20 世纪 90 年代，在文学由中心向边缘的位移中，边缘化的定位恰恰给散文文体以从容发展的空间环境。转型时期知识分子精神与立场的分流，使散文成为知识分子精神与情感的主要表现形式；市场经济的运行不仅使散文创作与出版带有了商业性，而且确认了市民阶层文化消费的合法性与丰富性；传媒业的发展也为散文创作提供了物质条件。总之，散文创作进入了一个多元化的审美时代。以汪曾祺、张中行为代表的文人散文，以余秋雨为代表的文化大散文，以季羡林、金克木为代表的学者散文，以史铁生、张承志、韩少功等为代表的突出人文关怀的散文，以素素、黄爱东西等为代表的小女人散文争芳斗艳。一些在体制外的非职业散文家的创作如钟鸣、王小波的散文也受到重视。

中国文化版图中的香港、台湾和澳门地区，散文创作也自成气象，代有才人。如台湾文坛，有梁实秋、吴鲁芹、余光中、琦君、杨牧、张晓风等名家，也有简媜、蒋勋、黄凡、林耀德、夏宇、阿盛、张让、罗智成等高手。柏杨（《丑陋的中国人》）、李敖（《传统下的独白》）以及二毛、席慕蓉、王鼎钧等创作畅销走红，甚至风行我国大陆与东南亚，显示着散文创作的个性与活力。

二、现当代散文的文化传统与审美特征

第一，新思想的传播与个性解放，这是现代散文兴起的基础。郁达夫在《中国新文学大系·散文二集·导言》中指出，现代散文的出现，得力于人的解放与思想的解放。冲决了思想的束缚和对人的个性的压抑，才能树立人的意识与个性意识，才能抒

发个人所见，畅所欲言。可以说，没有思想解放，就没有个性的张扬；没有人的解放和个性的张扬，就没有现代散文。

第二，白话散文的兴起。白话文运动首先是一次关于工具的革命。现代散文创作是现代汉语写作发展与实践的重要组成部分。值得注意的是，在追求现代汉语创造力与表现力的过程中，现代散文具有很好的包容度与灵活的融合性，它不仅可以汲取其他文体与媒体的艺术启示和营养，还可以融入古典诗文的句法、文法、章法、手法等元素，使散文成为一种包容、厚重、开放的新的文体。

第三，传统散文"人文"精神的承传。"载道""言志""性灵"等是中国散文的美学传统。现代散文大家无不具有深厚的古典文学功底，保持着与传统散文的渊源和联系，而现当代散文名篇佳作几乎都可以梳理出与传统文化、文学显性或隐性的血脉关系。从这个角度看，现代散文不仅是与传统文化对话的重要载体，也是传统文化在现代语境中追求现代性的具体体现。

第四，与现代报刊传播业互助共生。现代出版与传媒业发展为现代散文的成长提供了社会需求与物质技术条件。文化产业的商业性运作机制贯穿于现代散文的生产和消费的许多环节。面对大众、面对时代的价值取向，使作者更加注重发挥散文快捷、灵活、犀利的特点，推进了纪游体散文、旅行通讯、社会杂感、科学小品等创作的勃兴。作品的思想表达与艺术探索呈现出趣味性与开放性相融、模式化与自由化并存的发展态势。

现代散文的审美特征，体现在"现代""散""文"三个关键词上。

"现代"是现代散文思想文化的价值体现。在动荡变革的 20 世纪，散文以自觉的社会责任感和文化追求以及个性鲜明的审美探索，快捷、真实、审美化地反映中国人在现代语境中对美好现代生活的追求、对真善美的崇尚以及对理想生命存在的向往。这构成了现代散文重要的文化贡献与文学传统。

"散"是散文存在与发展的重要特性。鲁迅说过："散文的体裁，其实是大可以随便的。"散文"无定体""无特征"的"边缘化"特征使散文可以实现写作主体的表达自由与个性确立，可以使散文的取材、立意、结构、表达等获得极大的自由度，可以与其他各类文体形成交叉渗透。但是，真正做到"随心所欲而不逾矩""形散而神不散"却需要深厚的文化底蕴、艺术功力和灵活的表达技巧。

"文"是散文审美品质的体现。"言而无文，行而不远。"散文创作是生活"审美化"的体现，是以文学性的方式抒情表意，言志说理，最终是以美的文章、美的文字加以自我确立。文体的自由创造、文风的个性气质、文字的蕴藉精妙、文辞的音律和美都是散文"文学性"的基本构成。

文选

差不多先生传①

胡　适

📚 **文本导读**

《差不多先生传》是胡适在 1919 年创作的一篇传记体寓言。此文虚构了一位差不多先生，凡事只求"差不多"，最终也因"差不多"丧命。在作者看来，差不多先生的命运就是亿万中国人的命运。

本文依照传记体例先纲后目的层次来叙写人物，并以切近生活的事例作为佐证，构成一篇趣味盎然、含义深远的寓言。文章巧妙地运用夸饰、排比、映衬、反讽等修辞手法，以浅显生动的语言、因事见理的方式，让人在荒谬好笑的文字背后，领略作者严肃的用心。《差不多先生传》以上述手法弭解了以正传、列传、合传等为代表的中国传统传记文的藩篱，使人物的表现范围由"个"扩大到了"类"，实现了传记文文体功能的拓展。此外，作者以表现灵魂而非皮相为主的人物塑造方法，不拘泥于写实的夸张描写，变形的事件安排和场景设计，文章风格的虚构性、怪诞性、喜剧性等，对于传统传记文的创作手法也是一种深化。整体上可将此文视作唐代传奇和现代传记文的糅合。

同为新文学发轫期结出的硕果，可以将胡适的《差不多先生传》与鲁迅的《阿Q正传》对读。差不多先生做事敷衍了事、不肯认真的态度，阿Q自欺欺人的"精神胜利法"，是数千年来中国人身上普遍存在的国民劣根性，即使放诸当下的时代环境中依然不无警示意义。

你知道中国最有名的人是谁？

提起此人，人人皆晓，处处闻名。他姓差，名不多，是各省各县各村人氏。你一定见过他，一定听过别人谈起他。差不多先生的名字天天挂在大家的口头，因为他是中国全国人的代表。差不多先生的相貌和你和我都差不多。他有一双眼睛，但看的不很清楚；有两只耳朵，但听的不很分明；有鼻子和嘴，但他对于气味和口味都不很讲究。他的脑子也不小，但他的记性却不很精明，他的思想也不很细密。

他常常说："凡事只要差不多，就好了。何必太精明呢？"

---

① 胡适，著；易竹贤，编. 胡适散文选集. 天津：百花文艺出版社，1990.

他小的时候，他妈叫他去买红糖，他买了白糖回来。他妈骂他，他摇摇头说："红糖白糖不是差不多吗？"

他在学堂的时候，先生问他："直隶省的西边是哪一省？"他说是陕西。先生说："错了。是山西，不是陕西。"他说："陕西同山西，不是差不多吗？"

后来他在一个钱铺里做伙计；他也会写，也会算，只是总不会精细。十字常常写成千字，千字常常写成十字。掌柜的生气了，常常骂他。他只是笑嘻嘻地赔小心道："千字比十字只多一小撇，不是差不多吗？"

有一天，他为了一件要紧的事，要搭火车到上海去。他从从容容地走到火车站，迟了两分钟，火车已开走了。他白瞪着眼，望着远远的火车上的煤烟，摇摇头道："只好明天再走了，今天走同明天走，也还差不多。可是火车公司未免太认真了。八点三十分开，同八点三十二分开，不是差不多吗？"他一面说，一面慢慢地走回家，心里总不明白为什么火车不肯等他两分钟。

有一天，他忽然得了急病，赶快叫家人去请东街的汪大夫。那家人急急忙忙地跑去，一时寻不着东街的汪大夫，却把西街牛医王大夫请来了。差不多先生病在床上，知道寻错了人；但病急了，身上痛苦，心里焦急，等不得了，心里想道："好在王大夫同汪大夫也差不多，让他试试看罢。"于是这位牛医王大夫走近床前，用医牛的法子给差不多先生治病。不上一点钟，差不多先生就一命呜呼了。

差不多先生差不多要死的时候，一口气断断续续地说道："活人同死人也差……差……差不多，……凡事只要……差……差……不多……就……好了，……何……何……必……太……太认真呢？"他说完了这句话，方才绝气了。

他死后，大家都很称赞差不多先生样样事情看得破，想得通；大家都说他一生不肯认真，不肯算账，不肯计较，真是一位有德行的人。于是大家给他取个死后的法号，叫他做圆通大师。

他的名誉越传越远，越久越大。无数无数的人都学他的榜样。于是人人都成了一个差不多先生。——然而中国从此就成为一个懒人国了。

✿ 作者简介

胡适（1891—1962），安徽绩溪上庄村人。学名洪骍，后改名胡适，字适之。现代著名学者、诗人、历史学家、文学家、哲学家。1917 年因提倡文学革命而成为新文化运动的领袖之一。历任北京大学教授、北京大学文学院院长、辅仁大学教授及董事、美国国会图书馆东方部名誉顾问、普林斯顿大学葛思德东方图书馆馆长等职。有诗集《尝试集》，学术论著《中国哲学史大纲》《白话文学史》等，并有《胡适文存》《胡适文集》《胡适全集》等行世。

胡适书法

1. 陈源（陈西滢）作《新文学运动以来的十部著作》一文，针对《胡适文存》作如下评价："据我个人的看法，胡适的散文，数量之多，影响之大，不仅超出他的小说、戏剧，甚或超过他的新诗，而居其创作成绩的首位。"

2. 1932年，周作人在《志摩纪念》的文章中指出："中国散文中现有几派。适之仲甫一派的文章清新明白，长于说理讲学，好像西瓜之有口皆甜。"

3. 胡适语录：

大胆的假设，小心的求证。（《清代学者的治学方法》）

有一分证据，说一分话。

宁鸣而死，不默而生。

容忍比自由还更重要。（以上均见孙郁《胡适影集》）

文学有三个要件：第一要明白清楚，第二要有力能动人，第三要美。……美在何处呢？也只是两个分子：第一是明白清楚；第二是明白清楚之至，故有逼人而来的影像。除了这两个分子之外，还有什么孤立的"美"吗？没有了。（《什么是文学——答钱玄同》）

影的告别[①]

鲁 迅

文本导读

《影的告别》是《野草》中写得离奇诡谲、晦涩难懂，又深切地表现了鲁迅当时思想和心境的篇什之一，也是《野草》中最早出现的解剖作者内心"阴影"的力作。鲁迅通过一个不甘苟活于明暗之间，不满"人"的昏睡，而愿意独自远行的"影"的自白，透露出浓郁的"只觉得'黑暗与虚无'乃是'实有'"的思想。所谓的"影"，无非是另一个自我的化身，或者说是"我"的精神形体。

通篇只是"影"的独白，却形象地传达出了鲁迅在自己的生活和思想转折关头的困惑和怀疑。作品在超现实的意象中描述了现代人选择的痛苦，这是无路可走又不得不走的窘境。在这里，我们看到了鲁迅一贯具有的孤独和悲凉，看到了其作品所展示的现代内涵和人生意义。在这首散文诗的结尾，"影"的牺牲精神被表现得淋漓尽致，全文的意境亦因此得到升华。用鲁迅更为明晰的话表达，就是："自己背着因袭的重担，肩住了黑暗的闸门，放他们到宽阔光明的地方去；此后幸福的度日，合理的做人。"（《我们现在怎样做父亲》）

鲁迅对世界的荒谬、怪诞、阴冷感，以及对死和生的强烈感受是那样锐敏和深刻。作者情绪的表达主要通过句式的排比和词语的反复加以呈现，像"黑暗""虚空""彷徨""沉默""消失"的反复使用，一连串"然而"的接连出现，"你""我""影""形"的自由切换等，将"影"

---

① 鲁迅. 鲁迅全集：第2卷. 北京：人民文学出版社，1981.

极具现代幻灭感的复杂矛盾心境展现得真挚、委婉、曲折，使作品具有明显的现代主义特征。

人睡到不知道时候的时候，就会有影来告别，说出那些话——

有我所不乐意的在天堂里，我不愿去；有我所不乐意的在地狱里，我不愿去；有我所不乐意的在你们将来的黄金世界里，我不愿去。

然而你就是我所不乐意的。

朋友，我不想跟随你了，我不愿住。

我不愿意！

呜乎呜乎，我不愿意，我不如彷徨于无地。

我不过一个影，要别你而沉没在黑暗里了。然而黑暗又会吞并我，然而光明又会使我消失。

然而我不愿彷徨于明暗之间，我不如在黑暗里沉没。

然而我终于彷徨于明暗之间，我不知道是黄昏还是黎明。我姑且举灰黑的手装作喝干一杯酒，我将在不知道时候的时候独自远行。

呜乎呜乎，倘若黄昏，黑夜自然会来沉没我，否则我要被白天消失，如果现是黎明。

朋友，时候近了。

我将向黑暗里彷徨于无地。

你还想我的赠品。我能献你甚么呢？无已，则仍是黑暗和虚空而已。但是，我愿意只是黑暗，或者会消失于你的白天；我愿意只是虚空，决不占你的心地。

我愿意这样，朋友——

我独自远行，不但没有你，并且再没有别的影在黑暗里。只有我被黑暗沉没，那世界全属于我自己。

一九二四年九月二十四日

作者简介

鲁迅（1881—1936），浙江绍兴人。原名周树人，字豫才。中国现代文学家、思想家、翻译家和教育家。1902年留学日本，后弃医从文。辛亥革命后，曾任南京临时政府和北京政府教育部部员、佥事等职，兼在北京大学、北京女子师范大学等校授课。1918年5月，首次用"鲁迅"的笔名，发表中国现代文学史上第一篇白话小说《狂人日记》，奠定了新文学运动的基石。五四运动前后，参加《新青年》杂志工作，成为五四新文化运动的主将。有短篇小说集《呐喊》《彷徨》《故事新编》，散文诗集

鲁迅

《野草》，散文集《朝花夕拾》，杂文集 10 余种，学术论著《中国小说史略》等。并有《鲁迅全集》《鲁迅译文集》行世。

知识链接

1. 诗人冯至在《十四行诗·十一》中以《鲁迅》为题，这样评价《野草》：

在许多年前的一个黄昏，/你为几个青年感到一觉。/你不知经验过多少幻灭，/但是那一觉却永不消沉。

我永远怀着感谢的深情，/望着你，/为了我们的时代。/它被些愚蠢的人们毁坏，/可是它的维护人却一生。/被摒弃在这个世界以外——/你有几回望出一线光明。/转过头来又有乌云遮盖。

你走完了你艰苦的行程，/艰苦中只有路旁的小草，/曾经引出你希望的微笑。

2. 《野草·题辞》：

当我沉默着的时候，我觉得充实；我将开口，同时感到空虚。

过去的生命已经死亡。我对于这死亡有大欢喜，因为我借此知道它曾经存活。死亡的生命已经朽腐。我对于这朽腐有大欢喜，因为我借此知道它还非空虚。

生命的泥委弃在地面上，不生乔木，只生野草，这是我的罪过。

野草，根本不深，花叶不美，然而吸取露，吸取水，吸取陈死人的血和肉，各各夺取它的生存。当生存时，还是将遭践踏，将遭删刈，直至于死亡而朽腐。

但我坦然，欣然。我将大笑，我将歌唱。

我自爱我的野草，但我憎恶这以野草作装饰的地面。

地火在地下运行，奔突；熔岩一旦喷出，将烧尽一切野草，以及乔木，于是并且无可朽腐。

但我坦然，欣然。我将大笑，我将歌唱。

天地有如此静穆，我不能大笑而且歌唱。天地即不如此静穆，我或者也将不能。我以这一丛野草，在明与暗，生与死，过去与未来之际，献于友与仇，人与兽，爱者与不爱者之前作证。

为我自己，为友与仇，人与兽，爱者与不爱者，我希望这野草的死亡与朽腐，火速到来。要不然，我先就未曾生存，这实在比死亡与朽腐更其不幸。

去罢，野草，连着我的题辞！

一九二七年四月二十六日，鲁迅记于广州白云楼上

灵魂在杰作中的冒险

——考证、批评与欣赏

朱光潜

文本导读

这篇文章选自朱光潜所著的《谈美》一书。《谈美》是 1932 年朱光潜在法国完成的，

作者称该书是继《给青年的十二封信》一书之后的"第十三封信"，又算《文艺心理学》的"缩写本"，但朱自清在为其所作的序中认为："它自成一个完整的有机体，有些处是那部大书所不详的，有些是那里面没有的。"《谈美》由相互联系又相对独立的十五个部分组成，分别阐述了美、美感、欣赏与创造、自然美与艺术美、艺术与人生等问题。此文为第六部分，文章标题直接取自法国印象主义批评的领袖法朗士："凡是真批评家都只叙述他的灵魂在杰作中的冒险。"朱光潜在展开论述时对什么是考证、什么是批评、什么是欣赏做了界定和论证，并进而阐述了它们之间的关系："考据不是欣赏，批评也不是欣赏，但是欣赏却不可无考据与批评。"

文章观点明确，论述紧扣主题，层层递进，逻辑清晰，结构严谨。作者首先从学者把考证和批评错认为欣赏的"误解"入手，然后列举了三种功夫的"考据学"——重视"版本的批评"、"来源"的研究以及"作者的生平"。在此基础上，作者从美学角度辨析了考据和欣赏的区别及互相补充的联系："考据所得的是历史的知识。历史的知识可以帮助欣赏却不是欣赏本身。"朱光潜接着指出学者常犯的两种错误，即"穿凿附会"和"因考据而忘欣赏"，进而列举了四种对批评意义的不同理解，得出"欣赏的态度"才是美感的态度的看法。同时辨析了"批评的态度"和"欣赏的态度"的不同之处，并表明自己的倾向。最后，全文总结，首尾呼应，重申观点。文章通篇说理，有破有立，阐述辩证全面，中西事例信手拈来，古今道理融会贯通，更可贵的是时时以自己的体会、感受说事说理，表达深入浅出，既让人感到亲切，又增强了说服力。

朱光潜的这篇文章体现了批评主体对作品的充分尊重和宽容意识，是西方印象主义批评在中国的回响。印象主义批评并不是一个严格意义上的批评流派，之所以把他们划归在一起，是因为他们强调直观感受重于抽象理论，国内以李健吾、朱光潜等为代表。除了可以对印象主义批评有所了解外，阅读本文还可以得到多方面的启迪：不仅可以准确理解考证、批评与欣赏三者的内涵、区别和联系，提高艺术鉴赏能力，而且可以感受学术研究的严谨态度，提高思考辨析能力，同时学习既说清道理又通晓平易的作文之道，提高文章写作能力。

请参阅：朱光潜．"灵魂在杰作中的冒险"：考证、批评与欣赏//谈美．北京：生活·读书·新知三联书店，2012：156-163.

作者简介

朱光潜（1897—1986），字孟实，安徽省桐城县（今属铜陵市）人。现当代著名美学家、文艺理论家、教育家、翻译家。1922年毕业于香港大学文学院。1925年留学英国爱丁堡大学，致力于文学、心理学与哲学的学习与研究，后在法国斯特拉斯堡大学获哲学博士学位。1933年后历任北京大学、四川大学、武汉大学教授。1946年后一直在北京大学任教，讲授美学与西方文学。主要著作有《悲剧心理学》《文艺心理学》《西方美学史》《谈美》等，有《朱光潜全集》。

知识链接

朱光潜1925年夏赴英国留学，1926年开始写作并寄回国内陆续发表的"给一个中学生的十二封信"，1929年结集出版时定名为《给青年的十二封信》，就"青年们所正在关心或应该关心的事项为话题"抒述意见，十二封信分别谈读书、谈作文、谈爱恋、谈社会运动、谈升学选科等。三年后，作者又写作了包括十五个部分的《谈美》，并将之作为给青年的"第十三封信"，声言写此信只有一个很单纯的目的，就是研究如何"免俗"。他认为当时的中国社会如此之糟，大半由于人心太坏。人心太坏，由于"未能免俗"，缺乏"美感的修养"。而"要求人心净化，先要求人生美化"。认为"人要有出世的精神才可以做入世的事业"，"只求满足理想和情趣，不斤斤于利害得失，才可以有一番真正的成就"。写作《谈美》之前，作者已写成《文艺心理学》，作者自称《谈美》是"通俗叙议"《文艺心理学》的"缩写本"。他说"在写这封信时，我和平时写信给我的弟弟妹妹一样，面前一张纸，手里一管笔，想到什么就写什么，什么书也不去翻看，我所说的话都是你所能了解的，但是我不敢勉强要你全盘接收"。可见作者写作此文的风格、态度和期冀。

翠湖心影

汪曾祺

文本导读

汪曾祺的创作以散文见长，内容或为自然风光描绘，或为世俗人情刻画，且大多以早年目睹的景物和往昔经历的人事为素材。从写作手法看，汪氏对沈从文、周作人、老舍等我国作家以及伍尔夫等西方现代作家均有所借鉴，故而作品不仅每每看到沈从文的简峭、周作人的诗味、老舍的平易，而且常常看到伍尔夫等人意识流手法的运用。

《翠湖心影》是汪曾祺的散文名篇。汪曾祺在昆明西南联大读书时，就居住在翠湖周边。此前名不见经传的翠湖，在汪曾祺笔下竟成了昆明城不可或缺的存在——"没有翠湖，昆明就不成其为昆明了。"它不仅是春城当之无愧的"眼睛"，而且时时刻刻都给予昆明人和外来游子无限"浮世的安慰和精神的疗养"。

在这篇文章中，作者有关翠湖自然风光的描绘，如绿得好像要滴下来的柳树、极清且常年盈满的湖水、开着一望无际的粉紫色蝶形花的水浮莲、整天只是安安静静地悠然浮沉游动的红鱼，有关翠湖图书馆的记录，如干瘦而沉默的管理员、古老而有趣的借书方式，有关翠湖地主、游人的叙述，如寂然坐在空荡荡轩中的卖"糠虾"的老婆婆、从不跟顾客斤斤计较的堂倌、一面"穷遢"一面高谈阔论的"我们"等等，无不浸润着作者深沉的情感，从而焕发出感人至深的艺术力量。虽然汪曾祺的情感是浓郁的，但这篇散文仍保持了他一贯平淡的语言风格，多用短句，言简意赅，追求含蓄蕴藉、意在言外的艺术效果。比如开篇用一个仿佛闲笔般的笑话引出自己想起翠湖，中间部分极尽对翠湖人、事、景的赞美，却只用一句"我是很想念翠湖的"作为收束，读来有举重若轻之感。结尾同样语淡情深，当翠湖大搞建设，变得热闹起来时，汪曾祺却和许多昆明本地人一样，"希望还我一个明爽安静的翠湖"。在淡淡的期许中，不难见出他由衷期待翠湖变好的真情实感。《翠湖心影》从内容到形式，都充分反映了作者平和淡远的人生态度和写作风格。

请参阅：汪曾祺. 翠湖心影. 滇池，1984（8）.

作者简介

汪曾祺（1920—1997），江苏高邮人。1939 年考入昆明西南联合大学中文系，师从沈从文先生，1940 年开始发表小说。中华人民共和国成立后先是在《北京文艺》《说说唱唱》《民间文学》等文艺刊物任编辑，后调入北京京剧团任编剧，"文化大革命"期间参与京剧《沙家浜》的改编。粉碎"四人帮"之后，其小说《受戒》《大淖纪事》等以浓郁的风俗色彩与文化意味为当代小说美学开辟了一方新的天地，从此汪曾祺一发不可收，其作品在小说、散文等领域独树一帜，被译成多种文字介绍到国外。他以散文笔调写小说，写出了家乡五行八作的见闻和风物人情、习俗民风，富于地方特色。作品在疏放中透出凝重，于平淡中显现奇崛，情韵灵动淡远，风致清逸秀丽。

知识链接

1. 汪曾祺是活在当代文学体制中的现代作家，他的"复出"标志着"现代"在"当代"的复活。在 1987 年的作品讨论会上，有人说他是中国士大夫文化熏陶出来的最后一位作家。王蒙曾说汪曾祺是遗老式作家。王尧教授指称汪曾祺是"最后一个中国古典抒情诗人"。

2. 《中国现代文学基础》（朱晓进主编，南京师范大学出版社，2003）将汪曾祺的散文称为"老年体散文"。认为 20 世纪末"老年体散文"的代表作家主要有孙犁、萧乾、柯灵、汪曾祺、张中行等人，这些老人散文大多具有相似的群体特征，这就是：（1）这些作家由于人生的跨度较长，而且与许多重大的历史事件、历史人物有着千丝万缕的联系，因而他们的散文除了具有文学的价值外，更多地带有一种无法替代的史料价值。读他们的散文，犹如打开一部活的史书，别有风味。（2）他们的散文较多地体现了一种人生的老年的智慧。一个人步入老年，一生的追求、一生的成败都了然于胸，因而对人生的道路应该怎么走，必然有着宝贵的经验，把它们形诸笔墨，创作出的作品无疑是一笔丰厚的人生财富，闪现着人类的智慧之光。（3）他们的散文所流露的恬淡之美，无疑给人一种灵魂的净化感。经过一生的奋斗，一生的荣辱毁誉、成败得失都看得多了，也看得淡了，因而不再像中青年那样急功近利、呼天抢地、愤世嫉俗，而是显示出一种过来人的平静，这种平静无疑是一剂良药，让人头脑猛醒。（4）他们的散文一方面写得清新优美，但另一方面则锤炼得苍劲刚劲，炉火纯青，在"拈花微笑"里有"怒目金刚"在，显示出一种平淡中的奇崛。不能认为这些老人到了晚年就把一切看淡了，就没有爱憎褒贬，一切都无所谓了，其实不然。只不过经历了一生的动荡，他们都不约而同地对生活中假恶丑的东西表现出一种高度的蔑视，不愿过多地涉及它们，即使谈到它们也犹如"神来之笔"，就像针似的"刺"一下，立即调开了笔头。比如汪曾祺的《人间草木》写他在内蒙古草原从老乡那儿得知山丹丹开花一年增加一朵花，忽然提到"山丹丹花开花又落"，写这歌词的作者未必知道这一知识，而"唱这首歌的流行歌星就更不会知道"，淡淡一语，却将流行歌坛上学养浅薄、艺德败坏的红男绿女们不动声色地冷冷地刺了一笔，令读者会心一笑。

3. 汪曾祺曾说："我很重视语言，也许过分重视了。我以为语言具有内容性。语言是小说的本体，不是外部的，不只是形式……语言具有文化性。作品的语言映照出作者的全部文化修养。语言的美不在一个一个句子，而在句与句之间的关系。包世臣论王羲之字，看来参差不齐，但如老翁携带幼孙，顾盼有情，痛痒相关。好的语言正当如此。语言像树，枝干内部液汁流转，一枝摇，百枝摇。语言像水，是不能切割的。一篇作品的语言，是一个有机的整体。"

延伸阅读

1. 鲁迅. 野草. 北京：人民文学出版社，2021.

2. 汪晖. 反抗绝望：鲁迅及其文学世界：增订版. 北京：生活·读书·新知三联书店，2008.

3. 何其芳. 画梦录. 北京：人民文学出版社，2000.

4. 朱光潜. 谈美. 北京：中华书局，2010.

5. 梁实秋. 雅舍小品. 沈阳：万卷出版公司，2015.

6. 巴金. 随想录. 北京：人民文学出版社，2018.

7. 汪曾祺. 人间草木. 南京：江苏文艺出版社，2005.

第十三讲　现当代小说、戏剧

概述

一、小说（上）

中国现代小说诞生的标志是鲁迅 1918 年 5 月在《新青年》杂志第 4 卷第 5 号上发表的短篇小说《狂人日记》。这篇小说因其"表现的深切和格式的特别"（鲁迅《〈中国新文学大系〉小说二集序》），成为中国新文学正式确立的标志。之后，鲁迅又创作了《阿 Q 正传》《祝福》《在酒楼上》《铸剑》等三十多篇小说，确立了在中国现代文学史上的崇高地位。

影响较大的早期小说家还有郁达夫和叶绍钧。郁达夫 1921 年出版的《沉沦》是中国现代文学史上第一部短篇小说集，也是现代浪漫抒情小说的成功之作。叶绍钧（叶圣陶）则是人生写实小说的代表作家，《潘先生在难中》批判了小市民的软弱自私，也对其苦难有所同情。另外，以冰心、庐隐为代表的女性小说家在五四时期也影响较大，而冯文炳（废名）以《竹林的故事》《桥》为代表的小说，上承鲁迅下启沈从文，在现代乡土小说发展中举足轻重。

20 世纪 30 年代的小说出现了繁荣局面，长篇小说是最大的收获：茅盾的《子夜》以宏大的建构反映了时代，老舍的《骆驼祥子》对以人力车夫为代表的底层民众进行了同情的审视，巴金的《家》全景式地展示了一个传统大家族的毁灭，李劼人的《死水微澜》从一个封闭的区域写出了时代的巨变，张恨水的《金粉世家》写一个高门巨族内的人生悲剧。中短篇小说也收获颇丰。沈从文以《边城》为代表的小说构建了一个展示人性的健康与优美的湘西世界，并引领了当时"京派小说"以乡土书写为主的创作取向；施蛰存、刘呐鸥、穆时英等以"新感觉派小说"形成了"海派"创作潮流，并成为现代中国都市小说的先行者；丁玲的《莎菲女士的日记》写一代新女性的觉醒与挣扎，萧红的《生死场》及后期的《呼兰河传》写出了北方人民的苦难与抗争，她们共同奠定了现代女性写作的坚实基础。

抗日战争和其后的国共内战时期，中国处于长期战乱中，小说也对此进行了及时的反映。长篇小说方面，路翎的《财主底儿女们》、钱锺书的《围城》、巴金的《寒夜》等直面现实，写出战乱中普通民众的悲苦命运；中篇小说方面，冯至的《伍子胥》将离乱中的生命感悟借历史人物呈现出来，张爱玲的《倾城之恋》通过乱世男女的爱情悲欢表达苍凉的生命体验，巴金的《憩园》继承五四新文学的启蒙精神审视中国传统家庭的悲剧；短篇小说佳作众多，师陀的《果园城记》融合同情与批判，张爱玲的《传奇》出入于雅俗中西之间，以通俗故事的形式书写人世的悲冷，赵树理的《小二黑结婚》对乡土中国的政治化书写则开启了 20 世纪后半期中国文学的主流形态，而孙犁的《荷花淀》成就了革命文学阵营兼顾政治正确与文学审美的表达模式。

二、小说（下）

1949 年中华人民共和国成立至 1978 年改革开放之前，中国文学取得了一定的发展。社会主义现实主义小说成就突出，出现了柳青的《创业史》、周立波的《山乡巨变》、梁斌的《红旗谱》、杨沫的《青春之歌》等记录革命与建设的长篇小说，茹志鹃的《百合花》、宗璞的《红豆》、王蒙的《组织部来了个年轻人》、李準的《李双双小传》等在时代潮流中展示人物命运的短篇小说；在台湾地区，林海音的《城南旧事》以怀旧心态回望逝去的古都与童年，陈映真的《将军族》融合了民族意识与社会批判精神，白先勇的《台北人》系列小说将古典主义的感伤、迷茫与现代主义小说技法融为一体，琼瑶将现代言情小说带到了一个新的高度；在香港地区，金庸和梁羽生的武侠小说成为影响最大的香港文学作品，刘以鬯的《酒徒》被誉为华语文坛第一部意识流长篇小说，西西的《我城》写出了一代本土作家对香港的认同。

改革开放之后，中国文学重新出现大融合大发展的态势。20 世纪 80 年代初期，从伤痕、反思到改革文学，出现了刘心武《班主任》、卢新华《伤痕》、茹志鹃《剪辑错了的故事》、高晓声《陈奂生上城》等中短篇小说，古华《芙蓉镇》、张炜《古船》、路遥《平凡的世界》、王蒙《活动变人形》等长篇小说，直面当代中国的历史与现实，将现实主义、人道主义的文学发展到一个新的高度；汪曾祺的《受戒》《大淖记事》以其独具个人风格的创作接续了以沈从文为代表的现代诗化小说传统，并影响了新一代作家；1985 年前后，寻根、先锋、新写实小说接踵而至，韩少功《爸爸爸》、阿城《棋王》对中国的历史与文化进行了现代审视，残雪《苍老的浮云》、莫言《红高粱》、马原《冈底斯的诱惑》以及洪峰、余华、苏童、格非、孙甘露等人借鉴后现代主义立场改写中国小说的话语系统，刘震云《一地鸡毛》、刘恒《伏羲伏羲》、池莉《烦恼人生》、方方《风景》等注重对生活原生态的展现，形成了现实主义写作的新态势。在港台地区，李昂的《杀夫》成为台湾女性文学进入了新女性主义时期的标志，张大春的《大说谎家》将后现代主义的拼贴式写作发挥到了极致。

20 世纪 90 年代之后，小说发展进入一个众声喧哗的时代，长篇小说成为当代小说的发展标杆，出现了陈忠实《白鹿原》、王安忆《长恨歌》、余华《活着》、阿来《尘埃落定》、张洁《无字》、贾平凹《秦腔》、莫言《檀香刑》、格非《春尽江南》等优秀作品。此外，刘慈欣科幻小说《三体》、曹文轩儿童题材小说以及海外华人作家严歌苓的《第九个寡妇》等也引人注目，青春文学、网络文学则构成当下通俗小说的主流类型。

三、戏剧

新文学戏剧的基本形式是话剧。早在 20 世纪初，留日中国学生组织的"春柳社"就已经在日本演出了《茶花女》《黑奴吁天录》等改编剧作。但现代话剧诞生的标志性文本是 1919 年 3 月《新青年》第 6 卷第 3 号上发表的胡适所著独幕剧《终身大事》。早期较为成功的话剧作家有陈大悲、熊佛西和丁西林等，作品以独幕剧为主。田汉和洪深、欧阳予倩并称为"中国话剧的三个奠基人"，田汉《名优之死》、洪深《赵阎王》是早期较为成功的作品。

20 世纪 30 年代，话剧创作渐趋繁荣。李健吾的《这不过是春天》《梁允达》构思精巧，夏衍的《上海屋檐下》则将人道主义的现实关怀通过精巧的结构艺术深刻地展示出来。曹禺的《雷雨》《原野》《日出》以及抗战时期创作的《北京人》，既将对现实人生的思考通过精心设计的剧情生动呈现，同时也充分注意到文学文本与舞台演出的衔接，标志着中国话剧艺术的真正成熟。抗战全面爆发之后，话剧创作出现了一个新的高潮。郭沫若以《屈原》为代表的历史剧，陈白尘的《升官图》、吴祖光的《捉鬼传》等讽刺喜剧，杨绛的《弄真成假》《称心如意》等风俗喜剧，以及诞生于延安地区的歌剧《白毛女》，成为那个时代最有影响的戏剧作品。

1949 年至 1978 年间出现了很多优秀的话剧作品。老舍的《茶馆》被公认为中国话剧史上的经典之作，田汉的《关汉卿》将现代话剧与传统戏曲结合在一起进行了话剧民族化的尝试并取得了相当的成功。"文化大革命"期间，"样板戏"因特殊的政治需要成为影响了一代中国人的艺术甚至思想观念的戏剧文本。

改革开放之后，话剧艺术再度辉煌。高行健是 80 年代成就最高的剧作家，从《绝对信号》《车站》到《野人》《彼岸》，他将对现实人生的思考与独特新颖的艺术形式结合在一起，充分尊重话剧作为综合艺术的特质，取得了极大的成功。此外，沙叶新的《陈毅市长》将布莱希特的间离手法与中国传统戏剧叙事结合，多侧面塑造了人物形象，锦云的《狗儿爷涅槃》将人物的内心活动外化为独立的艺术形象，郭启宏的历史剧《李白》、过士行的世俗生活剧《鸟人》等，都是这一时期优秀的话剧作品。21 世纪以来，话剧越来越注重表演和导演艺术，文学性有所减弱，林兆华、孟京辉和我国台湾的赖声川等话剧导演，成为这个时代最有影响的话剧艺术家。

三 三

沈从文

文本导读

《三三》是沈从文 1931 年发表的一部短篇小说。少女三三是杨家碾坊的小主人，与母亲守着碾坊相依为命。在乡下，拥有一座碾坊的生活是令人歆羡的物质富足，三三虽幼年丧父，但她的童年与溪中游鱼、坊中鸡鸭为友，是悠闲快乐、天真烂漫的。从城里来乡下养病的白脸青年给她平静的生活带来了一些涟漪，三三和母亲对去往城市、对嫁给城里人的生活多了一些悸动的幻想和复杂的犹豫。沈从文擅长在平淡的日常中描绘人物内心的波动和说不清道不明的哀愁。遇见城里人之前，三三时常梦见有人提着红灯笼在溪边走，还喜欢将"那些母亲听不明白的"话说给溪边的鱼听，说明看似无忧无虑的少女深藏着压抑的心思，以及她自己可能也说不清的渴望。这种说不清的渴望在城里来的白脸青年身上获得了具象，更加多次彰显在少女稀奇古怪的梦中和母女俩互相遮掩试探的对话中：少女对爱情的向往、乡里人对城里的幻想、守着碾坊过活的人对碾坊生活既觉单调厌倦又怀眷恋不舍的矛盾心情多重交织。然而青年骤然逝去，打断了她们的一切幻想，生活复归平静。

文中乡民曾谈论，城里人"欢喜害病"，常害乡下人从未得过、不能理解的"病"。白脸青年所患的"痨病"成为一种都市文明病的象征。青年的死去，标志着乡下人对城市的梦的破灭，蕴含了作者对现代城市文明的反思。

沈从文致力于表现生活的"常"与"变"，其作品常常将在湘西山水之间成长的人物放到与正在变化的外部世界有所关联的情境之中，在文化的轻微碰撞中彰显理想人性的质地与光彩。三三是湘西山水孕育的美丽少女，与《边城》中的翠翠、《长河》中的夭夭等人物一样，都是沈从文心目中理想人性的体现者。在文学史上，三三以及翠翠等人物形象，与废名《竹林的故事》中的三姑娘、汪曾祺《受戒》中的小英子等一起形成了一个真善美的形象序列。

请参阅：沈从文．三三//边城．北京：北京十月文艺出版社，2008：12 - 34．《三三》最初发表于 1931 年 9 月 15 日《文艺月刊》第 2 卷第 9 号。

作者简介

沈从文（1902—1988），原名沈岳焕，湖南凤凰人，苗族。小学毕业后随地方武装在沅水流域漂泊，1923年到北京开始文学创作。1929年开始先后在吴淞中国公学、青岛大学、西南联大、北京大学任教，1949年后曾在中国历史博物馆、中国社会科学院历史研究所工作。作品以书写湘西士兵、船夫等底层民众和少数民族的生活见长，富有人情美和风俗美。著有小说《边城》《长河》，散文集《湘行散记》《湘西》，以及学术专著《中国古代服饰研究》等。

知识链接

1. 沈从文《从文小说习作选·代序》：

这世界上或有想在沙基或水面上建造崇楼杰阁的人，那可不是我。我只想造希腊小庙。选山地作基础，用坚硬石头堆砌它。精致，结实，匀称，形体虽小而不纤巧，是我的理想的建筑。这庙里供奉的是"人性"。……你们能欣赏我故事的清新，照例那作品背后蕴藏的热情却忽略了。你们能欣赏我文字的朴实，照例那作品背后隐伏的悲痛也忽略了。……我要表现的本是一种"人生的形式"，一种"优美，健康，自然，而又不悖乎人性的人生形式"。

2. 沈从文《水云——我怎么创造故事，故事怎么创造我》：

我还得在"神"之解体的时代，重新给神作一种赞颂。在充满古典庄严与雅致的诗歌失去光辉和意义时，来谨谨慎慎写最后一首抒情诗。

3. 汪曾祺《一个爱国的作家》：

沈（从文）先生小说的一个贯穿性的主题是民族品德的发现与重造。他把这个思想特别体现在一系列农村少女的形象里。他笔下的农村女孩子总是那样健康，那样纯真，那样聪明，那样美。他以为这是我们民族的希望。

4. 汪曾祺《沈从文和他的〈边城〉》：

沈从文不是一个雕塑家，他是一个画家，一个风景画的大师。他画的不是油画，是中国的彩墨画，笔致疏朗，着色明丽。

红高粱

莫　言

文本导读

在莫言的作品中，《红高粱》是一经发表便引起文坛轰动，并因同名电影、电视剧的改编而为大众所熟知的代表作。《红高粱》的发表在多个层面上为当时的文坛带来了新声，其中最鲜明的一点便是它在"寻根"文学的浪潮中，较为独特地借由"最美丽最丑陋、最圣洁最龌龊"的高密乡，将原始野蛮、粗鲁鲜活的生命力灌注于乡土民族性之中。小说中"我爷爷"余占鳌是个一身匪气的草莽英雄，"我奶奶"戴凤莲是个敢爱敢恨的泼辣女子。

余占鳌的匪气是生命力的化身，这种原始的生命力帮助他杀人越货，帮助他抢占了"我奶奶"和她夫家的酒庄，也帮助他成立民间抗日队伍，谱写出悲壮的战斗篇章。特别是七、八、九三章通过"我"的叙述，回顾了爷爷余占鳌和奶奶戴凤莲投身于抗日运动，在一次伏击日军车队的战斗中，奶奶不幸中弹牺牲，爷爷的队伍几乎全军覆没的经过。奶奶在弥留之际，过去岁月里那些生动的生活画面在她眼前一一浮现。走马灯式的回顾穿插着她对眼前勃勃原野的深情眷恋：瑰丽的红高粱、鲜活的鸽子、腥甜的酒和血，连白云都是"坚硬的"，带有粗粝野蛮的生命感。莫言用华丽诡异的笔法，选择一个生命即将逝去的时刻，为生命意义和个性解放谱写出一曲最高昂的哀歌和赞歌。余占鳌言行粗俗，张狂自大，夸儿子必称"是我的种"，年老昏庸也唯独惦记着"枪"，就是这样一个张扬男性荷尔蒙的化身，在这场抗日战斗中英勇无畏，血战到底，以民间草莽之身将姗姗来迟的官家冷支队长衬托得十分平庸无能。莫言用"杀人越货、精忠报国""最英雄好汉最王八蛋"去形容"我爷爷"这样的粗犷血性男子，用"种的退化""相形见绌"去形容"我们这些活着的不肖子孙"，足见作者对此种野蛮生命力的喟叹激赏。在粗俗豪放的人物对白和爱憎交织的场面叙述中，作者为我们展现了一个充满原始野性和顽强生存意识的红高粱世界。

请参阅：莫言. 红高粱. 人民文学，1986（3）.

作者简介

莫言（1955— ），原名管谟业，山东高密人，2012 年诺贝尔文学奖得主。主要作品有中短篇小说《白狗秋千架》《球状闪电》《怀抱鲜花的女人》《司令的女人》《透明的红萝卜》，长篇小说《红高粱家族》《丰乳肥臀》《檀香刑》等。

知识链接

莫言获得 2012 年度诺贝尔文学奖，是对莫言创作的高度肯定，也是中国当代文学发展到新的历史阶段后一个水到渠成的结果，是中国当代文学赢得世界关注的一个醒目的标志。从 20 世纪 70 年代末期，即我们常说的新时期以来，中国文学华丽转身，进入了一个面向世界、多元探索、蓬勃进取的时期，在 30 余年间，产生了一大批优秀的作家作品，堪与世界文学比肩者亦可以数出若干，他们以艺术的方式向世界传递了来自古老而又年轻的东方国度的信息，显示了正在经历巨大的历史转型期的中国特色和中国经验。莫言是这灿烂星河中的一颗明星，是其杰出代表之一。[张志忠. 论莫言小说. 文学评论，2013（1）.]

日出·第四幕

曹 禺

文本导读

四幕剧《日出》（1936）是曹禺继《雷雨》（1933）之后的第二部重要话剧作品，其与

《雷雨》《原野》组成的三部曲奠定了曹禺在中国剧坛的大师地位。《日出》以大都市交际花陈白露寓居的旅馆为核心舞台，令心怀理想主义的方达生、纨绔轻浮的海归少爷陈乔治、自私投机的银行家潘月亭、不幸堕入底层妓寨的少女"小东西"、虚荣无耻的"面首"胡四等人纷纷登场，淋漓展现了"上流社会的堕落和下层社会的不幸"（鲁迅《英译本〈短篇小说选集〉自序》）。

剧本的第四幕是此前登场的各色人物之间戏剧矛盾的集中爆发点，其中，大丰银行的上、中、下三个阶层代表人物——银行经理潘月亭、银行中层干部李石清、银行底层职员黄省三之间的冲突对峙尤为精彩。潘月亭经营的大丰银行处于资金周转危机之中，他一边狠心裁员、克扣工人工资，一边为了稳定客户、掩饰银根紧缺的事实，借钱盖大丰大楼来强撑场面。经理秘书李石清是个努力向上爬的银行中层，他内心愤恨上流阶层无才无德，仅凭出身富贵便可作威作福，对外却也服膺于这种"没有公理、没有平等"的强权规则，决心泯灭良心和羞耻心，把自己变成"硬得像块石头，决不讲一点人情，决不可怜人"的冷血动物。他对上等人挖空心思谄媚陪笑，拿出家中大半积蓄陪有钱人打牌挥霍，又及时抓住潘月亭抵押全部房产的把柄，迫使潘月亭为封其口而升其为银行襄理。对下等人，他则冷酷无情，恶语相向，面对被银行裁员失去生计前来求情的黄省三，他讥刺对方要么去做车夫、乞丐、小偷，要么就跳楼自杀，间接推动了黄省三绝望毒杀亲子后跳河自绝的悲剧。

到了第四幕，潘经理得知自己投机的公债看涨，果断抛弃李石清。李石清在登高跌重之际，重逢已然疯癫的黄省三。最后，潘经理被金融巨头金八爷欺骗，公债亏损陷入破产。而刚刚快意于潘经理破产消息的李石清，也得知自己的小儿子因为短缺医疗费不治夭折——起初他痴迷于钻营之际，连儿子病重的消息都充耳不闻，此刻方才大梦初醒般悲恸万分。李石清身上体现了被异化人性的典型。他自认为泯灭良心、顺从规则就不会变成黄省三这样的社会弃子，却一样逃不过悲剧的命运。当李石清指责黄省三谨守职业道德活该受穷，"世界不是为你这样的人准备的"时，也是在坚定自己的信念，为自己放弃道德的行径作开脱。他嘲讽过黄省三"你还配生一大堆孩子？"，得知自己的孩子夭折后也开始悲叹："为什么我们要生这么一大堆孩子？"黄省三的悲剧成为李石清的镜像，而李石清的悲剧也成为潘月亭的镜像；黄省三便是异化前的李石清，李石清便是年轻时的潘月亭。"体面"人欺压地位比自己低下者，而自己也被权势更高者玩弄于股掌之间，这样的悲剧生生不息——《日出》在潘、李、黄三人身上，讥刺意味十足地展现出资本主义社会的弱肉强食和没有出路。

曹禺曾自述："我想用片段的方法写《日出》，用多少人生的零碎来阐明一个观念……即第一段引文内'人之道，损不足以奉有余'。"《日出》多次念诵的主题句是："太阳升起来了，黑暗留在后面。但是太阳不是我们的，我们要睡了。"潘、李、黄三人和其他角色被这个"损不足以奉有余"的黑暗社会吞噬的经历，组成了曹禺唱响这个必然沉没旧世界的末日哀歌。

请参阅：曹禺．日出//曹禺经典作品选．北京：中国青年出版社，2003：120-156.

作者简介

曹禺（1910—1996），原名万家宝，祖籍湖北潜江，生于天津。1922 年进入南开中学，1928 年升入南开大学政治系，1930 年转入清华大学西洋文学系。中学时参加南开新剧团，大学期间系统研读了西方古典戏剧与现代戏剧，并在 1933 年大学毕业时写出了四幕剧《雷雨》。代表作有《雷雨》《日出》《原野》《北京人》以及根据巴金小说改编的《家》等。1949 年之后曾任北京人民艺术剧院院长、北京市文联主席、中国文联主席等。

知识链接

1.《老子》第七十七章：

天之道其犹张弓与？高者抑之，下者举之，有余者损之，不足者补之。天之道损有余而补不足，人之道则不然，损不足以奉有余。

2. 曹禺《日出·跋》：

我求的是一点希望，一线光明。……我们要的是太阳，是春日，是充满了欢笑的好生活，虽然目前是一片混乱。于是我决定写《日出》。《日出》写成了，然而太阳并没有能够露出全面。我描摹的只是日出以前的事情，有了阳光的人们始终藏在背景后，没有显明地走到面前。我写出了希望，一种令人兴奋的希望。我暗示出一个伟大的未来，但也只是暗示着。

3. 曹禺《雷雨·序》：

我并没有明显地意识着我要匡正、讽刺或攻击什么。……《雷雨》对我是个诱惑。与《雷雨》俱来的情绪蕴成我对宇宙间许多神秘的事物一种不可言喻的憧憬。……我用一种悲悯的心情来写剧中人物的争执。我诚恳地祈望着看戏的人们也以一种悲悯的眼来俯视这群地上的人们。

茶馆（节选）[①]

老 舍

文本导读

老舍的《茶馆》被公认为中国话剧史上的经典之作。《茶馆》借由北京裕泰茶馆为舞台空间，展现了从清末到民末大半个世纪的中国风云变幻。全剧三幕分别对应三个时间段，选自中国 20 世纪历史上最动荡的那些年代：第一幕是清末维新变法失败之后，帝国主义势力在经济、政治、文化上全面渗透中国；第二幕是袁世凯死后，帝国主义在中国培植各路军阀打代理人战争；第三幕是抗日战争胜利后、解放前夕，国民党特务、复辟派、洋买办等欺压乡里，横行北京。选择茶馆作为舞台，是作者非常自觉地意识到茶馆是旧社会特有的一处容纳三教九流各色人等的文化公共空间。老舍敏锐地抓住了茶馆空间的文化集中性

---

① 老舍. 老舍剧作选. 北京：人民文学出版社，1959.

和传统象征性，剧中茶馆不仅负担喝茶休闲的功能，还可在其中谈天、交易、乞讨、卖艺、打架、劝和、监视、抓捕……上到达官显贵，下到贫民乞丐，不同阶层不同立场的人都来茶馆展演人际交往和文化冲突，令茶馆容纳了社会性的情感结构，足以成为整个中国的缩影。"这种大茶馆现在已经不见了。在几十年前，每城都起码有一处。"讲述茶馆和茶馆中人物的变迁历史，不仅是对风雨飘摇的旧社会的深刻揭露和政治批判，同时也是给被西方世界、现代化社会吞没的中国传统文化演奏的一曲温情惆怅的挽歌。

《茶馆》全剧人物众多，但不显繁乱，因作者擅长将不同的人用事件关联起来。比如在选文第一幕，张宅与李宅的鸽子之争，引出愤世嫉俗的常四爷、胆小怕事的松二爷、身领官俸却举止如地痞的二德子、吃洋饭派头大的马五爷、调解街面矛盾的黄胖子等；农民卖女一事，又串联起破产的康六父女、人贩子刘麻子、七十买妻的清廷庞太监、梦想实业救国的财主秦仲义、监视市民言行的灰衣衙役宋恩子和吴祥子等等。每个人物登场后寥寥数句，便向读者展现出丰满的形象、鲜明的性格特征，携带出浓郁的京味文化和阶级特点，体现了作者深厚的生活经验积淀和高超的观察提炼能力。"剪影式"的演出和意味深长的台词，不仅栩栩如生地展现了清末社会的众生相，也深刻地反映了帝国主义侵略渗透和封建政府腐败下舆论紧张、农民破产、市民贫困的乱象，揭露了旧社会走向末日的根源。

第一幕

人物 王利发、刘麻子、庞太监、唐铁嘴、康六、小牛儿、松二爷、黄胖子、宋恩子、常四爷、秦仲义、吴祥子、李三、老人、康顺子、二德子、乡妇、茶客甲乙丙丁、马五爷、小妞、茶房一二人

时间 一八九八年（戊戌）初秋，康梁等的维新运动失败了。

早半天。

地点 北京，裕泰大茶馆。

[幕启：这种大茶馆现在已经不见了。在几十年前，每城都起码有一处。这里卖茶，也卖简单的点心与菜饭。玩鸟的人们，每天在蹓够了画眉、黄鸟等之后，要到这里歇歇腿，喝喝茶，并使鸟儿表演歌唱。商议事情的，说媒拉纤的，也到这里来。那年月，时常有打群架的，但是总会有朋友出头给双方调解；三五十口子打手，经调人东说西说，便都喝碗茶，吃碗烂肉面（大茶馆特殊的食品，价钱便宜，作起来快当），就可以化干戈为玉帛了。总之，这是当日非常重要的地方，有事无事都可以来坐半天。

[在这里，可以听到最荒唐的新闻，如某处的大蜘蛛怎么成了精，受到雷击。奇怪的意见也在这里可以听到，像把海边上都修上大墙，就足以挡住洋兵上岸。这里还可以听到某京戏演员新近创造了什么腔儿，和煎熬鸦片烟的最好的方法。这里也可以看到某人新得到的奇珍——一个出土的玉扇坠儿，或三彩的鼻烟壶。这真是个重要的地方，简直可以算作文化交流的所在。

[我们现在就要看见这样的一座茶馆。

［一进门是柜台与炉灶——为省点事，我们的舞台可以不要炉灶；后面有些锅勺的响声也就够了。屋子非常高大，摆着长桌与方桌、长凳与小凳，都是茶座儿。隔窗可见后院，高搭着凉棚，棚下也有茶座儿。屋里和凉棚下都有挂鸟笼的地方。各处都贴着"莫谈国事"的纸条。

［有两位茶客，不知姓名，正眯着眼，摇着头，拍板低唱。有两三位茶客，也不知姓名，正入神地欣赏瓦罐里的蟋蟀。两位穿灰色大衫的——宋恩子与吴祥子，正低声地谈话，看样子他们是北衙门的办案的（侦缉）。

［今天又有一起打群架的，据说是为了争一只家鸽，惹起非用武力解决不可的纠纷。假若真打起来，非出人命不可，因为被约的打手中包括着善扑营的哥儿们和库兵，身手都十分厉害。好在，不能真打起来，因为在双方还没把打手约齐，已有人出面调停了——现在双方在这里会面。三三两两的打手，都横眉立目，短打扮，随时进来，往后院去。

［马五爷在不惹人注意的角落，独自坐着喝茶。

［王利发高高地坐在柜台里。

［唐铁嘴踏拉着鞋，身穿一件极长极脏的大布衫，耳上夹着几张小纸片，进来。

王利发　唐先生，你外边蹓蹓吧！

唐铁嘴　（惨笑）王掌柜，捧捧唐铁嘴吧！送给我碗茶喝，我就先给您相相面吧！手相奉送，不取分文！（不容分说，拉过王利发的手来）今年是光绪二十四年，戊戌。您贵庚是……

王利发　（夺回手去）算了吧，我送给你一碗茶喝，你就甭卖那套生意口啦！用不着相面，咱们既在江湖内，都是苦命人！（由柜台内走出，让唐铁嘴坐下）坐下！我告诉你，你要是不戒了大烟，就永远交不了好运！这是我的相法，比你的更灵验！

［松二爷和常四爷都提着鸟笼进来，王利发向他们打招呼。他们先把鸟笼子挂好，找地方坐下。松二爷文绉绉的，提着小黄鸟笼；常四爷雄赳赳的，提着大而高的画眉笼。茶房李三赶紧过来，沏上盖碗茶。他们自带茶叶。茶沏好，松二爷、常四爷向邻近的茶座让了让。

松二爷
常四爷　您喝这个！（然后，往后院看了看）

松二爷　好像又有事儿？

常四爷　反正打不起来！要真打的话，早到城外头去啦；到茶馆来干吗？

［二德子，一位打手，恰好进来，听见了常四爷的话。

二德子　（凑过去）你这是对谁甩闲话呢？

常四爷　（不肯示弱）你问我哪？花钱喝茶，难道还教谁管着吗？

松二爷　（打量了二德子一番）我说这位爷，您是营里当差的吧？来，坐下喝一碗，我们也都是外场人。

二德子　你管我当差不当差呢！

常四爷　要抖威风，跟洋人干去，洋人厉害！英法联军烧了圆明园，尊家吃着官饷，可没见您去冲锋打仗！

二德子 甭说打洋人不打，我先管教管教你！（要动手）

　　［别的茶客依旧进行他们自己的事。王利发急忙跑过来。

王利发 哥儿们，都是街面上的朋友，有话好说。德爷，您后边坐！

　　［二德子不听王利发的话，一下子把一个盖碗搂下桌去，摔碎。翻手要抓常四爷的脖领。

常四爷 （闪过）你要怎么着？

二德子 怎么着？我碰不了洋人，还碰不了你吗？

马五爷 （并未立起）二德子，你威风啊！

二德子 （四下扫视，看到马五爷）喝，马五爷，您在这儿哪？我可眼拙，没看见您！（过去请安）

马五爷 有什么事好好地说，干吗动不动地就讲打？

二德子 嗻！您说的对！我到后头坐坐去。李三，这儿的茶钱我候啦！（往后面走去）

常四爷 （凑过来，要对马五爷发牢骚）这位爷，您圣明，您给评评理！

马五爷 （立起来）我还有事，再见！（走出去）

常四爷 （对王利发）邪！这倒是个怪人！

王利发 您不知道这是马五爷呀？怪不得您也得罪了他！

常四爷 我也得罪了他？我今天出门没挑好日子！

王利发 （低声地）刚才您说洋人怎样，他就是吃洋饭的。信洋教，说洋话，有事情可以一直地找宛平县的县太爷去，要不怎么连官面上都不惹他呢！

常四爷 （往原处走）哼，我就不佩服吃洋饭的！

王利发 （向宋恩子、吴祥子那边稍一歪头，低声地）说话请留点神！（大声地）李三，再给这儿沏一碗来！（拾起地上的碎瓷片）

松二爷 盖碗多少钱？我赔！外场人不作老娘们事！

王利发 不忙，待会儿再算吧！（走开）

　　［纤手刘麻子领着康六进来。刘麻子先向松二爷、常四爷打招呼。

刘麻子 您二位真早班儿！（掏出鼻烟壶，倒烟）您试试这个！刚装来的，地道英国造，又细又纯！

常四爷 唉！连鼻烟也得从外洋来！这得往外流多少银子啊！

刘麻子 咱们大清国有的是金山银山，永远花不完！您坐着，我办点小事！（领康六找了个座儿）

　　［李三拿过一碗茶来。

刘麻子 说说吧，十两银子行不行？你说干脆的！我忙，没工夫专伺候你！

康 六 刘爷！十五岁的大姑娘，就值十两银子吗？

刘麻子 卖到窑子去，也许多拿一两八钱的，可是你又不肯！

康 六 那是我的亲女儿！我能够……

刘麻子 有女儿，你可养活不起，这怪谁呢？

康 六 那不是因为乡下种地的都没法子混了吗？一家大小要是一天能吃上一顿粥，我要还想卖女儿，我就不是人！

刘麻子	那是你们乡下的事，我管不着。我受你之托，教你不吃亏，又教你女儿有个吃饱饭的地方，这还不好吗？
康　六	到底给谁呢？
刘麻子	我一说，你必定从心眼里乐意！一位在宫里当差的！
康　六	宫里当差的谁要个乡下丫头呢？
刘麻子	那不是你女儿的命好吗？
康　六	谁呢？
刘麻子	庞总管！你也听说过庞总管吧？侍候着太后，红的不得了，连家里打醋的瓶子都是玛瑙作的！
康　六	刘大爷，把女儿给太监作老婆，我怎么对得起人呢？
刘麻子	卖女儿，无论怎么卖，也对不起女儿！你糊涂！你看，姑娘一过门，吃的是珍馐美味，穿的是绫罗绸缎，这不是造化吗？怎样，摇头不算点头算，来个干脆的！
康　六	自古以来，哪有……他就给十两银子？
刘麻子	找遍了你们全村儿，找得出十两银子找不出？在乡下，五斤白面就换个孩子，你不是不知道！
康　六	我，唉！我得跟姑娘商量一下！
刘麻子	告诉你，过了这个村可没有这个店，耽误了事别怨我！快去快来！
康　六	唉！我一会儿就回来！
刘麻子	我在这儿等着你！
康　六	（慢慢地走出去）
刘麻子	（凑到松二爷、常四爷这边来）乡下人真难办事，永远没个痛痛快快！
松二爷	这号生意又不小吧？
刘麻子	也甜不到哪儿去，弄好了，赚个元宝！
常四爷	乡下是怎么了？会弄得这么卖儿卖女的！
刘麻子	谁知道！要不怎么说，就是一条狗也得托生在京城里嘛！
常四爷	刘爷，您可真有个狠劲儿，给拉拢这路事！
刘麻子	我要不分心，他们还许找不到买主呢！（忙岔话）松二爷（掏出个小时表来），您看这个！
松二爷	（接表）好体面的小表！
刘麻子	您听听，嘎登嘎登地响！
松二爷	（听）这得多少钱？
刘麻子	您爱吗？就让给您！一句话，五两银子！您玩够了，不爱再要了，我还照数退钱！东西真地道，传家的玩艺！
常四爷	我这儿正咂摸这个味儿：咱们一个人身上有多少洋玩艺儿啊！老刘，就看你身上吧：洋鼻烟，洋表，洋缎大衫，洋布裤褂……
刘麻子	洋东西可是真漂亮呢！我要是穿一身土布，像个乡下脑壳，谁还理我呀！
常四爷	我老觉乎着咱们的大缎子、川绸，更体面！
刘麻子	松二爷，留下这个表吧，这年月，戴着这么好的洋表，会教人另眼看待！是不是

这么说，您哪？

松二爷　（真爱表，但又嫌贵）我……

刘麻子　您先戴两天，改日再给钱！

　　［黄胖子进来。

黄胖子　（严重的砂眼，看不清楚，进门就请安）哥儿们，都瞧我啦！我请安了！都是自己弟兄，别伤了和气呀！

王利发　这不是他们，他们在后院哪！

黄胖子　我看不大清楚啊！掌柜的，预备烂肉面，有我黄胖子，谁也打不起来！（往里走）

二德子　（出来迎接）两边已经见了面，您快来吧！

　　［二德子同黄胖子入内。

　　［茶房们一趟又一趟地往后面送茶水。老人进来，拿着些牙签、胡梳、耳挖勺之类的小东西，低着头慢慢地挨着茶座儿走；没人买他的东西。他要往后院去，被李三截住。

李　三　老大爷，您外边蹓蹓吧！后院里，人家正说和事呢，没人买您的东西！（顺手儿把剩茶递给老人一碗）

松二爷　（低声地）李三！（指后院）他们到底为了什么事，要这么拿刀动杖的？

李　三　（低声地）听说是为一只鸽子。张宅的鸽子飞到了李宅去，李宅不肯交还……唉，咱们还是少说话好，（问老人）老大爷您高寿啦？

老　人　（喝了茶）多谢！八十二了，没人管！这年月呀，人还不如一只鸽子呢！唉！（慢慢走出去）

　　［秦仲义，穿得很讲究，满面春风，走进来。

王利发　哎哟！秦二爷，您怎么这样闲在，会想起下茶馆来了？也没带个底下人？

秦仲义　来看看，看看你这年轻小伙子会作生意不会！

王利发　唉，一边作一边学吧，指着这个吃饭嘛。谁叫我爸爸死的早，我不干不行啊！好在照顾主儿都是我父亲的老朋友，我有不周到的地方，都肯包涵，闭闭眼就过去了。在街面上混饭吃，人缘儿顶要紧。我按着我父亲遗留下的老办法，多说好话，多请安，讨人人的喜欢，就不会出大岔子！您坐下，我给您沏碗小叶茶去！

秦仲义　我不喝！也不坐着！

王利发　坐一坐！有您在我这儿坐坐，我脸上有光！

秦仲义　也好吧！（坐）可是，用不着奉承我！

王利发　李三，沏一碗高的来！二爷，府上都好？您的事情都顺心吧？

秦仲义　不怎么太好！

王利发　您怕什么呢？那么多的买卖，您的小手指头都比我的腰还粗！

唐铁嘴　（凑过来）这位爷好相貌，真是天庭饱满，地阁方圆，虽无宰相之权，而有陶朱之富！

秦仲义　躲开我！去！

王利发　先生，你喝够了茶，该外边活动活动去！（把唐铁嘴轻轻推开）

唐铁嘴　唉！（垂头走出去）

秦仲义　小王，这儿的房租是不是得往上提那么一提呢？当年你爸爸给我的那点租钱，还
　　　　不够我喝茶用的呢！

王利发　二爷，您说的对，太对了！可是，这点小事用不着您分心，您派管事的来一趟，
　　　　我跟他商量，该长多少租钱，我一定照办！是！嗻！

秦仲义　你这小子，比你爸爸还滑！哼，等着吧，早晚我把房子收回去！

王利发　您甭吓唬着我玩，我知道您多么照应我，心疼我，决不会叫我挑着大茶壶，到街
　　　　上卖热茶去！

秦仲义　你等着瞧吧！

　　　　〔乡妇拉着个十来岁的小妞进来。小妞的头上插着一根草标。李三本想不许她们往
　　　　前走，可是心中一难过，没管。她们俩慢慢地往里走。茶客们忽然都停止说笑，
　　　　看着她们。

小　妞　（走到屋子中间，立住）妈，我饿！我饿！

　　　　〔乡妇呆视着小妞，忽然腿一软，坐在地上，掩面低泣。

秦仲义　（对王利发）轰出去！

王利发　是！出去吧，这里坐不住！

乡　妇　哪位行行好？要这个孩子，二两银子！

常四爷　李三，要两个烂肉面，带她们到门外吃去！

李　三　是啦！（过去对乡妇）起来，门口等着去，我给你们端面来！

乡　妇　（立起，抹泪往外走，好像忘了孩子；走了两步，又转回身来，搂住小妞吻她）宝
　　　　贝！宝贝！

王利发　快着点吧！

　　　　〔乡妇、小妞走出去。李三随后端出两碗面去。

王利发　（过来）常四爷，您是积德行好，赏给她们面吃！可是，我告诉您：这路事儿太多
　　　　了，太多了！谁也管不了！（对秦仲义）二爷，您看我说的对不对？

常四爷　（对松二爷）二爷，我看哪，大清国要完！

秦仲义　（老气横秋地）完不完，并不在乎有人给穷人们一碗面吃没有。小王，说真的，我
　　　　真想收回这里的房子！

王利发　您别那么办哪，二爷！

秦仲义　我不但收回房子，而且把乡下的地、城里的买卖也都卖了！

王利发　那为什么呢？

秦仲义　把本钱拢在一块儿，开工厂！

王利发　开工厂？

秦仲义　嗯，顶大顶大的工厂！那才救得了穷人，那才能抵制外货，那才能救国！（对王利
　　　　发说而眼看着常四爷）唉，我跟你说这些干什么，你不懂！

王利发　您就专为别人，把财产都出手，不顾自己了吗？

秦仲义　你不懂！只有那么办，国家才能富强！好啦，我该走啦。我亲眼看见了，你的生
　　　　意不错，你甭再耍无赖，不长房钱！

王利发　您等等，我给您叫车去！

秦仲义　用不着，我愿意蹓跶蹓跶！

［秦仲义往外走，王利发送。

［小牛儿挽着庞太监走进来。小牛儿提着水烟袋。

庞太监　哟！秦二爷！

秦仲义　庞老爷！这两天您心里安顿了吧？

庞太监　那还用说吗？天下太平了：圣旨下来，谭嗣同问斩！告诉您，谁敢改祖宗的章程，谁就掉脑袋！

秦仲义　我早就知道！

［茶客们忽然全静寂起来，几乎是闭住呼吸地听着。

庞太监　您聪明，二爷，要不然您怎么发财呢！

秦仲义　我那点财产，不值一提！

庞太监　太客气了吧？您看，全北京城谁不知道秦二爷！您比作官的还厉害呢！听说呀，好些财主都讲维新！

秦仲义　不能这么说，我那点威风在您的面前可就施展不出来了！哈哈哈！

庞太监　说得好，咱们就八仙过海，各显其能吧！哈哈哈！

秦仲义　改天过去给您请安，再见！（下）

庞太监　（自言自语）哼，凭这么个小财主也敢跟我逗嘴皮子，年头真是改了！（问王利发）刘麻子在这儿哪？

王利发　总管，您里边歇着吧！

［刘麻子早已看见庞太监，但不敢靠近，怕打搅了庞太监、秦仲义的谈话。

刘麻子　喝，我的老爷子！您吉祥！我等了您好大半天了！（挽庞太监往里面走）

［宋恩子、吴祥子过来请安，庞太监对他们耳语。

［众茶客静默了一阵之后，开始议论纷纷。

茶客甲　谭嗣同是谁？

茶客乙　好像听说过！反正犯了大罪，要不，怎么会问斩呀！

茶客丙　这两三个月了，有些作官的，念书的，乱折腾乱闹，咱们怎能知道他们捣的什么鬼呀！

茶客丁　得！不管怎么说，我的铁杆庄稼又保住了！姓谭的，还有那个康有为，不是说叫旗兵不关钱粮，去自谋生计吗？心眼多毒！

茶客丙　一份钱粮倒叫上头克扣去一大半，咱们也不好过！

茶客丁　那总比没有强啊！好死不如赖活着，叫我去自己谋生，非死不可！

王利发　诸位主顾，咱们还是莫谈国事吧！

［大家安静下来，都又各谈各的事。

庞太监　（已坐下）怎么说？一个乡下丫头，要二百银子？

刘麻子　（侍立）乡下人，可长得俊呀！带进城来，好好地一打扮、调教，准保是又好看，又有规矩！我给您办事，比给我亲爸爸作事都更尽心，一丝一毫不能马虎！

［唐铁嘴又回来了。

王利发	铁嘴，你怎么又回来了？
唐铁嘴	街上兵荒马乱的，不知道是怎么回事！
庞太监	还能不搜查搜查谭嗣同的余党吗？唐铁嘴，你放心，没人抓你！
唐铁嘴	嗻，总管，您要是能赏给我几个烟泡儿，我可就更有出息了！

〔有几个茶客好像预感到什么灾祸，一个个往外溜。

松二爷	咱们也该走啦吧！天不早啦！
常四爷	嗻！走吧！

〔二灰衣人——宋恩子和吴祥子走过来。

宋恩子	等等！
常四爷	怎么啦？
宋恩子	刚才你说"大清国要完"？
常四爷	我，我爱大清国，怕它完了！
吴祥子	（对松二爷）你听见了？他是这么说的吗？
松二爷	哥儿们，我们天天在这喝茶。王掌柜知道：我们都是地道老好人！
吴祥子	问你听见了没有？
松二爷	那，有话好说，二位请坐！
宋恩子	你不说，连你也锁了走！他说"大清国要完"，就是跟谭嗣同一党！
松二爷	我，我听见了，他是说……
宋恩子	（对常四爷）走！
常四爷	上哪儿？事情要交代明白了啊！
宋恩子	你还想拒捕吗？我这儿可带着"王法"呢！（掏出腰中带着的铁链子）
常四爷	告诉你们，我可是旗人！
吴祥子	旗人当汉奸，罪加一等！锁上他！
常四爷	甭锁，我跑不了！
宋恩子	量你也跑不了！（对松二爷）你也走一趟，到堂上实话实说，没你的事！

〔黄胖子同三五个人由后院过来。

黄胖子	得啦，一天云雾散，算我没白跑腿！
松二爷	黄爷！黄爷！
黄胖子	（揉揉眼）谁呀？
松二爷	我！松二！您过来，给说句好话！
黄胖子	（看清）哟，宋爷，吴爷，二位爷办案哪？请吧！
松二爷	黄爷，帮帮忙，给美言两句！
黄胖子	官厅儿管不了的事，我管！官厅儿能管的事呀，我不便多嘴！（问大家）是不是？
众	嗻！对！

（宋恩子、吴祥子带着常四爷、松二爷往外走。

松二爷	（对王利发）看着点我们的鸟笼子！
王利发	您放心，我给送到家里去！

（常四爷、松二爷、宋恩子、吴祥子同下。

黄胖子　（唐铁嘴告以庞太监在此）哟，老爷在这儿哪？听说要安份儿家，我先给您道喜！

庞太监　等吃喜酒吧！

黄胖子　您赏脸！您赏脸！（下）

〔乡妇端着空碗进来，往柜上放。小妞跟进来。

小　妞　妈！我还饿！

王利发　唉！出去吧！

乡　妇　走吧，乖！

小　妞　不卖妞妞啦？妈！不卖啦？妈！

乡　妇　乖！（哭着，携小妞下）

〔康六带着康顺子进来，立在柜台前。

康　六　姑娘！顺子！爸爸不是人，是畜生！可你叫我怎么办呢？你不找个吃饭的地方，你饿死！我不弄到手几两银子，就得叫东家活活地打死！你呀，顺子，认命吧，积德吧！

康顺子　我，我……（说不出话来）

刘麻子　（跑过来）你们回来啦？点头啦？好！来见见总管！给总管磕头！

康顺子　我……（要晕倒）

康　六　（扶住女儿）顺子！顺子！

刘麻子　怎么啦？

康　六　又饿又气，昏过去了！顺子！顺子！

庞太监　我要活的，可不要死的！

（静场。

茶客甲　（正与乙下象棋）将！你完啦！

——幕落

作者简介

　　老舍（1899—1966），原名舒庆春，字舍予，北京人，满族。主要作品有小说《二马》《骆驼祥子》《月牙儿》《四世同堂》，剧作《龙须沟》《茶馆》等，1951年被北京市人民政府授予"人民艺术家"的称号。

老舍

知识链接

　　三幕话剧《茶馆》，是老舍1956年至1957年间的作品。它不仅是作家一生中最优秀的戏剧创作，也是足可称为"中国戏剧史上空前的范例"的不世之作。

　　从20世纪70年代末开始，北京人民艺术剧院重排的话剧《茶馆》，在国内演出逾百场，创造了中国话剧史上最受观众喜爱的多项纪录；该剧代表中国的话剧艺术，赴德国、法国、瑞士、日本以及我国香港等国家和地区演出，被不同人种肤色、不同人生经历、不同价值观念的异域观众欣喜地接受，将它誉为"东方舞台上的奇迹"。《茶馆》之所以能得到这样的殊荣，首先，还是得益于剧本里所展示的独特社会场景，即作者为观众提供的撞击人心的历史回眸。(关纪新．老舍评传．重庆：重庆出版社，1998.)

延伸阅读

1. 洪子诚．中国当代文学史．北京：北京大学出版社，2010.

2. 旷新年．写在当代文学边上．上海：上海教育出版社，2005.

3. 钱理群，陈平原，黄子平．二十世纪中国文学三人谈·漫说文化．北京：北京大学出版社，2004.

4. 王晓明．二十世纪中国文学史论：第二卷．上海：东方出版中心，1997.

第三编

中华文化

第十四讲　古代思想·儒家和诸子

概述

　　春秋时期中华文化圈的主旋律是争霸，战国时期则变为扩张。争霸和扩张带来诸侯国对各类人才的需求，贵族教育体制中生产出来的人才已经不能完全满足需求，这就为平民带来从事精神生产的机会。这些人学成以后或周游列国，推销自己；或著书立说，传授门徒。他们之间也相互切磋，竞相争鸣。一时间，大师辈出，学派林立，这就是春秋战国时期的"百家争鸣"。学术史上认为这是中国第一次思想大解放，为中华文化圈从上古社会向中古社会的转变在思想文化上做了准备。这是一个巨人辈出的时代，对大中华文化圈的影响极其深刻。

　　"百家"只是一个泛称，本讲中的"儒家"就是其中之一。我们今天想了解诸子百家，阅读他们的著作是比较可靠的途径。最早的书籍是单篇流行的。到了西汉后期，刘向、刘歆父子奉命整理国家书籍，将同一作者或同一学派师徒们的文章汇集成一部书，又将天下书分为"六艺""诸子""诗赋""兵书""术数""方技"六大类。儒家奉为经典的"六艺"类著作收在"六艺略"中，儒家学派代表人物的著作以及其他学派的著作则收入"诸子略"中。

　　"六艺"指的是儒家学派六门主要课程，这些课程除了"乐"类外，都有写成文字的典籍，分别是《周易》《诗经》《尚书》《仪礼》和《春秋》。历代研究这些经典的学者数不胜数，有关研究成果汗牛充栋，这些著作共同形成一门主宰中国思想界两千多年的学问——儒学。从西汉武帝开始，儒学逐渐成为中国封建社会的主流学问，汉武帝设有五经博士机构，负责研究五经，教育后备官僚，解决国家生活中一些重大问题。自东汉起，五经开始"扩容"。到了宋代，已经形成被称为"十三经"的儒学知识体系。十三经是将孔子弟子及其再传弟子编辑的《论语》算上，再加入《孝经》《尔雅》两部书，在礼经中加入《周礼》和《礼记》，将《春秋》分为《春秋左氏传》《春秋公羊传》《春秋穀梁传》，将孔子编辑的《春秋》散入"三传"之中，算上本来属于诸子学的《孟子》，正好是 13 部著作。清代编修的《四库全书》采用经、史、子、集四部分类法，这 13 部著作以及研究这些经典的历代著作被收入"经部"，"诸子"著作以及研究它们的作品被收入"子部"。这样，中国封建社会的知识体系就由经、史、子、集四类构成，学者或专攻经部，或专攻史部，或专攻子部、集部。才能高的则可兼通四部，这种人被当时人称为"通人"。

自汉代开始到今天，有关五经的学问被称为"经学"。经学在两汉之际开始有今文经学与古文经学之分。汉代比较通行的文字是汉隶，用隶书、秦代篆书字体撰写的著作叫"今文"，用六国或更早的字体书写的著作叫"古文"。今文、古文有点类似于今天的简体字与繁体字的关系，本来只是字体的区别，但是有人根据发现的古文文献来解释五经，形成了新的五经阐释学，这种阐释学被后人称为"古文经学"。根据今文研究的经学则被称为"今文经学"。到东汉时期，古文经学与今文经学并驾齐驱。南北朝以后，古文经学逐渐占了上风。此后经学史上今文经学与古文经学时有斗争。到了近代，随着清朝灭亡，新的高等教育体制取代了科举体制，经学作为一门与政治紧密联系的学问，它的政治功能基本上被终结了。经学应当属于儒学的一个组成部分，我们今天学习儒学，有必要了解一点经学知识。

说到儒家，不能不说儒家的创始人孔子。孔子诞生于春秋时期鲁国陬邑昌平乡，该地相当于今天山东省曲阜市东南的鲁源村。孔子的祖先为宋国贵族，因避难来到鲁国。孔子的父亲叔梁纥（hé）是鲁国的陬邑大夫，因此孔子也可以算得上是贵族子弟。只是孔子出生后不久父亲去世，孔子未能真正享受到一个贵族子弟的待遇。孔子在童年就显示了对知识的渴望，尤其对于礼仪制度勤学好问，17 岁时就成了鲁国有一定名气的学问家，贵族子弟开始上门求学。孔子曾经周游列国，期盼得到别国重用，但除了增长了一些见识之外，并没有机会实现自己的政治理想。于是他回国后潜心于古代典籍的整理和研究，慕名求学者从四面八方涌来。孔子的名望和影响越来越大，鲁定公终于决心任用孔子。孔子从中都宰做起，一直做到大司寇、代理丞相。由于失去了权臣季氏的支持，孔子不得不主动辞职，再次周游列国。这次周游长达 14 年之久，除了得到列国君臣的尊敬之外，也没有获得实现自己政治理想的机会。当他回国定居时，他的学生遍布列国，不少人已经取得相当的政治或学术成就。孔子继续整理典籍，教授学徒，传播自己的思想。公元前 479 年，孔子去世，享年 73 岁。他的许多学生在墓旁守孝 3 年方才离去。子贡守孝 6 年，随子贡求学的人在墓旁建房舍超过百家，形成村落。学者们在此讨论学问，演习乡饮酒礼、大射礼。齐鲁大地逐渐形成学术风气，虽受秦朝打击，但直到西汉建国，其儒者学风依然不断。

孔子首先是一位伟大的教育家，他在中国历史上第一个兴办私立学校，将知识传授的对象由贵族子弟扩展到普通百姓，推动了中华文化知识在民间的传播。孔子收徒三千，身通六艺的学问家就有七十二人。这些人及其弟子们以孔子的学术思想为核心，游说诸侯，著书立说，形成一个有鲜明的政治主张和学术立场的学派——儒家学派。儒家学派的著作流传下来的很少，有署名的只有《孟子》《荀子》以及《曾子》《公孙尼子》的残篇，其他作品大多保存在《礼记》《大戴礼记》中。在近些年出土的战国楚简中也有一些儒家学派的文章，但我们已经难以辨别其作者了。

孔子是一位思想家。他的思想以"仁"为核心，通过内"忠恕"而外履礼的手段达到"仁"。什么是"仁"？就是将他人当人对待，能做到这一点的个人就叫"仁人"，能做到这一点的政治就叫"仁政"。

孔子是一位学问家。在当时的当权者普遍关注如何扩张领土之际，他担当起抢救、整理和阐释夏、商、周文化的责任，奠定了以"六艺"为基本知识体系的中华精英文化的框架。这个知识体系为诸子百家所遵从，构成了以后两千多年中华文化的核心要素。

在儒家后学中，对中华文化影响最大的是孟子和荀子。孟子属于战国中期人物，他的学术建立在"性善论"的哲学基础上，强调美德的开发，主张保民，反对霸道，在与诸子百家的论战中推进了儒家的心性之学，对宋明理学影响很大。荀子属于战国后期儒学大师，是儒学的集大成者。他主张"性恶论"，强调人的后天修养，强调礼仪制度对人的防范作用。由于他过于强调对人性的防范，导致他的学生韩非、李斯的学术思想走向儒家的反面。韩非成为战国后期法家理论的巨匠，为秦嬴政的政治策略提供了理论依据。荀子的学术和教育活动客观上为保存先秦文化做出了重大贡献，他的弟子和再传弟子在秦火之后，将《诗经》学、《周易》学等传授下来，为西汉文化复兴做出了贡献。

自孔子开始到今天，儒家学派一直在延续。按照历史阶段划分，则有先秦儒学、汉唐儒学、宋明儒学、清儒学和"新儒家"学派。先秦儒家由于有一个相对自由的政治环境，其学说的负面影响比较少。汉唐及宋儒为了适应封建专制主义的需要，过分强调了封建伦理道德，特别是所谓"三纲五常"在宋儒中被过度发挥，因此近年有人提出重归"原儒"的主张。

总体上看，战国时期列国对儒家不够重视；西汉以下，儒家思想逐渐成为历代君主治理国家主要思想，儒家文化成为我国封建社会主流文化。随着亚洲的复兴，随着我国综合国力的大幅度提高，世界上许多学者将一些深刻影响世界大格局的变革归结为儒家文化的推动。因此我们今天学习儒家文化对于中华民族伟大复兴、提高文化自信非常必要。

文选

论语（节选）①

文本导读

《论语》是"七十子"及其弟子编撰的一部关于孔子以及孔子弟子们言论的汇编。其中"论"读为 lún，意思为分别条理；"语"，意思为论难答述。"论语"的意思是有关孔子及其弟子言论的分类编排，今人称这种文体为"语录体"。由于孔子没有留下直接阐述自己思想的著作，《论语》就被古今学者当成研究孔子和孔子主要弟子思想的最重要著作。西汉刘向父子已经将《论语》收入"六艺"之中，南宋朱熹编辑"四书"，又将《论语》收入。明清以来，《论语》被纳入公私学校基本教材，凡读书人都学习《论语》，以至有"半部《论语》治天下"的故事。《论语》在西汉有三个传本：鲁论、齐论、古论。鲁论由鲁国人传授，齐论由齐国人传授，古论出自孔子故宅壁中，这三种本子今皆遗失。今本为三国魏国何晏所传，乃以古论为主，兼采齐鲁二论，并结合自己的论断加以改造的本子。《论语》作为中国传统文化的重要组成部分，具有深刻的现实意义和极大的启示作用。无论是在文化传承、道德伦理、人生哲学还是在人际关系等方面，都能够给我们以智慧和营养，并为现代社会的发展提供有益的启示和指导。

十有五而志于学②

子曰："吾十有五而志于学，三十而立③，四十而不惑④，五十而知天命⑤，六十而耳顺⑥，七十而从心所欲，不逾矩⑦。"

---

① 杨伯峻.论语译注.2版.北京：中华书局，1980.

② 选自《论语·为政》。题目为编者所加，下同。

③ 立：据杨伯峻理解，"立"的意思同于"不学礼，无以立"（《论语·季氏》）之"立"，指比较全面地掌握了礼，有了立身之本。

④ 不惑：不疑惑，指知识丰富，足以解决绝大多数问题。

⑤ 知天命：指对自然、社会和个人生命的认识达到了自觉水平。

⑥ 耳顺：闻其言而知其微旨也。

⑦ 不逾矩：不会逾越规矩。矩，法也。

樊迟问仁①

　　樊迟问仁②。子曰："爱人。"问知③。子曰："知人。"樊迟未达④，子曰："举直错诸枉，能使枉者直。"樊迟退，见子夏曰⑤："乡也吾见于夫子而问知⑥，子曰，'举直错诸枉，能使枉者直'，何谓也？"子夏曰："富哉言乎⑦！舜有天下，选于众，举皋陶⑧，不仁者远矣。汤有天下，选于众，举伊尹⑨，不仁者远矣。"

子贡问士⑩

　　子贡问曰："何如斯可谓之士矣？"子曰："行己有耻⑪，使于四方，不辱君命，可谓士矣。"曰："敢问其次。"曰："宗族称孝焉，乡党称弟焉⑫。"曰："敢问其次。"曰："言必信，行必果，硁硁然小人哉⑬！——抑亦可以为次矣。"曰："今之从政者何如？"子曰："噫！斗筲之人⑭，何足算也！"

知识链接

　　半部《论语》治天下：

　　杜少陵诗云："小儿学问止《论语》，大儿结束随商贾。"盖以《论语》为儿童之书也。赵普再相，人言普山东人，所读者止《论语》，盖亦少陵之说也。太宗尝以此语问普，普略不隐，对曰："臣平生所知，诚不出此。昔以其半辅太祖定天下，今欲以其半辅陛下致太平。"（罗大经《鹤林玉露》乙编卷之一）

----

　　① 选自《论语·颜渊》。
　　② 樊迟：孔子弟子，在"七十子"之列。
　　③ 知：智也。
　　④ 未达：不明白。
　　⑤ 子夏：孔子弟子。
　　⑥ 乡：通"向"，表示过去的时间名词。
　　⑦ 富：盛，丰富。赞叹孔子的话含义丰富。"举直错诸枉，能使枉者直"意思是任用正直的人去做官，影响那些不正直的人，能够让那些不正直的人都变得正直了。樊迟没能理解，子夏就举了舜和成汤的例子说明这个道理。错，同"措"，放置。
　　⑧ 皋陶（gāo yáo）：传说为舜掌管刑法的官员。
　　⑨ 伊尹：传说为商汤的大臣。
　　⑩ 选自《论语·子路》。
　　⑪ 有耻：有所不为也。
　　⑫ 乡党：乡和党都是古代按照人口数量划分的比较小的行政区。弟：悌也，指尊敬比自己年长的同辈人。
　　⑬ 硁硁（kēng）然：固执的样子。
　　⑭ 斗筲（shāo）：比较小的器皿，形容人气量狭小，见识短浅。

孟子（节选）①

孟 子

文本导读

　　孟子师从孔子的孙子子思的门人，是"七十子"之后最有影响的儒家人物。孟子继承了曾子、子思学派并发扬光大。孟子曾经游历齐、梁等国，受到优待，做过齐国之卿，但未能说服齐、梁等国接受他的政治理想。他晚年毅然终结自己的政治活动，回乡从事学术研究，与自己的学生万章、公孙丑等一起著书立说。这些作品被汇成集子，称作《孟子》。本文出自《孟子·梁惠王上》，体现了孟子的政治理想：反对"霸道"，施行"王道"，爱护人民，让人民免于饥饿和死亡的威胁。选文充分体现了孟子文章的风格：逻辑严密，气势充沛，记叙妙趣横生。文中孟子从小事谈起，循循善诱，将齐宣王的内心世界一步步揭开，迫使齐宣王向往孟子的"王道"理想。齐宣王心胸狭隘，却野心勃勃，经孟子的层层诱导，他的本来面目终于显露出来。文章诙谐中有庄严，宛如一出喜剧小品。

　　齐宣王问曰②："齐桓晋文之事，可得闻乎？"

　　孟子对曰："仲尼之徒，无道桓文之事者，是以后世无传焉，臣未之闻也。无以则王乎③？"

　　曰："德何如，则可以王矣？"

　　曰："保民而王，莫之能御也④。"

　　曰："若寡人者，可以保民乎哉？"

　　曰："可。"

　　曰："何由知吾可也？"

　　曰："臣闻之胡龁曰⑤，王坐于堂上，有牵牛而过堂下者，王见之，曰：'牛何之？'对曰：'将以衅钟⑥。'王曰：'舍之！吾不忍其觳觫⑦，若无罪而就死地。'对曰：'然则废衅钟与？'曰：'何可废也，以羊易之！'不识有诸？"

---

　　① 孟子注疏//十三经注疏．影印清阮元校刻本．北京：中华书局，1980．

　　② 齐宣王（约前 350—前 301），田姓，名辟疆，宣是死后谥号。战国齐国是由来自春秋陈国的田氏篡夺姜姓齐国政权而建立的。

　　③ 无以：无已，不得已。王：以王道统治天下。齐桓公、晋文公在孟子看来属于霸道，因此他要说王道。

　　④ 保：安。御：止。

　　⑤ 胡龁（hé）：齐宣王的近臣。

　　⑥ 衅（xìn）钟：古人迷信，新钟铸成，要杀牲取血，涂抹钟，祭祀钟神。

　　⑦ 觳觫（hú sù）：牛被处死时的恐惧貌。

曰："有之。"

曰："是心足以王矣，百姓皆以王为爱也①，臣固知王之不忍也。"

王曰："然，诚有百姓者。齐国虽褊小，吾何爱一牛？即不忍其觳觫，若无罪而就死地，故以羊易之也。"

曰："王无异于百姓之以王为爱也②，以小易大，彼恶知之！王若隐其无罪而就死地③，则牛羊何择焉④？"

王笑曰："是诚何心哉！我非爱其财而易之以羊也，宜乎百姓之谓我爱也！"

曰："无伤也⑤，是乃仁术也⑥，见牛未见羊也。君子之于禽兽也，见其生，不忍见其死；闻其声，不忍食其肉。是以君子远庖厨也。"

王说，曰："《诗》云：'他人有心，予忖度之。'⑦ 夫子之谓也！夫我乃行之，反而求之，不得吾心；夫子言之，于我心有戚戚焉⑧，此心之所以合于王者，何也？"

曰："有复于王者曰⑨：'吾力足以举百钧，而不足以举一羽；明足以察秋毫之末，而不见舆薪⑩。'则王许之乎⑪？"

曰："否。"

"今恩足以及禽兽而功不至于百姓者，独何与？然则一羽之不举，为不用力焉；舆薪之不见，为不用明焉；百姓之不见保，为不用恩焉。故王之不王，不为也，非不能也。"

曰："不为者与不能者之形，何以异？"

曰："挟太山以超北海，语人曰'我不能'，是诚不能也；为长者折枝，语人曰'我不能'，是不为也，非不能也。故王之不王，非挟太山以超北海之类也。王之不王，是折枝之类也。老吾老，以及人之老；幼吾幼，以及人之幼⑫。天下可运于掌。《诗》云：'刑于寡妻，至于兄弟，以御于家邦。'⑬ 言举斯心加诸彼而已。故推恩足以保四海，不推恩无以保妻子。古之人所以大过人者，无他焉，善推其所为而已矣。今恩足

---

① 爱：吝啬，不舍得。
② 异：怪。
③ 隐：痛惜。
④ 择：区别。
⑤ 无伤：不要紧。
⑥ 仁术：仁之道。
⑦ 出自《诗经·小雅·巧言》。
⑧ 戚戚焉：内心感动的样子。
⑨ 复：告诉。
⑩ 舆薪：一车柴草。
⑪ 许：信。
⑫ 老：敬老。幼：爱幼。
⑬ 《诗经·大雅·思齐》诗句。刑：正。本句意思是说周文王治理国家从自己的妻子、兄弟开始，让他们以身作则，行正道。

以及禽兽，而功不至于百姓者，独何与？权然后知轻重，度然后知长短①。物皆然，心为甚，王请度之。抑王兴甲兵②，危士臣，构怨于诸侯，然后快于心与？"

王曰："否，吾何快于是，将以求吾所大欲也！"

曰："王之所大欲，可得闻与？"

王笑而不言。

曰："为肥甘不足于口与？轻煖不足于体与？抑为采色不足视于目与？声音不足听于耳与？便嬖不足使令于前与？王之诸臣，皆足以供之，而王岂为是哉！"

曰："否！吾不为是也。"

曰："然则王之所大欲，可知已。欲辟土地，朝秦楚，莅中国而抚四夷也③。以若所为，求若所欲，犹缘木而求鱼也。"

王曰："若是其甚与？"

曰："殆有甚焉，缘木求鱼，虽不得鱼，无后灾。以若所为，求若所欲，尽心力而为之，后必有灾。"

曰："可得闻与？"

曰："邹人与楚人战，则王以为孰胜？"

曰："楚人胜。"

曰："然则小固不可以敌大，寡固不可以敌众，弱固不可以敌强。海内之地，方千里者九，齐集有其一，以一服八，何以异于邹敌楚哉？盖亦反其本矣④。今王废政施仁，使天下仕者皆欲立于王之朝，耕者皆欲耕于王之野，商贾皆欲藏于王之市，行旅皆欲出于王之途，天下之欲疾其君者，皆欲赴愬于王⑤，其若是，孰能御之！"

王曰："吾惛，不能进于是矣，愿夫子辅吾志，明以教我，我虽不敏，请尝试之！"

曰："无恒产而有恒心者，惟士为能。若民则无恒产，因无恒心。苟无恒心，放辟邪侈，无不为已。及陷于罪，然后从而刑之，是罔民也⑥。焉有仁人在位，罔民而可为也！是故明君制民之产，必使仰足以事父母，俯足以畜妻子，乐岁终身饱，凶年免于死亡，然后驱而之善，故民之从之也轻⑦。今也制民之产，仰不足以事父母，俯不足以畜妻子，乐岁终身苦，凶年不免于死亡，此惟救死而恐不赡⑧，奚暇治礼义哉⑨！王欲行之，则盍反其本矣？五亩之宅，树之以桑，五十者可以衣帛矣；鸡豚狗彘之畜，无失其时，七十者可以食肉矣；百亩之田，勿夺其时，八口之家，可以无饥矣。谨庠序

---

① 权：秤砣，用以称重量。度：尺子，用以量长度。
② 抑：反问语气词。
③ 莅：临，意思为成就霸业。
④ 盖：何不。反：返。意思是王应当回到王道之本上来。
⑤ 疾：恨。愬：通"诉"，控告。
⑥ 罔民：用网罗陷害人民。
⑦ 轻：容易。
⑧ 不赡：来不及。
⑨ 奚：何，疑问语气词。

之教①，申之以孝悌之义，颁白者不负戴于道路矣②。老者衣帛食肉，黎民不饥不寒，然而不王者，未之有也。"

❀ 作者简介

孟子（约前372—前289），名轲，战国邹国人（今山东邹城），为鲁国贵族孟孙氏后裔。孟子是战国时期杰出的思想家和教育家，他继承并发展了孔子思想，成为战国中期儒家学派最有权威的代表人物。在封建社会中，孟子被推崇为仅次于孔子的第二位圣人，号称"亚圣"。

❀ 知识链接

孟母三迁：

邹孟轲之母也，号孟母。其舍近墓，孟子之少也，嬉游为墓间之事，踊跃筑埋。孟母曰："此非吾所以居处子也。"乃去。舍市傍，其嬉戏为贾人衒卖之事。孟母又曰："此非吾所以居处子也。"复徙舍学宫之傍，其嬉游乃设俎豆，揖让进退。孟母曰："真可以居吾子矣。"遂居之。及孟子长，学六艺，卒成大儒之名。君子谓孟母善以渐化。（西汉刘向《列女传》卷一）

❀ 大学（节选）③

❀ 文本导读

《大学》是"七十子"后学著名文献，作者不详。原本是单篇流传，到西汉戴圣时才编入《礼记》49篇中。南宋朱熹又特意将此篇选出来纳入"四书"，此后成为明清读书人必须熟记于胸的文献。《大学》阐述的伦理观点已成为儒家文化的重要组成部分，所具有的理论内涵和实践价值，对后人产生了极其深远的影响，折射出特有的东方智慧。《大学》篇主要讲博学的目的、方法、起点和终点。文章第一节使用了顶针衔接，因而段落首尾呼应，环环相扣，显示了作者撰写论说文的高超技巧。

大学之道，在明明德④，在亲民⑤，在止于至善⑥。知止而后有定，定而后能静，静而后能安，安而后能虑，虑而后能得。物有本木，事有终始，知所先后，则近道矣。

---

① 庠序：学校。
② 颁白：头发花白，指老年人。负戴：肩扛头顶，指老年人从事繁重体力劳动。
③ 礼记正义//十三经注疏：影印清阮元校刻本. 北京：中华书局，1980.
④ 明明德：明其至德。第一个"明"是使动词，第二个"明"为形容词。
⑤ 亲民：新民，使民自新。
⑥ 止：处于……之地。

古之欲明明德于天下者，先治其国。欲治其国者，先齐其家①。欲齐其家者，先修其身。欲修其身者，先正其心。欲正其心者，先诚其意。欲诚其意者，先致其知②。致知在格物③。物格而后知至，知至而后意诚，意诚而后心正，心正而后身修，身修而后家齐，家齐而后国治，国治而后天下平。自天子以至于庶人，壹是皆以修身为本④。其本乱而末治者否矣，其所厚者薄，而其所薄者厚，未之有也。此谓知本，此谓知之至也。

所谓诚其意者，毋自欺也，如恶恶臭，如好好色，此之谓自谦⑤。故君子必慎其独也⑥。小人闲居为不善⑦，无所不至。见君子而后厌然，掩其不善而著其善⑧，人之视己，如见其肺肝然⑨，则何益矣！此谓诚于中，形于外。故君子必慎其独也。曾子曰："十目所视，十手所指，其严乎⑩？"富润屋，德润身，心广体胖⑪，故君子必诚其意。

🎀 知识链接

《大学》八目：

儒家根据《大学》一文的表述，将儒家的内外功夫概括为格物、致知、诚意、正心、修身、齐家、治国、平天下八个步骤。这八个步骤被称作"八目"，是南宋以来知识分子普遍信奉的人生纲领。格物、致知、诚意、正心，探讨获取知识问题和如何正确获取知识，属于认识论；修身以下属于实践论问题。《大学》八目，话不算长，却是一个严密的体系。晚清至民国初年，人们还将物理和化学称为"格致"科。八目包含了许多哲学道理，今天仍然值得我们去思考。

🎀 中庸（节选）⑫

🎀 文本导读

《中庸》也是"七十子"后学的著作，东汉郑玄以为是孔子的孙子子思所作。南宋朱

---

① 齐其家：将家族各种关系调整好。
② 致其知：对事物有正确的认知。
③ 格物：探究事物。格，穷究。物，事物。
④ 壹是：一律。
⑤ 自谦：谦，通"慊"（qiè），心安理得的样子。这里指做事情都是出自内心的愿望，因而表现出自得的样子。
⑥ 慎其独：个人独处的时候，没有外界约束，也要坚持自己的道德标准，不放纵自己。
⑦ 闲居：公事完毕回家休息。
⑧ 厌然：深藏不露的样子。
⑨ 人之视己，如见其肺肝：比喻别人看得一清二楚。
⑩ 严：敬畏的样子。
⑪ 心广体胖（pán）：内心充实，外在神情体现出安闲舒适的样子。
⑫ 中庸//十三经注疏．影印清阮元校刻本．北京：中华书局，1980.

熹将它与《大学》《论语》《孟子》合编成"四书"。由于《大学》和《中庸》有比较深的思辨性，传说还是为圣人之后所作，朱熹正好将它们拿来充实自己的理学，并与当时的佛学相抗衡。"中庸"就是中用，就是用中。这种思想有合理成分，即寻找事物最佳的切入点，具有方法论意义。中庸之道是中国思想史上重要的价值观念和践行标准，影响着中国文化的思维方式和人们的处世行为，具有历久弥新的重要价值，成为很多哲学流派的思想方法论。《中庸》也是儒家著作中比较早谈性命之学的文献，为宋明理学所发挥。《中庸》各段之间没有严密的逻辑关系，还不是成熟的论说文文体，属于某一儒家学派思想的汇编。

　　天命之谓性，率性之谓道①，修道之谓教。道也者，不可须臾离也。可离非道也。是故君子戒慎乎其所不睹，恐惧乎其所不闻。莫见乎隐，莫显乎微②，故君子慎其独也。喜怒哀乐之未发，谓之中，发而皆中节，谓之和。中也者，天下之大本也；和也者，天下之达道也。致中和，天地位焉③，万物育焉。

　　仲尼曰："君子中庸，小人反中庸。君子之中庸也，君子而时中④；小人之中庸也，小人而无忌惮也。"

　　子曰："中庸其至矣乎！民鲜能久矣！"子曰："道之不行也，我知之矣：知者过之，愚者不及也。道之不明也，我知之矣：贤者过之，不肖者不及也⑤。人莫不饮食也，鲜能知味也。"子曰："道其不行矣夫！"

　　子曰："舜其大知也与！舜好问而好察迩言⑥，隐恶而扬善⑦，执其两端，用其中于民⑧，其斯以为舜乎⑨！"

　　子曰："人皆曰予知，驱而纳诸罟、擭、陷阱之中而莫之知辟也⑩；人皆曰予知，择乎中庸，而不能期月守也⑪。"

　　子曰："回之为人也，择乎中庸，得一善，则拳拳服膺而弗失之矣⑫。"

　　子曰："天下国家可均也，爵禄可辞也，白刃可蹈也，中庸不可能也。⑬"

----

① 天命：人的自然禀赋、事物的天然本性，不能误解成"命运"。率：循，依据……去行动。
② 见：现，与"显"义同。隐、微义近。意思是说在小事和暗处更能体现一个人的品德。
③ 位：这里指天地间事物的位置和秩序调整到位。
④ 时中：时时保持中庸。
⑤ 贤者过之，不肖者不及也：贤才做过了头，庸才达不到要求。
⑥ 迩言：身边人的言论。
⑦ 隐恶而扬善：隐匿别人的短处，褒扬别人的长处。
⑧ 执其两端，用其中：将过激和不足两方面的意见进行折中，然后用之。
⑨ 其斯以为舜：这就是舜能成为舜的原因。
⑩ 辟：避。
⑪ 期月：一整月。
⑫ 拳拳：奉持不懈之貌。
⑬ "天下"四句：意思是说治理好国家、放弃爵禄、脚踏白刃都没有保持中庸难。

子路问强①。子曰："南方之强与？北方之强与？抑而强与②？宽柔以教，不报无道③，南方之强也，君子居之。衽金革④，死而不厌⑤，北方之强也，而强者居之。故君子和而不流⑥，强哉矫⑦！中立而不倚⑧，强哉矫！国有道，不变塞焉⑨，强哉矫！国无道，至死不变，强哉矫！"

子曰："素隐行怪⑩，后世有述焉⑪，吾弗为之矣。君子遵道而行，半途而废，吾弗能已矣！君子依乎中庸，遁世不见知而不悔⑫，唯圣者能之。"

作者简介

子思，名孔伋，字子思，孔子的嫡孙。约生于东周敬王三十七年（前483），卒于周威烈王二十四年（前402），终年82岁。子思是春秋战国时期著名的思想家。受教于孔子的弟子曾参，孔子的思想学说由曾参传子思，子思的门人再传孟子。后人把子思、孟子并称为"思孟学派"，因而子思上承曾参，下启孟子，在孔孟"道统"的传承中有重要地位。

知识链接

对中庸之道的误解可以休矣。"中庸"在近代变成了贬义词。为人处世的滑头主义、没有是非曲直观的扁平人物、缺少才华的庸人都被视为中庸，中庸甚至还被用来描述性价比较低的商品。这是俗儒和近人对《中庸》有意无意的误读。在《中庸》一文里，找不出滑头主义的影子。"喜怒哀乐之未发，谓之中"是从人的情感角度来说"中"的，即"中"包括人的天然情感，就是"天命之谓性"。

---

① 强：勇，强力。子路好勇，因有此问。
② 而：你，指子路。
③ 不报无道：不报复不讲道义的人。
④ 衽（rèn）金革：将盔甲当席子睡。衽，动词，据郑玄注，为"席"。
⑤ 死而不厌：死也在所不惜。
⑥ 和而不流：和同而不丧失原则。
⑦ 强哉矫：这是真正的强啊。矫，强大的样子。
⑧ 倚：偏。
⑨ 不变塞：不改变自己充实的德行。塞，充实。
⑩ 素隐行怪：一向隐居，行为怪僻。
⑪ 后世有述：后人称述他的事迹。
⑫ 遁世：避世隐居。

群经概论（节选）[1]

周予同

文本导读

本文选自周予同《群经概论·导论》。全书对传统十三部经书，逐部就名称、作者、篇第、种类、内容和学派的源流演变予以论述，是一部了解中国经学史的入门书。这篇导论由五个部分组成。第一部分"经的定义"介绍了今文学派、古文学派和骈文学派关于"经"的定义，分析了其优缺点，最后给出"经是中国儒教书籍的尊称"的定义。第二部分"经的领域"介绍了历史上所谓六经、五经、七经、九经、十二经、十三经、十四经和二十一经所包括的内容，指出"十三经"获得普遍接受。第三部分"经的次第"介绍了今文学派和古文学派关于六经次序的主张，指出今文学派以孔子为教育家，六经从易到难，按照内容深浅排列，古文学派以孔子为历史学家，经文按照各经出现的时间次序排列。第四部分"六经与孔子"介绍了两种极端的说法：以清人皮锡瑞为代表的六经皆孔子所作说，以及以近人钱玄同为代表的六经与孔子无关说。第五部分"经学的派别"分别介绍了西汉今文经学派、东汉古文经学派、宋学派和现代新史学派。以上五个问题是经学的基本问题，了解这五个问题，对于我们今天阅读五经文献大有裨益。周予同是钱玄同的弟子，故文中独称"先生"。这里选择前三部分欣赏。

【经的定义】中国经学，就时间方面说，仅从西汉初年起计算，已经有二千一百余年的历史；就分量方面说，仅据《四库全书总目》经部著录，已经有一千七百七十三部、二万零四百二十七卷。然而，经的定义是什么，到现在还是一个争辩未决的问题。

我们要晓得经的定义，先要晓得经学上的学派。经学的学派，下文拟另节叙说，现在只要先知道大概可分为四派：一、"西汉今文学派"；二、"东汉古文学派"；三、"宋学派"；四、"新史学派"[2]。对于经的定义一问题，"宋学派"及"新史学派"不甚注意，但"西汉今文学派"（以下简称今文派）与"东汉古文学派"（以下简称古文派）却是各有主张，而且争辩非常激烈。

今文派以为经是孔子著作的专名。孔子以前，不得有经；孔子以后的著作，也不得冒称为经。他们以为经、传、记、说四者的区别，由于著作者身份的不同；就是孔子所作的叫做经，弟子所述的叫做传或叫做记，弟子后学辗转口传的叫做说。一如佛教称佛所说的为经，禅师所说的为律、为论的不同。所以他们以为只有《诗》《书》《礼》《乐》《易》《春秋》是孔子手作，可以称为经。而《乐》在《诗》与《礼》中，

---

① 朱维铮. 周予同经学史论著选集. 增订版. 上海：上海人民出版社，2010.

② "宋学"指两宋经学。两宋经学研究的主题转变为对性理的探讨，有别于汉唐义理与训诂，有时代特征，被称为理学或宋学。

本没有经文，所以实际上只有"五经"这个名辞可以成立。总之，依今文派说，所谓经，只有《诗》三百零五篇，《书》① 今文二十八篇，《礼》十六篇（《丧服传》为子夏作，不计），《易》的《卦辞》《爻辞》《象辞》《彖辞》四种，以及"断烂朝报"似的《春秋经》。对于这主张坚决地提出的，始于清龚自珍的《六经正名》及《六经正名答问》诸文。其后如皮锡瑞的《经学历史》、廖平的《知圣篇》以及康有为的《新学伪经考》诸书，亦时有更明确更系统的解说。

古文学派与今文学派相反，以为经只是一切书籍的通称，不是孔子的六经所能专有。在孔子以前，固然已有所谓经；在孔子以后的群书也不妨称为经。他们以为经、传、论的不同，不是由于著作者的身份的区别，而只是由于书籍版本长短的差异。经的本义是线，就是订书的线，也就是《论语》上所谓"韦编三绝"的"韦编"。古代经书竹简，长短是有一定的。或二尺四寸，或一尺二寸（见郑玄《论语序》）。传是"专"的假借字，专在《说文》释为六寸簿，所以传就是比经短点的书本。论，古仅作"仑"，比次竹简，使有次第，就称为论；《论语》之所以得名，就因为它是将孔子的师弟问答编次成帙的缘故。所以他们以为经是一些群书的通称，如《国语·吴语》"挟经秉枹"，则兵书可以称经；王充《论衡·谢短篇》"至礼与律独经也"，则法律可以称经；《管子》有《经言》《区言》，则教令可以称经；《汉书·律历志》援引《世经》，则历史可以称经；《隋书·经籍志》著录《畿服经》，则地志可以称经；《墨子》有《经上》《经下》篇，《韩非子·内外储说篇》另立纲要为经，《老子》到汉代邻氏次为经传，贾谊书有《容经》，则诸子也可以称经。总之，依古文派说，经是一切书籍的通称，不能占为五经、六经、七经、九经、十一经、十三经等经书的专名。对于这主张，坚决地系统地提出的，始于近人章炳麟《国故论衡》《文学总略》及《原经》诸文。

此外，还有立场于骈文学派的见地，而提出经的定义的。他们以为经是经纬组织的意思。六经中的文章，多是奇偶相生，声韵相协，藻绘成章，好像治丝的经纬一样，所以得称为经；换言之，六经的文章大抵是广义的骈文体，也就是他们所谓"文言"。所以其他群书，只要是"文言"的，也可以称为经。如《老子》称为《道德经》，《离骚》称为《离骚经》等。这派是始于清代反桐城派的骈文学家阮元，到近人刘师培著《经学教科书》，更提出比较有系统的主张。

对于经的定义，以上三派，骈文学家借《易经》的《文言》② 以自重，近于附会，固不足取；但古文派过于空乏，今文派过于狭窄，也未见得使我们心服。总之，经是中国儒教书籍的尊称，因历代儒教徒意识形态的不同，所以经的定义逐渐演化，经的领域也逐渐扩张，由相传为孔子所删定的六经扩张到以孔子为中心的其他书籍，如《孟子》《尔雅》等。

【经的领域】依上节所说，经的领域，因历代儒教徒意识形态的不同而逐渐扩张，

---

① 《书》指《尚书》，有今文与古文之分。今文《尚书》以伏生所传二十八篇为源，古文《尚书》以孔子宅壁中发现的《尚书》为源。

② 《文言》：《十翼》之一，《十翼》是阐释《易经》的著作，今并在《易经》中，传说为孔子所作。

所以在前代的记载上，每每有六经、五经、七经、九经、十二经、十三经及十四经、二十一经等等的称号。

六经 以《诗》《书》《礼》《乐》《易》《春秋》六者为"六经"，始见于《庄子·天运篇》。称六经为"六艺"，始见于《史记·滑稽列传》。其后班固《汉书·艺文志》袭用了刘歆《七略》，编次儒教经典的书籍，称为"六艺略"；所谓六艺，亦就是六经。

五经 六经去《乐》，成为"五经"。宋徐坚等《初学记》说："古者以《易》《诗》《书》《礼》《乐》《春秋》为六经。至秦焚书，《乐经》亡，今以《易》《诗》《书》《礼》《春秋》为五经。"按《乐经》的有无，今古文学的主张完全不同。依今文学说，《乐》本无经，乐即在《诗》《礼》之中。依古文学说，《乐》本有经，因秦焚书而亡失。上举的《初学记》，可视为古文学说之一例。今文家对于这主张最说得透彻的，首推清邵懿辰《礼经通论》。邵氏说："乐本无经也……夫声之铿锵鼓舞，不可以言传也；可以言传，则如制氏等之琴调曲谱而已。……乐之原在《诗》三百篇之中，乐之用在《礼》十七篇之中。……欲知乐之大原，观三百篇而可；欲知乐之大用，观十七篇而可；而初非别有《乐经》也。……先儒惜《乐经》之亡，不知四术有乐，六经无乐，乐亡非经亡也。周、秦间六经、六艺之云，特自四术加《易》《春秋》耳。"据他的意见，五经而称为六经，完全是习惯的关系；因为古代乐正崇四术（《诗》《书》《礼》《乐》）以教士，后来加以《易》《春秋》，遂称六经；其实乐本来是没有文字的。（或又主张六经去《春秋》而称五经；班固《白虎通德论·五经篇》："五经何谓也？《易》《尚书》《诗》《礼》《乐》也。"按这说不甚通行。）

七经 "七经"的名称始见于《后汉书·赵典传》，既见于《三国志·蜀书·秦宓传》。清全祖望《经史问答》解释说："七经者，盖六经之外加《论语》。东汉则加《孝经》而去《乐》。"清柴绍炳《考古类编》解释说："有称'七经'者，五经之外兼《周礼》《仪礼》也。"据这二说，则七经有三义：一以《诗》《书》《礼》《乐》《易》《春秋》《论语》为七经，二以《诗》《书》《礼》《易》《春秋》《论语》《孝经》为七经，三以《诗》《书》《周礼》《仪礼》《礼记》《易》《春秋》为七经。

九经 "九经"的名称始见于《唐书·儒学传·谷那律传》。柴绍炳《考古类编》说："有称'九经'者，七经之外，兼《论语》《孝经》也。"清皮锡瑞《经学历史》说："唐分《三礼》《三传》，合《易》《书》《诗》为九。"据这二说，则九经有二义：一以《易》《书》《诗》《仪礼》《周礼》《礼记》《春秋》《论语》《孝经》为九经；一以《易》《书》《诗》《仪礼》《周礼》《礼记》《左传》《公羊传》《穀梁传》为九经。

十二经 "十二经"的名称始见于《庄子·天道篇》。唐陆德明《经典释文》以为有三义：一以《诗》《书》《礼》《乐》《易》《春秋》六经，又加六纬，为十二经。二以为《易》上下经，并孔子《十翼》[①]，为十二经。三以为春秋十二公为十二经。其后宋晁公武《郡斋读书志》说："唐太和中，复刻'十二经'，立石国学。"这十二经是指《易》《书》《诗》《周礼》《仪礼》《礼记》《春秋左传》《公羊传》《穀梁传》《论语》《孝经》《尔雅》。

---

① 《十翼》包括《彖辞》上下篇，《象辞》上下篇，《文言》《系辞》上下篇，《说卦》，《序卦》，《杂卦》。这十篇著作传说是孔子为阐释《易经》所作，犹如《易经》的羽翼，因而被称为"十翼"。

十三经　"十三经"的名称始于宋。皮锡瑞《经学历史》说："唐分《三礼》《三传》，合《易》《书》《诗》为九。宋又增《论语》《孝经》《孟子》《尔雅》为十三经。"明顾炎武《日知录》亦说："唐时立之学官，则云九经者，《三礼》《三传》，分而习之，故云九也。……宋时程、朱诸大儒出，始取《礼记》中之《大学》《中庸》，及进《孟子》以配《论语》，谓之四书。本朝因之，而十三经之名始立。"据这说，则以《易》《书》《诗》《周礼》《仪礼》《礼记》《春秋左传》《公羊传》《穀梁传》《论语》《孝经》《尔雅》《孟子》为十三经。

十四经　此外还有"十四经"的名称，盖附《大戴礼记》于十三经。宋史绳祖《学斋占毕》说："先时，尝并《大戴记》于十三经末，称十四经。"

二十一经　又清代段玉裁主张于十三经外，应增《大戴礼记》《国语》《史记》《汉书》《资治通鉴》《说文解字》《周髀算经》《九章算术》八书，为二十一经，以为这些都是保氏（周官掌教国子的）书数之遗。见章炳麟《检论·清儒篇》。

总之，经的领域逐渐扩大，现在依普通的习惯，以十三经为限。因为十四经的名称不甚普遍，而二十一经不过是清代朴学家个人的主张。

【经的次第】经的定义及经的领域等问题以外，经的次第也是经学上一个素被忽略其实非常重要的问题。对于经的次第，"宋学派"及"新史学派"无甚意见，但今古文学派却仍是争议不决。

六经的次第，今文学派主张（1）《诗》，（2）《书》，（3）《礼》，（4）《乐》，（5）《易》，（6）《春秋》。而古文学派主张（1）《易》，（2）《书》，（3）《诗》，（4）《礼》，（5）《乐》，（6）《春秋》。他们两派除在为行文便利而偶尔颠倒外，决不随便乱写。现先将今古文学派的证据列下，然后加以说明。

今文学说：

（1）《庄子·天运篇》："丘治《诗》《书》《礼》《乐》《易》《春秋》。"

（2）《庄子·天下篇》："《诗》以道志，《书》以道事，《礼》以道行，《乐》以道和，《易》以道阴阳，《春秋》以道名分。"

（3）董仲舒《春秋繁露·玉杯篇》①："《诗》《书》序其志，《礼》《乐》纯其美，《易》《春秋》明其知。"

（4）司马迁《史记·儒林传》序汉初传经诸儒，说："自是之后，言《诗》于鲁则申培公②，于齐则辕固生③，于燕则韩太傅④。言《尚书》自济南伏生⑤。言《礼》自鲁

---

① 董仲舒：汉武帝时期的政治家，今文《春秋公羊》学的开创者之一。

② 申培：秦汉之际鲁国的《诗经》学专家，是今文《鲁诗》学的开创者。《鲁诗》今不存。

③ 辕固：西汉景武之际齐国《诗经》学专家，今文《齐诗》学的创始人。"生"：对学者的尊称。《齐诗》今不存。

④ 韩太傅：韩婴，西汉景武之际《诗经》学专家，今文《韩诗》学创始人，著作仅存《韩诗外传》。

⑤ 伏生：秦汉之际《尚书》学者，曾为秦博士。秦末战乱中将一部《尚书》藏于壁中，战后发掘，仅剩二十八篇，伏生以二十八篇《尚书》教授学徒，是今文《尚书》学的开创者。所传今文《尚书》二十八篇大体上保存在今本伪古文《尚书》中。

高堂生①。言《易》自淄川田生②。言《春秋》，于齐、鲁自胡母生。于赵自董仲舒。"（按依今文说，乐本无经，故缺。）

（5）《荀子·儒效篇》："《诗》言是其志也，《书》言是其事也，《礼》言是其行也，《乐》言是其和也，《春秋》言是其微也。"（按缺《易》。）

（6）《商君书·农战篇》："《诗》《书》《礼》《乐》《春秋》。"（按亦缺《易》。）

（7）《淮南子·泰族训》："温惠淳良者，《诗》之风也；淳庞敦厚者，《书》之教也；清明条达者，《易》之义也；恭俭尊让者，《礼》之为也；宽裕简易者，《乐》之化也；刺几辩义者，《春秋》之靡也。"（按《易》序偶乱。）

（8）《礼记·经解》："其为人也，温柔敦厚，《诗》教也；疏通知远，《书》教也；广博易良，《乐》教也；洁静精微，《易》教也；恭俭庄敬，《礼》教也；属辞比事，《春秋》教也。"（按《易》及《乐》序偶乱。）

（9）《礼记·王制》："顺先王《诗》《书》《礼》《乐》以造士。"

（10）《庄子·徐无鬼篇》："横说之则以《诗》《书》《礼》《乐》。"

（11）《荀子·儒效篇》："故《诗》《书》《礼》《乐》之归是矣。"

（12）《论语·泰伯篇》："兴于《诗》，立于《礼》，成于《乐》。"

（13）《论语·述而篇》："《诗》《书》、执礼，皆雅言也。"

古文学说：

（1）班固《汉书·艺文志》"六艺略"序六经次第，首《易》，次《书》，次《诗》，次《礼》，次《乐》，次《春秋》。

（2）《汉书·儒林传》："汉兴，言《易》自淄川田生；言《书》自济南伏生；言《诗》，于鲁则申培公，于齐则辕固生，于燕则韩太傅；言《礼》自鲁高堂生；言《春秋》，于齐、鲁自胡毋生，于赵自董仲舒。"又下文序汉儒传经的次第，亦是先《易》，次《诗》，次《礼》，次《春秋》，与《史记·儒林传》不同。（按古文说，《乐经》亡佚，故缺。）

（3）班固《白虎通德论·五经篇》："五经何谓也？《易》《尚书》《诗》《礼》《乐》也。"（按未及《春秋》。）

（4）许慎《说文解字序》："其称《易》孟氏、《书》孔氏、《诗》毛氏、《礼》《周官》、《春秋》左氏、《论语》、《孝经》，皆古文也。"（按孟氏当作费氏，说见康有为《新学伪经考·说文序纠谬》及章炳麟《检论·清儒篇》。）

（5）宋范晔《后汉书·儒林传》："《易》有施、孟、梁丘、京氏；《尚书》，欧阳、大小夏侯；《诗》，齐、鲁、韩、毛；《礼》，大小戴；《春秋》，严、颜，凡十四博士。"又下文序诸儒传经次第，亦是先《易》，次《书》，次《礼》，次《春秋》，与《汉书·

---

① 高堂生：秦汉之际《仪礼》专家，传《仪礼》十七篇，今存，是西汉今文《仪礼》学的创始人。"高堂"为复姓，"生"为尊称。

② 田生：秦汉之际《易经》学者田何，为齐国田氏贵族，汉兴，迁于长安，号称"杜田生"，是西汉今文《易经》学的鼻祖。

儒林传》合，与《史记·儒林传》不同。"（按"毛"字衍文，说见顾炎武《日知录》"史文衍字"及皮锡瑞《经学历史》"经学昌明时代"章。）

（6）唐陆德明《经典释文》序录："五经六籍，圣人设教，……今以著述早晚，经义总别，以成次第，出之如左。"按下文次第，一、《周易》；二、《古文尚书》；三、《毛诗》；四、《三礼》；五、《春秋》。又说《周易》虽文起周代，而卦肇伏羲，既处名教之初，故《易》为《七经》之首。……《古文尚书》[①]，既起五帝之末，理后三皇之经，故次于《易》。……《毛诗》既起周文[②]，又兼商颂，故在尧、舜之后，次于《易》《书》。……《周》《仪》二礼，并周公所制，宜次文王。……《春秋》既是孔子所作，理当后于周公，故次于《礼》。"（按六经次第，与《汉书·艺文志》相同。）

今古文学对于六经次第的排列，是有意义的。所谓意义是什么呢？就是古文学的排列次序是依六经产生时代的早晚，今文学却是按六经内容程度的浅深。古文学家以《易经》的八卦是伏羲画的，所以《易》列在第一。《书经》中最早的篇章是《尧典》，较伏羲为晚，所以列在第二。《诗经》中最早的是《商颂》，较尧、舜又晚，所以列在第三。《礼》《乐》，他们以为是周公所作，在商之后，所以列在第四、第五。《春秋》是鲁史，经过孔子的删改，所以列在第六。这理由，在上引的《经典释文》序录里，已经说得很明白。至于今文学家对于六经次第的排列，颇含有教育家排列课程的意味。他们以《诗》《书》《礼》《乐》是普通教育或初级教育的课程，所以列在先；《易》《春秋》是孔子的哲学、社会学及政治学的思想所在，可以说是孔子的专门教育或高级教育的课程，所以列在后。又《诗》《书》是符号的（文字的）教育，《礼》《乐》是实践的（道德的）陶冶，所以《诗》《书》列在最先，《礼》《乐》列在其次。这理由，就上引的《春秋繁露·玉杯篇》的文句，也可以窥见大概。

但是我们如果进一步询问，古文学家为什么以时代的早晚为六经次第的标准，而今文学家为什么又以程度的浅深为标准呢？这就不能不论及这两派对于孔子观念的不同。古文学家视孔子为一史学家。他们以为六经都是前代的史料，所谓"六经皆史"；孔子只是前代文化的保存者，所谓"述而不作，信而好古"。孔子既是将前代的史料加以整理以传授后人，则六经的次第应当按史料产生的早晚而排列。今文学家视孔子为教育家、哲学家、政治家。他们以为六经固有前代的史料。但这只是孔子"托古改制"的工具。孔子所看重的，不在于六经的文字事实，而在于六经的微言大义；这正如孟子赞美《春秋》所说，"其事则齐桓、晋文，其文则史，其义则丘窃取之矣。"孔子既是一位改制的"素王"，则六经的次第当然要按程度的浅深而排列。至于这两派的观察究竟孰优，现因限于篇幅，暂略而不论。（可参考拙著《经今古文学》"经今古文异同

---

① 《古文尚书》：汉武帝时，鲁恭王为自己扩建官室，打算拆除孔子旧宅，在壁中发现一大批古书，其中就有《尚书》，比今文《尚书》多出十六篇，这是真的古文《尚书》。东晋元帝时，豫章内史梅赜献五十八篇古文《尚书》，是伪古文《尚书》，传世本《尚书》即此伪古文《尚书》，真古文《尚书》反而不传。但该书与今文《尚书》重合的二十八篇大致上可靠。

② 《毛诗》：是古文《诗经》，为西汉鲁人毛亨所传。在东汉因郑玄作《毛诗笺》而大流行，最终取代今文三家《诗》。今本《诗经》即《毛诗》。

示例”章。)

作者简介

周予同（1898—1981），浙江瑞安人，著名经学史专家、历史学家。

知识链接

经学的派别：

《四库全书总目提要·经部总叙》将经学分为汉学与宋学两大流派，这一分派得到当时的普遍认可，是为两派说。康有为的经学以孔子之真与刘歆之伪来分派，将宋学、汉代汉学都视为刘歆之学的支流，实际上也持两派说，而不是周予同先生说的三派说。刘师培在《经学教科书·序例》中，将经学分为两汉、三国至隋唐、宋元明、近儒四派，是为四派说。另外，还有三派说，即分为汉学、宋学、清学三派，章太炎论经学就以汉儒、宋儒、清儒为说。相对而言三派说比较合于经学的实际。周予同在《中国经学史讲义》中提出他的新三派说：汉学、宋学、以梁启超为启蒙者的新史学。（黄开国《经学的派别与分期》）

人生的意义及人生中的境界

冯友兰

文本导读

每个人各有自己的人生境界，与其他任何个人的都不完全相同。冯友兰把人生境界分为自然境界、功利境界、道德境界和天地境界四个不同层次。不同境界的人，世界和人生对于他们的意义是不一样的。自然境界是最低境界，处于此境界中的人，按照习惯做事，并不清楚做的事情的意义。比自然境界更高的是功利境界，处在此境界中的人的行为都是为自己的利益，可以积极奋斗，也可以有利于他人，但终究是为了自己的利益。处于道德境界的人超越个体利益，无论做什么事，都是为社会群体利益。最高的境界是天地境界，处在天地境界的人，是一种最高境界的人，个体不但是社会的一部分，而且是宇宙的一部分。冯友兰先生的境界说，揭示了人生的意义和价值，引导人不断自我超越和自我完善。

请参阅： 冯友兰. 人生的意义及人生中的境界//冯友兰随笔：理想人生. 北京：北京大学出版社，2007：52 - 58.

作者简介

冯友兰（1895—1990），哲学家、哲学史家。字芝生。河南唐河人。20 世纪 30 年代出版两卷本《中国哲学史》，把中国哲学史分为“子学时代”和“经学时代”，肯定了传统儒家的价值。30—40 年代写《新理学》《新事论》《新世训》《新原人》《新原道》《新知言》，即“贞元六书”，构建了“新理学”哲学体系。后著有《中国哲学史新编》等，论著编为

《三松堂全集》。

知识链接

1. 王国维《人间词话》提出：

古今之成大事业、大学问者，罔不经过三种之境界："昨夜西风凋碧树。独上高楼，望尽天涯路。"此第一境界也。"衣带渐宽终不悔，为伊消得人憔悴。"此第二境界也。"众里寻他千百度，蓦然回首，那人却在，灯火阑珊处。"此第三境界也。此等语皆非大词人不能道。然遽以此意解释诸词，恐为晏欧诸公所不许也。

2. 境界原义是指疆界、景象。佛教赋予了"境界"特定的含义，有所谓"六境"的说法，是指基于六根之官能与六尘之接触，然后由六识所产生的一种意识活动的状态。在佛学中，所谓"境界"，主要指意识活动中之主观感受，由此而引申出的某方面造诣的深浅称为境界的高低。在艺术和美学理论中，艺术境界，更与主观感受、创造有不可分的联系。

延伸阅读

1. 蒋绍愚. 论语研读：修订本. 上海：中西书局，2021.

2. 梁漱溟. 东西文化及其哲学. 上海：上海人民出版社，2020.

3. 钱穆. 中国思想史. 北京：九州出版社，2017.

4. 王汎森. 中国近代思想与学术的系谱：增订版. 上海：上海三联书店，2018.

第十五讲 古代思想·道家和佛教

概述

一、老庄思想与道家文化

中国传统文化常常被概括为儒释道三家，其中的"道"指道家与道教。道家与道教不同，前者是一个哲学学派，后者是一种宗教。在先秦的百家争鸣中，道家虽没有像儒家和墨家那样有众多徒属，成为显学，但这个学派对宇宙、社会和人生有着独特的领悟和解释，因而在历史的发展中呈现出永恒的价值与生命力。

道家思想肇始于春秋末期的老子。老子，名耳，战国时人多称他为老聃，是道家思想的奠基者。老子的一生，基本上可分为史官和隐者两大段。史官负责天道、礼法、记录历史等，由此老子拥有关于自然、社会和人生的广博知识。隐士的经历则使老子可以摆脱职业的束缚，以一种较自由的心态去反思现实社会。这样，丰富的知识、自由的思考，再加上动荡的社会，共同造就出体现于《老子》中的深刻的思想。

"道"是老子思想中最重要的概念。"道"有丰富的含义。首先，"道"先天地而存在，是万物的本原，天地万物都从"道"中产生。其次，"道"是一个混成之物，它自身包括"无"和"有"两个方面，是"无"和"有"的统一体。再次，"道"是运动变化的，它运动的形式是"有无相生"，即"有"和"无"的互相转化。最后，"道"具有无

《老子》（文徵明）

为、柔弱等主要性质，这些性质可以被人们效仿。此外，"无为"与"自然"、"柔弱"与"不争"等都是《老子》主要讨论的问题。

庄子（约前369—前286），名周，是老子思想的继承者和发展者，后人常常把他

与老子并列，合称老庄。根据《史记》记载，庄子曾做过漆园吏，但他一生基本上过着隐士的生活。庄子厌倦人世的生活，这使得他亲近自然，经常出没于山水之间。"庄子钓于濮水""庄子与惠子游于濠梁之上""庄子行于山中"……从《庄子》的这些记载中，我们不难看出庄子的生活情趣。在先秦思想家中，庄子的性格和情趣最富于美学的意味。

庄子的思想主要表现在《庄子》这部书中。庄子思想的中心是要追求人的精神自由。庄子认为，人类生存最大的困境是丧失精神的自由。除了社会的动乱以外，更重要的是人丧失了自己的本性，而为外物所统治。人创造了财富和文明，反过来为财富和文明所统治，成为物的奴隶，这造成了人与自身的分离以及人与世界的分离。这是人类的困境。《庄子》一书中充满了人生的困苦和烦恼的呼喊。庄子看到了人类的这种困境，他寻求摆脱这种困境，返回人自己的精神家园。人要想摆脱这种困境，最根本的道路是要达到"无己"，也就是超越自我。普通人"有己"。"有己"，就有生死、寿夭、贫贱、贵贱、得失、毁誉种种计较。只有"至人""神人""圣人"才能超越自我："至人无己，神人无功，圣人无名。"（《庄子·逍遥游》）这种超越自我的境界，庄子称为"体道"的境界，或者说"游心于道"的境界。这是一种"天地与我并生，而万物与我为一"（《庄子·齐物论》）的"天人合一"的境界。

在先秦的百家争鸣中，道家通过"道"开辟了中国哲学中形而上学的传统，并对其他各家及后来中国哲学的发展产生了重大影响。经历汉武帝"罢黜百家，独尊儒术"的局面之后，道家思想在魏晋时期得到了复兴。魏晋玄学以《老子》《庄子》和《周易》为主要经典，通过对它们的重新解释，围绕"本末""有无""自然""名教"等问题的争辩和阐释，建立起被后人称为"新道家"的思想体系。在这一体系中，魏晋玄学基本上舍弃了此前一直流行的宇宙论模式，而代之以本体论的思考，使中国哲学在思维方式上实现了重要的转变。

在道家的影响下，还产生了中国本土的宗教——道教。道教出现于东汉末年，从一开始就把《老子》作为表达教义的基本经典，并将道家的创始人老子加以神化，视作教主。到唐代，在道家思想的基础上，并吸取佛教教义，道教得到了重大的发展，产生了重玄学的理论体系。此外，在佛教刚传入中国的初期，人们往往通过道家思想来了解和解释佛教的理论，同时，佛教在以后的发展过程中，又不断地吸收道家思想，最明显的是禅宗，它在很多方面都受到庄子的启发。

道家对中国美学、中国文学、中国艺术的发展也产生了巨大的影响。中国美学中意象的理论、意境的理论、审美心胸的理论，以及一系列重要的概念、范畴和命题，都发源于老子和庄子的思想。

二、佛教的传入及其中国化

佛教最初产生于公元前 6 世纪印度的恒河流域，后来逐渐发展成一种世界性宗教。在与不同地区和民族的文化的交流过程中，佛教不断地发展变化，形成了许多不同的思想体系、宗教组织和信仰形态。佛教在中国的发展，体现为一方面改变了印度佛教原来的面貌，丰富了它的内容；另一方面，佛教也和中华民族文化融合，逐渐渗透到社会生活的各个方面，成为中华民族文化有机组成部分。

一般认为，佛教最初是由中亚传入中国的，其确切年代已经很难稽考了。据史料记载，汉哀帝元寿元年（前2），博士弟子景卢受大月氏国王使臣伊存口授《浮屠经》，这是中国佛教初传的标志。中国佛教有一个十分突出的特点，就是非常重视把佛教经典从梵文翻译成汉文。中国早期佛典汉译事业主要由一些从西域地区来华的僧人主持。如东汉时的安世高、西晋时的竺法护、东晋时的鸠摩罗什、南北朝时的菩提流支和真谛等，都是名动一时的高僧。他们经过几百年不懈的努力，陆续把印度佛教中一些主要经典、论书和戒律比较全面地介绍到中国，为中国佛教的发展打下坚实基础。唐代译经家玄奘，为解决佛经中的疑难问题，西行前往印度求法。玄奘学成回国以后，和其弟子共同译出《大般若经》《成唯识论》等经论。这些佛教史上的高僧，为我国的宗教文化事业做出了卓越贡献。

佛教本身在印度曾有过非常复杂的演变和发展，但是对中国佛教产生决定性影响的主要是大乘佛教。中国人在接受印度佛教思想时，从整体上看，重视佛学与中国文化的调和、融合。所以佛教在中国的传播与发展并不仅仅是一种简单移植，它实际上也是一个再创造的过程。这一点充分表现在中国佛教宗派的发展过程中。

中国最早兴起的佛学派别，是在魏晋时期随着玄学成长起来的般若学派。隋唐时期在政府的大力支持下，中国佛教界以其强大的寺院经济为基础，逐渐形成了三论、天台、法相、华严、律、禅、净土等几个大的宗派，从而使中国佛教达到了鼎盛阶段。其中天台宗、华严宗、净土宗和禅宗最具特色，可以说是中国化的佛教在理论和实践两个方面的代表。

兴起于唐五代时期的禅宗，与天台、华严、法相等经院化的宗派相比，有着许多突出的特点。其一，禅宗强调个体的内心觉悟，强调个体精神的独立、自由，所以它具有一种反教条、反权威的性质。其二，禅宗强调个体的直接体验，所以它要破除语言和逻辑的障碍。禅宗的"十六字要诀"就是"不立文字，教外别传，直指人心，见性成佛"。在禅宗那里，个人的当下直接的体验就是一切。其三，禅宗主张在普通的日常生活中，吃饭、走路、担水、砍柴，都可悟道。世上的一草一木，一切生机活泼的东西，都可以体现禅意。所以禅宗强调"平常心是道"。"平常心"就是"无念"。"无念"是不执着于念，也就是不为外物所累。一个人一旦开悟，他就会明白最自然、最平常的生活，就是佛性的显现。

在禅宗看来，禅悟的境界会形成一种幽深清远、空灵澄澈的审美境界和审美趣味，也就是禅境和禅趣。王维的许多诗，以及中晚唐一些诗人的诗，就体现了这种禅境和禅趣。禅宗思想还演化成了一种人生哲学和生活情趣，可使人摆脱向外寻觅的焦灼和惶惑，而在对禅境的当下体验中，得到一种平静、恬淡的喜悦。

总之，禅宗是印度佛教和中国文化相结合的产物。它包含中国古人的哲学的智慧和艺术的创造，体现了中国文化的精神，同时，又深刻地影响了中国文人和中国文化。

老子（节选）①

老 子

文本导读

　　《老子》为道家学派的经典著作，其哲理深蕴，光照千古。这里选择了其中的三章。第十一章，老子强调"有""无"是相互依存、相互作用的。一般人们只注重实有的作用，而老子却在本章中强调并彰显了事物为一般人所不察的"无"的作用。老子以车轮、陶器及屋室三件事物为例，说明实物只有在它与"无"配合时才能产生用处。第三十七章，老子指出"道"作为宇宙本体来说是永恒不变的，是"无为"的；"道"作为生长万物的总动力，又是"无不为"的。进而由天道推演到人道，指出统治者应"无为而治"，同时养成真朴的民风。第七十六章表达的是老子"贵柔处弱"的思想。老子以人体与草木举例，说明成长的东西都是柔弱的状态，而死亡的东西都是坚硬的状态。此章是柔弱胜刚强的光辉思想的体现。

十一章

　　三十辐共一毂②，当其无，有车之用。埏埴以为器③，当其无，有器之用。凿户牖以为室④，当其无，有室之用。故有之以为利，无之以为用⑤。

---

　　① 王弼，注；楼宇烈，校释.老子道德经注校释//新编诸子集成.北京：中华书局，2008.
　　② 辐：车轮中连接中心和轮圈的木条。古时候的车轮由30根辐条构成，这个数目是取法于月数（每月有30日）。毂（gǔ）：车轮中心的圆孔，即插轴的地方。
　　③ 埏埴（shān zhí）：和陶土做成饮食的器皿。埏，和。埴，土。
　　④ 户牖：门窗。
　　⑤ 有之以为利，无之以为用："有"给人便利，"无"发挥了它的作用。

三十七章

道常无为而无不为①，侯王若能守之，万物将自化②。化而欲作，吾将镇之以无名之朴③。无名之朴，夫亦将无欲。不欲以静，天下将自定。

七十六章

人之生也柔弱，其死也坚强④。草木之生也柔脆，其死也枯槁⑤。故坚强者死之徒，柔弱者生之徒⑥。是以兵强则不胜，木强则兵。强大处下，柔弱处上。

作者简介

老子（约前571—前471），春秋时思想家，道家创始人。姓李名耳，楚国苦县（今河南鹿邑县）厉乡曲仁里人，做过周朝"守藏室之史"（管理藏书的史官），孔子曾向他问礼。后退隐，著《老子》（又称《道德经》）。

知识链接

1. 我国著名建筑学家梁思成说：

盖房子是为了满足生产和生活的要求。为此，人们要求一些有掩蔽的适用的空间。二千五百年前老子就懂得这个道理："当其无，有室之用。"这种内部空间是满足生产和生活要求的一种手段。（《梁思成文集》）

赵孟頫小楷《道德经》

2. 至于老子著《道德经》一事，《史记·老子韩非列传》中有相关记载：

老子修道德，其学以自隐无名为务。居周久之，见周之衰，乃遂去。至关，关令尹喜曰："子将隐矣，强为我著书。"于是老子乃著书上下篇，言道德之意五千余言而去，莫知其所终。

---

① 无为：顺其自然，不妄为。无不为：是说没有一件事不是它所为的，这是由于"无为"（不妄为）而产生的效果。无为而无不为，即不妄为，就没有什么事情做不成。

② 自化：自我化育，自生自长。

③ 无名之朴："无名"指"道"，"朴"形容"道"的素朴无为。

④ 柔弱、坚强：分别指人体的柔弱、人体的僵硬。

⑤ 柔脆、枯槁：分别形容草木形质的柔软脆弱、草木的干枯。

⑥ 死之徒、生之徒：属于死亡的一类，属于生存的一类。

胠箧（节选）[①]

庄　子

文本导读

《胠箧》一篇有意识地发挥了老子"绝圣弃知（智）"的主张，认为圣智礼法的创设，不足以防止社会祸乱的产生。圣智礼法的提出本用以防盗制贼，却反为盗贼所窃，沦为盗贼护身的名器，张其恣肆之欲，而为害民众。作者抨击圣、智思想，向往自由、平等与淳朴的原始社会。

从某些方面来看，此文虽然含有消极避世的思想，但主要还是表现了作者对虚伪仁义、黑暗社会以及"窃钩者诛，窃国者为诸侯"等丑陋现实的深刻认识与极度憎恶。文章洋洋洒洒、一气呵成，是一篇兼具思想美与语言美的先秦诸子佳作。

　　将为胠箧探囊发匮之盗而为守备[②]，则必摄缄縢、固扃鐍[③]；此世俗之所谓知也。然而巨盗至，则负匮揭箧担囊而趋[④]，唯恐缄縢扃鐍之不固也。然则乡之所谓知者[⑤]，不乃为大盗积者也？

　　故尝试论之，世俗之所谓知者，有不为大盗积者乎？所谓圣者，有不为大盗守者乎？何以知其然邪？昔者齐国邻邑相望，鸡狗之音相闻，罔罟之所布[⑥]，耒耨之所刺[⑦]，方二千余里。阖四竟之内[⑧]，所以立宗庙社稷[⑨]，治邑屋州闾乡曲者[⑩]，曷尝不法圣人哉？然而田成子一旦杀齐君而盗其国[⑪]。所盗者岂独其国邪？并与其圣知之法而盗之。故田成子有乎盗贼之名，而身处尧舜之安；小国不敢非，大国不敢诛，十二世有齐国。则是不乃窃齐国，并与其圣知之法以守其盗贼之身乎？

---

①　郭庆藩，撰；王孝重，点校．庄子集释．北京：中华书局，1961.

②　胠（qū）：从旁打开。箧（qiè）：箱子。囊：口袋。发：打开。匮（guì）：柜子。句中第一个"为"（wèi），意为"为了"；后一个"为"（wéi），意为"做"。

③　摄：打结。缄（jiān）、縢（téng）：均为绳索。扃（jiōng）：门窗的插闩。鐍（jué）：锁钥。

④　揭：举，扛着。

⑤　乡：通"向"，先前的意思。

⑥　罔罟之所布：罔罟所及之处。罔，网。罟（gǔ），网的总称。

⑦　耒（lěi）：犁，翻土农具，形如木叉。耨（nòu）：锄草农具，刃广六寸，柄长六尺。

⑧　阖（hé）：同"合"，全部。竟：境。

⑨　宗庙：古代天子诸侯祭祀祖先的地方。社稷：本指土神和谷神，这里指祭祀土神和谷神的地方。

⑩　邑屋州闾乡曲：古代大小不同的行政区划的名称。

⑪　田成子：即田常，又称陈恒，其先祖田完从陈国来到齐国，成了齐国的大夫，改为田氏。田常于鲁哀公十四年（前481）杀了齐简公而立平公，齐国大权遂落入田氏之手，后来田常的曾孙田和又废康公自立，仍称"齐"。

　　尝试论之，世俗之所谓至知者，有不为大盗积者乎？所谓至圣者，有不为大盗守者乎？何以知其然邪？昔者龙逢斩①，比干剖②，苌弘胣③，子胥靡④，故四子之贤而身不免乎戮。故盗跖之徒问于跖曰："盗亦有道乎？"跖曰："何适而无有道邪！"夫妄意室中之藏⑤，圣也；入先，勇也；出后，义也；知可否，知也；分均，仁也。五者不备而能成大盗者，天下未之有也。由是观之，善人不得圣人之道不立，跖不得圣人之道不行；天下之善人少而不善人多，则圣人之利天下也少而害天下也多。故曰，唇竭而齿寒⑥，鲁酒薄而邯郸围⑦，圣人生而大盗起。掊击圣人⑧，纵舍盗贼⑨，而天下始治矣。夫川竭而谷虚⑩，丘夷而渊实⑪。

　　圣人已死，则大盗不起，天下平而无故矣⑫。圣人不死，大盗不止。虽重圣人而治天下⑬，则是重利盗跖也⑭。为之斗斛以量之⑮，则并与斗斛而窃之；为之权衡以称之⑯，则并与权衡而窃之；为之符玺以信之⑰，则并与符玺而窃之；为之仁义以矫之⑱，则并与仁义而窃之。何以知其然邪？彼窃钩者诛⑲，窃国者为诸侯。诸侯之门而仁义存焉，则是非窃仁义圣知邪？故逐于大盗、揭诸侯、窃仁义并斗斛权衡符玺之利者⑳，虽

---

①　龙逢：姓关，夏桀时贤人，被夏桀杀害。

②　比干：殷纣王的庶出叔叔，力谏纣王，被纣王剖心。

③　苌弘：周灵王时的贤臣。胣（chǐ）：车裂之刑，一说剖肚后拽肠子。

④　子胥：即伍员，为吴王夫差所杀，浮尸于江，后糜烂。靡：同"糜"。

⑤　妄意：凭空推测。意，同"臆"。

⑥　竭：揭，举。"唇竭"指嘴唇向外翻开。

⑦　这一句历来有两种说法。一种是指楚宣王大会诸侯，而鲁恭王晚至，所献之酒味道淡薄，楚王怒。鲁王自恃是周公的后代，不告别离。楚王于是带兵攻打鲁国。魏国一直想攻打赵国，担心楚国发兵救赵，楚国和鲁国交兵，魏国于是趁机兵围赵国都城邯郸。另一种说法见《淮南子集释》注："楚会诸侯，鲁、赵俱献酒于楚王，鲁酒薄而赵酒厚。楚之主酒吏求酒于赵，赵不与，吏怒，乃以赵厚酒易鲁薄酒奏之，楚王以赵酒薄，故围邯郸也。"

⑧　掊（pǒu）：抨击。

⑨　纵舍（shě）：释放。

⑩　竭：干涸。虚：空旷，填没。

⑪　夷：平。渊：水深之处，深潭。实：满。

⑫　故：变故。

⑬　重（zhòng）圣人：重视圣人之法，尊重圣人之法。

⑭　重利盗跖：使盗跖获得更多的好处。

⑮　斗斛（hú）：古代的两种量器，十斗为一斛。

⑯　权：秤锤。衡：秤杆。

⑰　符玺（xǐ）：古代用作凭证的信物。"符"由两半组成，由两方各执其一，合在一起以验真伪。"玺"就是印。信：取信。

⑱　矫：纠正。

⑲　钩：原指腰带钩，这里泛指各种不值钱的东西。

⑳　逐：竞逐，追随。揭：举，引申为居于其上。

有轩冕之赏弗能劝①，斧钺之威弗能禁②。此重利盗跖而使不可禁者，是乃圣人之过也。

故曰：鱼不可脱于渊，国之利器不可以示人③。"彼圣人者，天下之利器也，非所以明天下也④。"故绝圣弃知，大盗乃止；摘玉毁珠⑤，小盗不起；焚符破玺，而民朴鄙⑥；掊斗折衡⑦，而民不争；殚残天下之圣法⑧，而民始可与论议。擢乱六律⑨，铄绝竽瑟⑩，塞瞽旷之耳⑪，而天下始人含其聪矣⑫；灭文章，散五采⑬，胶离朱之目⑭，而天下始人含其明矣；毁绝钩绳而弃规矩，攦工倕之指⑮，而天下始人有其巧矣⑯。故曰："大巧若拙。"削曾史之行⑰，钳杨墨之口⑱，攘弃仁义⑲，而天下之德始玄同矣⑳。彼人含其明，则天下不铄矣㉑；人含其聪，则天下不累矣㉒；人含其知，则天下不惑矣；人含其德，则天下不僻矣。彼曾、史、杨、墨、师旷、工倕、离朱，皆外立其德而以爚乱天下者也㉓，法之所无用也㉔。

作者简介

庄子（约前369—前286），名周，后人称之为"南华真人"，战国时宋国蒙（今河南商丘东北）人，道家学派的主要代表人物之一。

---

① 轩：高车，古代大夫以上的人所乘坐的车子。冕：大冠，古代大夫或诸侯所戴的礼帽。"轩冕"连用，这里代指官爵。劝：劝勉，鼓励。

② 钺（yuè）：大斧。"斧"和"钺"常作刑具，这里代指刑罚。

③ 示：显露。

④ 明：宣示。

⑤ 摘（zhì）：同"掷"，投掷。

⑥ 朴：敦厚朴实。鄙：朴野、固陋。

⑦ 掊：打碎。

⑧ 殚（dān）：耗尽。残：毁坏。

⑨ 擢（zhuó）：疑为"搅"的假借字。

⑩ 铄（shuò）：销毁。绝：折断。竽瑟：两种古乐器之名，这里泛指乐器。

⑪ 瞽旷：即师旷，古代著名的音乐家，因其眼瞎，所以又叫他"瞽旷"。

⑫ 含：怀藏，此指保全。聪：听觉。

⑬ 文章：纹彩，花纹。五采：五色。

⑭ 离朱：古代视力极强的人，又名离娄。

⑮ 攦（lì）：折断。工倕（chuí）：传说中尧时的能工巧匠。

⑯ 有：保有。此处"有"疑为"含"字之误。

⑰ 曾：曾参，孔子弟子，以孝著称。史：史鱼，卫灵公时直臣，曾以尸谏灵公。

⑱ 杨：杨朱。墨：墨翟，先秦大思想家，善辩论。

⑲ 攘：推开，排除。

⑳ 玄：黑，幽暗。玄同：混同为一。

㉑ 铄（shuò）：耗损，削弱。

㉒ 累：忧患。

㉓ 爚（yuè）：消散，此指炫耀。爚乱：意为自我炫耀以迷乱他人。

㉔ 法：这里指圣智之法，一说"法"即"大道"。

知识链接

魏晋时人注重玄谈《老子》《庄子》《周易》，称之"三玄"。《世说新语·文学》载有魏晋名士聚会，谈论《庄子》事：

支道林、许、谢盛德共集王家，谢顾谓诸人："今日可谓彦会，时既不可留，此集固亦难常，当共言咏，以写其怀。"许便问主人："有《庄子》不？"正得《渔父》一篇。谢看题，便各使四坐通。支道林先通，作七百许语，叙致精丽，才藻奇拔，众咸称善。于是四坐各言怀毕，谢问曰："卿等尽不？"皆曰："今日之言，少不自竭。"谢后粗难，因自叙其意，作万余语，才峰秀逸，既自难干，加意气拟托，萧然自得，四坐莫不厌心。支谓谢曰："君一往奔诣，故复自佳耳。"

百喻经（节选）①

僧伽斯那

文本导读

《百喻经》，全称《百句譬喻经》，古天竺高僧伽斯那撰，南朝萧齐天竺三藏法师求那毗地译。《百喻经》称"百喻"，就是指有一百篇譬喻故事，但原经真正的譬喻故事只有98篇。《百喻经》全文两万余字，结构形式单一，该书每篇都由"喻"和"法"两部分合成。"喻"是一篇简短的寓言，"法"是本篇寓言所包含的教诫。第47篇《贫人能作鸳鸯鸣喻》是一则佛教故事，讲的是一个学鸳鸯叫的穷人因为一时口误而被抓。穷人学鸳鸯叫，去国王池塘偷花来给妻子，本是无可奈何的选择，为生活所迫铤而走险是值得同情的事，但是他被俘获后还一路学鸳鸯叫是无用的。这告诉人们，虽说"亡羊补牢，未为晚也"，但是有的时候时机错过就无法挽回了。作品以此劝导世人应及早修行向善、累积功德，不要等事情到了无可挽救的地步，再去后悔。生活中有些人做事总爱一意孤行，不听他人劝告，造成损害，等到想要补救时，才发现已经无法可施了。每个人都会犯各种小错误，若能在犯错之后认识到自己到底错在哪里，吸取教训并及时更正，今后避免再犯同样的错误，就不算无所获。

贫人能作鸳鸯鸣喻

昔外国节法庆之日②。一切妇女尽持优钵罗花③，以为发饰④。有一贫人，其妇语言："尔若能得优钵罗花，来用与我，为尔作妻；若不能得，我舍尔去。"其夫先来常

---

① 周绍良. 百喻经译注. 北京：中华书局，2008.
② 法庆：法定的庆祝日子。
③ 优钵罗花：莲花。
④ 发饰：头发上的装饰品。

善作鸳鸯之鸣，即入王池，作鸳鸯鸣，偷优钵罗花。时守池者而作是问："池中者谁?"而此贫人失口，答言："我是鸳鸯。"守者捉得，将诣王所，而于中道复更和声作鸳鸯鸣。守池者言："尔先不作，今作何益!"

世间愚人，亦复如是。终身残害，作众恶业①，不习心行②，使令调善。临命终时，方言："今我欲得修善。"狱卒将去付阎罗王③。虽欲修善，亦无所及已。如彼愚人欲到王所作鸳鸯鸣。

作者简介

僧伽斯那，公元 5 世纪印度的大乘法师，早年出家学道，一生研究佛学。

知识链接

《百喻经》的由来：

据说佛说法时，有 500 个不信佛教的人向佛提出种种问难，佛便举了 98 个譬喻予以解答，后来这些回答便成了《百喻经》。其实这些故事可能原来流传于民间，作者只是加以收集，借题发挥，用以譬解宗教道理而已。

般若波罗蜜多心经④

文本导读

《般若波罗蜜多心经》略称《般若心经》或《心经》。全经只有一卷，260 个字，属于《大品般若经》600 卷中的一节，被认为是般若经类的提要，说尽了《大品般若经》600 卷的义理，成为表现"般若皆空"精神之简洁经典。该经曾有过 7 种汉译本，较为有名的是后秦鸠摩罗什所译的《摩诃般若波罗蜜大明咒经》和唐朝玄奘所译的《般若波罗蜜多心

---

① 恶业：佛教名词。违背佛理称为恶，身、口、意三者称为业。恶业指在行为、语言、意识上违背佛理的事情。

② 心行：佛教名词。善恶的发源称为心，意念称为行。心行，指心中念念不忘教义。

③ 阎罗王：古印度神话里治理冥府阴间的统治者。佛教借用，指称管理地狱之王，手下有十八判官，分司十八地狱，终年"决断善恶，更无休息"（《一切经音义》卷五）。中国民间广泛传说的阎王即源出于此。

④ 陈秋平，尚荣，译注．金刚经　心经　坛经．北京：中华书局，2007．般（bō）若：为梵语 Prajna 音译，本义为"智慧"，指佛教的"妙智妙慧"。它是一切众生本心所具有的。有色能见，无色也能见；有声能闻，无声也能闻。它能产生一切善法。至于凡夫的"智慧"，则由外物所引生，必须先有色与声，才会有能见和能闻。若无色与声，即不能见不能闻，它不能直接生出善法。因而凡夫的"智慧"在佛家看来也就成了愚痴，成了妄想。"般若"如灯，能照亮一切，能达一切。波罗蜜多：梵文为 Paramita，意为"度""到彼岸"，意在说明"度生死苦海，到涅槃彼岸"。心经：心，核心、纲要、精华，意指此经集 600 卷般若大经的"精要"而成；经，通"名"。

经》。

　　《心经》的本文虽只有 260 个字，但此中包含很多重要的佛教教理与修行方法。例如五蕴归空就是一种悟入本心的方法。又如"色不异空""空不异色"与"色即是空，空即是色"，这三者分别与佛教的假、空及中观有关。又此中所说的十二因缘及四圣谛都是佛教的重要教理。其中讲到的"空"是不生不灭、不垢不净、不增不减，更是佛教的名言。此外，《心经》中还论及六尘、六根、十二处及十八界等佛学中常见的名词。因此，260 字的《心经》，所含的义理非常深奥，影响极其深远。

　　观自在菩萨①，行深般若波罗蜜多时②，照见五蕴皆空③，度一切苦厄④。舍利子⑤，色不异空⑥，空不异色⑦，色即是空，空即是色⑧，受、想、行、识⑨，亦复如是。舍利子，是诸法空相⑩，不生不灭，不垢不净⑪，不增不减⑫。是故，空中无色，无受、想、行、识⑬，无眼、耳、鼻、舌、身、意⑭，无色、声、香、味、触、法⑮；无眼界⑯，乃至无意识界⑰；无无明⑱，亦无无明尽，乃至无老死，亦无老死尽；无苦、集、灭、

　　① "观自在"句：指观世音菩萨。观：观照、审视、审察。自：自己。在：存在。
　　② 行：依照用智慧到彼岸的方法。深：是说修的功夫很深了。
　　③ 照：光明所到。五蕴：亦称为"五众""五阴"，实指色蕴、受蕴、想蕴、行蕴、识蕴五者。
　　④ 度：救度。厄：灾难。
　　⑤ 舍利子：即舍利弗，释迦牟尼佛的十大弟子之一，因其持戒多闻、敏捷智慧、善解佛法，被称为"智慧第一"。此处称呼他的名字。
　　⑥ 色不异空：形色与真空一样，没有什么区别。色，形色、色身等。也可以说是一切有形有相有质碍的东西，简言之，一切物质形态。空，虚空，真空。
　　⑦ 空不异色：真空与形色并没有什么区别。
　　⑧ 色即是空，空即是色：此处菩萨又反复申说了形色即是真空，真空即是形色的道理。
　　⑨ 受、想、行、识：指受、想、行、识四蕴。
　　⑩ 诸法：指五蕴诸法。空相：指真空实相。是诸法空相：五蕴真空，便无法可生，若法不生，自无可灭。
　　⑪ 垢：污秽，不洁净。
　　⑫ 增：加添。
　　⑬ "是故"二句：是这个缘故（因为一切的法都是空的），真空实相中本来没有色法，也就没有受想行识诸法。
　　⑭ 眼、耳、鼻、舌、身、意：指"六根"。
　　⑮ 色、声、香、味、触、法：指"六境"。
　　⑯ 眼界：指"六根"中的眼。界，法。
　　⑰ 乃至：一直到。
　　⑱ 无明：不明白真实道理。

道①，无智亦无得②。以无所得故③，菩提萨埵④，依般若波罗蜜多故⑤，心无挂碍⑥。无挂碍故，无有恐怖⑦。远离颠倒梦想⑧，究竟涅槃⑨。三世诸佛⑩，依般若波罗蜜多故，得阿耨多罗三藐三菩提⑪。故知般若波罗蜜多，是大神咒⑫，是大明咒⑬，是无上咒⑭，是无等等咒⑮，能除一切苦，真实不虚⑯。故说般若波罗蜜多咒，即说咒曰：揭谛，揭谛，波罗揭谛，波罗僧揭谛⑰，菩提萨婆诃⑱。

知识链接

《心经》在佛教民众中占有重要地位。作为广大信徒供养敬奉的对象，此经被认为具有一种神秘的力量，敬信奉持诵读此经就可以得到莫大的功德，消除一切苦难，因而此经在社会上广为流传。敦煌遗书《般若波罗蜜多心经还源述》言："若人清心澡浴，着鲜洁衣，端身正坐，一诵五百遍者，除九十五种邪道，善愿从心，度一切苦厄。"此外，历史上还出现了刺血书写《心经》的事情，都说明了广大信徒对此经的重视。

---

① 苦、集、灭、道：即苦集灭道谛。苦谛，指生死果报。大凡世间一切烦恼和身心不安的事，都可以叫作苦。集谛，指造成世间人的痛苦的原因。灭谛，指断灭产生世间诸苦的一切原因。道谛，指脱离"苦""集"的世间因果关系而超入无苦有常无我清净地的理论说教和修行方法。

② 智：般若，亦即智慧、能知的妙智。得：为所证的佛果或者所求的境界。

③ 以：因为。

④ 菩提萨埵（duǒ）：梵语，现简称为"菩萨"。

⑤ 依：依靠。此句意思是：其解脱智慧从所依持的修行法门中生出。

⑥ 挂碍：牵挂，妨碍。

⑦ 恐怖：即惊恐怖畏的意思。心中惊慌，当然不得安乐。

⑧ 颠倒：不平顺，不安定。梦想：不符合真实的妄想，错乱之想。

⑨ 究竟：达到至极地位。涅槃：梵文音译，译为"灭度""寂灭""解脱"，也译为"圆寂"。

⑩ 三世：指过去、现在、未来（就是"没有来""将来"的意思）三者，是佛教所看待的时空宇宙。佛：即佛陀，意为觉者或妙觉，这是出世的圣人的极果。

⑪ 阿耨（nòu）多罗三藐三菩提：梵文音译，意为无上正等正觉，意思是只有佛才能够有的能力，即成佛。此句说的是三世诸佛，依照修行般若波罗蜜多的法门，所以都能够成佛了。

⑫ 咒：也称为"总持"，梵文音译为"陀罗尼"，意为"有力量的语言""能成就除恶生善的事实"。佛教认为，不断地念咒，就会受到这语言的熏习，便是一种熏修，不知不觉中就受到了教化。

⑬ 大明咒：谓其能破长夜痴暗，照彻一切皆空，无所遮蔽，如同日光照世。

⑭ 无上咒：指世出世间无有一处超过此法门，若依此法门修行，便能证得"无上"的佛果。

⑮ 无等等咒：意为没有一法能与般若相等，般若法是佛的修行心要，是圣中之圣，依此修行是无等等的途径。

⑯ 此句意为，修般若法，能破色法心法，无牵无挂，不但明心见性，并可以经此证佛果，尽除一切众生所受的苦厄灾难。所以说，般若法门"真实不虚"。

⑰ 波罗：彼岸。僧：总、普。揭谛：去、度，是深般若的本有功能，度众生于彼岸。波罗僧揭谛：普度自我及他人都到彼岸。

⑱ 菩提：觉。萨婆诃（hē）：速疾，意为依此心咒，速疾得成大觉。只要默诵此咒，就在不知不觉的状态下超凡入圣，所以才说，此咒即般若，而般若即是咒。

🌀 **延伸阅读**

1. 陈鼓应. 老子今注今译. 北京：中华书局，2020.

2. 王弼，注；楼宇烈，校释. 老子道德经注校释. 北京：中华书局，2018.

3. 陈引驰. 庄子讲义. 北京：中华书局，2021.

4. 刘文典，撰；赵锋，诸伟奇，点校. 庄子补正. 北京：中华书局，2015.

5. 陈秋平，尚荣，译注. 金刚经　心经　坛经. 北京：中华书局，2007.

第十六讲　古代典章制度

概述

中华传统文化源远流长，内蕴深厚，包罗万象，是中华民族长久屹立于世界民族之林的坚实依靠。因此，要真正了解中华民族的特性，就必须了解博大精深的中华传统文化。那么，面对中华传统文化的庞大体系、繁枝茂叶，我们如何全面了解并掌握呢？学习一些中国古代典章制度，可以给我们提供一个观照中华传统文化的视角与途径。

典章制度，也称典制，指一个民族政权或国家在本民族或本国存在的特定历史时期内形成的人皆遵守的行为规范与基本准则，它包含了该历史时期的社会共同认知，是价值趋向的高度凝结。中国古代典章制度随着社会的发展与文化的进步，不断丰富与完善自身体系。虽然最终由上层建筑制定，却处处体现社会生活的方方面面，反映经济基础对它的深刻影响与制约。

中国人很早就有学习传统典章制度的习惯，孔子曾经说："夏礼吾能言之，杞不足征也；殷礼吾能言之，宋不足征也。文献不足故也。"这就体现了当时特别强调对典章制度的传承与发展。早期的历史典籍中，或多或少都记载了古代典章制度的相关信息，如《春秋左氏传》等，甚至有的还会集中阐述，如《仪礼》《周礼》等，为我们观照先秦时期的文化体系提供了重要帮助。到秦汉时期，典章制度得到了极大的发展与丰富。从司马迁《史记》中的记载来看，就包含了以"书"类命名的礼、乐、律、历、天官、封禅、河渠、平准等相关篇章，构建了汉帝国典章制度体系的主要部分。由于典章制度在一定程度上是大一统帝国的特定表现形式，这样的处理方式也就被历朝历代的史书保存下来，集中呈现在"志"类和"录"类中，保存了丰富的典章制度信息资料。同时，随着古代典章制度的发展成熟，体系也相对繁复庞杂，典章制度的资料也出现了专门的集中撰述，如唐代杜佑的《通典》、宋代郑樵的《通志》、宋元之际马端临的《文献通考》，都记录了大量的历代典章制度，是非常有代表性的典制类专书。而各种"法令""律例""典章""会要""会典""则例"等，更为我们提供了丰富的古代典章制度资料。

在漫长的封建社会发展中，古代典章制度形成了内容繁复、性质鲜明、结构庞大的体系特点，涵盖了社会生活的全部方面，成为中国历代封建王朝构筑与维持政权运转的指导规范，甚至以法律的形式确定下来，不仅要求普通百姓，也要求统治阶层在这些规范的框囿下，自我约束与遵守。大致来说，古代典章制度主要包括以下几个主要方面。

一、皇帝制度

皇帝是封建帝国的核心，因此围绕着皇帝，逐步发展确立了一系列相关典章制度，主要有：皇帝的继承制度，包含立嫡、辅政与摄政、太后临朝称制等；皇帝名号制度，包含尊号、年号、谥号、庙号、陵号等；建储制度，包含太子的确立与地位，东宫的僚属等；宗室教养和分封制度，包含皇子与诸王的教养、分封，公主的册封、下嫁等；后宫制度，包含皇太后、皇后、嫔妃、宫人的等级以及外戚的待遇等；宫室制度，包含京都布局规模、外朝与内廷、京郊离宫、皇家苑囿规制等；为皇室生活提供服务的机构制度，如少府、宗人府、詹事府、内务府、宦官机构等。

二、礼仪制度

礼仪是古代典章制度的重要组成部分，主要有：朝会制度，包含登极与授受之礼、贺朝与常朝、册立与册封等；舆服制度，主要有舆制与冠服制度，从符玺、车舆、冕服等方面对皇帝后妃、王公贵族、文武官员、士庶百姓做了相关要求；仪卫制度，对帝后太子、百官士庶做了相关要求；朝觐、召见与相见制度，对不同对象与不同属性的会见仪式做了相关要求；祭祀制度，对祭祀天地山川、群神以及谒陵等做了相关要求；迎宾制度，包含迎劳、奉见、受表、宴会等相关仪式；乐舞制度，包含雅乐和宴乐；以及冠礼、婚礼、丧葬制度等，从仪式的规格、限制、服纪等方面对帝王、品官、士庶等做了相关要求。

三、职官制度

职官制度是为国家机器正常运转服务的，经过长期的发展调整，形成了几个主要部分：中央行政机构制度，从《周礼》记载的六官制到秦汉时期的三公九卿制，从隋唐时期的三省六部制到宋代的二府三司制，在明清时期形成了中枢机构内阁与军机处；地方行政机构，从秦汉时期的郡县制、封国制到唐宋时期的路、州、县，再到元明清时期的省、府、县，制度完备；官员的选拔和任用制度；官吏管理制度，包含品秩和俸禄、考课与黜陟、请假与退休等。

四、监察制度

监察制度是为职官制度服务的，在于让官僚体系更为有效地运转，主要由中央监察制度和地方监察制度组成。中央监察体系主要负责监察中央，以及对地方的监察，地方监察体系主要履行地方的监察职责。监察制度在不断发展中，也逐渐调整完善，监察部门从御史台到都察院，监察范围也扩大到对职官、行政、司法等各方面的全面监察，形成了一套行之有效的制度。

五、教育制度

教育制度是我国古代典章制度的基础部分，为我国古代文化传承不衰提供了有效保障，主要由学校教育制度、考试制度、选举制度等有机组成。学校教育制度包含学校分类、学习内容、学习方法等具体制度。学校既包括中央层面的太学或国子监等，也包括地方层面的乡学、府州县学、书院等。考试制度包含科目分类、考试内容、考试规则、录取标准与程序等具体制度。选举制度包含选目分类、择官标准、铨拟程序等，往往以考试结果为依据。以考试制度为主的教育制度是选拔优秀人才的有力措施，自隋代正式出现的科举制度为寒门子弟提供了实现人生抱负的平台，由此而生的文官制度也是中国文化为世界文化提供的一项优秀政治制度。

六、财政制度

财政制度是维持国家机器运转的重要保障，是古代典章制度的重要组成部分，经过长期的发展与完善，形成了财政管理制度与收支分配制度两个主要部分，以分级分类管理为特点，包含了社会生活的方方面面，如土地制度、户籍制度、赋役制度、禁榷专卖制度、商业制度、赋税制度、货币制度、仓廪制度、土贡制度、和市制度等。

七、法律制度

法律制度是我国古代典章制度中最为完备发达的制度体系，以法律条文的形式将某些具体的典章制度强制执行，作为社会稳定发展的保证。主要包含几个部分：立法制度，如立法机构的设立，立法人员的编制配备，立法的原则与具体标准等，在这个制度下，中国历代都出现了相对成熟的法律条文；具体的法律体系制度，如刑法制度、民法制度等，针对不同罪案的性质分类而定；司法制度，包括司法机构制度，如中央司法机构和地方司法机构，从汉代开始，由廷尉依次到郡国县道乡亭，逐级履行相关职责，除去某些特定时期出现的特定司法部门，如明代的锦衣卫和东西厂，完整有序；诉讼制度，形成了多种类型不同的诉讼类别；审判制度，强化审判的原则和程序，并强调复审与调解等；监狱制度，完善了监狱的设置与管理，并制定了恤囚制度等。

当然，古代典章制度的内容远不止于此，譬如还有军事制度、区划制度等，这里只是简单介绍一些有代表性的类别。这些方面的规范，从各个层面有机地组成了中国传统文化的一部分，成为中国传统文化区别于西方文化的重要特点。需要注意的是，古代典章制度并不是一成不变的，虽然我们有所谓的"汉承秦制""唐承隋制""宋承唐制"和"清承明制"等说法，但后代往往是沿用前代的那些有利的典章制度，并在此基础上，根据本朝代的社会发展特点，总结经验，充实完善，形成更加完备的典章制度体系。甚至同一朝代的前后时期，典章制度也会有调整变化。所以，只有把握好古代典章制度既有继承也有发展的动态特点，才能真正了解与掌握中国传统文化长盛不衰的无穷魅力。

颜氏家训（节选）[①]

颜之推

文本导读

《颜氏家训》是南北朝时期颜之推撰写的一部系统完整的家庭教育著作。全书共20篇，涉及内容相当广泛，包括修身、养性、治家、为学、处世、历史、文学、训诂、音韵、民俗等诸多方面。此书不仅在家庭伦理、道德修养方面对我们有着重要的借鉴作用，而且对研究古文献学，研究南北朝历史、文化也有着很高的学术价值。

《颜氏家训》强调在家庭教育过程中，应该注重培养孩子的品德，使其具备忠诚、诚实、勤奋、谦虚等优良品质。同时，也要注重培养孩子的才能，使其具备广博的知识和较强的实践能力。这与现今义务教育阶段坚持"五育"并举，全面发展素质教育的理念是一致的，可为新时代我国深化教育教学改革、全面提高义务教育质量、培养德智体美劳全面发展的社会主义建设者和接班人提供借鉴。

本文所选的《教子》是《颜氏家训》的第二篇，主要阐述了有关子女教育的问题。颜之推提出应重视儿童的早期教育，强调在对子女的教育过程中要处理好严教和慈爱的关系，并强调说明父母对孩子过分溺爱的害处，认为对孩子要一视同仁，不可有所偏爱，要重视子女的品德教育。这些观点对我们目前的家庭教育与学校教育仍有着很重要的启示。

教 子

上智不教而成，下愚虽教无益，中庸之人[②]，不教不知也。古者，圣王有胎教之法：怀子三月，出居别宫，目不邪视，耳不妄听，音声滋味，以礼节之。书之玉版，

---

① 颜之推，撰；王利器，集解．颜氏家训集解．上海：上海古籍出版社，1980．

② 中庸之人：智力平常的人。

藏诸金匮①。生子咳嗳②，师保固明③，孝仁礼义，导习之矣。凡庶纵不能尔④，当及婴稚，识人颜色，知人喜怒，便加教诲，使为则为，使止则止。比及数岁，可省笞罚。父母威严而有慈，则子女畏慎而生孝矣。吾见世间，无教而有爱，每不能然；饮食运为⑤，恣其所欲，宜诫翻奖，应诃反笑⑥，至有识知，谓法当尔。骄慢已习，方复制之，捶挞至死而无威，忿怒日隆而增怨，逮于成长，终为败德。孔子云："少成若天性，习惯如自然。"是也。俗谚曰："教妇初来，教儿婴孩。"诚哉斯语！

凡人不能教子女者，亦非欲陷其罪恶；但重于呵怒⑦，伤其颜色，不忍楚挞惨其肌肤耳⑧。当以疾病为谕，安得不用汤药针艾救之哉⑨？又宜思勤督训者，可愿苛虐于骨肉乎？诚不得已也。

王大司马母魏夫人⑩，性甚严正；王在湓城时⑪，为三千人将，年逾四十，少不如意，犹捶挞之，故能成其勋业。梁元帝时，有一学士，聪敏有才，为父所宠，失于教义；一言之是，遍于行路⑫，终年誉之；一行之非，掩藏文饰⑬，冀其自改。年登婚宦⑭，暴慢日滋，竟以言语不择，为周逖抽肠衅鼓云⑮。

父子之严，不可以狎⑯；骨肉之爱，不可以简。简则慈孝不接，狎则怠慢生焉。由

---

① 金匮（guì）：铜制的柜子，古时用以收藏文献或文物。引文语出汉代贾谊《新书·胎教》："胎教之道，书之玉版，藏之金匮，置之宗庙，以为后世戒。"

② 咳嗳：指小儿啼哭、笑闹。《说文解字》："咳，小儿笑也。从口，亥声。"嗳，号也。

③ 师保：古代教导皇室贵族子弟的官员，有师有保，统称"师保"。

④ 凡庶：平民百姓。

⑤ 运为：犹言所为。

⑥ 诃（hē）：大言而怒也，呵责。《说文解字》："诃，大言而怒也。从言，可声，虎何切。"

⑦ 重：难。唐李善《文选》注："重，难也；不欲召聚之。"

⑧ 楚挞（tà）：楚，荆条，古时用作刑杖；挞，用鞭棍等打人。这里是用刑杖打人、杖打的意思。

⑨ 艾：草本植物，叶制成艾绒，可供针灸用。

⑩ 王大司马：即梁王僧辩。《梁书·王僧辩传》：王僧辩，字君才，右卫将军神念之子也。世祖以僧辩为征东将军、开府仪同三司、江州刺史，封长宁县公，承圣三年（554），加太尉、车骑大将军，顷之，丁母太夫人忧，策谥曰贞敬太夫人。夫人姓魏氏，性甚安和，善于绥接，家门内外，莫不怀之。及僧辩克复旧京，功盖天下，夫人恒自谦损，不以富贵骄物，朝野咸共称之，谓为明哲妇人也。

⑪ 湓（pén）城：也称"湓口""湓浦"，是湓水汇入长江之处，即今江西九江。

⑫ 行路：路上的行人，汉魏南北朝人习惯用语，犹言陌生人。

⑬ 掩（yǎn）：遮蔽，掩盖。

⑭ 婚宦：即《颜氏家训·后娶》中所谓"宦学婚嫁"，为六朝人习惯用语，指结婚和为官。这里指成年。

⑮ 周逖（tì）：清代卢文弨曰：周逖无考，唯《陈书》有《周迪传》，梁元帝授迪持节通直散骑常侍、壮武将军、高州刺史，封临汝县侯。始与周敷相结，后给敷害之。其人强暴无信义，宜有斯事。但未知此学士何人耳。衅：以牲血涂抹器物（鼓）进行祭祀。

⑯ 狎：亲近而不庄重。

命士以上①，父子异宫②，此不狎之道也；抑搔痒痛，悬衾箧枕③，此不简之教也。或问曰："陈亢喜闻君子之远其子④，何谓也？"对曰："有是也。盖君子之不亲教其子也。《诗》有讽刺之辞，《礼》有嫌疑之诫⑤，《书》有悖乱之事，《春秋》有邪僻之讥，《易》有备物之象⑥：皆非父子之可通言，故不亲授耳。"

齐武成帝子琅邪王⑦，太子母弟也，生而聪慧，帝及后并笃爱之，衣服饮食，与东宫相准⑧。帝每面称之曰："此黠儿也⑨，当有所成。"及太子即位，王居别宫，礼数优僭⑩，不与诸王等；太后犹谓不足，常以为言。年十许岁，骄恣无节，器服玩好，必拟乘舆⑪；尝朝南殿，见典御进新冰⑫，钩盾献早李⑬，还索不得，遂大怒，诟曰⑭："至尊已有，我何意无⑮？"不知分齐⑯，率皆如此。识者多有叔段、州吁之讥⑰。后嫌宰相，遂矫诏斩之⑱，又惧有救，乃勒麾下军士，防守殿门；既无反心，受劳而罢⑲，后

---

① 命士：古代称读书做官者为士，命士指受朝廷爵命的士。

② 宫：房屋，住宅。

③ 悬衾箧枕：把被子捆好悬挂起来，把枕头放进箱子里。

④ 陈亢：字子禽，孔子弟子。《论语•季氏》：陈亢问于伯鱼曰："子亦有异闻乎？"对曰："未也。尝独立，鲤趋而过庭。曰：'学诗乎？'对曰：'未也。''不学诗，无以言。'鲤退而学诗。他日，又独立，鲤趋而过庭。曰：'学礼乎？'对曰：'未也。''不学礼，无以立。'鲤退而学礼。闻斯二者。"陈亢退而喜曰："问一得三，闻诗，闻礼，又闻君子之远其子也。"

⑤ 诫：训诫。

⑥ 象：卦象。

⑦ 琅邪王：《北史•琅邪王俨传》："俨字仁威，武成第三子也，初封东平王……武成崩，改封琅邪。"

⑧ 东宫：太子所居之处，代指太子。准：比照。

⑨ 黠（xiá）：聪明。《北史•琅邪王俨传》："帝每称曰：'此黠儿也，当有所成。'"

⑩ 礼数：古代按名位而分的礼仪等级制度。优僭：言礼数优待，不嫌其僭越过分。

⑪ 乘舆：皇帝的车子，后用以代指皇帝。

⑫ 典御：古代主管帝王饮食的官员。

⑬ 钩盾：古代官署名，主管皇家园林等事项。

⑭ 诟：詈骂。

⑮ 何意：犹言孰料。《北史•琅邪王俨传》：俨器服玩饰，皆与后主同，所须悉官给于南官，尝见新冰早李，还怒曰："尊兄已有，我何意无？"从是，后主先得新奇，属官及工匠必获罪，太上、胡后犹以为不足。

⑯ 分齐：本分定限的意思。《诗经•小雅•楚茨》："或肆或将。"《正义》："将，齐。《释言》文，郭璞曰：'谓分齐也。'"义近。

⑰ 叔段：春秋时期郑庄公的弟弟，因为从小受到母亲的溺爱，行事不守礼制，起兵谋反，被击败，逃亡至共地，因此称为"共叔段"。州吁：春秋时期卫庄公的儿子，受到庄公的宠爱。庄公的另一个儿子桓公即位后，州吁作乱，自立为君，被大臣除掉。

⑱ 矫诏：假托皇帝之命。《北史•琅邪王俨传》：俨以和士开、骆提婆等奢恣，盛修第宅，意甚不平，谓侍中冯子琮曰："士开罪重，儿欲杀之。"子琮赞成其事。俨乃令王子宜表弹士开罪，请付禁推；子琮杂以他文书奏，后主不审省而可之。俨诳领军库狄伏连曰："奉敕令领军收士开。"伏连信之，伏五十人于神兽门外（唐避"虎"字讳，改"虎"为"兽"，抑或称"神武门"），诘旦，执士开，送御史，俨使冯永洛就台斩之。

⑲ 劳：慰劳、安抚。

竟坐此幽薨①。

人之爱子，罕亦能均；自古及今，此弊多矣。贤俊者自可赏爱，顽鲁者亦当矜怜，有偏宠者，虽欲以厚之，更所以祸之。共叔之死，母实为之。赵王之戮，父实使之②。刘表之倾宗覆族③，袁绍之地裂兵亡，可为灵龟明鉴也④。

齐朝有一士大夫，尝谓吾曰："我有一儿，年已十七，颇晓书疏⑤，教其鲜卑语及弹琵琶，稍欲通解，以此伏事公卿⑥，无不宠爱，亦要事也。"吾时俯而不答。异哉，此人之教子也！若由此业，自致卿相，亦不愿汝曹为之。

作者简介

颜之推（531—约597?），字介，祖籍琅邪临沂（今山东临沂），是我国魏晋南北朝时期著名的文学家和教育家。其一生曾仕梁、北齐、北周、隋等数朝，多次险遭杀身之祸，因此深怀忐忑之虑。但为学勤勉，博览群书，著述甚丰，有《颜氏家训》《还冤志》等。

知识链接

1. 宋代晁公武《郡斋读书志》谓《颜氏家训》："述立身治家之法，辨正时俗之谬，以训诸子孙。"

2. 宋代陈振孙《直斋书录解题》曰："古今家训，以此为祖。"

3. 清代王钺在《读书丛残》中说："北齐黄门颜之推《家训》二十篇，篇篇药石，言言龟鉴，凡为人子弟者，当家置一册，奉为明训，不独颜氏。"

4. "三为亡国之人"：颜之推一生曾仕多朝，初仕南朝梁元帝萧绎，为散骑侍郎。承圣三年（554），西魏破江陵，之推被俘西去。他为回江南，趁黄河水涨，从弘农（今河南三门峡西南）偷渡，经砥柱之险，先逃奔北齐。但南方陈朝代替了梁朝，之推南归之愿未遂，即留居北齐，官至黄门侍郎。577年北齐亡入北周。隋代周后，又仕于隋。

---

① 坐：获罪。薨（hōng）：古代称侯王死为"薨"。《北史·琅邪王俨传》：帝率宿卫者授甲，将出战，斛律光曰："至尊宜自至千秋门，琅邪必不敢动。"从之。光强引俨手以前，请帝曰："琅邪王年少，长大自不复然，愿宽其罪。"良久，乃释之。何洪珍与和士开素善，陆令萱、祖珽，并请杀之。九月下旬，帝启太后，欲与出猎。是夜四更，帝召俨，至永巷，刘桃枝反接其手，出至大明宫，立杀之。时年十四。

② 赵王：即赵隐王刘如意。《史记·吕太后本纪》：高祖得戚姬，生赵隐王如意。戚姬日夜啼泣，欲其子代太子，赖大臣及留侯计得毋废。高祖崩，吕后乃令永巷囚戚夫人，而召赵王鸩之。赵王死，断戚夫人手足，去眼辉耳，饮喑药，使居厕中，曰"人彘"。

③ 刘表之倾宗覆族：《后汉书·刘表传》记载：表字景升，山阳高平人，为镇南将军、荆州牧。二子琦、琮。表初以琦貌类己，甚爱之。后为琮娶后妻蔡氏之侄，蔡氏遂爱琮而恶琦，毁誉日闻，表每信受。妻弟蔡瑁，及外甥张允，并得幸于表，又睦于琮，琦不自宁，求出为江夏太守，表病，琦归省疾，允等遏于户外，不使得见。琦流涕而去。遂以琮为嗣，琮以印授琦，琦怒投之地，将因丧作乱，会曹操军至新野，琦走江南，琮后举州降操。

④ 灵龟明鉴：古人以龟壳占卜，以铜镜照形，故以此二物比喻可资借鉴的事物。

⑤ 书疏：此指文书信函等的书写工作。疏，记也。

⑥ 伏事：服侍，侍奉。伏，通"服"。

中国历史上之考试制度

钱　穆

文本导读

　　钱穆先生以自己深厚的国学知识和历史功底，融古今、贯诸端，对中国从汉到明清的选举考试制度的演变、特质、症结以及它们对当今社会现实的巨大影响，都作了高屋建瓴、深入浅出的精彩剖析，为读者梳理了一个连贯简明的中国古代考试制度变更发展的体系。钱先生同时指出，不管何种制度，都不可能做到十全十美，不可能做到长久推行而无弊端，因此要与其他制度相配合，才能发挥出制度本身的功效。全文叙述因革演变，指陈利害得失，既总括了中国考选制度历史与政治的精要大义，又点明了近现代国人对传统文化和传统精神的种种误解。在中国历史和文化所固有的语境中，探究古代考选制度的价值，体现了作者对中国历史的意义取向和价值评判。古代考选制度具有重要的现实意义，它不仅让人才得到了最好的利用，也为中国古代社会提供了公平的机会，带来了一种稳定和安定的社会秩序。

　　请参阅：钱穆．中国历史上之考试制度//国史新论．北京：生活·读书·新知三联书店，2001：273-277．

作者简介

　　钱穆（1895—1990），字宾四，晚号素书老人。江苏无锡人。著名历史学家、国学大师。先后任燕京大学、北京大学、清华大学、西南联合大学等校教授。1949年迁居香港，后创办新亚书院。1967年后定居台湾。

知识链接

　　1. 耶鲁大学授予钱穆名誉人文学博士学位的中文颂词：钱穆先生，你是一个古老文化的代表者和监护人，你把东方的智慧带出了樊笼，来充实自由世界。你是新亚书院的创办人和校长，在教育中国青年的事业上，耶鲁是你的同志和拥护者。

　　2. 顾颉刚（历史学家、民俗学家）：钱宾四先生，在北大任历史讲席已越10年，学识渊博，议论宏通，极得学生欢迎。其著作亦均缜密谨严，蜚声学圃，实为今日国史界之第一人，刚敬之重之。

　　3. 马悦然（瑞典文学院院士、诺贝尔文学奖评委）：钱穆在本世纪（20世纪）中国史学家之中是最具有中国情怀的一位。他对中国的光辉的过去怀有极大的敬意，同时也对中国的光辉的未来抱有极大的信心。在钱穆看来，只有做到以下两件事才能保证中国的未来，即中国人不但具有民族认同的胸襟，并且具有为之奋斗的意愿。

　　4. 季羡林（著名学者、作家）：钱宾四先生活到将近百岁才去世。他一生勤勤恳恳，笔耕不辍，他真正不折不扣地做到了"著作等身"，对国学研究做出了极其重要的贡献。

礼俗与宗法

王 力

文本导读

《中国古代文化常识》是王力先生主持编写的关于中国古代文化的一部通论性经典专著。全书分天文、历法、乐律、地理、职官、科举、姓名、礼俗、宗法、宫室、车马、饮食、衣饰、什物等 14 个主题论述。出版多年来历经多次编写修订，至今仍是认识中国古代文化面貌最重要、最全面的基础参考书之一。特别是其中论述的礼俗与宗法，是古代名物典章制度的重要组成部分，这里仅介绍一些最基本的知识。

礼是我国特有的文化现象，是中国古代社会政治、经济、文化世代相承的主要形态。礼制在中国古代是社会的典章制度和道德规范。作为典章制度，它是社会政治制度的体现，是维护上层建筑以及与之相适应的人与人交往礼节的仪式，是中国古代社会保证国家机器和社会秩序正常运行的主要规范。宗法则是旧时以家族为中心，按血统远近区别亲疏的法则。它包括封建社会规定的关于嫡庶、血统的法则以及家族中祭祀、婚嫁、家塾、庆吊、送终等事情的家法。这种制度是为维护封建等级制度、巩固贵族世袭统治服务的，因此得以在封建社会中长期保存。

学习中国古代礼俗与宗法相关知识，可以让学生深入了解中华民族重视人伦、重视亲情、重视家庭生活的传统，在此基础上进一步形成中国传统文化中重群体的价值观，从而培养中华儿女的爱国精神，增强国家的凝聚力。

请参阅：王力．礼俗；王力．宗法//中国古代文化常识．北京：中国人民大学出版社，2012：76 - 91. 标题为编者所加。

作者简介

王力（1900—1986），中国语言学家，广西博白人。曾就读于清华大学国学研究院，师从梁启超、王国维、赵元任，后留学法国，获巴黎大学文学博士学位。回国后历任清华大学、广西大学、西南联合大学、中山大学、岭南大学、北京大学等学校教授。王力一生从事汉语教学与研究工作，对汉语语音、语法、词汇的历史和现状研究精深，并兼擅诗文、翻译。著有《中国现代语法》《汉语诗律学》《汉语音韵学》《汉语史稿》《中国语言学史》《同源字典》《龙虫并雕斋琐语》等学术著作。

知识链接

古籍中有关"婚姻"的词义学解释大致有三类：一是指夫妻的称谓，如《礼记·经解》郑玄注："婿曰婚，妻曰姻。"二是指嫁娶的仪式，《诗经·郑风》孔颖达疏："男以昏时迎女，女因男而来……论其男女之身谓之嫁娶，指其好合之际谓之婚姻。嫁娶婚姻，其事是一。故云婚姻之道，谓嫁娶之礼也。"三是指亲家，《说文解字》说，"婚，妇家也"，"姻，婿家也"。《尔雅·释亲》云："婿之父母为姻，妇之父母为婚。……妇之党为婚兄弟。婿之党为姻兄弟。"

延伸阅读

1. 杜佑．通典．北京：中华书局，1984.

2. 郑樵．通志．北京：中华书局，1987.

3. 马端临．文献通考．北京：中华书局，1995.

第十七讲　古代经济与科技

概述

一、中国古代经济

中国特殊的地理环境、政治制度及文化传统，对中国古代经济特点的形成产生了很大影响。自从脱离了原始时期渔猎为生的生活状态之后，农业就占据了经济活动的中心地位，成为历朝历代经济活动的根本性形态。手工业的领域较为广泛，一些成就产生了巨大而深远的历史影响。商业的萌芽尽管较早，但由于几千年来统治者一以贯之的重农抑商政策，商业发展步伐缓慢。

"民以食为天"，"仓廪实而知礼节"，基于这些观念，自古以来，农业一直备受重视，直到清代，雍正皇帝仍把农业作为"天下之本务"加以强调。为推动农业的发展，历代统治者先后推行了不同的土地政策，如早期的土地公有、商周时期的井田、隋唐均田等。由于地理环境的差异，中国古代的农业也表现出南北的不同，以农作物而论，北方以麻、黍、稷、麦、菽为主，即所谓的五谷。而水稻则是南方种植的主要作物。随着对外的不断交往，国外的一些粮食和经济作物等也被引进到中国推广种植。在长期的农业实践中，中国古代劳动人民不仅取得了一系列巨大的农业成就，还积累了丰富的农学思想，如水利设施、农耕工具的制造、根据四时与节气的变化安排农事活动等，诸多的农业成就与农业思想对今天的农业生产仍具有重要影响。古代农事情况及农学思想除了大量散见于一些典籍之外，还有一些专门的著述，其中著名者如成书于西汉的《氾胜之书》、北魏贾思勰的《齐民要术》、元代官修的《农桑辑要》和王祯的《农书》、明代徐光启的《农政全书》等，这些著述集中反映了中国古代农业的成就和贡献。

中国古代的手工业分为官府和民间两种组织形态。手工业生产有两个主要目的：一方面，为了满足人们日常生活中衣食住行的需要；另一方面，与农业的发展直接相关，为农业提供工具支撑。在纺织、印染、冶铁、造船、陶瓷、造纸、酿酒、制盐等诸多方面皆有较高的成就，尤其是在纺织、冶铁、陶瓷等方面较早地领先于世界各国。收录于《周礼》，被认为成书于战国时期的《考工记》和明代宋应星的《天工开物》两部典籍记载了中国古代手工业成就的信息，是考察中国手工业状况的重要文献。另外，古代每个时期手工业的发展状况不仅反映了当时的科技成就，也很大程度上影响了农业经济、商业经济与城市发展的程度。

　　商人是专门组织、从事商品买卖交易活动的人群，商人所从事的行业也相应地被称为商业。商人和商业实际上是一个问题的两个方面。按照恩格斯的说法，商人阶层的出现是人类社会的第三次社会大分工的结果。一般认为，中国商业在夏商时期开始形成。到了西周，商业成了不可缺少的社会经济部门。春秋战国时代，随着私营工商业的发展，出现了许多著名的大商人，如弦高、范蠡、白圭、子贡等。其中子贡、范蠡对后世商人影响巨大，"端木生涯，陶朱事业"是后世商人们津津乐道的话题。秦并六国以后，对全国政治、经济、文化各方面进行整齐划一的规范，拆除战国时各国所修的城防壁垒，积极从事全国水陆交通建设等，这些措施客观上都为商业发展提供了有利条件。但由于实行重农抑商政策，商业的发展受到较大的限制。汉代进一步强化抑商政策，制定和颁布了一系列的弱商措施，但由于汉代的农业和手工业有了较大的发展，各地的物质交流相当活跃，商业也有了一定的发展。魏晋南北朝时期，由于封建割据，战争频仍，北方的商业受到很大的破坏，但南方地区的商业有了较大的发展。隋唐是我国商业发展的黄金时代。农业经济的发展、手工业的进步，特别是隋朝时开凿的贯通南北的大运河，促进了商品流通范围的扩大。长安、扬州等都是商业发达的城市，长安城更是当时的对外贸易的重镇。宋代商业在唐代的基础上有了进一步发展。城市商业繁荣，这在《清明上河图》中可见一斑——商品种类增多，各种类型的集市出现，边境贸易活跃，海外贸易发达。北宋时，出现了世界上最早的纸币——交子。南宋时，纸币使用地区广，发行量也大大增加，便利了商业活动的进行。元代时，统治者十分重视商业，与中国传统的"重农抑商"的治国方针不同。商人活动十分活跃，特别是对外贸易往来异常频繁。明清时期，商业的规模、商人的活动范围和商业资本的累积，都大大超越了前一阶段的水平。小农经济与市场的联系日益密切，农产品商品化得到了发展。在全国各地，涌现出许多地域性的商人群体，其中人数最多、实力最强的是徽商和晋商。徽商即徽州的商人。徽商经营的范围很广，主要包括盐、布、茶、木、粮、典当等。晋商即山西商人。晋商在明初以经营盐业致富，之后逐渐扩大经营范围，贩卖丝绸、铁器、茶叶、棉花、木材等。总体来看，中国古代商业是不断向前发展的，但发展的过程并非一帆风顺，这既有社会经济状况的原因，也与受制于官方的商业政策有关。

　　中国古代的经济有几个值得注意的特点：其一，在几千年社会发展的历史进程中，经济领域一直稳定地表现为以农业为主的类型特征。农业经济历史悠久而演进过程缓慢。这里面有政治制度、文化形态、地理环境等多方面的原因。其二，一个时代的经济发展程度与社会政治状况的稳定程度密切相关。每当社会动乱或朝代更替，经济就遭受不同程度的破坏。而一旦天下大治，社会稳定，经济又往往会迎来一个迅速发展的时期。其三，受自然环境、社会政治环境等方面的因素的影响，古代经济的重心突出地表现出由西向东、由北向南的转移。

二、中国古代科技

中国拥有历史悠久、辉煌灿烂的科技文明。较之于古代其他国家民族，中国古代科学技术表现出全面先进发达的状态。综观我国古代科技，我们的先人在天文、地理、数学、医学、冶铸、建筑、纺织、造纸等诸多方面都表现出卓越的智慧。其中"四大发明"（造纸术、印刷术、火药、指南针），尤为后人所称道。

我国古代人民很早就开始了对宇宙的探索。盘古开天、后羿射日等神话故事就反映出上古先民们对天地形成、宇宙奥秘的浪漫想象，屈原的长诗《天问》，对天地进行质疑追问，也激发了后人对宇宙人生的深入思考。战国的石申、东汉的张衡、南北朝时的何承天与祖冲之、元代的郭守敬、明代的徐光启等都是古代天文学家的杰出代表。从部分甲骨卜辞及《尚书》《春秋》《诗经》等古代典籍文献的记载来看，先民们已经能够对天象变化作出精细的观察。根据日月的运转规律，先民们制定了古代的阴阳历法。大概在商代，我国就已经开始实行阴阳历了。根据长期的观察与经验积累，古代已经能对云雨雷电等气象的变化作出科学的解释。二十四节气的制定和使用，对古代的农业生产更是产生了深远的影响。

古代人民在长期的生活实践中也不断积累出丰富的地理学知识。《尚书》中的《禹贡》就是一篇关于地理知识的著述，古代的中国被划分为九州（冀州、兖州、青州、徐州、扬州、荆州、豫州、梁州、雍州）一说，就较早见于《禹贡》的记载。《山海经》也是一部极有价值的早期地理著作，该书不仅记载了早期的山川分布，还包含了各地历史风俗、动植物矿藏等方面的内容，为我们认识古代早期的地理情况提供了珍贵的资料。中国古代的一些重大水利工程如安徽寿县的安丰塘、四川成都的都江堰、陕西泾阳的郑国渠等反映出当时在水利科技方面所达到的高度。中国古代的地理知识及地理意识还突出地体现在历代正史的写作之中，以记录历代行政区划、各地物产风俗等内容为主的"地理志"是官修史书的一个重要方面，于此也可看出历代王朝对地理的重视。

中国古代的数学较为发达，早在远古之时，我们的祖先就在生产劳动与物质分配中逐渐形成了一定的数理知识。唐代所推行的供专业学生学习的《算经十书》，可以说是中国在唐以前数学成就的集中代表。《周髀算经》是我国现存最早的数学及天文学著述，其成书年代有公元前4世纪与公元前1世纪等说法。书中已有关于分数的运算、等差级数及勾股定理等方面的知识，而且在该书中最早使用了"算术"这一名称。多被认为成书于两汉之际的《九章算术》是对东汉以前数学成就的系统总结，其中的正负数、分数、几何图形面积的计算、联立一次方程的解法等，都是具有世界意义的成就，是中国古代数学著述中极具影响的一部名著。算盘是中国人的发明。关于算盘起源于何时，目前仍有不同的说法，但一般认为，它与产生于先秦时期的筹算有很大的渊源关系。在宋代，算盘已经成为比较流行的运算工具了。

中国古代的医学不仅高度发达，而且医学家还把对宇宙生命的哲学思考渗透到医学的创造之中，从而使古代医学显示出一个独具特色的有别于西方的医学体系——中医。可以说，自从中国进入文明时代以来，医学就相伴而生。《黄帝内经》（简称《内经》）是我国现存较早的医学文献，一般认为成书年代在战国时期。该书包括《素问》和《灵枢》两大部分，运用天人合一的整体思维，对人的生理、病理、治疗、预防及阴阳五行学说等做了全面的阐释，奠定了中医理论体系的基础。华佗、张仲景、孙思邈、李时珍等著名医学家都对中医的发展具有重要影响。疾病诊断中的望、闻、问、切方法，治疗中的针灸技术，药草的采集与配制等，都是中医对世界医学科技的巨大贡献。

我国古代的制造技术也在世界上具有领先的地位。例如，考古发现表明，我国在夏末商初就已开始了青铜冶炼。20 世纪 30 年代在河南安阳出土的后母戊大方鼎，证明了商代时期中国的青铜冶炼技术已居于世界高峰。有关学者认为，中国人工冶铁技术的产生不晚于春秋中期，而在西汉时期逐渐发展成熟的"百炼钢"技术，也远远领先于同时的其他国家。瓷器更是我们祖先的伟大创造。早在新石器时代，就已经出现陶器。东汉时期，在原始素烧瓷器（即白陶）的基础上，人们已经能够烧制真正的瓷器。唐宋时期，瓷器制造技术走向成熟且获得了较大的成就，特别是宋代，瓷器制造已成为宋代文化的一个重要部分，五大名窑（汝窑、官窑、哥窑、钧窑、定窑）享誉古今。

中国古代的纺织技术也具有悠久的历史，《诗经》《左传》等先秦典籍中有着关于采桑养蚕的记载。浙江河姆渡新石器遗址出土的纺轮、绕纱棒、骨针等纺织工具使我们可以想见早期先民纺织的情景。近百年来考古发掘出土的诸类纺织品，显示出中国古代在纺织技术方面所达到的成就。汉代的"丝绸之路"，使得中国的丝织品在很早的时候就惠及西方国家。中国古代的印染技术也源远流长，不仅原料、工序等较为先进，而且在图案设计、色彩搭配等方面也包含着深厚的中国传统文化的内涵。

另外，中国古代在生物、化学、建筑、造纸及饮食等方面也有辉煌的成就。总体看来，中国古代科技是中国传统文化的一个重要组成部分，它与中国人的生活方式、哲学思维密切相关，显示了中国传统文化的博大精深和中华民族生生不息、代代相继的巨大创造力。但是，我们也应清醒地看到，社会制度、生产方式、文化传统及思维方法等也在一定程度上制约了中国古代科技的发展，使得我国科技在近几个世纪以来与西方国家的交流中呈现出一定的滞后状态。

文选

四气调神大论[①]

文本导读

　　本篇选自《黄帝内经·素问》。《黄帝内经》又称《内经》，分为《灵枢》《素问》两部分，是我国最早的典籍之一，也是中国传统医学四大经典之首。相传为黄帝所作，但一般认为该书是由中国历代黄老医家传承增补发展创作而来。

　　四气，此指春夏秋冬四时的气候，即春温、夏热、秋凉、冬寒。调神，调理精神情志。本篇先用发陈、蕃秀、容平、闭藏来分别阐发春夏秋冬四时生、长、收、藏的气象特点，进而以四时气象类比，指导养生，提出应根据自然界的阴阳升降的特点，来调节自己养生的方法，如果与之相悖，就会产生危害。"故四时养生者，万物之始终也，死生之本也，逆之则灾害生，从之则苛疾不起，是谓得道、道者，圣人行之，愚者佩之。"文章指出，人与自然界是一个统一的整体，自然界的一切生物受四时春温、夏热、秋凉、冬寒气候变化的影响，人体的五脏六腑、四肢百骸、皮肉筋脉等组织的机能活动与季节变化息息相关，四时之象本于天，养生之法用于人，体现了天人合一、人法自然的养生之道。

　　例如，春季要顺应阳气生发、万物始生的特点，使人的精神、气血畅达，饮食起居要顺肝之性，助益脾土，令五脏平和；夏季是人体阳气旺盛、心气长旺的季节，养生应顺养长气，要求平静淡泊、无郁无怒，宜晚卧早起，适当从事户外活动，切忌过于避热趋凉，以顺应阳热之气宣泄之势；秋季是人体阳气收敛、肺气清肃的季节，养生应顺养收气，要收敛神气、安心静养，使神志安逸宁静，需早卧早起，避免感受燥邪；冬季则是人体阳气闭藏、肾气内藏的季节，养生应顺应藏气，要精神内守、愉快充实，使神气内藏，早卧晚起，避免外寒侵袭。

　　明代吴昆《素问吴注》说："言顺于四时之气，调摄精神，亦上医治未病也。"清代高士宗《素问直解》指出："四气调神者，随春夏秋冬四时之气，调肝心脾肺肾五脏之神志也。"本篇所述的四时气象，除指导顺时养生外，也是理解《黄帝内经》五脏概念中四时内涵的主要经义，强调了"治未病"的积极意义，体现了预防为主的保健思想。《黄帝内经》中"治未病"包括未病先防和既病防变。未病先防，是指在疾病未发生之前，积极做好各

---

　　① 张志聪. 黄帝内经集注：素问集注：卷一. 杭州：浙江古籍出版社，2002.

项预防工作，以达到防止疾病发生、延年益寿的目的。既病防变，则是指疾病已经发生，要争取早期诊断与治疗，防止疾病的传变。《黄帝内经》"治未病"的思想，对中医养生及治疗学有着深远的影响。

在我国医学史上，有关养生理论的系统文字论述，始见于《黄帝内经》。其对古人预防疾病，维护健康，延年益寿及种族繁衍，起着重要的作用，是我国古代文化宝库中的灿烂瑰宝，也是我国传统文化重要的组成部分，显示出中医文化的博大精深。

春三月①，此谓发陈②。天地俱生，万物以荣，夜卧早起，广步于庭，被发③缓形，以使志生；生而勿杀，予而勿夺，赏而勿罚，此春气之应，养生之道也。逆之则伤肝，夏为寒变，奉长者少。

夏三月④，此为蕃秀⑤。天地气交，万物华实，夜卧早起，无厌于日，使志无怒，使华英成秀⑥，使气得泄，若所爱在外，此夏气之应，养长之道也。逆之则伤心，秋为痎疟⑦，奉收者少，冬至重病。

秋三月⑧，此谓容平⑨。天气以急，地气以明，早卧早起，与鸡俱兴，使志安宁，以缓秋刑⑩，收敛神气，使秋气平，无外其志，使肺气清，此秋气之应，养收之道也。逆之则伤肺，冬为飧泄⑪，奉藏者少。

冬三月⑫，此谓闭藏⑬。水冰地坼，无扰乎阳，早卧晚起，必待日光，使志若伏若匿，若有私意，若已有得，去寒就温，无泄皮肤，使气亟夺，此冬气之应，养藏之道也。逆之则伤肾，春为痿厥，奉生者少。

天气，清净光明者也，藏德不止，故不下也。天明则日月不明，邪害空窍⑭，阳气者闭塞，地气者冒明，云雾不精，则上应白露不下，交通不表，万物命故不施，不施则名木多死。恶气不发，风雨不节，白露不下，则菀槁不荣⑮。贼风数至，暴雨数起，天地四时不相保，与道相失，则未央绝灭。唯圣人从之，故身无奇病，万物不失，生气不竭。

---

① 春三月：指农历的一月、二月、三月。按节气包括立春、雨水、惊蛰、春分、清明和谷雨。

② 发陈：推陈出新。表征春季阳气生发、推陈出新的特点。

③ 被发："被"通"披"。

④ 夏三月：指农历的四月、五月、六月。按节气包括立夏、小满、芒种、夏至、小暑和大暑。

⑤ 蕃秀：草木繁茂，华美秀丽。表征夏季阳气长旺、万物茂盛的特点。

⑥ 华英成秀：花结成果实。这里指脏腑的技能像自然界的花结成果一样发生应有的变化。

⑦ 痎疟：疟疾。

⑧ 秋三月：指农历的七月、八月、九月。按节气包括立秋、处暑、白露、秋分、寒露和霜降。

⑨ 容平：草木成熟。表征秋季阳气开始收敛、万物容貌清肃平定的特点。

⑩ 秋刑：秋天是肃杀之季节，死刑犯在秋后问斩。这里指秋天的肃杀之气对身体的影响。

⑪ 飧泄：肝郁脾虚，清气不升。

⑫ 冬三月：指农历的十月、十一月、十二月。按节气包括立冬、小雪、大雪、冬至、小寒和大寒。

⑬ 闭藏：指万物生机潜伏。表征冬季阳气沉潜、万物蛰伏自固的特点。

⑭ 空窍：孔窍。"空"通"孔"。

⑮ 菀槁不荣：生气蕴积不通而枯槁失荣。"菀"通"蕴"。

逆春气则少阳①不生，肝气内变；逆夏气则太阳不长，心气内洞②；逆秋气则太阴不收，肺气焦满；逆冬气则少阴不藏，肾气独沉。夫四时阴阳者，万物之根本也。所以圣人春夏养阳，秋冬养阴，以从其根，故与万物沉浮于生长之门。逆其根，则伐其本，坏其真矣。故阴阳四时者，万物之终始也，死生之本也，逆之则灾害生，从之则苛疾不起，是谓得道。道者，圣人行之，愚者佩之。从阴阳则生，逆之则死；从之则治，逆之则乱。反顺为逆，是谓内格③。

是故圣人不治已病治未病，不治已乱治未乱，此之谓也。夫病已成而后药之，乱已成而后治之，譬犹渴而穿井，斗而铸锥，不亦晚乎？

知识链接

关于《黄帝内经》：

《黄帝内经》自它诞生那天起，就是中医学须史不可离开的指导理论，不论在两汉、隋唐、宋金，还是在明清，历代医家都是在《黄帝内经》理论的指导下，针对当时的疾病特点，深入实践，解决了医学难题，很大程度上保障了中华民族全民族人民的健康，丰富了中医理论，不断地把中医学推向新的阶段；《黄帝内经》的养生理论是历代民众养生保健的必修之经，不论是练武者还是养生家，无不从《黄帝内经》吸取丰富的营养；自古至今的中医教育，不论是古时的师徒授受，还是今天的院校教学，《黄帝内经》都是传授中医学必修的典籍；近些年来，《黄帝内经》还引起了国外有关学者的注意，20世纪80年代中期，国外曾出现了"中医热""《黄帝内经》热"，探究中医和《黄帝内经》的奥秘，一时成为国际上一些热心中国文化的人的热门论题。（王庆宪，梁晓珍. 医学圣典——《黄帝内经》与中国文化. 郑州：河南大学出版社，1998：1.）

货殖列传（节选）④

司马迁

文本导读

历代文献典籍中对商人的记载和描述很多，但在《史记》之前，只是偶尔涉及。《史记》专列《货殖列传》，为汉代及以前的商人留下了难得的一笔记录。《货殖列传》既是记

---

① 少阳：指春季。根据阴阳学说，春季为少阳，夏季为太阳，秋季为少阴，冬季为太阴。

② 内洞：内虚。

③ 内格：内藏之气与四时之气相格据，临床表现为水谷不入，二便不通。

④ 史记. 百衲本. 杭州：浙江古籍出版社，1998. 司马迁撰写的《史记》代表了中国古代历史散文的最高成就，鲁迅《汉文学史纲要》称它是"史家之绝唱，无韵之《离骚》"。司马迁在《史记》中除按惯例为帝王将相立传外，也把许多下层人物写入书中，其中包括刺客、游侠、方士、商人等。《货殖列传》主要是为商人树碑立传。

《司马迁》（王西京）

叙从事"货殖"活动的杰出人物的类传，也是反映司马迁经济思想和物质观的重要篇章。"货殖"是指谋求"滋生资货财利"以致富，即利用货物的生产与交换，进行商业活动，从中生财求利。司马迁所指的货殖，还包括各种手工业，以及农、牧、渔、冶炼等行业的经营在内。

《太史公自序》"布衣匹夫之人，不害于政，不妨百姓，取之于时而息财富，智者有采焉。作《货殖列传》"，道出了写作本篇的动机与主旨。全文主要是为春秋末期至秦汉以来的大货殖家，如范蠡、子贡、白圭、猗顿、卓氏、程郑、孔氏、师史、任氏等作传。通过介绍他们的言论、事迹、社会经济地位，以及他们所处的时代、重要经济地区的特产商品、有名的商业城市和商业活动、各地的生产情况和社会经济发展的特点，叙述他们的致富之道，表述自己的经济思想，以便"后世得以观择"。

太史公认为，自然界的物产是极其丰富的，社会经济的发展是不以人的意志为转移的，商业发展和经济都市的出现是自然趋势，人们没有不追求富足的。"农不出则乏其食，工不出则乏其事，商不出则三宝绝，虞不出则财匮少。"所以，他主张应根据实际情况，任商人自由发展，引导他们积极进行生产与交换，国家不必强行干涉，更不要同他们争利。这集中反映出他反对"重本抑末"，主张农工商虞并重，强调工商活动对社会发展的作用，其产生是社会发展的必然；肯定工商业者追求物质利益的合理性与合法性，突出物质财富的占有量最终决定着人们的社会地位；认为经济的发展关乎国家盛衰等。这些经济思想在今天仍有其现实意义。

这里的选文主要写了范蠡经商致富的事迹及其经商智慧。范蠡一开始并不从商，而是在帮助勾践"雪会稽之耻"后，审时度势，果断弃政从商，并取得了很大成功。《史记》的《越王勾践世家》后附有范蠡传，也是把范蠡作为一个成功的商人来写，与《货殖列传》中的相关内容差别不大。文中"富好行其德"看法的提出，表明司马迁对"富贾无仁义之行"流行观念的否定。从选文中可总结范蠡如下几个经济观点：强兵必先富国，富国必先了解物资，了解物资必先认识供求，认识供求必先了解市场行情；旱时备船，涝时备车，未雨绸缪，在需求最弱时积攒筹码；每六年一丰收，每六年一干旱，每十二年有大饥荒，经济具有周期性；政府主动调控物价，让供需双方都有利可图，保持商品与货币的流通，维持市场的流动性；物贵返贱，物贱返贵，商品价格具有波动性，高卖低买及时止损。范蠡的经商智慧使其在后代商人中影响很大，在明清小说、明清商人传记中经常可以看到他朦胧的身影。

《货殖列传》中人物各具特色，各怀其才；篇中叙事如行云流水，自然流畅；文中说理鞭辟入里，无懈可击；全篇辞章奇传雄浑，波澜壮阔。此篇可谓博大精深，浑然一体，实为《史记》中璀璨夺目的光辉篇章。

昔者越王句践困于会稽之上，乃用范蠡、计然[①]。计然曰："知斗则修备，时用则知物，二者形则万货之情可得而观已。故岁在金，穰；水，毁；木，饥；火，旱。旱

---

① 计然：姓辛氏，字文子，其先为晋国的公子。范蠡曾师事之。

则资舟，水则资车，物之理也。六岁穰，六岁旱，十二岁一大饥。夫粜，二十病农，九十病末①。末病则财不出，农病则草不辟矣。上不过八十，下不减三十，则农末俱利，平粜齐物，关市不乏，治国之道也。积著之理②，务完物，无息币。以物相贸易，腐败而食之货勿留，无敢居贵。论其有余不足，则知贵贱。贵上极则反贱，贱下极则反贵。贵出如粪土，贱取如珠玉。财币欲其行如流水。"修之十年，国富，厚赂战士，士赴矢石③，如渴得饮，遂报强吴，观兵中国，称号"五霸"④。

范蠡既雪会稽之耻，乃喟然而叹曰："计然之策七，越用其五而得意。既已施于国，吾欲用之家。"乃乘扁舟，浮于江湖，变名易姓，适齐为鸱夷子皮，之陶，为朱公。朱公以为陶天下之中，诸侯四通，货物所交易也。乃治产积居，与时逐，而不责于人。故善治生者，能择人而任时。十九年之中三致千金，再分散与贫交疏昆弟。此所谓富好行其德者也。后年衰老而听子孙，子孙修业而息之，遂至巨万。故言富者皆称陶朱公。

作者简介

参见第二讲中《刺客列传》关于司马迁的介绍。

知识链接

《越绝书》记载：西施亡吴国后，"复归范蠡，同泛五湖而去"。此后，范蠡与西施相携归湖的故事流传广泛，古代戏曲作家不断以此为题材进行创作。元代赵明道创作有《陶朱公范蠡归湖》杂剧，结尾范蠡唱道："西施，你如今岁数有，灭尽风流。人老花羞，叶落归秋。往常吃衣食在裙带头，今日你分破俺帝王忧。我可甚为国愁？失泼水再难收。我心去意难留，你有国再难投。俺轻拨转钓鱼舟，趁风波荡中流。"明代梁辰鱼《浣纱记》传奇则写范蠡游春到苎萝，在溪边遇浣纱女西施，一见钟情，对他们的爱情有更细致的描写。与梁辰鱼同时期的徽州文士汪道昆也以此为题材创作了《五湖游》杂剧。

《天工开物》五则⑤

宋应星

文本导读

《天工开物》是中国古代一部重要的科技著作，该书对130多项生产技术及工具作了形

---

① 病：损害。末：谓"逐末"，指商贾。
② 积著：积贮，指囤积货物。
③ 赴矢石：指赴战场。
④ 五霸：春秋时先后称霸的五个诸侯。一说指齐桓公、晋文公、楚庄王、吴王阖闾、越王勾践。一说指齐桓公、宋襄公、晋文公、秦穆公、楚庄王。
⑤ 潘吉星.天工开物译注.上海：上海古籍出版社，2008.

《天工开物》书影

象的描绘，介绍了工农业诸多方面的技术经验，反映了当时中国的科技水平，也是对中国明代以前科技成就的一个总结，堪称中国古代科技的一部百科全书。《天工开物》的书名，"天工"一语取自《尚书·皋陶谟》："无旷庶官，天工人其代之。""天工"即天的职能。"开物"，即揭示事物真相，取自《周易·系辞上》："开物成务，冒天下之道。"宋应星把"天工"与"开物"结合在一起，意味着将自然力与人力、自然界与人类协调起来，通过技术手段从自然资源中开发物质财富和物产。换言之，"天工开物"思想的核心意义是以天工补人工开万物，或借助于自然力与人力的互补通过技术从自然界开发物产。这是宋应星发展的一种具有普遍意义的科学思想或技术哲学思想，也是其对科学思想史作出的一大独特贡献。"天工开物"思想贯穿在全书各处，使人在自然界面前发挥充分的主观能动性，但又要随时掌握与自然界的协调关系。这种思想直到今天仍具有现实意义。

《天工开物》全书6.2万字，插图123幅，分上、中、下三卷，每卷一册，共18章。上卷叙述衣食方面的生产技术和经验，包括粮食作物栽培、谷物脱粒加工、种桑养蚕、植棉与麻、染料生产及纺织、染色、制盐、榨糖等；中卷着重记录各种日用品生产技术和经验，包括砖瓦、陶瓷、铜铁器、舟车等制造，金属之锻造，石灰、矾石、硫黄之烧制，煤炭之开采，油类之榨取，纸的制造，等等；下卷记载五金采冶、兵器和火药制作、制曲、酿酒、珠宝玉料采琢等生产技术与经验。全书篇章顺序的安排体现了作者"贵五谷而贱珠玉"的思想，把农业冠于书首，也表现了其关注国计民生的可贵精神。

这里所选五则，内容涉及谷物的种植和养蜂及造纸方面的知识。《乃粒》主要论述稻、麦及黍、稷、粱、粟、麻、菽（豆类）等粮食作物的种植和栽培技术及有关农机具和各种水利灌溉机械的使用。其文指出："土脉历时代而异，种性随水土而分。"从理论上说明生物体与周围环境的关系，认为生活环境的变迁是引起作物物种变异的原因，体现出理论与实践相结合的思想。《蜂蜜》主要介绍了蜜蜂的习性及养蜂方面的技术。《杀青》和《纸料》则主要介绍中国古代造纸方面的技术。

《天工开物》是中国古代科学技术宝库，除具有丰富的科技内容外，还有很多可贵的科学思想、经济思想和政治思想，并对各种迷信及方术给予批判，提倡采用科学试验和穷究推理的研究方法。学生通过学习，可以了解中国科学文化在历史上曾经有过的辉煌，感受科学的价值和魅力，从而增强民族文化自信，努力提高自己的科学素养，热爱科学。

乃　粒①

宋子曰②：上古神农氏③，若存若亡，然味其徽号两言④，至今存矣。生人不能久

---

① 《乃粒》为《天工开物》卷上第一章。"乃粒"一语取自《尚书·益稷》："烝民乃粒，万邦作乂。"孔安国注："米食曰粒。言天下由此为治本。"本文中"乃粒"一词，泛指谷物。
② 宋子：为宋应星自称。《天工开物》每章之前，均有"宋子曰"一段话，具有引言的性质。
③ 神农氏：传说中上古时期农业和医药的发明者，又称炎帝。
④ 徽号：美称。两言：指"神农"二字。

生，而五谷生之①。五谷不能自生，而生人生之。土脉历时代而异②，种性随水土而分，不然，神农去陶唐③，粒食已千年矣，耒耜之利，以教天下④，岂有隐焉？而纷纷嘉种，必待后稷详明⑤，其故何也？纨裤之子⑥，以赭衣视笠蓑⑦；经生之家，以农夫为诟詈⑧。晨炊晚饷，知其味而忘其源者众矣。夫先农而系之以神，岂人力之所为哉！

总　名⑨

凡谷无定名⑩，百谷指成数言，五谷则麻、菽⑪、麦、稷⑫、黍⑬。独遗稻者，以著书圣贤，起自西北也。今天下育民人者，稻居什七，而来牟⑭、黍、稷居什三，麻、菽二者，功用已全入蔬饵膏馔之中，而犹系之谷者，从其朔也⑮。

蜂　蜜⑯

凡酿蜂蜜，普天皆有，唯蔗盛之乡，则蜜蜂自然减少。蜂造之蜜，出山岩、土穴者，十居其八，而人家招蜂造酿而割取者⑰，十居其二也。凡蜜无定色，或青或白、或黄或褐，皆随方土花性而变。如菜花蜜、禾花蜜之类，千百其名不止也。

凡蜂不论于家于野，皆有蜂王。王之所居，造一台如桃大，王之子世为王⑱。王生而不采花，每日群蜂轮值，分班采花供王。王每日出游两度（春秋造蜜时），游则八蜂

---

① 五谷：即五种谷物。古代有关著述对五谷有不同的解说，最主要的有两种：一是指麻、黍、稷、麦、菽；二是指稻、黍、稷、麦、菽。

② 土脉：土壤。

③ 陶唐：即唐尧，初封于陶，后徙于唐，古代传说中贤明的君主。

④ 耒耜之利，以教天下：语出《周易·系辞下》。耒耜（lěi sì）：耕地时的翻土农具，此泛指农具。

⑤ 后稷（jì）：名弃，古代周室姬姓始祖，曾为尧舜时的农官，善农业耕种。

⑥ 纨裤之子：富贵人家的子弟。纨裤（wán kù），亦作"纨绔"，细绢制的裤，多为古代贵族所服。

⑦ 赭（zhě）衣：古代囚衣。因以赤土染成赭色，故称。

⑧ 诟詈（gòu lì）：辱骂。

⑨ 总名：对谷物的总说。此为《乃粒》一章的第一篇。

⑩ 此句是说，谷并不是就某一特定粮食而言的。

⑪ 菽：豆类的总称。

⑫ 稷：指粟或黍属。或认为不黏的黍。又说为高粱。古代以稷为百谷之长。

⑬ 黍：指一种子实名叫黍子的一年生草本植物。籽实淡黄色，去皮后称黄米，比小米稍大，煮熟后有黏性。

⑭ 来牟：麦的别名。来指小麦，牟指大麦。

⑮ 此句是说，今天仍把麻、菽列入五谷，是沿用最初的说法。

⑯ 本部分内容选自《天工开物》卷上第六章《甘嗜》，主要介绍了蜜蜂的习性及养蜂方面的技术。

⑰ 此句谓人工饲养的蜂产的蜜。

⑱ 有关学者认为蜂王之子世为王之说欠妥。

轮值以待。蜂王自至孔隙口，四蜂以头顶腹，四蜂傍翼飞翔而去①。游数刻而返，翼顶如前。

畜家蜂者，或悬桶檐端，或置箱牖下②，皆锥圆孔眼数十，俟其进入。凡家人杀一蜂、二蜂皆无恙，杀至三蜂，则群起螫之③，谓之"蜂反"。凡蝙蝠最喜食蜂，投隙入中④，吞噬无限。杀一蝙蝠，悬于蜂前，则不敢食，俗谓之"枭令"。凡家蓄蜂，东邻分而之西舍，必分王之子而去为君。去时如铺扇拥卫，乡人有撒酒糟香而招者。

凡蜂酿蜜，造成蜜脾⑤，其形鬣鬣然⑥。咀嚼花心汁吐积而成，润以人小遗⑦，则甘芳并至，所谓臭腐神奇也⑧。凡割脾取蜜，蜂子多死其中，其底则为黄蜡。凡深山崖石上，有经数载未割者，其蜜已经时自熟，土人以长竿刺取，蜜即流下。或未经年而扳缘可取者⑨，割炼与家蜜同也。土穴所酿多出北方，南方卑湿⑩，有崖蜜而无穴蜜。凡蜜脾一斤，炼取十二两。西北半天下，盖与蔗浆分胜云。

杀　青⑪

宋子曰：物象精华，乾坤微妙，古传今而华达夷⑫，使后起含生目授而心识之⑬，承载者以何物哉？君与臣通，师将弟命，凭借詀詀口语⑭，其与几何？持寸符，握半卷，终事诠旨，风行而冰释焉。覆载之间之借有楮先生也⑮。圣顽咸嘉赖之矣⑯。身为竹骨与木皮⑰，杀其青而白乃见⑱，万卷百家，基从此起。其精在此，而其粗效于障风护物

---

① 傍翼：围着蜂王飞翔。

② 牖（yǒu）：窗。

③ 螫（shì）：刺。

④ 投隙入中：乘机钻入蜂巢。

⑤ 蜜脾：蜜蜂营造的用以酿蜜的巢房，其形如脾，故称。

⑥ 鬣鬣（liè）：如鬣毛整齐排列状。

⑦ 小遗：小便。

⑧ 此句即所谓化臭腐为神奇。

⑨ 经年：经过一年或若干年。扳缘：攀着他物向上爬。

⑩ 卑湿：地势低而又潮湿。

⑪ 《杀青》为《天工开物》卷中第十三章，主要介绍中国古代造纸方面的技术。杀青，原为中国古代制作竹简的程序之一。古时在竹简上书写，为防虫蛀，须先用火烤干竹简水分，称作"杀青"。《太平御览》卷六〇六引汉刘向《别录》："杀青者，直治竹作简书之耳。新竹有汁，善朽蠹。凡作简者，皆于火上炙干之。"后引申为文章写完定稿。此处代指造纸。根据考古发现，基本可以断定早在西汉时期，中国就拥有了造纸技术。

⑫ 夷：指国外。

⑬ 含生：指有生命者。此指人类。

⑭ 詀詀（zhān）：絮絮叨叨。

⑮ 楮先生：楮，楮树，造纸的优质原料之一，此处代指纸。韩愈《毛颖传》以拟人手法，称笔为毛颖，纸为楮先生。

⑯ 圣顽咸嘉赖之：圣明和愚顽之人都对它有所喜好依赖。

⑰ 身：指原料、质地。

⑱ 见：同"现"。

之间①。事已开于上古②，而使汉、晋时人擅名记者，何其陋哉③。

纸　料

凡纸质，用楮树皮与桑穰④、芙蓉膜等诸物者为皮纸⑤，用竹麻者为竹纸。精者极其洁白，供书文、印文、柬、启用，粗者为火纸、包裹纸。所谓杀青，以斩竹得名，汗青以煮沥得名⑥，简即已成纸名，乃煮竹成简。后人遂疑削竹片以纪事⑦，而又误疑韦编为皮条穿竹札也⑧。秦火未经时⑨，书籍繁盛，削竹能藏几何⑩？如西番用贝树造成纸叶⑪，中华又疑以贝叶书经典，不知树叶离根即焦，与削竹同一可哂也⑫。

作者简介

宋应星（1587—约1666），字长庚，江西奉新人。29岁中举，之后与兄应昇先后六次进京会试，皆不第。曾先后任江西分宜教谕、福建长汀推官、安徽亳州知州等职，明亡归里，享年约80岁而终。宋应星是明末著名的科学家、思想家，著有《天工开物》《野议》《思怜诗》等。

知识链接

1. 宣纸因产于古宣州而得名，其主要生产地在泾县。宣纸质地细薄、绵韧、洁白，耐老化，拉力强，不变色，有"千年寿纸"之称，深受历代文人学士的喜爱。

2. 宣纸有1 000多年的悠久历史。唐书画评论家张彦远著《历代名画记》中说："好事家宜置宣纸百幅，用法腊之，以备摹写。"说明唐代已用宣纸写字绘画了。到南唐时，后主李煜监制的澄心堂纸"肤如卵膜，坚洁如玉，细薄光润，冠于一时"，可谓宣纸中之精品。宋代大画家李伯时曾用澄心堂纸绘《五马图》，流芳百世。

---

① 障风护物：意指粗糙的纸张被用于糊窗挡风及包裹物品。

② 作者认为中国在上古就已有了造纸技术。

③ 史书记载东汉蔡伦发明造纸技术，而作者认为轻易将造纸发明归功于汉、晋时的某个人名下，是浅陋之见。

④ 桑穰（ráng）：桑树皮的内层部分。

⑤ 芙蓉膜：此指木本植物芙蓉的韧皮。

⑥ 汗青：用火炙竹简令出汗脱水，干则易写，且不受虫蛀，称为"汗青"。后引申为书册。沥（lì）：滴。

⑦ 指后人误以为削竹片就是纪事之法。

⑧ 韦编：用皮绳把竹简连缀成篇，后亦代指书籍。《史记·孔子世家》有关于孔子读《易》"韦编三绝"的记载。

⑨ 秦火：指秦始皇焚书事件。

⑩ 此句是说，采用削竹片的办法又能记载多少东西呢？

⑪ 此句指西域一些国家用贝叶树的叶子作为书写材料。

⑫ 哂（shěn）：讥笑。

中国文化的独创性

李约瑟

李约瑟说："《中国科学技术史》一书的目的，无论是过去还是现在，就是要澄清疑惑，打破无知，消除误解。"纵观中国科学技术发展史，可以看出中国传统文化的特质。首先，进步和发展是一切文化运行的基本规律，中国文化始终处在进步和发展之中，但是进步和发展具有阶段性和不平衡性。在纵向上，不同时期的文化进步和发展总是有快有慢。在横向上，不同地域、不同民族的文化进步和发展不可能是同步的和均衡的。中国文化在近代以前是遥遥领先的，而在近代以后出现落后于西方的情况，是完全符合文化进步和发展规律的，并不影响中国文化的整体进步性和发展性。其次，文化具有独立性和多样性特征，每一种文化都是对特定区域、特定时代或特定民族的生动写照，是特定生产活动的历史印记。中国传统文化是中国人民参与历史实践活动的缩影，具有中华民族的独特文化特征，同时中国传统文化也是在与其他文化的碰撞和交流中形成和发展的，与其他文化一起共同构成统一而多样的世界文化。最后，文化没有高低贵贱之分，各民族文化应平等相待，相互尊重。中国是四大文明古国之一，中国传统文化应该在世界文化中占据重要位置，中国人民要对自己的优秀传统文化充满自信，要努力发掘和弘扬中国优秀传统文化，使中国传统文化走向世界，让世人瞩目，被更多民众认可和接受。

书中的《中国文化的独创性》围绕中国人的思想和实践是否来源于西方的问题进行考辨。通过对诸多具体案例的分析考察，文章反驳了有关中国文化来源于西方的观点。作者认为，中国文化与西方文化有相同或相通之处，二者的产生，具有完全独立而相似的思路，古代中国与西方隔绝，它的文化模式具有自己的独创性。文章最后指出，中国的思想和文化模式的基本格调保持着明显的、持续的自发性，这是中国"与世隔绝"的真正含义。这种"与世隔绝"，使得中国在与外界的接触中，仍保持它的文明和科学的特有风格。

请参阅：李约瑟．中国文化的独创性//李约瑟，著；王铃，协助．中国科学技术史：第一卷：导论．北京：科学出版社；上海：上海古籍出版社，1990：154-160.

李约瑟（Joseph Needham，1900—1995），英国近代生物化学家和科学技术史专家。1924年获英国剑桥大学博士学位。早年从事生物化学研究，1937年开始学习中文，1942年来华，任英国驻华使馆科学参赞。出于对中国古老文明的敬慕，他全身心投入中国科学技术史的研究之中。1954年开始，陆续出版了他所著的《中国科学技术史》的各个分卷。李约瑟"不仅在自然科学方面造诣很深，而且熟悉哲学、历史、文学和多种语言。他有很高的西方文化素养，又对东方文化有相当深刻的体验和理解。因而他能充分认识到，世界上各个国家和民族之间在科学技术方面是通过交流而互相渗透、互相促进的，整个科学技术的进步又是汇合了各个国家与民族的科学技术精华而加以发展和创新的结果。他令人信服地证明，在近代科学技术兴起之前，中国的科学技术不仅自成体系，而且对其他国家的影响也是巨大的"(《中国科学技术史》第一卷《导论》"中译本序")。

知识链接

1. 李约瑟《中国科学技术史》第一卷"导论"：

我几乎走遍了整个中国，并曾到达遥远的东南。一个炎热的夜晚，在粤北坪石河旁的阳台上，我和王亚南在烛光下谈到了中古时期中国封建官僚社会的实质。除此以外，还和吴大琨在曲江的书店和茶馆中讨论了其他社会学问题。后来，大战结束了，我在远方四年的漫游达到了高潮，终于有机会短期停留在富有传奇意味的北京城。在那里，在张子高、曾昭抡、李乔苹等人热情的带动下，化学史再次成为我们进行学术讨论的主题。此外，在这个中国文献出版中心，我有可能买到许多在以后工作中必不可少的珍本，如《太平御览》和许多丛书。

2. 钱穆《中国文化史导论》：

中国是一个文化发展很早的国家，他与埃及、巴比伦、印度，在世界史上上古部分里，同应占到很重要的篇幅。但中国因其环境关系，他的文化，自始即走上独自发展的路径。在有史以前，更渺茫的时代里，中国是否与西方文化有所接触，及其相互间影响何如，现在尚无从深论。但就大体言，中国文化开始，较之埃及、巴比伦、印度诸国，特别见为是一种孤立的，则已成为一种明显的事实。

延伸阅读

1. 马伯庸. 显微镜下的大明. 长沙：湖南文艺出版社，2019.
2. 郭建龙. 中央帝国的财政密码. 厦门：鹭江出版社，2017.
3. 陈锋，张建民. 中国经济史纲要. 北京：高等教育出版社，2007.
4. 葛剑雄. 中国人口发展史. 福州：福建人民出版社，1991.
5. 李剑农. 中国古代经济史稿. 武汉：武汉大学出版社，2005.
6. 贾思勰. 著；石声汉，译注；石定枎，谭光万，补注. 齐民要术. 北京：中华书局，2022.
7. 王冰，注. 黄帝内经. 北京：中医古籍出版社，2003.
8. 沈括，著；诸雨辰，译注. 梦溪笔谈. 北京：中华书局，2022.
9. 潘吉星，译注. 天工开物译注. 上海：上海古籍出版社，2008.

第十八讲　中国人的生活

概述

一、中国人的日常生活

中国素称"礼仪之邦"，早在周朝，就确定了一套礼仪制度。在儒家经典中，就有《周礼》《仪礼》《礼记》，合称"三礼"。春秋时代"礼坏乐崩"，孔子不遗余力地倡导"克己复礼"，并且将"礼"融入以血缘关系为核心的人世生活之中。此后，"礼"作为儒家经典的观念，一直对中国人的日常生活起着支配作用，并转变为中国人的生活方式。

中国人从出生以后，就生活在"礼"的世界里。在长幼关系上，讲究长幼有序，"稍有知，则教之以恭敬尊长。有不识尊卑长幼者，则严呵禁之"（朱熹《家礼》）。男子 20 岁时，要行冠礼，表示已经成人；女子 15 岁许嫁时，要举行笄礼，改变幼年时的发式，将头发绾成一个髻，用一块黑布包住，再插上笄，也表示已经成年。

成年以后当然要结婚，其过程也有许多仪式。首先是纳采，就是男方家长在得到女方家长允许后，派人向女方家长纳"采择之礼"。其次是问名，就是询问女子的名字，然后到男方宗庙问卜，推测婚姻的吉凶。再次是纳吉，就是男方卜得吉兆，派人告知女方家长。接着是纳徵，即男女双方宣告正式订婚。纳徵，又叫"纳币"，就是男方家向女方家送聘礼，其厚薄视等级不同确定。再是请期，就是男方家把迎娶的吉日告诉女方家，征得同意。最后是亲迎，也就是迎亲，新郎要亲自到女方家迎娶新娘。婚娶又有一整套的仪式。当然，这些仪式在平民百姓那里有些被简化了，比如纳采和问名往往就合二为一。此外，男女双方家长在婚娶过程中还需要一个传递信息的人，那就是媒人。在中国古代社会，为了防止青年男女自行恋爱，就要求他们遵守"父母之命，媒妁之言"。

结婚以后，男女就进入了家庭生活。一般来说，男性要承担家庭经济的责任，而女性则要孝敬公婆，抚养孩子，操持家务。在封建社会制度下，女性受到的限制和压迫远多于男性，她们要遵守"三从四德"："三从"是指"未嫁从父，既嫁从夫，夫死从子"，"四德"是要求出嫁之前教以"妇德、妇言、妇容、妇功"。有所谓"七出"，即丈夫休弃妻子的七个理由：不顺父母，无子，淫僻，嫉妒，恶疾，多口舌，窃盗。"不顺父母去，为其逆德也；无子，为其绝世也；淫，为其乱族也；妒，为其乱家也；有恶疾，为其不可与共粢盛（操办祭品）也；口多言，为其离亲也；窃盗，为其反义也。"（《孔子家语疏证·本命解》）但有三种情况丈夫不能休弃妻子：一是妻子曾经为公婆持三年之丧；二是婚娶时男方贫贱，后来富贵；三是娘家无人，无所归依。

古人去世，也遵从诸多的礼仪。男子未冠、女子未笄就去世叫"殇"，根据年龄的不同又有"长殇""中殇""下殇"。由于等级制度，对于去世的称谓也不同，《礼记·曲礼下》规定："天子死曰崩，诸侯曰薨，大夫曰卒，士曰不禄，庶人曰死。"丧葬也有详细的礼仪；父母去世后，儿女还要守丧三年。对于祖先和去世的长辈们，每年都要进行祭祀活动，以追本思源，寄托思念。祭祀分四时祭，《礼记·王制》："春曰礿，夏曰禘，秋曰尝，冬曰烝"。

中国人生活在宗法社会里，每个人都联结着以血缘为纽带的各种社会关系。在家庭里，往往三代同堂、四代同堂，不仅与父母亲生活在一起，还和祖父母、曾祖父母同处。兄弟姐妹则有排行，唐宋时期，盛行以排行称呼人，如李白称李十二，白居易称白二十二，欧阳修称欧九等。同辈兄弟以伯、仲、叔、季区分长幼，下辈则称其为伯父、仲父、叔父、季父。家庭之外，则是宗族，在宗法制度里，宗族分大宗、小宗，同一始祖的嫡系长房为大宗，其他为小宗。大宗的嫡长子为宗子，对于大宗他是家长，对于小宗他是族长。由于封建社会实行一夫多妻制度，男子除了妻子之外，还可以娶妾（或叫侧室、偏房、如夫人等）。因此，对于她们的孩子而言，称谓上就有不同，庶出子女称父亲的正妻为"嫡母"，嫡出子女称父亲的妾为"庶母"。妾死，其子由别妾抚育，则其子称别妾为"慈母"。

人的日常生活无非是衣、食、住、行。中国从奴隶社会到封建社会，一直都有严格的等级制。在中国人的日常生活中，也就必然有着等级制度带来的差别。例如，明王朝建立后，朱元璋就规定：庶民"男女衣服，不得僭用金绣、锦绮、纻丝、绫罗，止许绸、绢、素、纱"。为了重农抑商，他于洪武十四年（1381）下令："农民许衣绸、纱、绢、布，商贾止衣绢、布。农家有一人为商贾者，亦不得衣绸、纱。"（《明会要》卷二十四）在建筑上，也有明确的等级规定，如明初就规定"官民房屋不许雕刻古帝后、圣贤、人物及日月、龙凤、狮子、麒麟、犀象之形"。洪武二十六年（1393）规定"官员营造房屋，不许歇山、转角、重檐、重拱及绘藻井"。又下诏："品官房舍门庑不得用丹漆。庶民庐舍不过三间五架，不许用斗拱，饰彩色。"（《明会要》卷七十二）但在明代中叶以后，这些等级差异和限制随着社会经济的发展和封建统治的衰落，逐渐被打破。

二、中国文人的生活情趣

在中国人的生活中，文人是一个特殊的阶层和群体，其生活情趣、生活追求、生活状态，与上至宫廷贵族，下至平民百姓有很大不同。

汉代以后的中国文人，因为受儒家入世思想的熏陶，也由于选士制度逐渐确立，从儿童到青年时期，过的主要是读书应试的生活。他们和书相伴为友，浸染着书香，吸收着前人留在书中的思想和智慧，成为中国的知识阶层。一方面，他们追求儒家所倡导的"兼济天下"的理想；另一方面，他们在生活情趣上更具有自己的特色。

文人饱读诗书，善于表达、有能力表达是他们区别于没有文化知识的人的特点。无论是入仕为官的，还是未能改变平民身份的文人，都能够运用前代形成的各种文体，表达自己的思想、感情和生活感受，历代的文人用自己的这种表达，构成了一部中国文学史。除此以外，与文人生活情趣相关的还有琴、棋、书、画。

中国的琴起源很早，《诗经·小雅·鹿鸣》就有"我有嘉宾，鼓瑟鼓琴"的诗句。在先秦以后的文献中，多有关于琴的记载，如齐桓公有琴名"号钟"，楚庄王之琴名"绕梁"，司马相如琴挑卓文君。蔡邕的"焦尾琴"尤有传奇色彩，范晔《后汉书·蔡邕传》记载："吴人有烧桐以爨者，邕闻火烈之声，知其良木，因请而裁为琴。果有美音，而其尾犹焦，故时人名曰'焦尾琴'焉。"孔子既是思想家、教育家，也精通琴道，《淮南子·主术训》载："孔子学鼓琴于师襄，而谕文王之志，见微以知明矣。"《史记·孔子世家》中载，他能"弦歌不衰""闻《韶》音，学之，三月不知肉味"，曾作琴曲《陬操》，又"以诗书礼乐教弟子盖三千焉，身通六艺者七十有二人"。魏末时的

后人仿制蔡邕"焦尾琴"

嵇康作《琴赋》，他阐述写此"赋"之缘由说："（古琴）丽则丽矣，然未尽其理也。推其所由，似元不解音声；览其旨趣，亦未达礼乐之情也。众器之中，琴德最优。故缀叙所怀，以为之赋。"李白有《听蜀僧濬弹琴》诗："蜀僧抱绿绮，西下峨眉峰。为我一挥手，如听万壑松。客心洗流水，余响入霜钟。不觉碧山暮，秋云暗几重。"在中国文人们看来，琴不仅仅是用来弹奏音乐的，它传递的是弹奏者的心声和情感，它和主人的生命气息是相通的，因此，文人们喜爱琴，与琴为友为伴。

中国的围棋起源也很早。《孟子·告子上》云："弈秋，通国之善弈者也。"东汉班固所著《弈旨》是现存关于围棋的最早系统性论述。他对围棋的认识是："局必方正，象地则也。道必正直，神明德也。棋有白黑，阴阳分也。骈罗列布，效天文也。四象既陈，行之在人，盖王政也。成败臧否，为仁由己，道之正也。"正因为围棋包含着天地、阴阳、社会、人生的道理，所以历代文人乐于下棋，棋中悟社会，棋中品人生。唐太宗李世民有五言《咏棋》诗两首，其一写道："手谈标昔美，坐隐逸前良。参差分两势，玄素引双行。舍生非假命，带死不关伤。方知仙岭侧，烂斧几寒芳。"欧阳修酷爱围棋，其《新开棋轩呈元珍表臣》诗吟道："竹树日已滋，轩窗渐幽兴。人间与世远，鸟语知境静。春光蔼欲布，山色寒尚映。独收万籁心，于此一枰竞。"王安石也曾作《棋》诗："莫将戏事扰真情，且可随缘道我赢。战罢两奁分白黑，一枰何处有亏

成。"明代中叶后，对弈之风更炽，谢肇淛《五杂俎》一书记载："近代名手……以余耳目所见，新安有方生、吕生、汪生，闽中有蔡生，一时俱称国手，而方于诸子，有白眉之誉。其后六合有王生，足迹遍天下，几无横敌。时方已入赀为大官丞，谈诗书，不复与角。而汪、吕诸生，皆为王所困，名震华夏。"

　　书，当然是指书法。它的形成和发展与文字的发展演变相联系，特别是汉代隶书的成熟，使得文字不仅是记忆的工具，而且成为审美性书写的作品。留存到今天的一百多种汉碑，充分显示了汉代书法艺术的成就。魏晋时期，思想激荡，文人既产生了强烈的生命意识，也焕发出无限的才华，书法也体现了这个时期的思潮和"魏晋风度"。字体上，真书、行书、草书各体尽美，书家则有钟繇、王羲之，合称"钟王"，还有王献之、王珣等，均有作品流传后世。唐代疆域阔大，气象盛大，文人既吟诵着诗歌，也在书法上展示着才华和修养，虞世南、欧阳询、褚遂良、颜真卿、柳公权、释怀素等人的书法作品令后人称赏。大诗人李白现存的唯一一份书法作品《上阳台帖》，气势恢宏，笔同天纵，不同凡响。宋代以后，书家辈出，风格多样，像苏轼、黄庭坚、赵孟頫、文徵明、唐寅、傅山、郑板桥等人，既是文学家，又是书法家。清代书论大家刘熙载在《艺概·书概》中说："书，如也。如其学，如其才，如其志。总之曰：如其人而已。"因此，书法越来越成为文人生活中不可分离的组成部分。

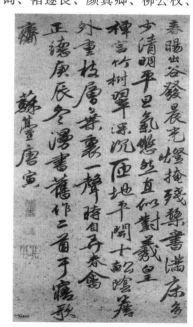

唐寅书法

　　绘画无疑也是文人生活的情趣。但因为绘画的技法意味更重，所以它走进文人的生活也相对晚一些。和专门从事绘画的画家不同，文人绘画更多地将自己的生活情趣寄托在尺素之间，在艺术效果上追求"神似"而非"形似"，手法上侧重水墨写意，例如王维隐居于山水田园，他的画就以水墨山水而著名。元、明、清时期文人更是将绘画与自己的生活结合起来，题材上山水、花鸟占有绝大比重，他们借绘画以自鸣高雅，表现闲情逸趣，或者表达对黑暗腐败势力的不满，因此这个时期涌现出难以数计的文人画家和作品。他们在艺术上也从自己的艺术观出发，注意师法自然，勇于创造革新。他们往往还将笔墨情趣与诗文书法相结合，追求"画中有诗"的效果。这一时期具有代表性的画家中，既有被奉为典范的赵孟頫、元四家（黄公望、吴镇、倪瓒、王蒙）、沈周、文徵明、唐寅、董其昌等人，又有个性鲜明的徐渭、陈洪绶、朱耷、石涛及"扬州八怪"中的郑燮和金农等人。他们既书写了中国绘画史新的一页，也充分呈现了文人的灵思和生活的丰富性。

大学语文（第五版）

文选

题《笔阵图》后①

王羲之

文本导读

　　笔阵图，即七种基本笔画的写法，亦称"七势"。相传《笔阵图》为晋卫铄所撰：一如千里阵云，隐隐然其实有形；丶如高峰坠石，磕磕然实如崩也；丿陆断犀象；乀百钧弩发；𠃌劲弩筋节；丨万岁枯藤；乁崩浪雷奔。可以看出，卫夫人将汉字拆分，将中国书法里最基本的元素单独析出，并以简洁、概括、生动、形象的语言加以解析。

　　蒋勋先生在《汉字书法之美——卫夫人〈笔阵图〉选讲》中说："千里阵云"是指地平线上云的排列。云低低地在地平线上布置、排列、滚动，就叫"千里阵云"。辽阔的感觉，有向两边横向延展张开的感觉。……云排开阵势时有一种很缓慢的运动，很像毛笔的水分在宣纸上慢慢晕染渗透开来。因此，"千里阵云"是毛笔、水墨与吸水性强的纸绢的关系，用硬笔很难体会"千里阵云"。

　　书法的美，是与生命相通的，创作的过程就是审美的过程。本文作者特别强调其点画之间表现出的意象之美，提出大小、偃仰、缓急、起伏、曲直、藏掩等辩证的审美范畴。为达书法最高境界，作者认为必须做到两点：一是意在笔先，作书犹如沙场征战，"心意者，将军也"，成竹在胸，得于心而应于手，方能取胜；二是转益多师，师通人而不为其所囿，师前作以"发人意气"。

　　本文为羲之教导子弟所作，话语亲切，绝无矫饰。

　　夫纸者，战阵也②；笔者，刀矟也③；墨者，鍪甲也④；水砚者，城池也；心意者，

---

　　① 张彦远．法书要录．北京：人民美术出版社，1984.
　　② 战阵：战场。
　　③ 刀矟（shuò）：泛指兵器。矟，长矛，即"槊"。
　　④ 鍪（móu）甲：头盔和铠甲。

288

将军也；本领者，副将也；结构者，谋略也；扬笔者①，吉凶也②；出入者③，号令也；屈折者④，杀戮也。

夫欲书者，先干研墨，凝神静思，预想字形大小偃仰、平直振动，令筋脉相连，意在笔前，然后作字。若平直相似，状如算子⑤，上下方整，前后齐平，此不是书，但得其点画尔。昔宋翼常作此书⑥，翼是钟繇弟子，繇乃叱之。翼三年不敢见繇，即潜心改迹。每作一波⑦，常三过折笔⑧；每作一点，常隐锋而为之⑨；每作一横画，如列阵之排云；每作一戈⑩，如百钧之弩发；每作一点，如高峰坠石，屈折如钢钩；每作一牵⑪，如万岁枯藤；每作一放纵⑫，如足行之趣骤⑬。翼先来书恶⑭，晋太康中有人于许下破钟繇墓⑮，遂得《笔势论》，翼乃读之，依此法学，名遂大振。

欲真书及行书⑯，皆依此法；若欲学草书，又有别法。须缓前急后⑰，字体形势，状等龙蛇，相钩连不断，仍须棱侧起伏⑱。用笔亦不得使齐平，大小一等。每作一字须有点处，且作余字总竟⑲，然后安点，其点须空中遥掷笔作之。其草书，亦复须篆势、八分、古隶相杂⑳。亦不得急，令墨不入纸。若急作，意思浅薄而笔即直过。惟有章草及章程、行狎等㉑，不用此势，但用击石波而已。其击石波者，缺波也㉒。又八分更有一波，谓之隼尾波㉓，即钟公《泰山铭》及《魏文帝受禅碑》中已有此体。

---

① 扬笔：执笔运行。
② 吉凶：犹言优劣好坏。
③ 出入：起笔与收笔。
④ 屈折：笔画转折。
⑤ 算子：算筹。
⑥ 宋翼：传为钟繇外甥，三国魏书法家。
⑦ 波：捺尾。
⑧ 三过折笔：运笔起伏三次。过，犹言"次"，动量词。
⑨ 隐锋：藏锋。
⑩ 戈：戈钩，笔画"乀"。
⑪ 牵：向下牵引，指竖画。
⑫ 放纵：指长撇笔画。
⑬ 趣骤：小步快走。
⑭ 先来：先前。
⑮ 太康：晋武帝年号（280—289）。许下：即许昌，今属河南省。
⑯ 真书：楷书。
⑰ 缓前急后：起笔缓，收笔急。
⑱ 仍：即"乃"，且、又。棱侧：运笔转折倾斜。
⑲ 余字：字的其他部分。总竟：都尽。
⑳ 篆势：篆书笔意，指笔画圆转均匀。八分：隶书。古隶：秦汉间隶书，篆隶演变中的过渡性书体。
㉑ 章草：由隶书演化而成的草书。行狎：行书。
㉒ 缺波：短捺。
㉓ 隼尾波：隼，鹰类，尾短秃，形容不舒张的短促捺笔。

夫书，先须引八分、章草入隶字中①，发人意气。若直取俗字②，不能先发。羲之少学卫夫人书③，将谓大能④，及渡江北游名山，比见李斯、曹喜等书⑤，又之许下见钟繇、梁鹄⑥，又之洛下见蔡邕《石经》三体书⑦，又于从兄洽处见张昶《华岳碑》⑧，始知学卫夫人书，徒费年月耳。羲之遂改本师，仍于众碑学习焉，遂成书尔。时年五十有三，或恐风烛奄及⑨，聊遗教于子孙耳。可藏之，千金勿传。

作者简介

王羲之（321—379 或 303—361），东晋书法家。字逸少，琅邪临沂（今属山东临沂）人，后迁居会稽山阴（今浙江绍兴），官至右军将军、会稽内史，人称"王右军"。羲之自幼爱习书法，早年师从卫夫人，而后又兼采众长，草书师张芝，真书师钟繇，变端庄而为妍美流动，被后世尊为"书圣"。今传书迹《兰亭序》，虽为唐人摹本，但其书风神韵依然可见，被誉为"天下第一行书"。

知识链接

1. 卫夫人（272—349），名铄，字茂漪，河东安邑（今山西夏县西北）人。东晋女书法家。

2. 王羲之自视颇高，其自论书云："我书比钟繇，当抗行；比张芝草，犹当雁行也。"又云："张芝临池学书，池水尽黑，使人耽之若是，未必后之也。"

---

① 隶字：此指楷隶书，楷书的前身。

② 俗字：当时通行书体。

③ 卫夫人：西晋书法家，名铄，字茂猗，秘书丞卫恒从女，汝阴太守李矩妻。卫氏家传习书，夫人又师事钟繇，兼容并蓄，自创新体，时称"今隶"，有《名姬帖》《卫氏和南帖》传世，相传《笔阵图》亦为其所作。

④ 谓：以为。

⑤ 曹喜：东汉书法家，字仲则，善篆、隶。

⑥ 梁鹄：汉末书法家，字孟皇，善八分书。魏武帝爱其书，常悬帐中，又以钉壁。

⑦ 洛下：即洛阳。蔡邕《石经》三体书：东汉熹平四年（175），灵帝据蔡邕、马日磾等人之请，"诏诸儒正定五经，刊于石碑，为古文、篆、隶三体书法，以相参检，树之学门"，碑字即蔡邕所书。见《后汉书·儒林传序》及《蔡邕传》。

⑧ 洽：东晋书法家王洽，字敬和，丞相王导第三子，善隶、行、草书，草书尤工。张昶：汉末书法家，字文舒，张芝弟，善章草、八分，时人誉为"亚圣"。

⑨ 风烛奄及：灯烛突然遭风吹灭，谓死。奄，突然。

蔡邕听琴①

范　晔

文本导读

　　古琴，作为一个艺术种类，与棋、书、画并列四艺，常见于书画题材以及文学作品中，无论是文人弹琴，还是雅士抚琴，抑或是幽人携琴，总能瞥见琴器之美。古琴曲在我们民族情感表达中，是最为抒情、最为畅怀、最为丰厚的艺术载体，也是我们民族意识和民族精神的一种积淀和体现。伯牙、子期"高山流水遇知音"的故事，使"知音"叠加了更多的文化内涵，在历代文学作品中经久不衰。

蔡邕像

　　蔡邕在编写历史典籍方面贡献巨大，对数学和天文有很深的研究。同时，他又是一个杰出的音乐艺术家，在音乐方面有很高的造诣。他的音乐才华是多方面的，精通音律，不但善于演奏古琴，还擅长制琴。

　　本篇记述蔡邕的两个故事：止火制琴与闻曲知心。两者均着力表现传主蔡邕在音乐方面的精深造诣。文中关于蔡邕暗中听人弹奏古琴的描写，简洁明了，生动传神。这个细节表明蔡邕对音乐形象的把握极为准确，其高深的音乐素养由此可见一斑。特别是弹琴者回答蔡邕的那段话，将琴声转换为具体形象的描述，揭示出音乐欣赏中的一般心理活动，为艺术欣赏研究提供了实例。由此可见我们民族艺术的博大精深。

　　吴人有烧桐以爨者②，邕闻火烈之声③，知其良木，因请而裁为琴。果有美音，而其尾犹焦，故时人名曰"焦尾琴"焉。初，邕在陈留也④，其邻人有以酒食召邕者，比往而酒以酣焉⑤，客有弹琴于屏⑥，邕至门试潜听之⑦。曰："僖！以乐召我而有杀心，何也？"遂反。将命者告主人曰⑧："蔡君向来⑨，至门而去。"邕素为邦乡所宗⑩，主人

---

① 范晔．后汉书：蔡邕传．标点本，北京：中华书局，1983．题目为编者所加。

② 爨（cuàn）：烧火做饭。

③ 火烈之声：烧火发出的声音。

④ 陈留：汉郡名，治所在今河南开封。

⑤ 比：等到。以：通"已"，已经。

⑥ 屏：当门小墙，后称"照壁"。

⑦ 潜听：偷听。

⑧ 将命者：奉命召请蔡邕的人。

⑨ 向来：刚才来过。

⑩ 宗：宗仰，崇敬。

遽自追而问其故①，邕具以告，莫不怃然②。弹琴者曰："我向鼓弦，见螳螂方向鸣蝉，蝉将去而未飞，螳螂为之一前一却③。吾心耸然④，惟恐螳螂之失之也。此岂为杀心而形于声者乎？"邕莞然而笑⑤曰："此足以当之矣。"

作者简介

范晔（398—445），南朝宋史学家，字蔚宗，顺阳（今河南淅川南）人，累官至左卫将军、太子詹事，掌管禁旅，参与机要，后因谋立彭城王刘义康被杀。范晔删取诸家后汉史料而成《后汉书》，该书后与司马彪《续汉书》八志合为《后汉书》，列名"前四史"。

知识链接

1. 蔡邕其人。蔡邕（133—192），东汉著名学者，字伯喈，陈留圉（今河南杞县西南）人。灵帝中为议郎，以上书论时政得失获罪，流放朔方。遇赦后，避谤吴会 12 年。董卓为司空，闻其高名，征辟至京，官职三日三迁，甚相敬重，后拜左中郎将。王允诛董卓，株连蔡邕，下狱死，时人叹息。蔡邕博学多能，好辞赋，善书法，通术数，妙操音律，博识汉家故事。早年曾以善鼓琴征，称疾不就；后校书东观，以经籍文字多谬，俗儒穿凿，与马日磾等上书求正六经文字，并自书丹，使工镌刻，立于太学，是为"熹平石经"；又撰集汉事，以继前史，书未成而身先死。所作辞章，明人张溥辑为《蔡中郎集》。

2. 蔡邕的女儿蔡文姬名琰（yǎn），字昭姬，为避司马昭的讳，改为文姬。蔡文姬自小受父亲濡染，博学能文，善诗赋与音律。东汉末年，社会动荡，蔡文姬被掳到了南匈奴，《后汉书》中有"文姬为胡骑所获，没于南匈奴左贤王，在胡中十二年，生二子"的记载。曹操统一北方后，因为"素与邕善，痛其无嗣"，用重金赎回了蔡文姬，并让她嫁给了董祀。文姬归汉后，创作了《胡笳十八拍》和《悲愤诗》。郭沫若先生专门为北京人民艺术剧院创作了话剧《蔡文姬》。

《茶经》一则⑥

陆 羽

文本导读

饮茶不仅是一种传统，更是一种文化的象征。我国是世界上最早饮茶的国家，茶叶在

---

① 遽：急速，快。

② 怃（wǔ）然：惊愕貌。

③ 一前一却：或进或退，犹豫不决。

④ 耸然：警惕貌。

⑤ 莞然：微笑貌。

⑥ 左圭．百川学海．影印本．北京：中国书店，1990.

中国人特别是古代文人生活中不可或缺，因此对茶叶高下的品鉴就自然成为一种雅事。本篇选文是《茶经》上卷中的第三章"三之造"，讲述了采茶的适宜季节、对原料茶叶的择选、茶叶的品质鉴定等。作者从采茶入手，列举茶叶的八种品相，逐一描述，并指出前六种为"精腴者"，后两种为"瘠老者"；继而又指出茶叶优劣最终"存于口诀"，不可固执于品相。

《茶经》的诞生，是我国茶文化的重要标志，茶文化是中华民族传统文化的重要组成部分，其形成和发展都离不开儒、释、道传统文化的浸润滋养。

在《茶经》中，陆羽借助"茶"这一集天地之灵气的天成之物，将自己置身于自然山水之中，采茶、煮茶、饮茶等一切事宜皆与自然息息相关，将茶人和自然融为一体、和谐一致，充分体现了"协和圆融"的人文思想。

《茶经》被诸多国家翻译流传，《茶经》中"精行俭德"、自我修养、陶冶情操的精神不同程度地渗透到世界各国的茶文化中，既宣扬了中国茶文化精神，也反映了中国《茶经》和茶文化所放射的文化张力，对世界各国茶文化的形成与发展产生了较大影响。

《玉川先生烹茶图》（张大千）

　　凡采茶，在二月三月四月之间。茶之笋者①，生烂石沃土②，长四五寸，若薇蕨始抽③，凌露采焉④。茶之牙者，发于藂薄之上⑤，有三枝四枝五枝者，选其中枝颖拔者采焉⑥。其日有雨不采，晴有云不采，晴采之。蒸之，捣之，拍之，焙之，穿之，封之，茶之干矣。

　　茶有千万状，卤莽而言⑦：如胡人靴者蹙缩然⑧，犎牛臆者廉襜然⑨，浮云出山者轮囷然⑩，轻飙拂水者涵澹然⑪。有如陶家之子⑫，罗膏土以

① 笋：指茶的笋状嫩芽。
② 烂石：碎石。
③ 薇蕨：两种野菜，可食用。抽：抽芽，发芽。
④ 凌露：冒着露水。
⑤ 藂薄：灌木丛，茶树多丛生，故云。藂，同"丛"。
⑥ 颖拔：突出。
⑦ 卤莽：大致，粗略。
⑧ 蹙缩：收缩，形容叶片包裹紧聚。
⑨ 犎牛：一种野牛，体格壮大。臆：胸部。廉襜（chān）：帘幕与车帷，形容叶片平展且有褶皱。廉，通"帘"。
⑩ 轮囷：蘑菇，以其状如车轮，故云。
⑪ 轻飙：轻风。涵澹：水波荡漾貌。
⑫ 陶家之子：制陶者。

水澄泚之①，又如新治地者，遇暴雨流潦之所经，此皆茶之精腴②。有如竹箨者③，枝干坚实，艰于蒸捣，故其形籭簁然④；有如霜荷者，至叶凋沮⑤，易其状貌，故厥状委萃然⑥，此皆茶之瘠老者也⑦。

自采至于封，七经目，自胡靴至于霜荷，八等。或以光黑平正言嘉者，斯鉴之下也；以皱黄坳垤言佳者⑧，鉴之次也。若皆言嘉及皆言不嘉者，鉴之上也。何者？出膏者光，含膏者皱，宿制者则黑，日成者则黄，蒸压则平正，纵之则坳垤，此茶与草木叶一也。茶之否臧⑨，存于口诀⑩。

作者简介

陆羽（733—804），唐代复州竟陵（今湖北天门）人。一名疾，字鸿渐，自称桑苎翁，又号东冈子。性淡泊好学，不愿仕宦，安史之乱以后，致力于茶的研究，撰成《茶经》一书，被尊为"茶圣"。

知识链接

1. 《茶经》是世界上第一部茶叶研究专著，分为上、中、下三卷，共十章。上卷三章："一之源""二之具""三之造"；中卷一章："四之器"；下卷六章："五之煮""六之饮""七之事""八之出""九之略""十之图"。所论涉及茶叶起源与功用、种茶制茶工具、制茶饮茶方法、茶叶产区分布、饮茶器具与水质要求，以及相关的茶事掌故、名人逸事。各章内容虽有交叉，但大体畛域分明。除技艺内容外，《茶经》还赋予茶事活动以文化内涵，如指出"茶……为饮，最宜精行俭德之人"之类，所辑录的神农氏到唐中叶的掌故逸事，亦可视为"茶史"。

2. 明许次纾《茶疏》云："茶不移本，植必子生。古人结婚，必以茶为礼，取其不移植子之意也。今人犹名其礼曰下茶。"其实茶不仅用于婚嫁礼聘，而且在拜师、入会等严肃场合亦以茶为礼，凡此皆不以酒代。

---

① 澄泚（cǐ）：原注"谓澄泥也"。
② 精腴：精好丰腴。
③ 竹箨（tuò）：竹笋皮。
④ 籭簁（lù shāi）：籭，竹制圆筐。簁，竹筛。二物皆圆，用以形容叶片状貌。
⑤ 凋沮：凋残破败。
⑥ 委萃：枯萎。萃，通"悴"。
⑦ 瘠老：瘦瘠枯老。
⑧ 坳垤（ào dié）：地面高低不平，形容叶片表面状貌。
⑨ 否臧（pǐ zāng）：优劣。
⑩ 口诀：决于口。诀，通"决"。

借 景①

计 成

文本导读

中国古代的园林建筑较能体现出中国人的审美趣味。计成所作《园冶》中的"借景"一篇对此就有着鲜明的反映。借景，即因借所造建筑以外之景。园林建造中，不把所造某一景观看做一个孤立的个体，而要考虑到对周边环境的巧妙利用，使所造之景与周围景观相互呼应、浑然一体，从而获得丰富多变的景观效果。作者从多个方面总结阐发了关于借景造园的艺术理念，这些理念亦反映出中国古代园林艺术家独到的审美眼光。

借景

"巧于因借，精在体宜。""因者，随基势高下，体形之端正，碍木删桠，泉流石注，互相借资，宜亭斯亭，宜榭斯榭，不妨偏迳，顿置婉转，斯谓精而合宜者也。"具体来说，"借宜造景"，最关键的是"宜"，因借的目标就是要体现"宜"。只有巧妙利用"地之宜"与"人之宜"，才能创造"人"与"自然"的谐和之景，才能达到"虽由人作，宛自天开"之境，也展示了以"天人合一"为文化总纲的宇宙观，以及儒释道思想影响下的审美情趣，从而形成了区别于世界上其他民族的中国园林的艺术特质。

《园冶》堪称我国第一本园林专著，是对历史造园艺术与技术的总结。主要内容为"兴造论"和"园说"两部分。"兴造论"突出强调"因、借、体、宜"原则的重要性，"园说"阐明园林用地、景物设计与审美情趣。"园说"又分为"相地""立基""屋宇""装折""门窗""墙垣""铺地""掇山""选石""借景"十篇。

《园冶》行文基本上采用骈体，语言优美，具有较高的文学成就。

构园无格②，借景有因③。切要四时④，何关八宅⑤。林皋延竚⑥，相缘竹树萧森⑦；

---

① 计成，著；陈植，注释；杨伯超，校订；陈从周，校阅. 园冶注释. 北京：中国建筑工业出版社，1981.

② 格：格局，格调。

③ 借景有因：对外景的借用应有所依凭。

④ 四时：春、夏、秋、冬四季。

⑤ 八宅：根据八卦方位确定宅居。宅，《释名》中说"宅，择也，择吉处而营之也"。

⑥ 林皋（gāo）：林中高地。延竚（zhù）：久立。竚，同"伫"。

⑦ 萧森：竹木茂密。

城市喧卑①，必择居邻闲逸。高原极望，远岫环屏②，堂开淑气侵人③，门引春流到泽。嫣红艳紫④，欣逢花里神仙；乐圣称贤，足并山中宰相⑤。《闲居》曾赋⑥，芳草应怜；扫径护兰芽，分香幽室；卷帘邀燕子，闲剪轻风⑦。片片飞花，丝丝眠柳⑧。寒生料峭⑨，高架秋千。兴适清偏⑩，怡情丘壑。顿开尘外想，拟入画中行。林阴初出莺歌，山曲忽闻樵唱⑪。风生林樾⑫，境入羲皇⑬。幽人即韵于松寮⑭，逸士弹琴于篁里⑮。红衣新浴⑯，碧玉轻敲⑰。看竹溪湾，观鱼濠上⑱。山容蔼蔼⑲，行云故落凭栏⑳；水面鳞鳞，爽气觉来欹枕㉑。南轩寄傲㉒，北牖虚阴㉓。半窗碧隐蕉桐，环堵翠延萝薜㉔。俯流玩月，坐石品泉。苎衣不耐凉新㉕，池荷香绾㉖；梧叶忽惊秋落，虫草鸣幽。湖平无际之浮光，山媚可餐之秀色。寓目一行白鹭，醉颜几阵丹枫㉗。眺远高台，搔首青天那可问；

---

① 喧卑：喧闹低下。

② 远岫环屏：远处山峦如同环绕的屏障。岫（xiù），峰峦。

③ 淑气：温和之气。

④ 嫣红：鲜艳的红色，与"艳紫"皆形容花色。

⑤ 山中宰相：典见《南史》。南朝梁时，陶弘景隐居茅山，屡聘不出，梁武帝常向他请教国家大事，人们称他为"山中宰相"。

⑥ 《闲居》：西晋潘岳曾作《闲居赋》，以述自己尘外之志。

⑦ 闲剪轻风：燕子在风中飞舞，尾巴好似剪刀，剪着轻风。

⑧ 丝丝眠柳：弱柳低垂貌。

⑨ 料峭：微寒。

⑩ 兴适清偏：景色清幽偏静之处能引发兴致。

⑪ 山曲：山势弯曲隐蔽处。

⑫ 林樾（yuè）：幽林。樾，树荫。

⑬ 境入羲皇：进入遥远的太古时代。羲皇，即伏羲氏，传说中人类的始祖。

⑭ 幽人：指幽居之士。松寮：犹松窗。

⑮ 篁里：竹林。

⑯ 红衣：荷花瓣的别称。唐许浑《秋晚云阳驿西亭莲池》诗："烟开翠扇清风晓，水泛红衣白露秋。"

⑰ 碧玉轻敲：雨着莲叶如轻敲碧玉。

⑱ 濠上：濠水之上。典出《庄子·秋水》所载庄子与惠子濠梁观鱼的故事。"濠上"常被喻为别有会心、自得其乐之地。

⑲ 蔼蔼：昏暗貌。

⑳ 行云故落凭栏：凭栏远望，行云好似故意落下。

㉑ 欹（qī）：斜靠。

㉒ 典出陶渊明《归去来兮辞》："倚南窗以寄傲，审容膝之易安。"

㉓ 典出陶渊明《与子俨等疏》："北窗下卧，遇凉风暂至，自谓是羲皇上人。"

㉔ 环堵：围在房屋四周的土墙。萝薜（luó bì）：指女萝和薜荔，皆属藤本植物。

㉕ 苎（zhù）：苎麻。

㉖ 绾（wǎn）：系在一起。

㉗ 醉颜：指枫叶红艳如醉。

凭虚敞阁①，举杯明月自相邀。冉冉天香②，悠悠桂子。但觉篱残菊晚，应探岭暖梅先③。少系杖头④，招携邻曲⑤。恍来林月美人，却卧雪庐高士。⑥ 云冥黯黯，木叶萧萧。风鸦几树夕阳，寒雁数声残月。书窗梦醒，孤影遥吟；锦幛偎红，六花呈瑞⑦。棹兴若过剡曲⑧，扫烹果胜党家⑨。冷韵堪赓⑩，清名可并；花殊不谢，景摘偏新⑪。因借无由，触情俱是。

夫借景，林园之最要者也。如远借⑫，邻借⑬，仰借⑭，俯借⑮，应时而借⑯。然物情所逗⑰，目寄心期⑱，似意在笔先，庶几描写之尽哉⑲！

作者简介

计成（1582—?），字无否，号否道人，江苏苏州吴江县（今江苏苏州吴江区）人。明末著名的园林艺术家。擅长山水画，早年多在外游历风景名胜，中年以后定居镇江，致力于园林的建造与研究。为他人建有五亩园、寤园、影园等著名园林。所著《园冶》，就是根据其多年的造园经验而写成的中国第一部关于造园技艺的理论专著。

知识链接

1. 中国园林运用借景手法创造了许多著名的美的画面，如江苏无锡寄畅园借景锡山宝

---

① 凭虚：犹言凌空。

② 冉冉：与下句的"悠悠"皆形容桂花香气之飘忽。

③ 岭暖梅先：岭上的梅花因向阳而最先开放。

④ 杖头："杖头钱"的省称，指买酒钱。《世说新语·任诞》："阮宣子常步行，以百钱挂杖头，至酒店，便独酣畅。"宋陆游《闲游》其二："好事湖边卖酒家，杖头钱尽惯曾赊。"

⑤ 邻曲：即邻居。陶渊明《游斜川》序："与二三邻曲，同游斜川。"

⑥ "恍来""却卧"句：此二句是就梅花而言，然其意境实物我浑一。明高启《梅花九首》其一："雪满山中高士卧，月明林下美人来。"

⑦ 六花：指雪花。雪花呈六瓣形状，故名。

⑧ 此句用王子猷拜访戴安道典故，以示人生之率性洒脱。《世说新语·任诞》："王子猷居山阴，夜大雪……忽忆戴安道，时戴在剡，即便夜乘小船就之。经宿方至，造门不前而返。人问其故，王曰：'吾本乘兴而行，兴尽而返，何必见戴？'"

⑨ 此句用宋陶谷家姬（私家歌伎舞女或侍妾）雪水烹茶的典故。张岱《夜航船》卷一："宋陶谷得党家姬，遇雪，取雪水烹茶，请姬曰：'党家亦知此味否？'姬曰：'彼武夫安有此？但知于锦帐中饮羊羔酒耳。'公为一笑。"

⑩ 冷韵：清幽的韵味或情趣。赓（gēng）：连续。此谓作歌唱和。

⑪ 此句是说，选景倾向于追求新奇。

⑫ 远借：借用远景。

⑬ 邻借：借用近景。

⑭ 仰借：借用高处景观。

⑮ 俯借：借用低处景观。

⑯ 应时而借：因时令不同而借用周围不断变化的景观。

⑰ 逗：诱引。

⑱ 目寄心期：目之所见，心之所想。

⑲ 此句是说，下笔之先，设想出诸种图景，这样才能做精致的描绘。

塔，北京颐和园画中游、鱼藻轩借玉泉山和西山之景色，河北承德避暑山庄锤峰落照借景磬锤峰等。苏州古典园林中建园历史最早的沧浪亭，也采用了借景的手法，园门外有一泓清水绕园而过，该园就在这一面不建界墙，而以有漏窗的复廊对外，巧妙地把河水之景"借"入园内。

2. 中国古代著名的四大园林均用了"借景"的手法，它们是：北京的颐和园、承德的避暑山庄、苏州的拙政园和留园。

吃　饭

钱锺书

文本导读

《吃饭》是钱锺书写于 20 世纪 30 年代的一篇散文，收在其散文集《写在人生边上》中，是一篇"微言大义"的典型文本。

钱锺书先生的文风一向以智慧的幽默讽刺而著称，这种文风在《吃饭》的字里行间随处可见。作者以日常吃饭为切入口，探寻人类司空见惯的世俗存在方式背后所隐藏的"掩饰文化"真相：名与实相背离、主与次相颠倒、手段与目的相掩盖。其中既包含了对世俗文化的解剖，又隐含了对政治文化的讥刺，更在此基础上，把"烹调"与人格之道、治国之道相连，从"调味"悟出人生哲学和政治哲学，从而提倡"和而不同"的社会理念："使相反的分子相成相济，变作可分而不可离的综合。"即在相互协调中尊重差异与个性，既不屈己从人，也不强人从己，在平等中相互融合，形成先进和谐的新形态。当然，讲求"和而不同"，既需要辩证的思想，更需要宽阔的胸襟。本篇析理入微透骨，文字汪洋恣肆，旁征博引，充满机智的幽默。

《写在人生边上》这部散文集闪烁着他的理性光辉，他似乎是以"旁观者"的姿态站在人生边上进行观察，发出冷静的批判而不作有感而发。他在散文集的《序》中说，这几篇散文"只算是写在人生边上"，因为他明白"人生是一本大书"的道理。但是在叙写的过程中却似乎在"人生"中走一遭，将写在"人生之外"的沉着批判——对人性和社会的揭露不自觉地以"参与者"的身份写在了"人生之内"，筑起的文学世界和理想社会，虽未见全貌，却可窥一斑，表现出深厚的人文关怀。

《写在人生边上》共收散文 10 篇，对世态人生有着敏锐的观察和剖析，语言幽默风趣，笔调犀利多变，是学者散文的代表之作。

请参阅：钱钟书. 吃饭//人·兽·鬼　写在人生边上. 福州：海峡文艺出版社，1991：152 - 156.

作者简介

钱锺书（1910—1998），字默存，号槐聚，曾用笔名中书君。江苏无锡人。清华大学毕业后赴英法留学、进修。1938 年回国后先后在西南联合大学、蓝田师范学院、清华大学等大学任教。20 世纪 50 年代后为中国科学院哲学社会科学学部委员，文学研究所研究员。钱锺书博学多能，兼通数国语言，学贯中西，在文学创作和学术研究两方面均作出了卓越成绩。主要著作有散文集《写在人生边上》，短篇小说集《人·兽·鬼》，长篇小说《围城》，学术专著《谈艺录》《管锥编》《七缀集》等。

知识链接

　　拒绝他人不是一件容易的事情，把握不当会伤及对方自尊，甚至会激化矛盾。巧妙地表达拒绝，既不得罪别人，又不为难自己，能体现一个人的水平和气度。钱锺书先生给我们留下了一段佳话：一个英国记者读了钱锺书先生的小说《围城》后顿生敬佩之情，提出要见钱锺书。钱锺书不想见他，如何拒绝呢？钱先生告诉那位英国记者："你觉得鸡蛋滋味不错就够了，用不着见那只下蛋的母鸡。"这样回答太妙了，用母鸡和鸡蛋作比，间接表达了没必要见和不想见的意思，于轻松愉快的氛围中化解了矛盾，也充分体现了钱锺书先生的机智和幽默。

更 衣 记

张爱玲

文本导读

　　服饰是一种物质文化，更是一种精神文化。作为一种特殊的文化现象，服饰是一个民族在某一特定时代政治、经济、科技、哲学思想以及社会心理的鲜明反映，是认识时代、解读人物命运的一个重要工具。

　　女性作家张爱玲可以说是服饰方面的专家，她不仅在生活中以"奇服炫人"，且在众多文学作品中通过对人物服饰的细致描绘，表达审美意象，观照世态人心。张爱玲强调各人住在各人的衣服里，那是因为从衣服的选择上，能够看出一个人的性格、品味和审美情趣，它是一个人生命体验的真实展现。

　　散文《更衣记》是作者对辛亥革命前后中国百年服饰演变的独特心得。全篇五千余字，在细腻描述服饰变革的同时，穿插对服饰本身的理解和关于服饰与人的关系、服饰与时代的关系的看法，是一篇从具象入手进行说理的典范文章。可以从以下几方面理解文意：一是从清朝女装的具体情状看服装潮流与社会、朝政、文化等的密切关系；二是从服装面料、配色和款式的变化中理解人性与民意；三是从男女服饰和中西服饰的对比中透视中国文化的独特面貌。

　　《更衣记》展现的是中国历史由传统向现代转型这个剧烈变动的时代，服饰的变迁远远超出了服饰本身而拥有了更多的文化内涵。

　　本篇语言从容淡然，幽默机智，多用奇特新颖的比喻、拟人和通感等修辞手法，创造了陌生化的审美效果。

请参阅：张爱玲．更衣记//张爱玲，著；金宏达，于青，编．张爱玲文集：第四卷．合肥：安徽文艺出版社，1992：28-35.

作者简介

张爱玲（1920—1995），本名张煐，河北丰润人，生于上海。7 岁开始尝试写作，就读圣玛利亚女校时开始发表小说。1939 年入香港大学读书。1942 年回到上海，以写作为生。1952 年再赴香港，1955 年移居美国。除继续写作小说和散文之外，主要致力于学术研究和文学翻译。主要作品有：小说集《传奇》，散文集《流言》，长篇小说《秧歌》《倾城之恋》，文学评论《红楼梦魇》等。

知识链接

张爱玲出身名门，爷爷张佩纶是晚清翰林院学士，奶奶是晚清重臣李鸿章的女儿。张爱玲家学渊博且多才多艺，其父张志沂熟悉中国古典诗文，对她的中文学习进行了严格的督促。母亲黄逸梵曾留学法国学习绘画，希望将女儿培养成西洋式的淑女，教授她画画、钢琴和英文。张爱玲生活在其家族由盛转衰的特殊时期，父母早年失睦，终至离异。父亲终日以鸦片为伴，母亲远走异国他乡，留给她一颗敏感的心。中西文化的底蕴和对世事的洞察力，培养了张爱玲早熟的文学才情。她 7 岁开始写小说，中学时就有散文和小说作品在校刊发表。

下 棋

梁实秋

文本导读

下棋是中国人的娱乐生活之一。作者以琐事入笔，幽默风趣。

常言道："观人于揖让，不如观人于游戏。"一个人在大庭广众之间揖让进退道貌岸然，举手投足莫不中规中矩，那是他做给大家看的。如果想真实地观察一个人，就不要光看他在大庭广众之间的表演，而还要看他在游戏时的表现，这时流露出来的才是最真实的本性。

在下棋的游戏中，能够见出一个人的性格和性情。梁实秋的《下棋》描绘了现代人下棋、观棋的种种神态，并且表达了这样一种态度："人总是要斗的，总是要钩心斗角地和人争逐的。与其和人争权夺利……还不如在棋盘上抽上一车。"文章笔触细腻，言语诙谐，代表了梁氏散文的基本特色。

《下棋》是梁实秋先生幽默散文的经典之作。在中国，棋道与书、琴、画并列为文人雅士的修身养性之道，然而弈者双方却争到"拳脚交加"。悔棋争子，应当以言语来争，但悔棋者因口里衔子而不能言，争子者想从对方口中挖子而不能得，此等画面，何等荒唐？再看观者，作者以喜剧性的荒谬，写棋迷执着到受辱而不改。凡此种种，"于人生可视为悖论，于幽默调侃则无疑达于极境"。

请参阅：梁实秋，著；李笑，选编．雅舍菁华．长沙：湖南文艺出版社，1994：48－50．

作者简介

梁实秋（1903—1987），现代著名散文家、翻译家、学者，浙江杭县（今杭州）人。原名梁治华，字实秋，号均默。代表作有《雅舍小品》《雅舍谈吃》《看云集》《偏见集》《秋室杂文》等，并译有《莎士比亚全集》等。

知识链接

1. 梁实秋原计划用 20 年时间把《莎士比亚全集》译成中文，结果却耗用了 38 年的时间。在朋友们为他举行的"庆功会"上，他发表演讲。"要翻译《莎士比亚全集》必须具备三个条件，"大家洗耳恭听，他停了一下，又说，"第一，他必须没有学问。如果有学问，他就去做研究、考证的工作了。第二，他必须没有天才。如果有天才，他就去从事写小说、诗和戏剧等创作性工作了。第三，他必须能活得相当久，否则就无法译完。很侥幸，这三个条件我都具备，所以我才完成了这部巨著的翻译工作。"一席幽默语，赢得一片笑声和掌声。

2. 晚年梁实秋曾说过一生中的四个遗憾：第一，有太多的书没有读；第二，与许多鸿儒没有深交，转眼那些人已成为古人；第三，亏欠那些帮助过他的人的情谊；第四，陆放翁"但悲不见九州同"，现在也有同感。

延伸阅读

1. 蒋勋．汉字书法之美：卫夫人《笔阵图》选讲．书香天地，2021（6）．
2. 徐晓村．中国茶文化．北京：中国农业大学出版社，2005．
3. 徐东林．嘲讽世情 切中时弊：钱钟书《吃饭》中的人情百态．河南教育学院学报（哲学社会科学版），2007（5）．
4. 孙绍振．《下棋》：梁实秋幽默六境．语文建设，2016（7）．
5. 顾瑛．试论张爱玲服饰审美的文化内涵．川东学刊（社会科学·教育研究），1996，6（4）．

附录一 应用文写作

应用文是人们在长期的社会实践活动中形成的一种文体，是人们传递信息、处理事务、交流感情的工具，有的应用文还用来作为凭证和依据。随着社会的发展，人们在工作和生活中的交往越来越频繁，事情也越来越复杂，因此应用文的功能也就越来越多了。

按照性质，应用文可分为公务文书和一般性应用文。

公务文书又称为公文，它是指国家法定的行政公务文书。

一般性应用文，指法定公文以外的应用文。

一般应用文又可以分为简单应用文和复杂应用文两大类。简单应用文指结构简单、内容单一的应用文，如条据（请假条、收条、领条、欠条）、请帖、聘书、文凭、海报、启事、证明、电报、便函等。复杂应用文指篇幅较长、结构较繁、内容较多的应用文，如总结、条例、合同、提纲、读书笔记、会议纪要等。

应用文的文体特征主要表现在主题的职能性、材料的可靠性、结构的逻辑性、文风的平实性、表述的简明性、体式的规范性等方面。

主题的职能性。应用文是文字性工作的工具和手段。在应用文里，鼓励什么遏制什么，支持什么反对什么，允许怎么办和不允许怎么办，或褒或贬，或是或非，或倡或戒，或行或止，十分鲜明。

材料的可靠性。在应用文里所采用的事实材料、数字材料、理论材料以及所依据的法律法规、方针政策，必须真实、准确，来不得半点臆想、虚构和捏造。

结构的逻辑性。应用文写作思维方式主要是逻辑思维，通过概念、判断、推理，通过综合、比较、论证形成写作思路，完成写作任务，多用说明、叙述、议论的表达方式，慎用文学手段。

文风的平实性。力求准确、鲜明、生动，力戒说大话、空话、假话、套话，不能言之无物，也不能哗众取宠，要实实在在，明明白白。

表述的简明性。结构力求简约，层次力求简化，语言力求简洁，在把事情、想法写清楚、写明白、写透彻的前提下，文字越简越好。

体式的规范性。应用文有固定格式。

一、应用文的写作要点

应用文的写作不同于文学作品创作，在具体写作时要注意下面几点。

（一）内容

应用文的内容往往涉及国计民生，影响是直接的、显性的，因此，应用文的写作内容首先要符合党和国家的路线、方针、政策和法律法规，还要符合上级机关的有关指示，并同现行有关应用文相衔接，不能自拟应用文格式。撰写应用文内容要慎重，要完整准确地体现发文机关的意图，要全面准确地反映客观实际情况。如果内容中提出了政策、措施，那么这些政策、措施要切实可行。

（二）结构

1. 选择文种

在确定应用文合适的结构前，要先选择正确的文种。要选择正确的文种，就要有强烈的文体意识和文种意识，并注意应用文的附加标识。

2. 确定标题

文种确定之后，就要撰写应用文标题。应用文的标题在写法上有所规定，即一般采取的是文件式标题，而不是文章式标题。文章式标题可以自由发挥，追求吸引眼球的效果。但文件式标题则不同，它要求具备规范或一致的格式。完整的应用文标题应该包括三个要素——发文机关、事由、文种，即"发文机关＋事由＋文种"的样式。比如《××市人民政府关于开展创建卫生城市活动的通知》这一标题，其中"××市人民政府"是发文机关，"开展创建卫生城市活动"是事由，事由一般会加上"关于……的"，"通知"是文种。标题有时会用这种三要素齐全的完整标题，有时也会省略第一要素或第二要素，或者前两个要素都省略，直接用文种的名称作标题，如《公告》，但这样的情况并不多见。

3. 正文结构和层级

正文是应用文的主体，是叙述应用文具体内容的，为应用文最重要的部分。因此，正文的结构相对比较复杂。正文的结构取决于所选择的应用文文种和具体的应用文内容。正文内容要准确地传达发文单位的有关方针、政策精神，就要做到简明扼要，条理清楚。要做到简明扼要、条理清楚，首先就要安排合适的结构。但不管哪种应用文文种，都不外乎下面四种行文结构。

（1）总分式：总述与分述的层次关系。

（2）递进式：各层次之间是"进层"关系，其顺序是不能颠倒的。例如：意见、报告、通报、议案、经济活动分析报告等文体就常常是按照提出问题—分析问题—解决问题这样的"递进"关系安排层次的。

（3）并列式：层次与层次之间没有隶属关系或因果关系，顺序是可以互换的。

（4）时间顺序式：按照事件发生、发展、结局的时间顺序来安排层次。例如，对某个事件的通报、对某项工作进展的报告、对某事物或事故的调查报告等，就常常是按照时间顺序来安排层次的。

在安排好正文的行文结构方式后，还要注意合理地去布局正文的层次。正文一般最多包括四个层级关系。为了避免层级关系混乱，布局层次时要严格准确地使用层级序号。层级序号对应四个层级，便有四种相区别的层级序号。第一层级序号用大写数字加顿号，如"一、""二、""三、""四、"。第二层级序号用大写数字加括号，如"（一）""（二）""（三）""（四）"。需要注意的是，加了括号的大写数字就不能再加顿号了。第三层级序号用阿拉伯数字加小圆点，如"1.""2.""3.""4."。需要注意的是，不能把小圆点写成顿号或逗号，这是写作应用文者不太注意而常犯的错误。第四层级序号用阿拉伯数字加括号，如"（1）"

"（2）""（3）""（4）"。需要注意的是，加了括号的阿拉伯数字不能再加小圆点，更不能加顿号或逗号。

4. 开头

篇幅较长的应用文往往需要有恰当的开头，这种开头一般叫作导语。所谓导语，即采用开门见山的方法，在开端处用极简要文句，提出要点，说明全文的目的或结论。应用文开头常用的形式有如下几种：

（1）根据式。所谓根据，即有关的方针政策、规章制度、文件精神、领导指示以及实际情况或问题。这类开头一般用"根据""遵照""按照"等介词与名词组成介词结构，作为应用文发端。例如："根据中华人民共和国第十届全国人民代表大会第一次会议的决定"。

（2）原因式。在开头部分交代行文的原因，或者对文章内容的背景、基本情况作简要介绍。这种开头方式有时用"鉴于""由于""因为"等表示原因的词语表达，有时用所阐述的情况予以表达。"调查报告""经济活动分析报告""总结""通报""通知"等文种常用这种方式。

（3）引叙式。在开头部分引用上级文件精神，或下级来文，或有关法令，以此作为撰写该文的根据。例如，《关于××县商业局请求拨款重建简易仓棚修复倒塌仓库的批复》的开头，就是引叙收到了商业局的请示："你局《关于请求拨款重建简易仓棚修复倒塌仓库的请示》收悉，经研究，同意……"

（4）结论式。把结论写在开头，揭示事件的意义和拟稿者的主张、观点，然后再作具体阐述。例如："国家外汇管理局开发的直接投资外汇业务信息系统已于 2008 年 5 月 1 日在全国推广。该系统的上线运行，对进一步推动对外开放，加强和改善外商投资管理，便利企业、银行及会计师事务所规范办理外汇业务、提高外汇服务水平和效率具有十分重要的作用和意义。"

在实际写作时，应用文的开头方式，可以灵活运用，有时选用一种，有时可同时选用几种。

5. 过渡

在应用文正文的结构确定并开始撰写后，还要兼顾段与段、层次与层次之间的过渡。过渡是指文章层次或段落之间表示衔接转换的结构形式，其作用是承上启下，使文章脉络畅通，完整严谨。过渡在应用文中主要用于两种情况：一是层次与层次之间由总到分或由分到总，中间一般需要过渡；二是段与段之间的对比转折处常常需要过渡。我们平时经常用到的过渡形式有：过渡词语、过渡句和过渡段。

常见的过渡词语有："综上所述""总之""因此""另外""鉴于""总的看来""概括地说""实践证明""会议认为""会议希望"等。

常见的过渡句有："现将有关事项通知如下""现请示（报告、批复）如下""现将有关问题函复如下""我们的主要做法是""今年下半年应做好以下几项工作"等。

6. 照应

应用文的前后内容有时需要照应，即前后内容互相关照呼应。它的作用是使所表达的内容首尾圆合，前后连贯，使文章成为一个有机的整体。在应用文中，最常见的照应方式是首尾呼应、开头与标题呼应、前后内容呼应。

7. 结尾

应用文的结尾方式常用的有以下几种：

（1）要求式。上级机关向下级机关发出指示时，结尾往往提出希望和要求。例如："中央要求，全党同志在新的历史条件下，继承和发扬我党密切联系群众的优良传统，更加紧密地依靠和团结各族人民，把建设中国特色社会主义事业不断推向前进。"

（2）祈请式。下级机关请求上级机关或业务指导单位的批准、支持或协助时，往往用祈请语结尾。例如："以上意见当否，请批示""妥否，请批示"等。

（3）号召式。在结尾部分展望未来，发出号召，鼓舞斗志。这种方式常用于"决定""纪要"等文种的结尾。

还有一些应用文在主要内容写完后，自然结束，事尽言止，这种结尾方式叫自然结尾。

（三）语体和语言表达方式

应用文采用的语体属于事务性语体，它和文艺性语体是有很大差别的。我们可以用语言表达方式进一步说明。一般的文章所涉及的语言表达方式有叙述、议论、说明、描写、抒情五种。应用文所涉及的语言表达方式主要是叙述、议论和说明。如：决议，以议论成分居多；通报，以叙述成分居多；而所有应用文文种又都有说明的成分。在一篇应用文中，叙述、议论和说明三种语言表达方式往往水乳交融，无法截然分开。而且，以叙述、议论和说明为主要表达方式的应用文语言必须是规范的语言，是一种循规蹈矩的语言。

描写和抒情主要运用在艺术语体尤其是文学创作中，如果不恰当地用在了应用文中，就违背了应用文的文体特点，消解了应用文的严谨庄重。

（四）语句和用词

（1）语句准确。表现在词语的选用上，表意要准确，不能出现词性误用现象，也尽量避免词性活用、词语情感色彩不搭配、歧义、生造词语等现象。表现在句子的使用方面，要少用长句，多用短句，少用整句，多用散句，少用感叹句、疑问句，多用陈述句，要避免出现病句。文中所引的数字、事例、话语及使用的标点符号也要准确。

（2）在词汇上，应用文语言严格遵照其词典意义，使用规范的现代书面语言；在造句上，应用文语言严格遵循语法规则；使用规范化应用文用语，不用文学语言。尽量不用或少用修辞。

（3）熟练运用规定性的文言语句，使应用文语言具有程式化特点。在应用文写作中，要尽量使用人们在应用文写作的过程中形成的惯用的、相对固定的、规范的语言。这样做，既可使文章语言规范，又使行文庄重得体。如开头用来说明行文目的、依据、原因、伴随情况等的用语：为（了）、关于、由于、对、根据、按（遵、依）照、据、查、奉、兹等。称谓用语：我、本（第一人称），你、贵（第二人称），该、其（第三人称）。经办用语：经、已经、业经、现经、兹经、办理、责成、试行、执行、贯彻执行、研究执行、切实执行等。过渡用语：为（对、因、据）此、鉴于、总之、综上所述等。期请用语：请、敬请、拟请、希即。征询用语：可否、当否。表态用语：同意、照办、暂不执行。结尾用语：为要（盼）、特此通知（报告、函告）等。综述用语：为此、对此，等等。

（五）语言风格

1. 要庄重严肃，避免轻佻

要做到这一点，首先使用书面语言，不用或少用口语、俗语，使用标准语言，忌滥用文学语言。语言实在，言之有物，语言态度客观公正；语气肯定，语意明确。行文上下要互相尊重：上行文尊重，恭而不卑；下行文郑重，威而不凶；平行文平和，敬而不凌。禁用反语，严肃认真，不能油腔滑调、胡吹瞎侃。

2. 要平实有据，朴实自然

叙事要求真实，不凭空落笔，不想象加工，用直笔，不用曲笔；说理要求平正，不偏不倚；说明必须质朴，恰如其分。要运用平易、自然、大众化的语言，少用偏僻的词汇。整体文风要朴实自然。

3. 要得体

若要应用文语言得体，除了注意文种要用对以外，还要注意与阅读者的关系，注意遣词造句的语体，注意表情达意是否妥当，注意语言和口气是否适合文章的主旨。

二、公文概述

公务文书，简称公文，主要是指党政机关在实施领导和行政管理过程中形成的具有法定效力和规范体式的文书，是进行领导管理和公务活动的重要工具，也泛指各级各类机关、社会团体、企事业单位制定和使用的公文。公文又有广义和狭义之分。广义公文除狭义公文即公务文书之外，还包括机关、团体、企事业单位的各种文件、电报、报表、会议文件、调查资料、记录、登记表册等。而狭义公文专指《党政机关公文处理工作条例》所列的 15 种公务文书。

2012 年 4 月 16 日，中共中央办公厅、国务院办公厅以中办发〔2012〕14 号印发《党政机关公文处理工作条例》。该《条例》分总则、公文种类、公文格式、行文规则、公文拟制、公文办理、公文管理、附则 8 章 42 条，自 2012 年 7 月 1 日起施行。该《条例》对党政机关公文的定义是："党政机关公文是党政机关实施领导、履行职能、处理公务的具有特定效力和规范体式的文书，是传达贯彻党和国家的方针政策，公布法规和规章，指导、布置和商洽工作，请示和答复问题，报告、通报和交流情况等的重要工具。"该《条例》第八条规定了公文的种类，共 15 种，分别是：决议、决定、命令（令）、公报、公告、通告、意见、通知、通报、报告、请示、批复、议案、函、纪要。

公文主要特点有法定性、规范性、政策性、实用性、时效性、可靠性、定向性。基于这些特点，公文具备下列作用。

（一）法规和准绳作用（明法）

公文是依法行政和进行公务活动的重要工具。可以这么说，大到国家的宪法及刑法、民法、诉讼法等各种法律，小到办理某一具体事务的规定、办法，在制定并通过后，都要通过公文予以发布实施，且一经发布，任何人都不得违反。

（二）领导与指导作用（传令）

各级党政机关、企事业单位都在特定的范围内有着组织、指挥及管理的功能，而实现这些功能的工具，就是公文，尤其是 15 种公文中的命令、决定、决议、指示、批复、通知等上级对下级的行文。这些公文一经下发，下级机关或单位必须执行。

（三）宣传教育作用（宣教）

15 种公文中的决议、公告、通报、会议纪要等文种，有着明显的宣传教育作用，可以使广大人民群众对党和国家的方针政策有所了解和领会。

（四）公务联系作用（纽带）

无论是上情下达，还是下情上达，又或是平行单位互通信息，公文都起着重要的作用，尤其是 15 种公文中的通告、通知、通报、报告、请示、函等文种。

（五）凭证记载作用（凭借）

上级给下级的下行文，是下级机关开展工作的依据；下级上报上级的上行文，是上级机关决策的依据；各机关自己制定的公文，是本单位行使职能、开展工作的记录和凭证。有了公文，各项工作的进行才能做到有据可查，有案可考，才能使工作规范。

按照不同的角度，公文可以有不同的分类。比如，按公文的来源划分，可分为收进公文、外发公文和内部公文；按公文的职能划分，可分为法规性公文、指挥性公文、报请性公文、知照性公文和实录性公文；按公文内容的处理要求划分，可分为参阅性公文（阅件）、承办性公文（办件）；按公文的秘密程度划分，可分为对外公开公文、限国内公开公文、内部使用公文和保密公文（秘密公文、机密公文、绝密公文）；按公文的紧急程度划分，可分为紧急公文（特急公文、急办公文）和常规公文；等等。但最重要的划分，是按照行文关系划分。公文的行文方向有下行，即上级机关给下级机关行文，叫"下行文"，有命令、决定、通知、通报、意见、批复、纪要等；有广行，即从依法行政的需要，向社会公众或国内外公众发布公文，因行文方向广，没有特定行文对象，所以叫"广行文"，有公告、公报、通告等；有上行，即下级机关给上级机关行文，叫"上行文"，有报告、请示等；还有平行，即平级机关或不相隶属机关行文，叫"平行文"，有函。15 种公文中，意见这种文体兼有上行、下行、平行这三种行文方向，比较特殊。

公文有固定格式。公文的格式分四种：用纸格式、排版格式、印装格式、书面格式。前三者与写作本身无关，真正和写作有直接且重要关系的，是书面格式。书面格式的布局分三个区域：眉首区、主体区、版记区。三个区域又分别包含了若干组成要素。

眉首区：份号、密级和保密期限、紧急程度、发文机关标志、发文字号、签发人等。

主体区：公文标题、主送机关、正文、附件说明、发文机关署名、成文日期、印章、附注、附件等。

版记区：抄送单位、印发机关和印发日期等。

附录二　申论写作

中央机关及其直属机构以及各地方机关考试录用公务员公共科目笔试分为行政职业能力测验和申论两科，主要测查从事公务员工作应当具备的基本能力和基本素质，特别是利用习近平新时代中国特色社会主义思想指导分析和解决问题的能力。申论内容涉及范围广泛，具有较强的综合性和现实针对性。

一、何谓"申论"

从字面意思理解，"申论"即"申而论之"，"申"为引申、申述，"论"为议论、论证。其基本要求是针对给定材料，通常是社会事件、民事纠纷等，进行归纳整理、提炼概括，对材料、事件、问题有所说明、申述，在此基础上发表中肯见解，提出方略进行论证。它要求准确把握一定的客观事实或材料，作出必要的说明申述。

现如今的申论，是指国家机关公务员录用考试中，考生根据指定的材料进行分析，提出见解，并加以论证的一种文体。它是中华人民共和国国家公务员资格考试的科目之一，是国家选拔公务员的重要标准，主要测查应试者是否具备从事机关工作应当具备的基本能力。通常情况下，其与行政职业能力测验以及相关的专业考核一起组成国家公务员考试的所有科目。

作为一种选拔录用国家机关公务员的应试文体，申论适当地借鉴了我国古代科举应试中"策论"的一些经验与做法：要求考生具有较强的文字表达能力、分析判断能力，提出的对策（方案）具有可行性。与此同时，申论材料基本依据时政热点编撰，更具有现实针对性，考查应试者搜集整理并归纳信息的能力，形式也更加灵活多变，充分体现了时代特征，有效模拟公务员日常工作，也适应当今公务员实际工作的需要。

二、申论的特征

（一）材料紧扣现实

从历年考题情况来看，申论考试提供的资料多为解决实际问题的文字材料，多与时事政治、民生问题密切相关。

（二）虚拟作者身份

申论考试通常通过给定材料，将考生设置成一定的社会角色，让考生以这种虚拟的身份去分析问题、解决问题。如从政府职能部门制定政策的角度，就如何减少事故、保障安全提出对策建议。

（三）考查目标明确

虽然申论考试形式灵活、内容广泛，但针对性很强，主要考查考生阅读、分析、概括、解决问题的能力，体现在题目中，主要就是分析、概括及论述等方面的能力。

三、申论的题型

（一）归纳概括题型

归纳概括类题型在国考和省考中均有出现，几乎已经成为公务员考试的必考题目。根据历年的考试情况，又可以将归纳概括类题型分为两个大类——归纳题和概括题。考生应根据作答要求，全面、准确、规范地进行归纳和概括。

（二）对策类题型

申论考试中，对考生分析问题、解决问题的实际能力考查，一般通过对策题的形式加以体现。对策题一般要求考生准确理解把握给定资料所反映的问题，提出解决问题的措施或办法。

（三）应用写作类题型

就近些年来全国各地申论考题看，应用写作类题型大致可分为公文文书和事务文书两大类，包括报告、讲话稿、规划书、总结、汇报、编者按、备询要点、公开信、倡议书等。

（四）文章写作

申论文章写作也就是通常所说的大作文写作。如果说前面几种题型是申论中的客观题，那申论文章写作就是申论中的主观题。申论文章写作在申论考试中占了40％左右的分值，有着举足轻重的地位。申论文章写作主要可分为四种类型：对策型、说理型、评述型，以及新近出现的应用型文体。从名称上来看，这几种题型各有不同，各自的侧重点也不一样。

四、申论考查的能力要求

（一）阅读理解能力

无论是中央机关、省级直属机构，还是市（地）级及以下直属机构的考试，都在考试大纲中强调了阅读理解能力。根据申论试卷的构成看，其中有大量的材料需要阅读，应试者要通过对材料的阅读和理解找出问题答案。阅读能力是申论考试的前提，无形地贯穿于整个申论考试过程中，这也说明了阅读理解能力的重要性。

（二）分析概括能力

申论材料大多是节选或者是多种稿件拼凑而成的文章、新闻报道等，公务员考试就是需要透过现象抓住材料反映的本质，所以对材料加以分析和概括的能力特别重要。考生在阅读材料的基础上，将不同性质的问题进行归类，厘清逻辑思路，概括材料之间的联系，为提出问题乃至解决问题奠定基础。

（三）提出和解决问题能力

对材料的阅读理解、分析概括，最终是为了提出和解决问题，故而申论考试的核心要义就在于对考生提出和解决问题能力的考查。公务员的工作就是发现和解决现实生活中的各种问题，申论考试则是这种能力的模拟测试。

（四）文字表达能力

考生的阅读理解能力、分析概括能力，以及提出和解决问题的能力，最终要通过文字表达得以呈现，故而文字表达能力自然成为申论考试重点考查的能力之一。

五、申论的答题技巧

（一）归纳概括题型答题技巧

归纳概括题型的解题步骤主要分为三步：提取内容—分析归纳—综合概括。归纳概括题型的答题技巧有三：抓关键词句、避繁就简、分门别类。答题原则也可分为三个方面：结合材料回答问题，结构和内容完整全面，表述时注意条理清晰、言简意赅。

（二）对策类题型答题技巧

对策类题型在作答时，第一步是弄清楚问题是什么，了解具体材料中存在的具体问题，才能根据问题作出解答。第二步，需要带着问题去材料中寻找解决问题的答案，也就是提对策。很多材料中只有问题描述，没有对策，我们可以根据问题来反推答案。第三步，也是最后一步，总结完善自己的答案，这个答案可以与实际生活相联系，完善对策，让对策具有可行性。

（三）应用写作类题型答题技巧

首先，此类题型的作答，要注意格式要求。公文文体有固定的格式和逻辑，考生熟记不同类型的格式，在考场上就可以直接拿到格式分。其次，公文写作的内容来源于材料，一般会有"根据给定材料作答"，所以考生需要从材料中找内容。公文类题目相当于申论考试中的客观题，是有参考答案的，并且参考答案会按点给分，所以我们在答公文题时不能脱离材料自由发挥。最后，公文写作相较于其他写作来说，一般更正规、严肃，所以务必要舍弃过分的修饰类写作手法，而以"是什么、为什么、怎么办"为主要内容，强调实用性。

（四）文章写作答题技巧

1. 对策型

对策型文章主要要求考生提出对策，再辅之以一部分的原因分析。历史上将这类文章称为"策"（以对策措施为主），与"论"（以阐明事理为主）分开。该题型出现的时间悠久，也是目前申论考试中最为常见的一种题型，且相较于其他题型来说更易于考生作答。对策型文章与说理型文章在结构上有相同之处，但也有很大不同，主要在于二者的侧重点不同。说理型文章更像通常所说的议论文，要求考生就文章中的某件事或某个观点表明看法、立场和态度，要做到有理有据。而对策型文章要求考生就材料中呈现的问题提出相应的解决措施，力求方法可靠可行。不过要注意的是，对策型文章需要考生在提出对策之前分析一下原因，然后再写解决办法。

2. 说理型

这类文章一般要求考生对材料中出现的问题进行分析，找出问题的根源所在，或者先说出自己的观点，再提出相应的论据来进行论证，从而说明材料中某种措施的重要性或不足之处。在遇到该题型时，考生必须要了解其重点是分析原因、目的、必要性和迫切性等问题，不过也要简明提出对策。说理型申论文章在考试中出现的频率较高，考生要重点把握。

3. 评述型

评述型文章考的不多，但偶尔也会涉及，其特点是针对材料中提及的事物或者观点进行评说，批评不良现象，传播正能量。它要求考生明确评述各种行为或事物的优缺点，比较不同事物之间的异同，有时候还需要考生结合具体的事例总结出一定的经验教训，概括出隐藏的规律或法则。在此类题型作答时，考生要评述结合，即在叙述的基础上进行分析和评论，做到有评有论、有理有据。

4. 应用型

前面三种类型的申论文章写作其实都属于议论文的范畴，也是目前申论写作考试中最常出现的类型，但是近年也出现了应用文写作。这需要考生对应用文写作知识有较为全面的了解。总体而言，此类文章的一般格式为"标题＋正文＋落款"，其中，正文分条撰写会使得条理更加清晰。同时，此类文章语言要遵守语法规范，不标新立异，不生造新词，杜绝空话套话，讲求简明得体。

想要了解更多写作常识或语法常识，请扫描以下二维码查看：

附录三　古体诗词写作常识（节选）

附录四　现代汉语中标点符号的用法

附录五　逻辑常识

第一版后记

2009 年秋季，因安徽大学将"大学语文"作为全校非中文专业的公共必修课开设，我们匆忙编写了一本教材，由安徽大学出版社出版，为慎重起见，我们特别标明为"试用本"。当时确立的"汉语言文字""文学审美""中华文化"三大板块的框架，较之同类教材有其特色，因此被安徽省教育厅列入"十一五"规划教材。在 2008 年 11 月举行的全省高校文学院长、中文系主任联席会上，该教材的编写理念和框架结构也得到了充分的肯定。

两年以来，承担该课程教学的老师积累了不少关于教材的心得，大学生们既欢迎这门课程，也提出了很多关于课程和教材的好建议。据此，我们于 2009 年上半年开始酝酿修订教材。鉴于"试用本"教材的缺陷和教学实践，本次修订幅度很大，在结构、体例、文选三方面均作了调整。一是结构的完善，既保持"汉语言文字""文学审美""中华文化"三大板块的框架，又根据教学实践，在各个版块下设若干讲，全书共分为 17 讲。每讲之前加一个"概述"，以方便同学比较系统地掌握一门知识。就教学而言，这样的结构可拆可分，可以由一位教师从头到尾讲授，也可以由不同专业的老师分别承担各讲。二是选文的更新，淘汰了与中学语文教材重复的篇目，增加了不少贴近人生、有趣味性的篇目，以使学生从中得到审美的、文化的愉悦感。三是体例的优化，旧版只有总体概述和选文，此次修订则按照体类分别进行概述，还增加了"阅读提示""作者简介""知识链接""思考与实践"等内容，意在扩展学生的知识面，引导学生思维的发散，同时也增强趣味性。

本教材先由主编拟出修订大纲，编委会进行了认真讨论，然后分工到各位参与编写的老师；初稿完成后，由主编、副主编统稿、修改。各讲的概述和选文承担者如下：

第一讲：郝士宏、程燕；第二讲：曹小云、樊彩萍、陆学莉；第三讲：岳方遂、邓春、徐福坤；第四讲：鲍红、张丽；第五讲：吴怀东、张洪海；第六讲：鲍恒、李睿；第七讲：吴怀东、王泽庆、纪念；第八讲：魏世民、王柯、张琼；第九讲：杨小红、王夔；第十讲：朱万曙、耿传友；第十一讲：汪杨；第十二讲：方习文；第十三讲：黄鸣；第十四讲：王莉；第十五讲：刘飞、耿传友；第十六讲：孔现红；第十七讲：朱万曙、王柯、毛丽蓉。附录：应用写作知识，张洪海、凌晨；古体诗词写作常识，方孝玲。

本教材以安徽大学中文系教师为主，同时联合中央民族大学、合肥师范学院、淮南师范学院、安庆师范学院、巢湖学院等兄弟院校的教师共同编写。

我们认为，大学语文课是在校大学生提高人文素养、增强能力的重要课程，不断提高课程的质量，使大学生愉快地受到陶冶，是我们的庄重追求，而教材建设无疑是提高课程质量的重要环节。因此，我们乐于接受来自授课教师和听课同学的任何批评和建议。为使本教材具有时代性，我们精选了部分当代名家的作品，在此表示诚挚的谢意。

编者

2009 年 8 月

第五版后记

从 2009 年这本教材的试用本出版至今，15 年过去了，其间修订了四次，这是本教材的第五次修订。

教材是教学之本，是落实教学理念的根本抓手。当初我们启动编写这本教材时认真思考"大学语文"的课程定位、学习目标以及相应的教学方法，并且调研了国内出版的各种"大学语文"教材，最后确立了我们对"大学语文"课程的理解以及这本教材的编写思路：第一，语言文字、文学、文化三位一体；第二，兼顾文本阅读与理论知识扩展；第三，知识学习、素质提升与实践训练密切结合。概括地说，这就是"大语文"的课程理念，它当然不是"高四"语文，也不同于中文专业课程内容。本课程作为本校非中文专业必修课，对服务安徽大学"双一流"建设和文理交融人才培养目标做出了一定贡献。经过十多年的师生使用和教学实践，事实证明这个课程理念切近当代大学教育发展实际。

事实上，在这十多年里，围绕"大学语文"课程建设，我们开展了不少研究活动：组织了安徽省高校"大学语文"暨素质课程建设研讨会，学习南开大学文学院在"中国语言文学"一级学科硕士点下自主设立"高等语文教育"二级学科方向并招收研究生，尝试通识课与专题课结合并出版了《大学语文十五讲》（合肥工业大学出版社，2017 年），从"大学语文"课程延伸出"中文写作"子课程并出版了《应用文写作》（中国写作学会"十四五"重点教材，高等教育出版社，2022 年）教材。多年理论思考与实践经验形成的成果获得了安徽省教学成果奖等。

当代社会是一个急剧变化的时代，技术在变化，语言在变化，审美在变化，思想在变化，社会对人才的需求标准也在变化。建设教育强国，坚持立德树人，传承优秀传统文化，培养忠于中国共产党、热爱人民、热爱社会主义制度、视野开阔、创新能力强的人才是我国当下高等教育人才培养的目标。因此，课程的教学内容、教学理念、教学方法也要变化，教材必须跟上时代前进的步伐。本教材此次修订，采纳了中国人民大学出版社的建议，凝聚了我们教学团队对本课程的最新研究、思考：将习近平新时代中国特色社会主义思想融入全书，增加、替换了部分篇目，增加了延伸阅读书目（篇目），打磨了文字。这次修订工作由文学院大学语文教学部聂桂菊、卢坡两位主任组织展开，承担本课程教学的青年教师们积极参与这项工作，大家克服时间紧的困难，按原计划及时高质量完成了任务。需要特别说明的是，因为版权问题尚未解决，修订版中部分作品（文选）无法完整收录，读者可根据我们提供的资料自行查找阅读。不便之处，请读者谅解。

教材服务于教学，是编写者与使用者之间无形而实在的互动，我们感谢同学们用自己的学习成果肯定了本教材。我们期待本教材在广大同学成长成才过程中发挥作用，通过这门课程和这本教材，感受汉语之美，感受文学之美，感受中华文化之美！

吴怀东

2024 年 1 月 11 日

图书在版编目（CIP）数据

大学语文 / 朱万曙，吴怀东主编. -- 5 版. -- 北京：
中国人民大学出版社，2024.8
高校公共课精品教材
ISBN 978-7-300-32863-8

Ⅰ. ①大… Ⅱ. ①朱… ②吴… Ⅲ. ①大学语文课-
高等学校-教材 Ⅳ. ①H193.9

中国国家版本馆 CIP 数据核字（2024）第 107093 号

"十二五"普通高等教育本科国家级规划教材
高校公共课精品教材
大学语文（第五版）
顾　问　黄德宽
主　编　朱万曙　吴怀东
副主编　聂桂菊　卢　坡　曹小云　周有斌
Daxue Yuwen

出版发行	中国人民大学出版社				
社　　址	北京中关村大街 31 号		**邮政编码**	100080	
电　　话	010 - 62511242（总编室）		010 - 62511770（质管部）		
	010 - 82501766（邮购部）		010 - 62514148（门市部）		
	010 - 62515195（发行公司）		010 - 62515275（盗版举报）		
网　　址	http://www.crup.com.cn				
经　　销	新华书店				
印　　刷	北京溢漾印刷有限公司		**版　　次**	2009 年 9 月第 1 版	
开　　本	787 mm×1092 mm　1/16			2024 年 8 月第 5 版	
印　　张	20.5 插页 1		**印　　次**	2025 年 1 月第 2 次印刷	
字　　数	472 000		**定　　价**	58.00 元	

关联课程教材推荐

ISBN	书名	作者	定价（元）
978-7-300-16041-2	大学语文（第二版）	邢福义	49.00
978-7-300-26989-4	大学语文（第二版）	李建明	48.00
978-7-300-28333-3	大学语文（第三版）	尚永亮	49.80
978-7-300-28090-5	大学写作训练（第四版）	任遂虎	45.00
978-7-300-27496-6	写作学教程（第五版）	段轩如	49.00
978-7-300-30714-5	应用文写作教程（第四版）	段轩如 高玲	49.90
978-7-300-29741-5	应用写作教程（第五版）	孙秀秋 吴锡山	49.90
978-7-300-22884-6	高等基础写作训练教程（第二版）	马正平	48.00
978-7-300-29638-8	中文学科论文写作（第三版）	卢卓群 普丽华	49.00

配套教学资源下载说明

尊敬的老师：

　　衷心感谢您选择人大版教材！相关的配套教学资源，请到中国人民大学出版社官网（www.crup.com.cn）下载。部分教学资源需要验证教师身份后下载。请您登录出版社官网，点右上角"注册"，填写"会员中心"的"我的教师认证"项目，等待后台审核。我们将尽快为您开通下载权限。

　　如您急需教学资源或教材样书，也可以直接与我们的编辑联系。

　　联系人：刘静　　电话：010-62513587　　电子邮箱：12918646@qq.com